문예신서
330

현대 프랑스 연극의
이론과 실제

이선형 지음

東 文 選

현대 프랑스 연극의 이론과 실제

들어가며—현대 프랑스 연극

연극은 20세기에 들어와 엄청난 변화와 혼란을 맛보았고, 그 와중에 상당한 발전이 이루어진 것도 사실이다. 그 이유는 여러 가지가 있겠으나 가장 중요하고 근본적인 것은 연극이 지니는 특징과 사회적 · 문화적 · 이데올로기적 변용에 의한 것으로, 예를 들면 과학의 발달로 무대장치는 비약적으로 발달하게 되었고 개인주의와 자본주의 팽창으로 인간의 소외와 의사소통 문제가 중심적인 과제로 등장했기 때문이다. 연극은 역사에 기록된 이래 사회 전반에 적극적으로 참여하는 현상을 보여 왔고, 사회는 연극을 통해 제반 현상과 이념을 표출하였다. 이처럼 연극은 결코 개인적일 수 없는 것이지만 유럽과 프랑스의 경우 양차 세계대전 이후 개인주의가 팽배해졌음에도 불구하고 연극이 쇠퇴하기는커녕 오히려 다양한 모습으로 활기를 띠게 된다. 마치 상실감이 커질수록 더욱 집착하는 인간의 모순적인 특성을 여실히 보여주는 듯하다. 어쨌든 연극은 문자를 표현 수단으로 하는 문학의 한 장르이자 무대적 수용에 있어 종합 예술이라는 폭넓은 영역을 소유하고 있다. 주요 작가들이 다른 문학 장르를 섭렵하는 와중에 꼭 한번은 연극의 영토에 발을 디딘다는 사실, 그리고 특히 현대 극작가들이 음악과 회화에 많은 관심을 기울인다는 사실에서 연극의 문학성과 종합성은 설득력을 얻고 있다.

20세기에 들어 연극은 문학적인 요소에 비해 공연의 중요성이 한층 강화되었다. 이 점을 맨 처음 부각시켜 현대의 연극이 마치 연출가 지상의 연극이 되도록 한 장본인은 앙드레 앙투안(1858-1943)이라고 할 수 있겠는데, 이러한 현상은 이미 19세기말에 시작되었다. 앙투안 이후 극적 테크닉, 공간의 운용, 이미지 조합, 조명과 음향 효과의 극대화 및 이에 따른 배우들의 움직임까지도 직·간접으로 연출가의 능력에 의해 좌우되었고 연출에 따라 연극의 수준과 가치가 결정되었다. 따라서 아르토나 브레히트가 주장한 현대 연극론이 연출과 공연 부문에 집중되어 있다는 것은 놀랄 일이 아니다. 심지어 아르토는 연극이 문학의 영역을 벗어나야 한다고까지 주장하지 않았던가.

  파리가스회사의 직원이었던 앙투안은 흔히 현대 연출의 창시자로 간주된다. 졸라와 작세 마이닝겐의 추종자인 그는 실생활에 절대적으로 충실한 사실주의적 연극인이다. 졸라는 과학과 실증철학, 특히 텐의 생물학적 방법을 글쓰기에 적용한 소설가로, 마치 과학자가 실험실에서 행하는 것처럼 인물을 관찰하여 이를 기록하고자 한다. 그리하여 소설 속의 인물이 어떤 특수한 환경에 처했을 때 어떠한 반응을 나타내는지 관찰했던 것이다. 이처럼 예술은 과학적 방법으로 이루어져야 하며, 인간의 행위는 유전과 환경에 의해 지배된다는 이념이 바로 졸라의 자연주의이다. 자연주의는 주로 인생의 어두운 측면, 특히 하층민의 비참한 생활상을 냉정하고 적나라하게 묘사하기 때문에 전체적으로 무겁고 인간의 숙명적인 비극을 강조하는 느낌을 준다. 졸라가 자신의 소설을 극화한 《테레즈 라캥》의 서문은 자연주의 연극의 서문으로 간주된다.

  "작가의 의도는 전 세기 이래 인간의 모든 영역에서 싹트기 시작한 진실과 경험과학을 향한 대운동을 연극에 밀착시키려는 데 있다. 이것은 과학이라는 새로운 방법에 의해 시작되었다. 자연주의는 비평과 역사의 혁명이다. 인간과 인간의 모든 일은 정확한 분석, 즉 환경과 유기적인 사건을 고려한 체계에 따르지 않을 수 없다. 이제 진실이 탄생되었다. 이것은 세기의 위대하고 유일한 힘이다. 그 누구도 이 힘에 항거할 수는 없다. 머지않아 자연주의 운동은 연극에게 현실의 힘, 현대 예술의 새로운 생명을 안겨 줄 것이다."

이러한 졸라의 자연주의 이론에 따라 앙투안은 최초의 독립극단인 '자유극단(Théâttre-Libre)'을 창시하여 전통적인 무대를 거부하고 사실적인 연극을 만들고자 노력한다. 즉 페인트를 칠해 사람의 눈을 교묘하게 속였던 이전의 무대와는 달리 진짜 소품들을 사용하여 사실적인 무대를 제작한 것이다. 장치나 소품이 자연 그대로여야 한다고 주장한 연출가가 무대에 피가 떨어지는 진짜 양 다리와 죽은 소를 올렸다는 일화는 유명하다. 그는 비용 절감의 일환으로 집에서 가져온 가구들로 무대를 실제 방처럼 꾸몄고 모든 것을 실제처럼 배치하였으며, 그런 다음 관객을 향해 열려 있는 공간을 마치 한 면의 벽을 허문 것처럼 구성하였다. 이것이 바로 앙투안의 사실적 무대의 극치를 보여준 '제4의 벽' 이론이며, 관객은 저것이 과연 무대인지 실제인지 착각을 일으키므로 환각주의에 해당한다.

연출가와 배우의 관계 역시 기존 관계와 많은 변화가 있었다. 출연료의 부담으로 기성 배우들을 쓸 수 없었던 앙투안은 아마추어나 무명 배우들과 작업을 하였는데, 오히려 이것이 연출가의 권위를 높이는 계기가 되었다. 물론 새로운 연극에 새로운 배우 및 새로운 연기가 필요한 것이어서 판에 박힌 연기밖에 할 줄 모르는 기존 배우보다는 아마추어 배우를 선호한 것도 사실이다. 그는 오랜 기간의 맹연습으로 배우를 철저하게 훈련시켰고, 연기자에게 일상 생활에서 볼 수 있는 그대로의 행동을 무대에서 보여줄 것을 권했다. 예컨대 당시 금기되었던 관객에게 등을 돌리는 동작도 그의 무대에서는 자연스럽게 이루어졌던 것이다. 레퍼토리의 경우 고전극이 아닌 당시 유럽에 잘 알려지지 않은 작가들의 작품들 혹은 흥행에 실패한 작품들을 새롭게 각색하여 무대를 만들었다. 이때 대부분의 유럽 국가에서는 도덕적 위험성을 빌미로 연극에 대한 엄격한 검열이 실행되고 있었다. 때문에 회원제를 실시하여 회원들에게만 공연을 제공하는 사설 독립극단은 검열을 극복하기 위한 좋은 방편이었다. 이 점을 이용한 자유극단은 철저하게 회원제를 적용하여 기성극단들에게 금지된 작품들을 공연할 수 있었으므로 관객들의 폭발적인 호응을 얻어낼 수 있었다. 그가 다룬 주요 작가는 스트린드베리 · 입센 · 톨스토이 등이다. 1887년 그는 창립 공연으로 졸라의 소설을 각색한 《자크 다무르》를 올려 대성공을 거두었고 입센의 《유령》 《들오리》, 앙리 베크의 《까마귀》, 스트린드베리의 《줄리 양》, 하웁트만의 《직조공들》 같은 사실주의 연극을 프랑스에서 최초로 공연하였다.

앙투안의 뒤를 이어 20세기 문턱을 넘어선 것은 반사실주의 연극이다. 요컨대 상징주의 연극에서부터 아방가르드 연극, 다다와 초현실주의 연극, 부조리극으로 이어져 반사실주의 계통의 연극이 20세기 프랑스 연극 전반에 도도하게 흐르고 있는 것이다. 상징주의는 시(詩)에서 특히 꽃을 피웠다. 지상과 현세보다는 정신적이고 우주적 신비를 찾아 멀고도 험난한 고행길을 택했던 상징주의 시인들은 상징 · 유추 · 암시 · 비유를 토대로 절대 세계를 추구하고자 했다. 사실주의 연극이 무대를 통해 사회적이고 심리적인 현실성을 재현하고자 했다면 상징주의 연극은 정신적이고 내면적인 면면을 나타내고자 했던 것이다. 상징주의 연극은 사회 문제에 접근하는 대신 정신적이고 보편적인 진리를 탐구하고자 하였으므로 비구체적이고 모호하며 신비하기까지 하다. 상징주의 연극은 꿈처럼 추상적이고 이미지를 강조한다. 대사 · 연기 · 무대장치는 환상과 상징적 이미지로, 인간의 눈으로 추적할 수 없는 진리의 세계를 탐구하는 도구가 된다. 그러므로 상징주의 연극에서 분위기를 창출하는 조명의 사용이 특히 강조되었다.

양차 세계대전의 발발로 인해 1918년 극장의 폐쇄로부터 1940년대 독일군의 파리 점령과 예술의 검열은 프랑스 연극 제작을 더욱 험난한 길로 몰아붙였다. 그러나 연극은 악화된 상황에서 숨을 죽이기는커녕 인간의 행복과 불행의 문제 · 이성 · 비극 · 부당성 · 살인 · 전쟁 등에 질문함으로써 오히려 주제가 풍부해진다. 나아가 극작품은 이상과 현실의 경계에 서 있는 인간의 조건에 질문을 던지기도 한다. 이 시기에 앙투안에 이어 자크 코포가 비외콜롱비에(Vieux-Colombier)를 설립하여 연출가의 위상을 이어갔고, 스위스에서는 아돌프 아피아, 러시아에서는 콘스탄틴 스타니슬라프스키, 영국에서는 고든 크레이그 등의 연출가들이 각각 새로운 연출법을 시도한다.

흔히들 20세기 초반을 다다와 초현실주의의 시대로 일컫는 바 연극역시 이 분야를 논외로 할 수 없다. 극작품 《티레시아스의 유방》에서아폴리네르가 처음으로 '초현실주의'라는 어휘를 사용했다는 것은 이미 잘 알려진 사실이려니와 잔혹 연극을 주장한 아르토에 이르러 다다와 초현실주의 연극은 다양화되고 절대를 추구하기 위한 예술적 도구가 된다. 다다 연극은 트리스탕 차라나 조르주 리브몽 데세뉴 같은 작가에게서 쉽사리 발견되고, 광적인 사랑, 불가사의, 꿈과 같은 초현실적 요소가 잘 표현된 초현실주의 연극은 아르토의 '낙태 연극 선언문'에서 그 핵심을 찾을 수 있다. 한편 다양성을 지닌 현대 연극이 주류의 흐름 속에서만 그 모습을 이어간다는 것은 불가능한 일이다. 고대에서부터 현대에 이르기까지 인간은 연극을 통해 신성한 신화적 주제를 줄기차게 추구해 왔는데, 소외와 언어의 문제가 불거질수록 신화에 대한 예찬은 오히려 그 줄기가 더욱 굵어진 느낌이다. 이 점은 특히 장 지로두의 《엘렉트르》, 장 아누이의 《안티고네》 등에서 좋은 예를 발견할 수 있다.

이처럼 20세기 연극은 문학적·신화적·사회적인 측면에서 다양한얼굴을 지니고 있다. 물론 이 다양한 형태 속에는 자신의 철학적 사유를 표출하기 위해 연극을 기능적인 수단으로 사용했던 실존주의자 사르트르나 카뮈를 빼놓을 수 없다. 실존주의는 전쟁 후유증의 산물이라고 해도 과언이 아니다. 전쟁이라는 비극적인 경험을 통해 역사의 잔인성과 인간 조건에 대한 부조리를 자각하고, 나아가 히틀러의 파리점령으로 손상된 자존심, 친독파와 레지스탕스 사이에서 유발된 국론분열은 인간의 부조리에 대한 근본적인 성찰을 가능하게 했던 것이다. 이 성찰은 인간들의 가장 기본적인, 그리고 가장 중요한 언어의 부조리를 드러내는 데 전력을 다하는 작가군을 만들어 냈다. 제2차 세계대전이 끝난 뒤 '신연극(nouveau théâtre)'의 기수들로서 등장한 이들은 베케트 · 이오네스코 · 아다모프(1908-1970) · 주네 등을 꼽을 수 있다. 비평가들은 재빨리 이들을 모아 '부조리 작가'라고 명명하였는데, 이들 작가의 공통적인 특징은 첫째 인간 실존에 대해 지대한 관심을 지니고 있다는 점, 둘째 비문학적이자 비언어적 성향을 꼽을 수 있다. 이들은 아다모프를 제외하고 이후 우리가 자세하게 설명하려는 작가들이기도 하다.

연극은 사회와 밀접한 관계를 맺는 예술이라고 언급한 바 있다. 따라서 복잡한 양상을 지닌 현시대의 연극 역시 피차간에 난삽한 관계와 두터운 층을 형성하고 있다. 그러므로 20세기 프랑스 연극의 흐름과 이념을 일목요연하게 정리한다는 것은 무리가 있다. 제1부에서는 대체로 국내에서 공연된 연극을 중심으로 상징주의 연극, 전후 철학적인 문제를 제기했던 실존주의, 부조리 작가군과 유사한 계열 작가로서 언어에 대해 문제를 제기한 몇몇의 작가를 소개하기로 한다. 드라마의 새로운 언어의 전조를 예견했던 작가들로 오디베르티 · 타르디유 · 오발디아 · 아라발 등을 거론할 수 있겠는데 불행히도 오디베르티는 국내에서 정식적으로 공연한 적이 없는 관계로 다음에 다루기로 한다. 한편 1970년대 포스트모더니즘과 더불어 만개된 일상극의 작가로 간주되기도 하고, 시적인 대사를 사용하여 언어의 아름다움을 조탁한 것으로 평가받고 있는 콜테스를 덧붙였다. 그의 연극을 일상극으로 포함시키기에는 무리가 있다는 것이 필자의 개인적인 생각이지만 어쨌든 콜테스의 《로베르토 쥬코》가 국내에서 공연되었고, 희곡 낭독 공연회에서도 《검둥이와 개들의 싸움》을 공연하는 등 국내의 젊은 연출가들이 주목하고 있는 작가이므로 의의가 있을 것으로 생각한다. 그리고 마지막에 소개한 몰리에르 연극은 매우 고민한 부분이다. 20세기 프랑스 연극을 소개하는 마당에 17세기 연극은 격이 맞지 않을 수도 있기 때문인데, 그럼에도 그의 연극이 현대적으로 해석되어 국내에서 매년 공연되는 까닭에 몰리에르의 연극을 소개하기로 한다.

제2부에서는 그동안 연극 및 공연 예술 관련 잡지에 발표한 프랑스 공연 예술에 관한 글들을 모았다. 제1장 '프랑스 공연 예술 현황'은 말 그대로 연극을 포함한 공연 예술 전반이 프랑스에서 언제 어떻게 어디서 어떠한 컨셉트로 기획되고 공연되고 있는지 간단히 살펴보았다. 제2장 '아비뇽 연극제와 장 빌라르의 민중극'은 2003년 거창국제연극제와 한국연극학에 발표한 논문으로, 세계적으로 유명한 아비뇽 연극제와 이를 만들어 낸 빌라르의 연극적 이념을 다루었다. 제3장 '스트라스부르 국립극장의 성립과 특징'은 2004년 대구에서 거행된 전국연극제에서 지방 연극 활성화란 주제로 발제한 프랑스의 지방 연극에 관한 글이다. 프랑스에서 지방의 유일한 국립극장이 어떻게 성립되었고, 지역 사회 문화와 프랑스 연극에 어떻게 기여하고 있는지 분석하였다. 제4장 '최고의 배우를 길러내는 프랑스 국립고등연극예술원'은 월간 한국연극에서 연극 교육의 일환으로 프랑스의 경우를 그 중에서도 국립고등연극예술원을 살펴보았다. 그들 고유의 전통과 문화에 기반을 둔 연극 교육은 우리 연극 교육의 실태를 뒤돌아보게 하는 기회를 제공할 것이다. 제5장 '유럽권의 공연 예술 자료관의 운영 실태—프랑스 국립도서관의 경우'는 현재 진행되고 있는 공연 예술 박물관 및 도서관 건립 추진의 일환으로 2004년 11월 세종문화회관에서 있었던 심포지엄의 발제문이다. 이 글은 '공연과 리뷰' 및 '댄스 포럼'에 각각 실렸다. 마지막으로 제6장 '실험과 배반으로 진실한 무대를 꿈꾸는 태양극단'은 2002년 국립극장에서 초청을 받아 우리나라를 방문했던 므누슈킨을 만나 인터뷰한 글과 그들이 공연한 《제방의 북소리》에 대한 리뷰이다. 이 글 역시 공이모에서 발행하는 계간지 공연과 이론에 실렸던 글이다. 이상과 같이 전체적으로 프랑스 공연 예술·교육·박물관·연극제·정책 등 프랑스 공연 예술의 다양한 시각을 이곳에서 만날 수 있을 것이다.

프랑스 연극은 역사와 전통을 자랑하며 오늘날에도 유수한 공연을 선보이고 있다. 그들은 과거로부터 풍부한 극작가를 보유하고 있고, 다양한 장르와 양식의 연극을 선도하고 있는 까닭에 국내에서 프랑스 연극 공연은 제법 많은 부분을 차지하고 있다. 완성된 한 편의 연극은 연출가 혼자의 힘만으로는 턱없이 부족하다. 종합 예술인 연극이 발전하기 위해서는 극작가·연기자·스태프·무대예술가·음향예술가·의상·분장·연출가 등 다양한 예술 수준이 종합적으로 업그레이드되어야 한다. 이를 위해 수준 높은 선진국의 예술을 냉정하게 연구하여 비판할 것은 비판하고 수용할 것은 겸허하게 수용해야 한다. 본 저서가 이를 인식하는 계기가 되었으면 하는 바람이다.

차 례

제1부 프랑스 연극의 이론과 현장

제2부 프랑스 공연 예술 교육과 정책

제1부
프랑스 연극의 이론과 현장

제1장

폴 클로델

1. 상징주의 연극미학

　상징주의는 말 그대로 상징이 핵심어이다. 상징주의자들은 플라톤과 네오플라톤주의자 칸트의 영향을 받아 세상을 현상계와 이데아로 나누고 현상계 속에 숨어 있는 상징을 통해 이데아의 세계로 나아가려고 시도한다. 현실과 유리되었던 보들레르·랭보·베를렌 같은 시인들이 스스로를 선원들에 의해 놀림을 당하는 하늘의 왕자 알바트로스라고 생각했던 것은 이러한 맥락이다. 현세 속에 숨어 있는 상징을 통해 만물이 조응하는 절대계를 꿈꾸었던 이들이야말로 바로 상징주의의 신봉자들인 것이다. 이런 측면에서 상징적 언어라 할 수 있는 음악 및 언어의 음악성은 상징주의 시인들에게 매우 중요하다. 리듬·운율 나아가 음악 자체를 통해 언어의 표현을 극대화시키고 이를 통해 자신들의 목적을 달성할 수 있다고 믿었기 때문이다. 이 점에서 바그너의 총체 예술론은 상당한 설득력을 갖는다. 연극을 최고의 예술이라고 한 바그너는 완전한 인간의 표현이야말로 예술이라 하였고, 무용·음악·문예의 예술 분야를 종합시킬 때 비로소 진실한 예술이 된다고 주장한다. 그는 종합 예술은 예술의 원래 모습이었던 그리스 비극으로 귀환하는 것이며 각각의 예술이 한 자리에 통합된 형태라고 생각한다. 때문에 음악·시·무용 등 전체 예술을 하나로 결합시켜 인간의 감각에 호소해야 한다는 것인데, 이러한 총체극의 이념은 프랑스 상징주의 연극에 지대한 영향을 끼쳤다.

1890년 폴 포르는 예술극단(Théâtre d'Art)을 창설하고 순수하고 이상적인 연극 운동을 펼치겠다고 선언한다. 바그너의 총체예술과 상징주의 시인 말라르메의 영향을 받은 그는 이들의 이념을 연극 속에 흡수시키고자 한 것이다. 그리하여 무대를 상징과 은유로 가득 채웠고 관객의 오감을 자극시킬 수 있는 소리·색·향기·형태들을 사용해 관객의 상상력을 자극한다. 하지만 난해한 무대와 포르의 연출적 한계로 1893년 예술극장은 문을 닫게 되고 예술극장의 배우였던 뤼녜 포가 그의 뒤를 잇는다. 뤼녜 포는 메테를링크의 《펠레아스와 멜리장드》를 암시적 기법으로 연출하여 커다란 성공을 거둔다. 이를 기반으로 그는 곧 '뢰브르 극단(Théâtre d'OEuvre)'을 설립하여 이곳을 상징주의 연극의 아성으로 구축한다.

상징주의 극작가들은 현실적 삶이 아닌 이상적인 삶과 우주의 신비를 찾아 헤맸던 시인들이다. 그들은 눈에 보이지 않는 세계, 초월 세계의 현존을 인식하고 꿈·신비·숙명 등 불가사의한 힘들이 모호하고 상징적인 상태로 일상의 삶에 내재해 있음을 감지하였다. 그러므로 그들의 극작법은 직접적인 지시나 재현이 아니라 직관을 통한 상징·암시·비유를 토대로 구축된다. 그들의 언어는 일상적 의미가 배제되는 대신 유추나 연상 작용이 가능한 시적이고 음성적인 언어를 적극적으로 추구한다. 이러한 시적 언어를 통해서 초월적이고 영적이며 절대적인 세계를 환기시킬 수 있다고 보았기 때문이다. 상징주의 극작가들은 소재를 종교, 신화나 전설 같은 환상적인 영역에서 추출한다. 우리가 다루게 될 메테를링크의 《펠레아스와 멜리장드》의 소재도 신화에서 온 것이며 클로델의 《마리아에게 고함》은 가톨릭의 이념을 기반으로 한다. 대표적인 상징주의 극작가는 클로델과 메테를링크를 꼽을 수 있는데, 다행히 이들은 한국에서 공연이 되었으므로 이들에 대해 좀더 자세히 살펴보기로 하자.

2. 클로델 연보

　19세기 프랑스 상징주의자의 막내로 간주되는 폴 클로델은 프랑스
문학에 커다란 족적을 남긴 시인이자 극작가이다. 클로델은 한국의 일
반 독자에게는 썩 잘 알려진 작가는 아니지만, 영화 〈카미유 클로델〉
의 주인공인 카미유의 친남동생이라고 하면 누구나 고개를 끄덕일 것
이다. 프랑스에서는 아카데미 프랑세즈 회원이었던 동생이 누나보다
훨씬 높은 위상을 구가하고 있으나, 한국에서는 영화 덕택에 카미유
와 폴의 위치가 바뀐 듯하다.

　프랑스 문학계의 고독한 은둔자였던 클로델은 46년간 외교관 생활
을 하면서 미국·중국·일본 등 주로 외국에 거주하였다. 그는 랭보·
파스칼·보쉬에를 좋아했던 반면 몽테뉴·코르네유·스탕달·위고는
싫어했다. 가장 즐겨 읽었던 작가는 셰익스피어·아이스킬로스·도스
트예프스키 등이며 물론 성경은 빼놓을 수 없다.

　클로델은 외교관으로서 정치·경제·사회·지리에 해박하였다. 이
를 통한 현실 파악을 바탕으로 세계의 수만 가지 모습을 시로 담아낼
줄 알았던 것이다. 동시대에 그는 다른 유명 작가들, 예컨대 롤랑·지
드·발레리·프루스트·페기 등과 더불어 매우 개성 있고 독특한 문
학 세계를 구축한다. 이들 세대의 특징은 시대 정신의 반영으로 깊은
불안감과 다양하고 강력한 반항 정신으로 무장되어 있다는 점일 것이
다. 비록 클로델이 직업상 중국·미국·체코·독일·일본 등을 떠돌
아다녔지만 **NRF**지의 창간과 그 발전에 깊이 간여하여, 경쟁 관계에
있던 지드와 마찬가지로 훗날 예술인·문학인·지성인들에게 많은 영
향을 미치게 된다. 말년에 그는 아카데미 프랑세즈 회원으로 피선됨
으로써 프랑스 문학의 거봉으로 자리잡았고, 특히 프랑스 연극의 거목
으로 연극 전공자들이 간과할 수 없는 극작가가 되었다.

1868년   8월 6일 에스느 지방에 위치한 빌뇌브쉬르페르의 마을
샹프누아에서 태어난다. 이 고장은 어머니의 고향이었으
며 아버지는 프랑스 동북부에 위치한 보스 출신이다. 그
는 부자는 아니지만 크게 부족할 것도 없는 시골의 가정
에서 태어나 흙냄새를 맡으며 자란다.

어린 시절 시골에서 마음껏 뛰어놀던 클로델은 14세가
되던 해 파리로 온다. 로댕의 연인이자 조각에서 천부적
인 재능을 보인 누이 카미유 클로델이 가족들을 파리로
이끈 것이다.

1882-1883년   루이르그랑 고등학교에서 엄격한 교육을 받으며,
괴테의 《파우스트》를 읽는다.

1886년   18세 되던 해로 클로델에게 매우 중요한 해이다. 이때
아이스킬로스 · 소포클레스 · 에우리피데스 같은 고대
그리스 비극 작가와 세니카 · 셰익스피어를 읽었다. 이
해에 클로델은 평생을 좌우할 두 가지 중요한 사건을 경
험한다. 하나는 랭보와의 만남이었고 또 하나는 크리스
마스 이브에 파리의 노트르담 성당에서 체험한 신의 계
시이다. 랭보와의 만남은 랭보의 시집 《일뤼미나시옹》과
《지옥에서 보낸 한 철》을 통해서였는데, 사춘기 시절 클
로델은 랭보로부터 작가로서의 미래에 결정적인 영향을
받는다. 또한 신과의 교감을 통해 그는 평생 독실한 가
톨릭 신앙인이 된다. 따라서 많은 연구가들은 랭보와 가
톨릭 신앙을 클로델의 작품의 시원으로 간주한다.

1887-1888년   《잠든 여인》《이른 죽음》 등을 쓰기 시작.

1890년   대학생 클로델은 외교관 시험을 준비하여 합격한다. 파
리에서의 학창 시절은 모든 면에서 매우 풍요로웠다. 신
앙을 받아들이기 이전에 어려웠던 내적인 갈등도 겪고,
문학 분야에서도 말라르메의 '화요회 모임'에 참석하여

많은 문인들과 교류를 가진다. 이때에 《황금머리》《도시》 그리고 《처녀 비올렌》을 구상한다.

1893년   외교관으로서 클로델은 미국으로 떠난다. 이 해에 《도시》를 출판하며 《교환》을 구상하고 《황금머리》를 다듬는다. 뉴욕에서 대리 영사직을, 보스턴에서 영사직을 수행한 후 중국으로 향하는데, 여러 직위를 거치면서 1894년부터 1909년까지 약 13년간 중국에 머문다.

1894년   《교환》과 《황금머리》를 탈고하고 《아가멤논》 번역.

1898년   5월에 《도시》의 두번째 버전을 완성하고, 12월에 《처녀 비올렌》을 다듬어 이듬해 역시 두번째 버전을 완성한다. 당시 프랑스는 동양 문화가 유행처럼 번지고 있었다. 작가들은 앞다투어 동양에 관한 서적을 탐독하고 자신의 작품에 이를 인용하곤 했다. 그런데 간접 경험밖에 할 수 없었던 작가들과는 달리, 클로델은 중국 문화와 일본 문화를 직접 여러 해 동안 경험한 뚜렷한 특징이 있다. 그의 행적에서 한국을 방문했다는 직접적인 흔적은 없다. 하지만 지리상의 여건으로 볼 때 그가 한국을 거쳤을 것이라는 여러 전문가들의 의견은 상당한 설득력이 있다.

1909년 이후   클로델은 프라하와 독일의 프랑크푸르트·함부르크에 머물면서 외교관직을 수행하는 동시에 유럽의 진면목을 바라보게 된다. 그는 이탈리아를 끝으로 1917년 대사로 임명되어 리오로 떠난다. 이 시기에 대사직을 수행하면서도 역사와 시간의 움직임에 대한 성찰을 통해 새로운 극작품을 구상하게 된다.

1910년   《인질》을 완성하고 《처녀 비올렌》을 다시 퇴고.

1911년   《인질》을 NRF에서 출간하고, 《마리아에게 고함》을 완성하여 1912년에 출판한다. 이때부터 그의 작품은 지속적이며 활발한 공연이 이루어진다.

1912년	《마리아에게 고함》이 뢰브르 극장에서 초연.
1913년	프랑크푸르트 그리고 스트라스부르와 샹젤리제 코미디, 독일의 헬레라우에서 각각 공연된다.
1914년	비외콜롱비에에서 《교환》이 공연되고, 《프로메테우스》가 출판된다.
1919년	코펜하겐에 전권공사로 임명되던 해 《비단구두》를 구상하고 1920년에 집필을 시작한다.
1921년	주일본 프랑스 대사로 임명된다. 다시 극동아시아에 가게 됨으로써 클로델의 더욱 성숙해진 문학과 사상이 꽃피우게 될 것이다.
1923년	동경 대지진 당시 그곳에 머물렀으므로 클로델은 당시 비극의 산 증인이 된다. 일본의 전통 연극인 '노'를 연구하고, 《여자와 그림자》의 초안을 잡는다.
1924년	아르 에 악시옹 극단에 의해 《황금머리》가 공연되고 같은 해 12월 《비단구두》가 완성된다. 미국의 프랑스 대사(1927-1933)로 발령된 그는 바야흐로 공직자로서 전성기를 구가한다. 최초의 부임지였던 미국을 35년 만에 다시 찾은 것이다. 당시 미국은 번영을 누리고 있었지만 세계 경제 공황의 여파로 경제적 위기를 맞아 루스벨트의 뉴딜 정책에 대해 열렬히 토론하던 시기였다. 이때는 위대한 극작품 창작의 시기는 아니지만, 비평과 성서에 대한 진지한 성찰을 보여준 때이다.
1927년	1, 2월에 《아테네 성벽 아래에서》를 집필하고 10월에 공연한다. 7월에 《크리스토퍼 콜럼버스의 책》을 구상한다.
1928년	오데옹 극장에서 《인질》 공연.
1933-1935년	브뤼셀에서 대사직 수행을 끝으로 공직에서 명예롭게 은퇴하고, 론 강변에 있는 자신의 브랑그 성에 은거하며 평화로운 시인의 생활을 영위한다.

1939년	《마리아에게 고함》 공연을 계획했다가 포기한다.
1941년	클로델은 장 루이 바로를 만나 유익한 대화를 나눈다.
1943년	코메디 프랑세즈에서 《비단구두》가 공연된다. 연출가 장 루이 바로는 난해한 클로델의 극작품을 독창적으로 해석하여 무대에서의 가능성을 증명하면서 관객의 열렬한 박수를 받는다.
1946년	아카데미 프랑세즈는 그를 회원으로 승인한다. 그의 극작품들은 프랑스와 유럽에서 공연되기 시작한다. 교황청은 1950년 클로델이 가톨릭의 가장 위대한 시인이라고 공식적으로 발표한다.
1955년	2월 14일 조용히 숨을 거둔다.

3. 클로델의 《마리아에게 고함》

클로델은 사석에서 자신은 매일 두 시간씩 작품을 쓴다고 말한 적이 있다. 그렇다고 외교관으로서의 역할에 불충실했던 것도 아니다. 그는 자신의 직업에 만족했고 좋은 외교관이 되고자 했다. 이렇듯 아침나절의 두 시간이 그로 하여금 프랑스 문학의 거장이 되게 했던 것이다. 상징주의자인 클로델의 작품 경향을 한마디로 요약하면, 랭보의 영향, 신앙인의 모습 그리고 동양과의 접촉이라 할 수 있다. 《마리아에게 고함》은 이 가운데 두번째의 경향이 두드러진다.

클로델은 장 루이 바로에게 《마리아에게 고함》이야말로 자신의 일생에서 매우 중요한 작품이라고 말한 적이 있다. 《비단구두》에서 풍부하고 위대한 표현을 통해 극작가의 천재성이 드러났다면, 《마리아에게 고함》을 자신의 극작품 중 가장 특출한 것임을 스스로 인정하고 있는 것이다. 1910-1911년 사이 프라하에서 쓰인 이 작품은 작가로서 매우 성숙한 시기의 작품이다. 극작품 《정오의 극점》에서 보여준 고통스

사랑티켓 참가작

극단 여행과 꿈 창단공연

마리아에게
전해진 소식

작가 : 폴 끌로델
연출 : 김지연

오늘한강마녀 소극장

기간 : 2001년 12월 6일 ~ 2002년 1월 6일
시간 : 평일 7시30분, 토,일,공휴일 4시, 7시30분
　　　매주 수요일 공연 쉽니다

예약문의 문의처 : (032)889-3249
홈페이지 : www.journey-dream.com

런 모험을 가슴에 간직한 채 클로델은 동요를 가라앉히고 다시금 규율 속으로 들어온다. 결혼하고 가정을 꾸민 것이다. 그리고는 영사가 되어 안정적인 생활을 영위하면서 문학에 더욱 전념하는 시기이다. 이때 그는 《인질》을 쓰는 동시에 자신의 삼부작 가운데 첫 극작품을 완성한다. 이렇듯 프라하에서의 문학 창작은 열정적인 것이었다. 《마리아에게 고함》을 겨우 완성해 놓고 곧바로 최고의 서정적인 작품이라 할 수 있는 《삼중창의 칸타타》를 쓰기 시작한 것도 바로 이때이다.

《마리아에게 고함》은 한마디로 《처녀 비올렌》의 개작이라고 할 수 있다. 1892년에 처음 출판된 《처녀 비올렌》은 클로델이 미국으로 떠나기 전 젊은 시절의 창작열을 잘 보여주는 작품이다. 이 두 작품은 작가의 어린 시절과 깊이 연관되어 있다. 《처녀 비올렌》이나 《마리아에게 고함》은 작가의 마음과 상상력 속에 생생하게 살아 있는 고향의 분위기를 물씬 풍겨 준다. 실상 《처녀 비올렌》의 새로운 버전은 1898년 그가 중국에 머물 때 이미 출판되었으므로, 《마리아에게 고함》은 시기적으로 오랫동안 구상되었다는 것을 알 수 있다. 하지만 맨 처음에 쓴 《마리아에게 고함》은 결정판이 아니었다. 클로델의 창작 습관상 그는 언제나 다듬고 퇴고했던 것이다. 1938년에 클로델은 제4막을 다시 썼고, 공연을 보면서 작품을 전체적으로 다시 다듬기도 하였으니, 결국 죽을 때까지 이 작품의 운명에 대한 불안한 시선을 보내고 있었던 셈이 된다. 어쨌든 《마리아에게 고함》은 1955년 2월에 프랑스 국립극장인 코메디 프랑세즈에서 공연됨으로써 명작의 반열에 올라섰다.

《마리아에게 고함》은 클로델이 발표한 이듬해 1912년 12월 뤼녜 포에 의해 뢰브르 극장에서 초연되었고 1913년 독일 헬레라우에서도 공연되었다. 작자는 이 공연 당시 직접 무대에 접할 기회를 갖게 되면서 무대장치라든가 배우 그리고 관객과의 관계에 있어 작품에 많은 문제점이 있음을 깨달았다. 특히 독일 극단의 연출가 자크 달크로즈를 만나면서 연출상의 문제점을 발견하고는 작품을 수정해 나갔고, 결국 그의 대표적인 극작품으로 자리매김하게 된다.

《마리아에게 고함》은 특히 주제 면에서 작가에게 매우 중요한 작품이다. 이는 클로델 자신의 실존적이고 드라마의 비전에 대한 본질적인 주제이므로 작가가 어떻게 정의를 내리는지, 어떻게 생각하는지를 살펴보는 것이 매우 중요하다.

이 작품을 알기 위해서는 예견한 바와 같이, 1892년 초간된 《처녀 비올렌》을 언급하지 않을 수가 없다. 《처녀 비올렌》은 작가가 살았던 어린 시절의 분위기, 자연에 대한 사랑, 대중적인 동시에 서정적이며 예술성이 깃든 언어로 표현되어 인간미가 넘쳐나는 작품이다. 어린 클로델은 시골에서 전해지는 이야기를 들으면서 매우 거칠고 토속적인 드라마를 써보겠다는 생각을 했음이 분명하다. 우선 간단하게나마 작품의 줄거리를 살펴보자.

콩베르농의 부농인 안 베르코르에게는 비올렌과 비비안(《마리아에게 고함》에서는 마라이다) 두 딸이 있다. 베르코르는 첫째딸을 젊은 농부인 자캥 위리(자크 위리)와 결혼시키려고 한다. 이 둘은 서로 사랑하고 있어 하등의 문제가 없다. 그런데 베르코르는 결혼식을 기다리지 않고 프랑스를 순회하기 위해, 세상을 보기 위해 그리고 바다를 보기 위해 떠난다. 둘째딸 비비안은 남몰래 자크를 흠모하며 언니에게 강한 질투심을 느낀다. 비비안은 만일 자크와 비올렌이 결혼하면 자살하겠다고 어머니를 위협한다. 겁에 질린 어머니는 이를 비올렌에게 전한다. 이를 전해들은 비올렌은 아무 설명 없이 자크와 헤어지는데, 영문을 모르는 자크는 비올렌과 그녀의 사촌 보브와의 관계를 의심한다. 언젠가 비비안이 자크에게 비올렌이 보브를 좋아한다고 넌지시 일러두었던 것이다. 자크는 비올렌에게 모욕을 주고는 그녀로부터 떠난다. 이제 자크를 차지할 수 있다고 생각한 비비안은 잔인하게 언니를 비웃으며 지참금을 빼앗으려 한다. 비올렌은 화를 내기는커녕 상냥하다. 이에 격분한 비비안은 아궁이의 재를 언니의 얼굴에 뿌리고는 쫓아 버린다. 제3막에서 장님이 된 비올렌은 숲 속에 살고 있다. 그런데 그녀는 병을 고치고 기적을 행하는 성녀라는 명성이 자자하다. 어느 날 밤,

비비안이 숲을 찾아와 선천성 장님인 딸의 눈을 뜨게 해줄 것을 요구한다. 비올렌의 열렬한 기도에 힘입어 기적이 일어나고 아이는 눈을 뜬다. 제4막이 되면 이러한 언니의 행적을 견딜 수 없는 비비안은 숨어서 비올렌을 지켜보다가 구덩이 속으로 밀어 버린다. 장면이 바뀌어 사람들은 비올렌의 육신을 집으로 운반한다. 잠시 의식을 되찾은 비올렌은 자크에게 언제나 사랑했었음을 고백하며, 그렇지만 동생의 행복을 위해 스스로 희생해야 할 것을 믿었다고 말한다. 비올렌은 죽고, 돌아온 안 베르코르는 비비안을 용서한다.

이같은 내용의 《처녀 비올렌》은 그 뿌리가 매우 강력한 극적인 동기를 가진 민간 전승을 기반으로 하고 있다. 즉 성격이 판이하며 라이벌 의식이 매우 강한 자매를 통해 충격적인 인간성을 대조시키고 있는 것이다. 이러한 내용은 《마리아에게 고함》에서 그대로 재현된다. 특히 사랑의 희생과 행복의 거부는 《비단구두》에서 볼 수 있듯이, 클로델의 주요 작품에서 드러나는 핵심적인 주제이다.

클로델이 《마리아에게 고함》을 쓰기 위해 작품을 다시 검토한 것은 1898년 12월-1899년 10월 사이, 중국에 머물면서였다. 이때는 이미 작가의 언어가 성숙해진 시기로 클로델은 철학자이자 신학자가 되어 있었다. 극작품의 대화는 서정적이면서도 엄숙하였고 거만한 언어로 구성되었다. 시골에 전승되어 내려온 줄거리는 대폭 축소되고 변형되었다. 예컨대 장님이 된 비올렌이 많은 사람들이 만나고 싶어 하는 불치병의 기적을 행하는 성녀가 아니라 속죄하는 가련한 은자로 변모된 것, 안 베르코르가 모험을 떠난 것이 아니라 비올렌의 아버지답게 순례를 떠나는 것, 영적인 언어로 충만되어 있는 것, 피에르 드 크라옹이라는 새로운 인물의 등장이 그것이다. 《처녀 비올렌》에서 비올렌의 희생 절반은 이교적 종교를 근간으로 영웅적인 행위로 묘사된 반면, 《마리아에게 고함》에서는 훨씬 가톨릭적이다.

《마리아에게 고함》은 중세를 배경으로 하고 있으며 역사적 사건과 정확하게 연결되어 있다. 1429년은 프랑스가 영국과의 지루한 백년 전쟁을 치르던 중 혜성처럼 등장한 잔 다르크의 승전보가 울려 퍼지는 가운데 랭스에서 샤를 7세의 대관식이 거행되었던 때로 작품에 그대로 나타난다. 이러한 배경은 신의 부름을 받아 나라를 구한 잔 다르크와 예수를 잉태한 동정녀 마리아, 그리고 작품의 주인공인 비올렌을 중첩시키는 역할을 한다. 이들은 모두 성처녀로서 신의 부름을 받은 공통점을 가진다. 실상 작품에서 존재하지 않는 마리아가 무슨 까닭으로 제목에 나타나는가는 바로 이 점에서 설명이 가능하다. 《처녀 비올렌》이 역사적 배경 없이 진행되는 것과는 사뭇 대조를 이루는 이러한 배경을 통해, 비올렌의 성스런 희생이 15세기의 종교적인 분위기 및 조국애와 연계되고 있음을 알 수 있다.

클로델은 이 작품이 무대에서 공연될 수 있기를 바랐고 그럴 수 있다고 생각했다. 그러나 1912년에 출판된 작품은 너무 시적이고 서정적이며 무거웠다. 1938년 코메디 프랑세즈에서 공연을 위해 샤를 뒬랭과 작업을 하면서 특히 제4막이 문제가 많다는 것을 알았고 결국 공연은 실현되지 못했다. 그는 이 비판을 받아들여 제4막을 다시 줄여 썼다. 그리하여 첫번째 버전을 사뭇 축소하여, 자크 에베르토에게 헌정된 《마리아에게 고함》은 1948년 3월 12일 파리에 위치한 에베르토 극장에서 초연되었던 것이다.

클로델은 프랑스 문학사나 연극사에서 매우 비중 있는 작가이다. 그런데 엄청난 작품의 양과 해석의 어려움 때문에 국내에 제대로 소개되지 못한 것은 안타까운 일이다. 이런 가운데 필자의 번역으로 《마리아에게 고함》(월인출판사)이라는 제목으로 출판되었고 '극단 여행과 꿈'(김지연 연출)에서 한번은 오늘한강마녀 소극장에서 2001년 12월 6일-2002년 1월 6일까지, 또 한번은 2002년 11월 8일-12월 8일까지 마로니에 소극장에서 공연한 바 있다. 극작품의 문학성이 뛰어나지만 공연하기에는 무리가 따르는 클로델의 작품을 국내 무대에 올렸다는 것 자체만으로도 상당한 평가를 받을 수 있으리라는 생각이다.

제2장
모리스 메테를링크

1. 메테를링크 연보

벨기에 출신으로 1911년 노벨문학상을 수상한 모리스 메테를링크는 행복은 멀리 있는 것이 아니라 우리 곁에 있다는 교훈을 준 《파랑새》로 잘 알려져 있다. 그는 프랑스어로 작품 활동을 하였으므로 프랑스 문학에서 다루어지고 있으며, 음악성을 중시한 운율적 희곡과 상징적 문체로 상징주의 연극의 대표적 주자로 간주된다. 그는 신비의 영역에 몰두하면서 과학의 베일에 가려 있는 미지의 것, 불가지의 것을 찾아나선다. 그의 대표적인 연극 《펠레아스와 멜리장드》(1892)는 상징주의 걸작으로 인정받아 1894년 뤼녜 포의 연출로 파리의 전위적 극장인 뢰브르 극장에서 초연되었고, 1902년 상징주의 작곡가 드뷔시는 이를 오페라로 작곡한다. 드뷔시의 작품은 국내에서 1995년에 오페라로, 1999년과 2004년에 발레로 공연된 바 있다. 그의 대략적인 연보는 다음과 같다.

1862년   벨기에 강 지방에서 부유한 부르주아 집안의 장남으로 태어난다. 프랑스어를 사용하는 그의 집안은 보수적이며 가톨릭 신앙을 지녔다.

1883년   최초의 시 발표.

1886년   빌리에와의 만남. 그는 "나의 삶은 둘로 나누어진다. 빌리에를 만나기 이전과 만난 이후, 그리고 어둠과 밝음이다"라고 말한 적이 있다.

1889년   상징주의 시집 《온실》(1899)과 희곡 《말렌 공주》 발표.

1891년   희곡 《장님들》이 폴 포르에 의해 초연된다.

1893년   상징주의 시인 말라르메와의 만남. 《펠레아스와 멜리장드》(1892)가 뤼네 포에 의해 초연된다.

1894년   인형극을 위한 세 개의 소극 〈알라딘과 팔로미드〉 〈내부〉 〈탱타질의 죽음〉을 연이어 발표한다.

1896년   에세이 《소박한 사람들의 보물》과 시집 《12개의 노래》 발표. 뤼네 포의 연출로 《아글라벤과 셀리제트》 초연.

1898년   에세이 《지혜와 운명》 발표.

1900년   셰익스피어의 《맥베스》 번역.

1901년   에세이 《꿀벌의 생활》 발표.

1902년   드뷔시에 의해 《펠레아스와 멜리장드》 오페라 초연. 뤼네 포의 연출로 〈모나 바나〉 초연.

1908년   모스크바 예술극장에서 스타니슬라프스키 연출로 〈파랑새〉 초연.

1911년   노벨문학상 수상.

1926년   에세이 《흰개미의 일생》 발표.

1930년   에세이 《개미의 일생》 발표.

1931년   니스에 정착.

1939년   미국으로 피신.

1947년   프랑스 귀국.

1949년   오르라몽드에서 사망.

한편 메테를링크의 연극은 상징적 난해함에도 불구하고 국내에서 몇 차례의 공연이 있었다. 2002년 정세혁 연출로 〈틈입자〉가 공연되었고, 2003년 남양주세계야외공연축제 때에는 〈장님들〉을 국내에서 초연하기도 하였다. 다음의 글은 2001년에 있었던 여성 연출가전에서 공연된 〈펠레아스와 멜리장드〉의 공연평이다.

2. 여성 연출가전 두번째 공연, 〈펠레아스와 멜리장드〉

2001년 미아리고개 구름다리 밑에 숨은 듯이 자리잡고 있는 '예술 극장 활인'에서 제2회 '여성 연출가전'이 열렸다. 남성들이 판치는 연출가 세계에서 "한국에서 여성 연출가로 살아간다는 것은 얼마나 가능할까?"라는 질문을 던지며 제1회 여성 연출가전이 2000년 5월 22일-6월 17일에 걸쳐 3명의 여성 연출가, 이진숙·최은승·오유경이 각각 체호프의 《청혼》, 이노우에 히사시 원작의 《똥과 글의 만남》, 셰익스피어 원작인 《오셀로, 오셀로》를 공연한 바 있다. 이 공연에서 세 작품의 일관성은 크게 눈에 띄지 않는데, 연출가가 임의로 자신 있는 작품을 선택한 것으로 보인다.

동·서양의 연극사를 살펴보면 연극 무대에서 남성과 여성은 엄격하게 구분되어 있다. 중국 전통극 가운데 영화 〈패왕별희〉의 소재인 경극은 남성들만 출현할 수 있었던 반면, 월극은 여성들의 전유물이었고, 일본의 가부키는 남성들로만 이루어졌다. 과거의 서양 연극은 주로 남성들의 독무대였다. 특히 남성 중심 사상이 명백한 기독교를 근간으로 하는 중세의 서양 연극에서 여성들은 오랫동안 홀대를 받아 왔다. 중세의 교회 합창대에서 변성기 이전의 남자 어린이의 보이소프라노나 거세된 소년의 카스트라토가 소프라노를 대신했던 것처럼, 나라와 문화에 따라 다르기는 하지만 무대에 여성 배우가 아예 없거나 여성이 무대에 등장하기에는 많은 제약이 따랐다. 엘리자베스 여왕 치하의 영국의 경우는 영화 〈셰익스피어 인 러브〉에서 알 수 있듯이, 여자가 무대에 서는 것이 법으로 금지되기도 하였다.

이러한 남성 우월적인 전통은 서구인들에게 그대로 계승되어 연출가가 본격적으로 탄생한 20세기에 들어선 이후에 연출은 주로 남성

들에 의해 이루어졌고, 여성 연출가는 반세기나 지나서면서 드문드문 나타나기 시작했다. 하물며 역사상 그 유례를 찾아보기 힘든 조선의 여성 불평등 시대를 거친 한국에서 연극의 총 지휘자인 연출가를 여성이 담당한다는 것이 쉽사리 납득될 수 있을까? 이러한 맥락에서 볼 때 여성 연출가전은 그 자체로서 매우 의의가 있는 행사임에 틀림없다.

프랑스어의 명사에는 성(性)이 있다. 그런데 국가명인 프랑스(La France)와 한국(La Corée)은 공히 여성 명사이다. 갑자기 두 나라의 성을 말하는 것은 아주 우연이긴 하지만 여성들에 의해 한국에서 프랑스 연극이 공연되는 것은 이런 측면에서 일관성이 있다고 억지를 부리고 싶은 까닭이다. 2001년 공연된 세 작품은 모두 현대 프랑스 연극으로 '한국 여성 연출가와 프랑스 연극과의 만남'이라는 부제가 가능하다. 일정과 작품을 간략히 살펴보면 다음과 같다. 5월 4일-19일까지의 첫번째 공연은 이오네스코의 〈왕은 죽어가다〉(카티 라팽 연출), 두번째 공연은 5월 25일-6월 9일까지 메테를링크의 〈펠레아스와 멜리장드〉(백은아 연출)가, 마지막으로 6월 15일-30일까지 장 주네의 〈하녀들〉(박정희 연출)이 공연되었다. 이들 세 작품은 한 시대를 주름잡았던 대가들의 작품으로 그 문학적·사상적 깊이는 이미 충분히 검증되었고, 후대에 이들 공연에 다양한 해석이 가해졌던 만큼 연출이나 관객 모두에게 심사숙고할 것을 요구한다.

시대적으로 보면 19세기 상징주의 작품인 《펠레아스와 멜리장드》가 1892년으로 가장 앞서고 《하녀들》이 1947년, 《왕은 죽어가다》가 1962년 순이다. 주네와 이오네스코는 비슷한 시기의 작가로 부조리 계열에 속하므로 세 작품이 뚜렷한 일관성이 있는 것은 아니다. 본 글은 작품의 시대적 순서보다는 공연 순서로 써질 것이다. 첫번째 공연인 〈왕은 죽어가다〉는 대표적인 부조리 작가 중 한 사람인 이오네스코 작품이다. 두번째 공연은 〈파랑새〉로 널리 알려진 메테를링크의 대표적인 작품 〈펠레아스와 멜리장드〉로 신비함과 불가사의가 충만한 상징적이고 환상적인 작품이다. 세번째 공연인 〈하녀들〉은 파란만장한 일생을 살다 간 주네의 작품으로 인간의 어두운 악의 본성과 잔혹성, 소외된 인간들의 편집광이 서정적으로 표현되고 있어 부조리 연극과 제의 연극, 나아가 잔혹 연극과 맞닿아 있다. 상징주의 연극을 논하는 이 자리에서는 〈펠레아스와 멜리장드〉의 공연을 소개하고자 한다.

상징을 통해 절대에 도달할 수 있다고 믿는 상징주의 이념은 무대에서 물질을 통해 구체화되는 연극의 이념과는 상당히 이질적이다. 상징주의 시학을 가장 잘 대변하고 있는 보들레르의 시 《만물조응》을 살펴보면 이를 쉽게 알 수 있다. "자연은 사원, 사원의 살아 있는 기둥들은 가끔 혼동의 말을 내어 보내니; 인간은 친밀하게 바라보는 상징의 숲을 통해 사원을 지나가노라." 이 시의 첫 연에서 알 수 있는 것은 '사원'으로 표현된 진리의 세계가 우리에게 명확한 메시지(혼동의 말)를 주는 것이 아니며, 시인(인간)은 상징(상징의 숲)을 통해서만 이 세계로 진입할 수 있다는 점이다. 그러므로 상징주의자들에게 있어서 명확하고 구체적인 것은 본질을 가로막는 장애물이다. 질료를 바탕으로 하는 연극과, 현실에 등을 돌리고 명확성을 회피하며 형이상학적 신비를 추구하는 상징주의와는 그 성격이 판이해서 서로 화합하기가 매우 어려워 보인다. 따라서 상징주의를 대표하는 문학 장르는 자연스럽게 시가 되었고, 메테를링크나 클로델 역시 연극을 쓰기 전에 시를 썼던 것은 당연한 현상이다.

근대 이후, 벨기에에서 프랑스어를 사용한 작가 가운데 가장 위대한 이로 추앙받고 있는 메테를링크는 클로델과 더불어 상징주의의 대표적인 극작가로 꼽힌다. 그는 교양 있고 명상적이며 신비에 열중한 정신의 소유자로서 과학의 베일 속에 가려져 있는 신비를 찾아내고, 신비주의만을 안내자로 삼아서 미지와 불가지의 영역을 대담하게 뚫고 들어간 작가이다. 게다가 그의 정신은 섬세하여 존재하는 모든 것에 공감하고 이에 감동받을 뿐 아니라 고통받는 것들, 욕망에 신음하는 모든 것과도 마음을 함께한다. 그의 심리적이고 도덕적인 에세이에는 인간의 영원한 문제에 대한 불안한 명상이 표현되어 있다. 시인은 상징주의 비극을 창조하려고 하며, 인물을 말하자면 영혼을 육체에서 분리시켜 비물질적인 세계 속에서 움직이게 함으로써 삶의 무서운 신비와 영혼의 심각한 고뇌를 표현하고자 한다. 그러므로 그는 꼭두각시를 위한 극이나 몽환극을 창작하고자 하였다. 초기의 단편극에서는 달빛 아래를 오가는 흐릿하고 희미한 공기처럼 가벼운 인물들을 춤추게 하고 있는데, 이 조그맣고 환상적인 세계는 미묘하면서도 때로는 감동적인 우아함을 풍긴다. 그의 걸작 《펠레아스와 멜리장드》는 어렴풋함 속에서 매혹적이고 불안스러운 시정이 넘쳐흐르고 있는데, 작품 자체가 이러한 표현 양식과 일치하고 있다.

　세 사람의 신비한 삼각 관계라 할 수 있는 대략의 줄거리는 다음과 같다. 골로는 숲 속을 방황하는 멜리장드를 만난다. 그녀와의 만남으로 알몽드 국왕인 조부 아르켈에게 돌아가고자 마음을 먹지만 가출한 상태인지라 이복동생 펠레아스에게 자기 대신 용서를 빌어 달라는 편지를 쓴다. 용서를 받은 골로는 멜리장드를 이끌고 성으로 귀환한다. 그러나 펠레아스와 멜리장드는 운명적인 사랑에 빠지면서 비극의 씨앗이 잉태된다. 질투심에 이성을 잃은 골로는 펠레아스의 심장에 단검을 꽂게 되고 그 충격으로 조산을 하게 된 멜리장드 역시 죽음의 길에 이른다. 골로는 멜리장드가 숨을 거두기 직전까지 펠레아스와의 부정을 확인하고자 추궁하지만 아무런 사실도 확인 못하고 자책과 후회로 깊은 절망감에 사로잡힌다.

　관객이 극장 안으로 들어서면 무대는 이미 연기자들 전원이 각자의 포즈를 취한 채 대리석처럼 굳어 있다. 어둠 속에서의 부동성은 많은 암시를 하며 그들의 어두운 표정과 전반적인 자세는 비극적인 분위기를 풍긴다. 특히 샘터에 엎드려 있는 멜리장드의 모습은 가슴 저리는 슬프고 애절한 결말을 암암리에 제시한다. 그러나 빈약한 무대장치와 일관성 없는 의상은 작품에서 강하게 풍겨야 할 중세의 신비한 분위기를 잘 드러내지는 못한다.

무대의 바닥은 모래이다. 모래를 이용해서 참을 수 없이 화가 난 몸짓을 보여주는 것은 골로뿐, 다른 인물들에게 혹은 관객에게 모래는 약간 거추장스러워 보인다. 그럼에도 바닥에 모래를 뿌린 것은 무슨 까닭일까? 그것은 아마도 아르켈 왕의 성이 위치한 곳이 바닷가이기 때문이리라.

배우들은 등 · 퇴장을 하는 대신 조명을 통해, 그리고 무대의 이동을 통해 또한 움직임과 정지된 동작을 통해 관객 앞에 나타났다가 사라지곤 한다. 장면은 몽타주처럼 짜여 있어 관객은 사진첩을 넘기는 인상을 받는다. 인물들의 느릿느릿한 동작, 꿈속에서나 들을 수 있는 환각적이며 느린 템포의 소리는 매우 몽환적인 무대를 만들어 낸다. 다만 이처럼 이완된 장면을 통해 영혼의 불길함과 고통, 비극적 삶을 구상해 내기에 무대는 엷고 배우들의 연륜은 일천하다. 인물들의 동작과 연기에 양념이 하나씩 빠져 있는 것 같다. 골로 · 펠레아스 · 멜리장드의 경우 특히 그러하다. 반면 이뇰드 · 아르켈 · 어머니는 암시적이고 주술적인 모습이 제법 소화되어 드러난다.

작가의 상징적이고 모호한 문체는 망설임과 암시로 꿈속의 인물을 만들어 낸다. 작품에서 주요 인물은 펠레아스와 멜리장드, 골로와 아르켈 왕이다. 이들 인물들은 그들이 추구하는 대상들과 맞물려 각각의 성격이 드러난다. 펠레아스와 멜리장드는 물질 너머의 세계를 볼 수 있다는 공통점이 있다. 마치 상징주의 시인들처럼. 아버지가 다른 형제 골로와 펠레아스는 대립적인 인물이다. 특히 골로는 펠레아스와 멜리장드의 관계에서 사랑과 증오의 격한 감정을 경험한다. 기골이 장대하며 전처와 사별을 하고 벌써 흰머리가 돈은 골로, 사냥을 즐기며 다혈질적인 그는 남성적 취향을 지니며 외적으로 강한 인상을 풍긴다. 시인의 기질을 지닌 펠레아스는 희미한 유령처럼 비실체적이다. 전설적인 인물이며, 몸짓이 중성적이어서 여성스럽기까지 하다. 그의 목소리는 몽롱하고 동작은 느리다. 골로는 시인들이 경멸하는 지상의 인간의 전형으로 물질 뒤에 숨어 있는 진실을 발견해 내지 못한다. 멜리장드가 죽어가면서 진실을 들려주지만 그의 귀에는 아무것도 들리지 않으며, 결코 진실을 알아차릴 수 없는 것이다. 오직 눈에 보이는 현상계만을 중시하는 골로에게 있어서 멜리장드의 정신적 세계는 불가사의하며 이해할 수 없다. 그러므로 펠레아스와 멜리장드의 정신적 교감을 불륜으로 오해할 수밖에 없는 한계를 지닌다. 멜리장드, 그녀는 누구일까? 어디서 왔을까? 그녀의 신비로움은 무엇일까? 모든 사람들이 자신을 괴롭힌다고 믿고 있는 그녀는 자학성 환자인가? 어디에선가 도망쳤다는 그녀는 길을 잃고 깊은 숲 속을 헤맨다. 사람들이 주었다는 왕관은 골로가 준 반지와 비슷한 유형의 오브제이다. 샘 속에 빠져 있는 왕관을 손대지 못하게 하는 것이나, 샘에 반지를 빠트리는 것도 유사한 의미의 행동이다. 그녀는 숲의 정령이거나 샘의 요정이거나, 아니면 어떤 성에서 도망쳐 온 왕비인지도 모른다. 사람들은 보석처럼 빛나는 그녀의 눈빛과 눈부신 아름다움, 풍요롭고 금빛 찬란한 머리칼을 보고 약물에 중독되듯 한순간에 매료된다. 아름다운 목소리로 뱃사람을 유혹하여 죽음으로 이끄는 신화의 반인반어 세이렌처럼. 그러므로 운명적인 매료는 인간을 숙명의 비극으로 몰고 가는 고대 그리스 비극을 닮았다. 아름다운 여인의 비극은 우리를 더욱 슬프게 한다. 그런데 무대의 멜리장드는 신비로운 천상의 아름다움을 생생하게 전달하는 데 미치지 못한다. "난 행복하지 않아……. 난 행복하지 않아……."의 대사는 관객의 심장을 철렁하게 만들어야 하지만 그러기에 역부족이다.

늙은 아르켈은 은퇴한 예언자의 모습이다. 왕이라는 최상의 직위에 올라 있지만 이미 늙어 버린 그는 젊은이들의 운명을 바꿀 수 있는 힘을 상실하고, 다만 현자다운 지혜를 통해 예견할 수 없는 운명의 힘을 한탄한다. "내가 만일 신이라면 난 인간들의 마음을 불쌍히 여길 텐데……." 멜리장드의 죽음에 대해서는 "이유 없이 태어났다가 이유 없이 죽는 거지……"라고 한탄하며 지상의 인간으로서 무기력함을 대변한다.

　작품에서 곱씹어 봐야 할 상징들이 몇 가지 있다. 샘 혹은 물에 대한 상징은 무엇인가? 샘은 우선 여성성을 상징한다. 골로가 멜리장드를 만나는 곳은 숲 속의 샘터이며 펠레아스가 멜리장드와 은밀한 사랑을 나누는 장소는 기적의 샘 혹은 소경의 샘터이다. 그런데 멜리장드는 샘에 왕관을 빠트리고 골로를 받아들이며, 반지를 빠트린 후 펠레아스를 받아들인다는 점에서 샘은 굴레의 해방을 상징하기도 한다. 그러나 성 지하에 고여 있는 썩은 물은 죽음을 의미한다. 이러한 맥락에서 볼 때 무대에서 소경의 샘이 모래를 헤치고 밝은 조명으로 표현된 것이나 죽음의 물이 음침한 어둠으로 표현된 것은 매우 적절하다. 또한 왕관, 반지는 무엇을 상징하며 죽음의 그늘이 드리워져 있는 성은 무엇인가? 이것들은 대략 인간들의 욕망의 대상이다. 거대한 건축물인 성과 왕관은 권력을, 반지는 소유를 상징한다. 욕망의 대상인 이것들은 인간에게 굴레로 작용하는 것들로 밝은 세계, 천상의 세계로 나아가기 위해서는 꼭 버려져야 할 것들이다. 온통 어두운 성은 빛의 세계와 대립되는 것으로 닫힌 공간이자 현상계에 다름 아니다. 그런 까닭에 영혼의 존재인 멜리장드는 이곳에서 결코 행복할 수 없으며, 펠레아스는 언제나 떠날 것을 꿈꾼다. 깊은 숲, 성 밑의 하수구, 성 자체는 고통과 죽음이 상존하는 현실의 세계라면, 열린 창문을 통해 그들이 그리워하는 하늘, 등대의 불빛, 배의 불빛, 활짝 편 돛은 멜리장드의 긴 금빛 머리칼처럼 천상의 세계와 관계 있다. 펠레아스는 창문에서 내려온 멜리장드의 머리칼을 부여잡고 이렇게 말한다. "마치 하늘에서 내려온 것처럼 포근하고 부드러워…! 난 당신 머리카락에 가려 더 이상 하늘을 볼 수가 없어. 그 아름다운 광채는 하늘빛을 전부 가리고 있어…!" 머리칼과 하늘이 동격인 것이다. 창문은 상징주의자인 말라르메의 시 《창문들》에서 나타나는 창문의 의미와 매우 유사하다. 오랫동안 병상에 누워 있던 환자가 창문에 기대어, 현실에서 탈출하여 영원한 삶이 존재하는 창공으로 나아가고 싶어하는 말라르메의 창문과 메테를링크의 창문은 똑같이 어둠의 세계에서 빛의 세계로 나아가는 통로인 것이다.

사실주의 연극 및 자연주의 연극에 익숙한 관객은 〈펠레아스와 멜리장드〉에서 나타난 느린 템포와 흐느적거리는 배우들의 연기, 애매한 무대 구성, 어둡고 흐릿한 조명, 단조로운 어조와 동작들을 참아내기가 무척이나 어려울 것이다. 그렇지만 지금까지 분석한 상징주의의 이념을 따른다면 관객의 눈앞에 펼쳐지는 배우들의 신체와 신체에서 울려 나오는 목소리가 가장 중요한 요소는 아니다. 오히려 그러한 물질 뒤에 숨어 있는 본질적인 것을 꿰뚫어 봐야 하는 것이다. 그렇게 하기 위해서 이번 무대의 연기자들은 좀더 과감하게 몽유병자의 몸짓을 하고 꿈 같은 목소리를 허공에 날려 보냈어야 했다. 어차피 관객이 지루할 것이라는 두려움을 가지고 있었다면 더 느린 속도로 더욱 몽환적이고 비현실적인 무대를 만들어야 하지 않았을까? 이 시대에 상징주의 연극 무대는 자체적으로 일종의 도전이요, 실험임이 분명하다. 그러나 전반적으로 〈펠레아스와 멜리장드〉가 도전과 실험의 문턱에서 머뭇거린 것 같아 아쉬움이 남는다.

제3장

장 폴 사르트르

1. 실존주의 연극

이성주의에 의해 생성된 현대과학은 객관적 현실에 대한 정확한 인식을 가능하게 하였다는 평가를 받고 있다. 이에 의거한다면 "진실한 인식은 우리를 해방시킨다"라는 스피노자의 언급은 정당하다. 그러나 과학은 그 출현을 알린 주체인 인간을 소홀히 할 수 없다는 절대적인 명제를 안고 있다. 진실은 사물 속에 이미 성립되어 있는 것이 아니기 때문이다. 사물이란 진실도 거짓도 아니다. 그저 인간에 의해 그것이 진실인지 거짓인지 언급되는 그 자체일 뿐이다. 또한 인간은 일단 사물을 인식하게 되면 이들을 만들어 내거나 변모시키거나 사용할 수 있는 힘을 지니고 있다. 인간과 사물의 관계에 대한 이같은 사유는 실존주의라는 이름으로 나타났다.

실존주의 철학은 실존주의자들만큼이나 그 이론이 다양하고, 실존주의 철학자들 역시 일관된 철학적 주장을 하고 있지 않기 때문에 실존주의를 한마디로 정의하기는 불가능하다. 사르트르의 실존주의를 주된 포인트로 놓는다면 그의 실존주의에서 가장 중요하게 취급하는 인간 존재와 자유라는 명제에 대한 숙고이다. 인간의 실존은 만들어진 사물과는 근본적으로 다르다. 《실존주의는 휴머니즘이다》라는 저서에서 그는 테이블에 놓여 있는 물병을 예로 든다. 이 물병은 실존하기 이전에 사고되어 디자인된 것이다. 물병은 물을 담는 그릇으로 인식되어졌고 모델과 쓰임새에 따라 만들어진 것이다. 물병은 우선은 사고였던 것이다. 말하자면 물병은 실존 이전에 본질이었던 것이다. 하지만 인간은 본질 이전에 실존한다. 물병과는 달리 그 다음을 결정하는 것은 바로 나이다. 이처럼 사르트르의 실존주의의 가장 근본적인 명제는 "실존이 본질에 앞선다"는 것이다. 사물과는 달리 인간 본성의 개념은 미리 주어진 것이 아니다. 인간은 우선 실존하고, 그리고 나서 자신의 본질을 선택한다. "인간은 존재 이후에 스스로를 원하는 것이기 때문에 인간은 스스로가 만들어 가는 것 이외엔 아무것도 아니다."[1] "바꾸어 말하면 결정론은 존재하지 않는다. 인간은 자유인 것이다. (…) 우리는 핑계도 없고 고독하다. 인간은 자유의 형에 처해지고 있다. 인간은 아무런 근거할 만한 것도 없고, 아무런 도움도 없이 시시각각으로 인간을 만들어 낸다고 하는 형벌에 처해지고 있다. 인간은 인간의 미래이다."[2] 한 인격은 사전에 의도된 모델이나 정확한 목적에 따라 생겨난 것이 아니다. 내가 어떤 것을 할지 선택하는 것은 바로 나이다.

이러한 주장은 사르트르가 인간 실존에 대한 구속적인 조건을 부정하는 것이 아니라 인간이 변증법적으로 자신의 환경에 의해 결정된다고 주장한 스피노자에 대해 반박하기 위한 것이다. 그렇지만 한편으로 사르트르는 "모든 인간은 상황 속에 있다"라는 스피노자의 말에는 동의한다. 살아 있는 인간은 신체를 지니고 있고 과거가 있으며 장애물을 만나기 때문이다. 다른 한편으로 인간은 자신의 의식에 따라 상황을 부여한다. 예컨대 어떤 견딜 수 없는 상황으로 인해 사람들이 억압받고 저항하고픈 느낌을 갖는 경우가 있다고 하자. 이 상황은 본질적으로 견딜 수 없는 것은 아니지만 인간이 반항의 기투(projet)에 의해 이렇게 의식하기 때문에 이러한 상황이 된다. 하지만 다른 사람은 다른 기투에 의해 동일한 상황을 성스러운 것으로 간주할 수도 있다. 나의 현재의 상황에 대해 나의 의도를 기투하면서 "이 상황을 자유롭게

---

1) 사르트르 재인용, 이광래, 《프랑스 철학사》, 418쪽.
2) 村上嘉隆, 《사르트르의 실존주의 철학》, 문조사, 75쪽.

행동의 수단으로 바꿀 수 있는 것은 바로 나이다." 인간은 비극적이고 어려운 상황에 처하면 처할수록 더욱 거기에서 빠져나올 필요성을 느끼며 이를 위한 수단을 찾는다. 나의 의식에 상황을 반영하는 것은 바로 내가 내리는 결정이다. 사르트르는 이렇게 말한다. "세계는 내 자유의 거울이다." 즉 세계는 나로 하여금 반응하고 초월하도록 하는 것이다. 사르트르가 초월이라고 명명한 것은 다가올 기투에 의해 억압된 현재 상황을 넘어서는 것이다. 선택은 피할 수 없는 것이라는 파스칼의 말이나 "우리는 자유롭도록 단죄되어 있다"라는 사르트르의 말은 여기에 해당한다. 선택하지 않는 것도 하나의 선택이다. 선택은 모든 순간에 존재한다. 어제 한 우리의 자유로운 결정이 내일의 결정에 영향을 미치지 않는다. 내가 만일 나의 삶을 매순간 바꾸고자 한다면 그렇게 할 수 있다. 내가 실존하는 한 나는 나의 미래를 결정한 근원을 소유하며, 이를 통해 나는 변모할 수 있고 나의 과거를 구제할 수도 있다. 나의 자유는 죽음에 의해서만 제약을 받는다. 내가 실존하기를 멈추는 순간부터 나의 삶은 운명적으로 변화된다. "나의 삶은 살아 있는 자들의 시선에 의거하여 언급될 것이다. 죽는다는 것은 살아 있는 자들의 먹이가 되는 것이다."

《닫힌 방》의 등장 인물들은 죽어서 지옥에 떨어진 자들이다. 그들은 갇힌 방에서 나가고 싶어하지만 마지막 순간 문이 열렸음에도 아무도 나가지 않는다. 그들은 죽어 있는 자들이자 그로 인해 아무것도 바꿀 수 없는 자들이며 비겁하거나 고약한 자들이기 때문이다. 작가는 이 작품에 대해 이렇게 말한다. "그런데 우리는 살아 있다. 나는 이 작품의 부조리를 통해 우리 인간 자유의 중요성을 보여주고자 하였다. 다른 행동을 통해 행동을 변화시키는 중요성을 언급한 것이다. 우리가 살고 있는 지옥이 무엇이든간에 우리는 이것을 깨트릴 수 있는 자유가 있다고 생각한다."[3] 내가 이것을 피하고 싶다면, 그냥 단순하게 인간이

---

3) 《상황 연극 Théâtre de situation》, 238-239쪽.

되기를 원한다면 행동해야 한다. 그렇다면 무엇을 해야 할 것인가? 나는 무엇을 알고 있는가? 이렇듯 나의 정신이 나를 인식의 영역으로 밀어낸다.

인간의 삶을 반영하고 이를 숙고하게 하는 연극에 대해 고대는 물론이고 현대에 이르기까지 여러 철학자나 사상가들은 지대한 관심을 표명해 왔다. 그 가운데 적극적으로 연극에 접근한 철학은 실존주의이다. "실존이 본질에 앞선다"라는 주장으로 본질론을 뒤집었던 실존주의는 비사변적이고 인간의 구체적 행위가 담긴 실존적 모습을 성찰하였기 때문에, 숨 쉬는 신체가 현존하는 무대 예술에 매력을 느꼈을 것이다. 사르트르와 카뮈는 노벨문학상 수상자[4]로 선정될 정도로 문학에 재능을 보여주었으며, 소설가로서 뿐만 아니라 극작가로서도 명성을 드높였다. 사르트르와 마찬가지로 카뮈 역시 자신의 철학을 문학과 연극이라는 도구를 사용하여 표현하려 하였고, 특히 관객의 반응을 통해 즉각적으로 피드백이 가능한 연극에 상당한 매력을 느꼈던 것 같다.

2. 사르트르 연보

1905년 　 파리에서 해군 장교의 아들로 출생.

1907년 　 아버지의 사망으로 알자스의 신교도였던 외할아버지 샤를 슈바이처 집에서 소년 시절을 보낸다. 우리에게 잘 알려진 알베르트 슈바이처 박사는 사르트르 어머니의 사촌이다. 이 시절에 사르트르는 타고난 근시와 사팔, 그리고 낯섦으로 적지 않은 심리적 부담을 느꼈다고 자서전에서 쓰고 있다.

---

4) 카뮈는 1957년 노벨문학상을 수상하였고, 사르트르는 1964년 수상자로 결정되었으나 이데올로기의 문제로 거부하였다.

1915년	파리에 있는 앙리 4세 고등학교에 입학.
1916년	어머니의 재혼으로 사르트르는 어머니를 따라 라로셸로 이사한다.
1924년	고등사범학교에 입학하여 시몬 드 보부아르와 만난다.
1929년	철학교수 자격시험을 패스하고 이어 군복무를 한다.
1931년	군복무를 마친 후 르아브르에서 철학 교사를 한다. 미국의 여러 소설과 카프카 등을 읽는다.
1933년	베를린으로 가서 후설과 하이데거를 공부한다. 르아브르로 돌아와 철학적 에세이를 저술한다. 이때 쓰인 것이 《상상력》(1936), 《자아의 초월》(1936), 《감정 이론 개요》(1939)로 독일의 실존주의와 현상학을 프랑스에 소개한다.
1938년	소설 《구토》가 출판되어 문학계에 널리 알려진다.
1939년	소설 《벽》을 발표한다. 전쟁이 발발하자 모병이 되어 1940년 독일군에 포로가 된다.
1941년	수용소에서 풀려나 파리로 귀향하여 다시 교편을 잡는다.
1943년	《존재와 무》를 출판하여 무신론적 실존주의의 중심에 우뚝 선다. 같은 해 《파리떼》를 발표하고 다음 해에 《닫힌 방》을 발표한다.
1945년	해방과 더불어 《자유에의 길》의 1부와 《이성의 시대》《집행유예》를 연이어 발표한다. 이 해에 잡지 《현대》를 창간한다. 교편 생활을 그만두고 공산당과 어렵고 힘든 관계를 시작한다.
1946년	학술발표회에서 "실존주의는 휴머니즘이다"라는 글을 발표한다.
1947년	《보들레르》 발표.
1948년	희곡 《더러운 손》 발표.
1949년	《자유에의 길》의 제3권인 《영혼의 죽음》 발표.
1951년	《악마와 선신(善神)》 초연.

1952년	친구였던 카뮈와의 결별. 《성(聖) 주네, 희극배우와 순교자》 발표. 인도차이나 반전 운동에 참여. 이탈리아 · 소련 등을 여행한다.
1955년	희곡 《네크라소프》 발표.
1956년	중국 · 유고 · 그리스 여행. 알제리 반전 운동에 참여한다.
1959년	《알토나의 유폐자》 발표.
1960년	쿠바를 여행한다.
1964년	노벨문학상 수상자로 결정되었지만 수상 거부. 《말》을 발표한다.
1971년	플로베르의 중요 연구서인 《집안의 천치》 발표.
1973년	하나 남은 왼쪽 눈이 거의 실명 상태가 되어 독서나 집필 활동은 할 수 없게 된다.
1980년	4월 15일 그의 죽음은 프랑스 신문들에 대대적으로 보도되었고, 장례식에는 수만의 군중이 그의 영구 뒤를 따랐다.

3. 사르트르와 연극

노벨문학상 수상자로 선정되었지만 이 상이 부르주아를 대변한다는 이유로 거부한 사르트르는 문학과 연극에 많은 관심을 보였다. 사르트르는 1945년 《자유에의 길》이라는 4권짜리 소설을 쓰기 시작해서 그 가운데 3권, 《이성의 시대》《집행유예》《영혼의 죽음》을 완성했다. 그는 제3권을 출판한 후 의사소통 매체로서 소설의 유용성에 관한 고심 끝에 희곡으로 방향을 바꾼다. 그 이유는 무엇일까? 연극은 매일 다른 관객들과 직접적으로 만난다는 사실을 그는 잘 알고 있기 때문이었다. 이것은 자신의 이념을 전파하는 데 가장 좋은 수단이 연극이라는 생각을 기반으로 하고 있다. 때문에 자신의 철학을 고스란히 심어 놓은 그의 연극은 일종의 매체이자 기능이었던 것이다. 그는 이미 전쟁중에 연극을 썼고, 계속해서 《파리떼》《닫힌 방》《더러운 손》(1948), 《악마와 선신》(1951), 《네크라소프》《알토나의 유폐자》 등의 극작품을 썼다. 같은 시기에 출판된 서적들로는 《보들레르》와 다음에 소개할 장 주네에 관한 연구서인 《성 주네, 희극배우와 순교자》가 있다.

1943년 시테 극단(Théâtre de la Cité)에 의해 초연된 《파리떼》의 주제는 개인 양심에 대한 자유이다. 그러므로 이 작품은 소설 《구토》를 연극화한 것으로 볼 수 있다. 마찬가지로 《닫힌 방》은 소설 《벽》과 대칭을 이룬다. 그는 또한 《더러운 손》에서 과연 손을 더럽히지 않고 정치에 관여할 수는 있는지 물음을 제기하였으며 《악마와 선신》에서 다시 자유의 문제를 다루고 있다. 신은 존재하지 않는다는 것이다. 그러므로 인간은 자신들이 만든 정치적이고 사회적인 조건을 통해서만이 자신들의 운명을 개척할 수 있다. 《알토나의 유폐자》는 알제리 전쟁을 배경으로 당시의 상황과 관련된 질문을 던진다. 그는 일단 인간이 역사를 만드는가라는 질문을 던지고 그렇다고 대답한다. 인간은 알지 못하는 상태에서 역사를 만들어 간다는 것이다. 그러므로 인간은 역사에 대한 책임자이며 폭력에 연대 책임이 있다고 이 작품에서 주장한다.

한때 실존주의는 마치 유행처럼 번졌던 시기가 있었고 이 덕택에 사르트르는 우리에게 잘 알려진 작가 · 철학자에 속한다. 사실 그의 문학 작품들도 우리말로 상당량 번역되어 있으며 주요 희곡 역시 대부분 국내에 소개되어 있는 실정이다. 그럼에도 그의 연극 공연은 국내에서 쉽게 만날 수 없다. 그의 연극을 공연으로 올리기 어려운 커다란 이유는 아마도 그것이 사상 연극이기 때문일 것이다. 연극적 기교와 유희의 재미가 그다지 풍부하지 못한 사르트르의 연극은 일반 연극에 길들여진 관객에게 외면을 받기 십상이어서 그의 실존주의를 제대로 이해하지 못하거나 투철한 작가 정신으로 중무장되지 않는 한 섣불리 무대에 올릴 수 없는 것이다. 또 다른 실존주의자 카뮈의 연극도 이와 크게 다를 바 없다. 다만 부조리 인간의 전형을 담은 〈칼리귤라〉는 신화성과 잔혹성 및 극적 요소가 풍부한 까닭에 연출가들의 주목을 받기에 충분하다.

제4장

알베르 카뮈

1. 카뮈 연보

1913년   알제리의 작은 마을 몽도비에서 궁핍한 노동자 프랑스인
          아버지와 스페인계 어머니 사이에 둘째아들로 태어난다.

1914년   아버지가 제1차 세계대전에 징집되어 마른 전투에서 부
          상을 당한 후 28세의 나이로 병원에서 숨을 거둔다. 카
          뮈는 아버지의 얼굴을 사진으로밖에 알지 못한다. 어머
          니는 두 아들을 데리고 빈민촌으로 이사하여 외할머니
          와 불구자인 외삼촌과 함께 조그만 아파트에서 산다. 외
          삼촌은 푸줏간을 운영하였으며, 지드를 좋아하였다. 어머
          니는 가족을 부양하기 위해 가정부로 일하는 등 힘든 노
          동을 한다.

1918년   공립초등학교에 입학. 뛰어난 교사 루이 제르맹을 만난다.

1924년   알제 고등학교에 입학. 제르맹은 카뮈가 장학생이 될 수
          있도록 도움을 준다. 또한 카뮈가 1957년 노벨문학상을
          수상할 당시 수상 연설을 바칠 정도로 존경하는 은사였
          다. 알제리의 고즈넉한 풍경과 언제든 바다를 볼 수 있는
          그의 사춘기 시절은 언제 회상하더라도 즐겁고 감성적인
          시절이었다.

1928년   알제에 있는 라싱대학교에 입학한다.

1929년   지드를 읽다.

1930년	결핵 증상이 처음으로 나타난다. 결핵은 여러 차례 재발하여 카뮈를 괴롭힌다. 인간의 부당함에 대해 의식하기 시작하는데, 왜냐하면 죽음이란 창조에 있어 가장 커다란 스캔들이기 때문이다.
1931년	알제의 고등사법학교 준비반에서 교수이자 철학자인 장 그르니에를 만난다. 그는 카뮈에게 결정적인 영향을 미친다. 그르니에는 카뮈가 문학과 철학 사상에 빠져들 수 있도록 도와주었고, 축구에 대한 열정도 함께 나누었다.
1932년	잡지 《남쪽》에 처음으로 글을 발표한다.
1933년	대학에서 철학 공부를 한다. 파시즘에 저항한다.
1934년	시몬 이에와 결혼하지만 2년 후 이혼한다. 공산당에 가입한다.
1936년	'신플라톤주의와 기독교적 형이상학의 관계'라는 졸업 논문으로 대학을 졸업하다.
1937년	수필집 《표리》 발표. 결핵이 재발하여 교수자격시험을 포기한다.
1938년	수필집 《결혼》 발표.
1940년	알제리를 떠나 프랑스로 건너간다. 하지만 태양이 작열하는 고향의 이미지를 영원히 간직한다.
1942년	첫번째 단편 소설 《이방인》을 발표한다. 이 작품은 아랍인을 쏘아 죽였다는 범행 사실보다, 자신이 진정으로 느끼는 것 이상을 말하려 들지 않고 사회의 요구에 따르기를 거부한다는 사실 때문에 사형선고를 받는 한 '아웃사이더'의 초상을 통하여 20세기의 인간 소외를 탐구한 뛰어난 작품이다. 같은 해에 영향력 있는 철학 평론인 《시지프의 신화》를 발표하는데, 여기서 카뮈는 당시의 허무주의와 '부조리' 의식에 대해 상당한 공감을 가지고 분석한다.

1944년	《콩바》지의 편집장이 된다. 《칼리굴라》와 《오해》 발표.
1947년	첫번째 장편 소설 《페스트》 출판. 오랑이라는 도시에서 전염병과 맞서 싸우는 사람들의 투쟁을 매우 상징적으로 묘사하고 있다. 이 소설은 전염병을 퇴치하는 데 불확실한 성공을 거두었다는 점이 아니라, 그 과정에서 인간의 존엄성과 우애를 역설했다는 점에서 높은 평가를 받는다. 카뮈는 좌파와 우파에 환멸을 느끼고 1947년에 《콩바》지와 절연한다.
1948년	수필집 《독일 친구에게 보내는 편지》 출판.
1950년	공산당을 탈당한다. 유럽 진보적 지식인 사회에서 배신자로 낙인찍힌다. 희곡 《정의의 사람들》 발표. 이 작품은 폭력을 부정하는 정치적 윤리를 표현하고 있다.
1951년	두번째로 발표한 장편 평론 《반항적 인간》에서 반항의 개념과 정치적·역사적 혁명을 대비한다. 이 평론은 마르크스주의 비평가들은 물론 사르트르 같은 친마르크스주의 이론가들에게도 강한 비판을 받는다. 사르트르와 카뮈의 논쟁은 유명하다.
1954년	알제리 전쟁의 시작으로 이에 개입하려 하지만 무력감에 빠지고 만다. 수필집 《여름》 발표.
1956년	단편 소설 《전락》 발표.
1957년	소설 《유배와 왕국》 발표. 포크너의 《한 수녀를 위한 진혼곡》을 각색한다.
1957년	44세의 젊은 나이로 노벨문학상을 받는다.
1959년	도스트예프스키의 《악령》을 희곡으로 각색한다.
1960년	파리 근교에서 교통사고로 사망.
1994년	유작으로 미완성 자전 소설 《최초의 인간》이 딸에 의해 출판된다.

2. 카뮈와 연극

보통은 소설가 혹은 사상가로 소개되는 카뮈는 공연 자체에 애착을 보였던 사람이다. 다음 카뮈의 선언은 연극에 대한 진한 사랑을 확실하게 보여준다. "나는 연극이 일종의 진실한 장소라고 믿는다. 흔히 사람들은 연극을 환상의 장소라고 말한다. 그런 말은 믿을 게 못 된다. 오히려 환상을 먹고사는 곳은 사회이다. 여러분들은 분명 무대에서보다 거리에서 더 많은 엉터리 배우들을 만나게 될 것이다. 내가 연극을 하는 까닭은 단순히 연극 무대가 행복을 느끼게 해주는 유일한 장소이기 때문이다." 또한 그는 "연극이란 상세한 설명보다는 감각적인 형태로 어떤 세계 인식에 대해 총체적인 의미를 부여하는 것"이라고 말한다. 이러한 연극은 목적극의 형태를 띠며 실존주의 이념을 전달하는 기능주의로 전락할 우려는 있지만, 무대가 자유·혁명·죽음 등에 내맡겨진 인간의 투쟁을 행위로 구현할 수 있는 가장 적합한 장소라고 생각했던 만큼 카뮈의 연극은 교훈적이며 심오하다. 그는 1936년 22세 때 알제리에서 아마추어 배우들을 모아 노동극단(Théâtre du Travail)을 만든다. 이 극단에는 다소 마르크스 사상에 물든 대학생들·예술가들·노동자들, 젊고 지적인 혁명가들이 참가한다. 그후 공산당과 결별하면서 노동극단은 작업반극단(Théâtre de l'Équipe)으로 새롭게 태어난다. 그는 새로운 극단 앞에서 이렇게 선언한다. "작업반극단은 행동 속에 잔인함을, 감각 속에 폭력을 요구하고 작품이 진실하고 단순할 것을 요구한다. 삶에 대한 사랑이 삶의 절망과 혼류하는 시대를 향해 나아갈 것이다. 고대 그리스(아리스토파네스·아이스킬로스), 엘리자베스 시대의 영국(포스터·말로·셰익스피어), 스페인(페르난도 데 로하스·칼데론 데라바르카·세르반테스 사아베드라), 미국(포크너·콜드웰), 동시대의 프랑스 문학(클로델·말로)의 작품들이 바로 그것이다. 한편 언제나 젊은 형태를 지닌 전체 감각과 연출의 개념에는 커다란 자유가 있다. 이것이 삶의 얼굴인 동시에 훌륭한 연극이 될 수 있는 이상이다. 이 이상을 위하고 이 얼굴을 사랑하도록 하는 것, 이것이 바로 작업반극단의 프로그램이다."

한편 카뮈는 20세기 대표적인 연극 유파 가운데 하나인 '부조리극'의 '부조리'라는 말을 처음 사용한 사상가로도 정평이 나 있다.[1] 카뮈는 인간의 실존은 부조리하다고 선언하고, "모든 것이 부조리함을 의식하는 인간(l'homme conscient-que-tout-est-absurde)을 생략하여 부조리한 인간(l'homme absurde)"[2]이라고 명명한다. 신앙이나 습관 등에 길들여져 있는 대부분의 인간은 맹목적으로 죽음을 향해 나아가는 인간 조건의 비극을 정면으로 바라보려 하지 않는다. 그러나 어떤 이유에서이든 인습에서 벗어나게 된 부조리한 인간은 "왜 사는가"라는 질문을 던지고 궁극적으로 이 질문에 만족할 만한 답이 얻어질 수 없음을 확인한다. 이처럼 카뮈는 고뇌를 경험하고 인간의 부조리에 대해 괴로워하면서 여기에서 해방될 수 있는 두 가지 길이 반항과 죽음(자살)이라고 보았다. 카뮈의 연극은 이러한 부조리한 인간이 구체화된 장이다. 카뮈 이후에 나타난 부조리 연극은 바로 이 점을 계승한다.

연극 〈칼리귤라〉의 주인공인 로마 황제 칼리귤라는 《시지프의 신화》의 공식에 해당하는 부조리한 인간이다. 〈칼리귤라〉는 이미 국내에서도 종종 공연이 되었으며 근자에는 2000년 〈칼리귤라 닷컴〉, 2002년 〈깔리굴라 1237호〉가 공연되었다. 이 작품에서 절대 권력을 쥐고 극단적인 폭력을 휘두르는 황제는 이성을 잃은 인간이 아니라 반대로 이 세계의 부조리를 꿰뚫어 본 이성적이며 명철한 인간으로 봐야 한다. "인간은 죽게 마련이다. 따라서 그들은 행복하지 않다." 이와 같은 문제 제기, 운명에 복종하기를 거부하는 태도로 인하여 그는 예지의 문턱에 다다른다. 칼리귤라는 절규한다. "신에 필적하는 방법이란 단 한

---

1) 카뮈의 부조리와 연극을 한데 묶어 신조어를 만들어 낸 것은 영국 연극학자인 마틴 예슬린이다.

2) 이후 《연극의 길》 in 《카뮈》, 피에르 앙리 시몽, 김화영 역 참조.

가지밖에 없다는 것을 나는 깨달았다. 신보다 더 잔혹해지면 되는 것이다." 여기에 바로 그의 잔인한 몸짓의 비밀이 숨어 있다.

극작품 《오해》의 주인공 장은 다른 각도에서 부조리한 삶을 성찰하고 있다. 어렸을 때 집을 떠났던 주인공은 성공하여 아내와 함께 어머니와 누이동생을 찾아온다. 여관을 운영하는 모녀는 손님을 살해한 뒤 돈을 빼앗아 그 돈으로 남쪽으로 떠나고 싶어한다. 그리하여 자신의 핏줄을 알아보지 못한 어머니와 누이동생은 장을 살해하고 만다. 그 다음은 장에 대한 세 여인의 절규가 이어진다. 장은 자신의 인간 조건을 깨닫고 타인과의 연대를 통해 행복을 나누고자 시도하지만 오해가 유발되어 실패하고 마는 인물이다. 오해는 세계의 법칙이다. 장의 재난은 우연이기보다는 어떤 법칙의 결과이다. 오해는 불가피한 것이고 이 세상의 잔혹성이란 어쩔 도리가 없는 것이다. 이 잔혹성을 극복하는 방법으로는 의식을 제거하거나 생명을 포기하는 게 있을 것이다. 이처럼 《오해》가 보여주려는 것은 허무주의가 아니라 설령 죽음에 이를지라도 행복을 향해 멈출 수 없다는 집념이다. 사르트르의 반항이 자유를 요구하는 것이라면 카뮈의 반항은 행복을 요구한다. 그 행복은 사랑, 즉 인간과 삶에 대한 사랑이다.

《계엄령》은 《페스트》를 극작품으로 각색한 작품이다. 두 작품은 불행한 도시, 항구 도시인 오랑과 카디스를 배경으로 한다는 유사점이 있다. 《계엄령》에서 주인공 디에고가 페스트에 항거하여 이를 쳐부술 수 있었던 것은 빅토리아를 사랑했기 때문이며 그녀가 그에게 삶에 대한 사랑을 되찾아 주었기 때문이다. 불행한 도시에서, 고통과 죽음이 짓누르는 상황에서 부조리한 삶에 대항하는 용기 있는 인간의 모습이 제시된 것이다. 이 극은 인간을 짓누르는 불의와 고통과 죽음의 압력이라는 삶의 거대한 무의미에 대항하여 용기 있게 조직적으로 투쟁하는 인간의 합리적인 전략을 상정하고 있다.

카뮈의 《정의의 사람들》과 사르트르의 《더러운 손》에는 유사점이 있다. 즉 행동과 극적 환경이 동일하고 상황도 동일하며 관계 속에 얽혀 있는 인물의 유형 역시 동일하다. 다른 점이 있다면 카뮈의 극작품은 사르트르와는 달리 안정감이 없는 자유의 형이상학적 드라마가 아니며, 마지막 행동의 위험을 받아들임으로써 구원되는 자유의 드라마도 아니라는 것이다. 《정의의 사람들》은 목적과 수단에 대한 윤리적인 문제, 정의를 실현하기 위하여 폭력에 호소하지 않을 수 없는 정의의 투사들이 겪는 비극을 주제로 하고 있다. 카뮈의 사상은 인도주의적인 사상에 물든 하나의 무정부주의적 특징을 지닌다. 《정의의 사람들》은 혁명과 정의의 갈등을 죽음의 선택이 아니고서는 해결할 수 없는 의식의 차원에까지 이끌고 간다. 오로지 죽음만이 순수한 가능성을 담보받고 있다. 정의를 실현하기 위해 살인을 하고 살인을 저질렀다는 죄책감을 씻기 위하여 죽음을 택하는 것, 바로 이것이 정의의 사람들이 가는 길인 것이다.

사르트르의 혁명가들과 카뮈의 반항인들 사이에는 깊은 심리적 거리가 가로놓여 있다. 이들은 다 같이 인간에 대한 사랑은 신의 사랑과 양립할 수 없다는 근본적인 점에 있어서는 의견을 같이한다. 인간에게 봉사하기 위해서는 오직 인간만을 생각하고 지상을 바라보아야 한다는 것이다. 그러나 카뮈는 여전히 《여름》에서 "역사의 눈먼 정의 대신에 인간 정신이 참답게 모색할 수 있는 정의"를 구하고자 한다. 이상주의적인 가치 개념이라든가 고매한 영혼의 주저 따위를 행동으로부터 추방하고 영원의 문제 따위에 아랑곳하지 않고 역사 속에 개입하여 행동하는 피 묻은 손의 영웅들을 찬미하는 사르트르 쪽은 훨씬 급진적이며 논리적이다. 반항이 오직 실패에 의하여 정당화되고 죽음 속에서 순화되기를 바라는 카뮈는 더욱 비극적이며 너그럽다. 그는 자신의 원칙에서 야기되는 모든 결과를, 그 모순들을 흔쾌히 받아들이는 순교자적 자세를 견지한다.

부조리한 인간을 그려내는 실존주의 연극은 관객에게 자기 반성을 유도한다. 실존주의 연극은 관객 스스로 자기 기만을 인정하여 인간 존재와 삶에 대한 정직한 의식을 갖도록 촉구하는데, 이러한 흐름은 직접적으로 부조리극으로 이어진다. 뿌리를 알면 열매를 아는 법, 실존주의 연극은 부조리극을 이해하기 위한 선행 조건인 것이다.

3. 국내에서 공연된 〈칼리귤라〉— 〈칼리귤라 닷컴〉과 〈깔리굴라 1237호〉

2000년 봄 〈칼리귤라〉가 새롭게 해석되어 〈칼리귤라 닷컴〉이란 이름으로 공연되었다. 연극과 무용의 만남을 시도하는 '접촉 즉흥'이라는 새로운 방법론을 추구하는 '지아이지 레퍼토리컴퍼니'가 서울 대학로 강강술래 소극장에서 무대를 올린 것이다. 이 공연의 특징은, 창무예술원에 의해 1999년 평론가가 뽑은 젊은 춤꾼으로 선정된 무용인 최지연이 배우들의 몸동작을 구성하고, 같은 해 단편 영화 〈소풍〉으로 칸영화제 심사위원 특별상을 받은 손병호가 연출했다는 점이다. 한마디로 무용과 영화 전문가가 만든 멀티 공연 예술인 셈인데 '닷컴'이란 현대 어휘로 새롭게 태어난 〈칼리귤라〉가 과연 명쾌하고 독창적인 시각으로 해석되고 있는지 궁금하지 않을 수 없다.

흔히 퓨전 예술의 경우 그 조합이 순기능과 역기능으로 동시에 작용하는 경우가 많다. 강력한 메시지를 전달할 수 있는 장점이 있지만 까딱하다가는 죽도 밥도 아닌 애매한 경우가 종종 목격되기 때문이다. 결론부터 말하자면 기대를 모았던 〈칼리귤라 닷컴〉은 아쉽게도 통일성과 논리성의 결핍으로 후자의 사례가 되고 말았다. 이 공연은 완성도가 높은 한 편의 연극을 만들어 내는 것이 얼마나 어려운가를 잘 보여주고 있다. 연기자·예술가·스태프의 노력이 무대에 녹아 있음을 금방 알아차릴 수 있었음에도 불구하고 그들이 지은 집이 새롭고 멋진 형상이기보다는 군데군데 부실공사의 상처들이 드러났기 때문이다. 지나치게 욕심을 부린 탓에 많은 것들이 잡다하게 혼합되어 있어 칼리귤라 황제가 부조리 인간의 전형임을 보여주는 데 실패한 것처럼 보인다.

먼저 의상의 경우, 각양각색의 의상이 고심 끝에 선보였지만 국적불명인 탓에 혼란을 가중시키고 있다. 현대 의상인지, 고전 이상인지 이도저도 아닌 상징적 의상인지 (…) 의상 역시 무대의 중요한 기호로서 주제와 유효 적절한 맥락을 고려하여 정확한 의미체가 되어야 하지만 이번 무대에서 나타난 의상은 일관성 결여라는 치명적인 약점으로 인해 소모품으로 전락하고 말았다. 카에조니아의 장식은 화려함으로 치장되었지만 그들이 의도했던 황후의 현란함이 잘 드러나지 않았다. 그녀의 발 장식을 눈여겨 본 관객이 몇 명이나 될까? 연출가는 발가락에도 세세한 주의를 기울였지만 능동적이지 못한 연극 관객은 영화 관객과는 달리, 클로즈업의 테크닉(스포트라이트는 예외)이 결여되어 있는 무대에서 세세한 부분을 도외시한다. 관객의 주위를 끌지 못했다면 결국 연출가의 의도는 성공한 것으로 볼 수 없다.

조명과 음향의 경우도 의상과 거의 유사한 맥락이다. 이들의 섬세하고 풍부한 사용은 주의력을 끌 수는 있었지만 일관성 결여로 그 효율성이 크게 감소하고 있다. 다양성과 단순성은 꼭 양자택일의 문제는 아니다. 다양성이 큰 효과를 내기 위해서는 일관성이 있어야 하며 그 사이에 단순성이 삽입되어야 한다. 연기 또한 전반적으로 연기자들이 노력한 만큼의 공감대를 형성하지 못했다. 몇몇 연기자들의 톤이 지나치게 하이 톤으로 일관했으므로 리듬과 볼륨감을 상실했기 때문이다. 힘들어 하는 연기, 땀을 많이 흘리는 연기, 침이 튀는 연기는 전체 공연 시간 중 5분의 1이면 충분하다. 클라이맥스는 무엇 때문에 존재하는가? 의욕이 앞선 연기자들의 체력을 적정하게 안배할 겸 강약 조절을 통해 리듬감을 살린다면 클라이맥스가 더욱 강조되어 관객은 커다란 감동을 받게 될 것이다.

무대의 경우를 살펴보자. 빈 무대는 장점과 단점이 있다. 빈 무대는 경제적 이익, 폭넓은 공간 활용, 공간의 변신이 용이하다는 장점이 있지만, 공간을 이야기 속에 구체적으로 삽입시키는 것이 미약하다는 결정적인 약점이 있다. 물론 이러한 약점은 간단한 소도구·연기·조

악어컴퍼니3
2002 서울시무대공연지원 선정작

당신에게 절대권력이 주어진다

깔리굴라
1237호

차멸을 꿈꾼자의 원타임 랩소디

명·음향 등으로 보완이 가능하다. 〈칼리굴라 닷컴〉은 공간에 있어 다른 경우와 마찬가지로 상당한 아이디어와 무대적 능력을 보여주었지만 전체적으로 혼란스런 구성 탓에 그 빛을 잃고 말았다.

한편 주제 부각이나 메시지 전달 등 무대 전체를 평가하기 위해서는 다음의 질문을 던지는 것으로 족하다. 이 공연에서 과연 인간으로서 더 이상 오를 수 없는 최고의 지위에 오른 로마 황제 칼리굴라가 왜 광기어린 행동을 하지 않으면 안 되는지 관객과 충분한 공감대를 형성하였는가? 대답은 불행히도 부정적이다. 앞에서 지적한 약점들로 인하여 부조리한 인간 칼리굴라의 모습은 우리 가슴으로 다가오지 못한 채 표류하고 말았던 것이다.

언어권이 다른 각색은 어렵고 복잡한 문제를 내포하고 있다. 각색은 문화와 시대와 공간의 변화에 따라 내용과 형식까지도 바뀔 수 있기 때문이다. 하지만 어떤 경우라도 원작의 주제가 손상되어서는 안 된다고 생각한다. 각색이란 원작의 이념에 각색자의 인생관을 덧붙여 변화된 시대와 문화적 차이를 안고 있는 관객에게 동일한 주제를 좀더 가까이 다가가게 하기 위함이 아닐까? 이런 생각에서 이번 공연이 무대 언어(특히 조명·음향·의상·몸동작 등)의 쓰임새를 주인공 칼리굴라의 광기를 확실하게 부각시키는 것에 집중했다면, 그의 광기 속에서 드러나는 부조리한 인간의 모습을 구현하는 데 초점을 맞추었다면 그들의 예술적 소양이 훨씬 부각되지 않았을까 하는 아쉬움이 남는다.

깊이가 아쉬운 〈칼리굴라 1237호〉

〈칼리굴라〉는 관념 연극이다. 관념 연극은 사변적이므로 언어가 중심이 된다. 로마의 폭군 황제로 기록되어 있는 칼리굴라를 실존주의 사상가 카뮈는 주목하였고, 이 황제를 모델로 자신의 부조리한 인간관을 〈칼리굴라〉라는 희곡에 그려 넣었다. 인간의 의지와 자유의 화신인 칼리굴라는 시간과 공간에 따라 여러 형태로 변형되었으며 그 중 하나,

2002년판 새 버전이 〈깔리굴라 1237호〉(고선웅 작, 박근형 연출)이다.

칼리굴라 황제의 키워드는 절대 권력이다. 인간이라면 한번쯤 꿈꿔 보는 그것. 반란으로 죽임을 당하기 전까지 절대 권력을 손아귀에 넣고 기존의 질서와 관념을 송두리째 뒤흔들었던 칼리굴라, 그가 게임의 매체를 통해 다시 태어난 것이다. 그러므로 관객 앞에 진행되는 장면들은 극중극이며 《햄릿》을 보는 듯한 광대놀이 신은 극중 극중극이 된다.

무대는 감정이 자제된 짙은 회색으로 둘러쳐져 폐쇄된 느낌을 진하게 전한다. 높이 달려 있는 낯선 창문들, 철망으로 가려진 창틀은 이 폐쇄성을 더욱 공고히 한다. 닫힌 공간의 정중앙 위로 돋아진 바닥에 거만한 형태의 의자와 붉은 목도리가 놓여 있다. 장소의 짜임새는 소외된 절대 권력의 코드이다. 독방에 감금된 황제의 형국이랄까. 그렇다면 이곳은 꿈속이거가 사이버 세계임이 분명하다.

방역회사 직원이었던 주인공은 현실에 적응하지 못하고 방황하던 중 해고를 당한다. 그는 퇴직금을 몽땅 털어 깔리랜드라는 테마파크에서 실행하는 깔리굴라 프로그램에 1237번째로 지원한다. 게임을 통해 그는 삶의 최후의 결전을 하려는 것이다. 제목의 1237호는 그렇게 해서 생겨났다. 가상의 세계에서 완벽한 권력을 쥐게 된 주인공은 이제부터 자신에게 절대적으로 복종하거나, 반항하거나, 사랑하게끔 프로그래밍되어 있는 서브들을 상대로 자유 의지를 맘껏 펼친다. 이 순간 주인공의 근원적이고 어두운 힘이 드러난다. 황제는 시민들의 수면 시간을 단축시키고 사유 재산을 몰수하며 유부녀를 겁탈하고 자신의 스타일에 맞지 않는 사람을 죽이는 폭정을 일삼는다. 그러나 이 야만적 행동이 삶의 고독을 해소시키지 못한다. 결국 황제는 자괴감에 빠져 온 시민에게 공포감을 주었던 혀를 스스로 잘라낸다. 혀의 잘림은 언어와 사고(思考)의 상실을 뜻한다. 세상을 부정하던 혀가 없어짐으로써 주인공에게 더 이상 삶은 의미가 없다.

애초의 카뮈의 작품이 박수를 받았던 것은 포악한 황제가 처절한 인간 자유 의지 실현의 모델이었기 때문이다. 사랑하는 누이 드루실라의 죽음을 막을 수 없는 인간의 한계, 이를 뼈저리게 경험한 황제는 인간의 비극을 깨닫는다. 죽음을 향하는 삶, 이 모순을 알아차린 칼리굴라야말로 반항인이자 부조리한 인간이었던 것이다. 이번 아룽구지에서 펼쳐진 칼리굴라는 언어가 풍성하게 드러났건만 깊이 있는 사유를 이끌어 내지 못했다. 언어들은 홑씨가 되어 사방에 뿌려졌지만 메마른 사막인지라 뿌리를 내리지 못했다. 무서운 일이다. 주목받는 작가와 연출가, 연기력을 인정받은 배우들의 만남이 무작정 최고의 연극을 만들어 낼 수 없음은 무슨 까닭일까? 이미지 연극보다 언어 연극이 훨씬 더 집요한 분석과 심오한 탐구 과정을 요구하는지도 모른다. 세상과 순식간에 절연되는 죽음이 인간적인 형벌이라면 오이디푸스의 눈 찌름은 지속적인 고통을 수반하는 최고의 형벌이다. 마찬가지로 칼리굴라 스스로의 혀 잘라냄은 잔인의 극단에서 현실에 대해 더 이상 언급하지 않겠다는 선언이다. 침묵! 그러나 1237호의 소리 없는 외침이 현실을 비판하는 것인지, 인간의 삶으로 나아가는 것인지 실체가 모호할 뿐이다.

각색된 두 공연을 놓고 볼 때 대체로 원작자의 성찰과 철학이 잘 드러나는 대신 연극적인 치장이 강조된 느낌이다. 지금까지 계속해서 언급한 것처럼 실존주의 연극은 사상 연극이니만큼 그들의 실존철학과 연극과의 관계, 연극에 대한 실존주의자들의 사유 등에 대한 이해가 선행될 때 깊이 있는 연극이 완성될 수 있다는 생각이다.

제5장

사뮈엘 베케트

1. 부조리 연극

카뮈에서 보았듯이 부조리 연극은 실존철학과 밀접한 관계를 맺고 있다. 카뮈가 《시지프의 신화》에서 부조리한 인간 조건을 밝힌 이후 이 개념이 문학과 연극에 도입되었다. 세계의 의미를 파악하려는 인간, 이를 위해 세계와 대립하는 반항에서 생겨난 긴장을 분석한 이 철학 에세이에서 카뮈는 "부조리는 세계의 부당한 침묵과 인간 호소의 대립으로부터 생겨난다" 또는 "부조리는 인간의 한계를 인식하는 명철한 이성이다"라고 밝히고 있다. 그러나 말 그대로 부조리란 의미가 없는 것을 의미하므로 그 의미를 정의하려는 것은 모순이다. 또한 부조리 극작가들은 서로 연대하여 어떤 운동이나 학파를 형성한 적도 없다. 극단적인 개인적 성향을 보인 그들이 그룹으로 뭔가를 주장한다는 것은 있을 수도 없는 일이다. 그럼에도 이들에게는 공통점이 있다. 이를 꿰뚫어 본 영국 연극학자 마틴 에슬린은 제2차 세계대전 이래로 서양 연극의 전통적인 개념과 절연을 시도한, 특히 1950년대 프랑스의 극작가들을 지칭하게 위해 이 용어를 사용한 이후 우리에게 널리 알려졌다.

이 작가들 사이의 공통점은 프랑스 부르주아 사회에 우호적이지 않다는 점, 대사에 의한 의사소통이 주를 이루고 논리적인 구조와 심리적 성격 창출에 중점을 둔 기존의 서양 연극에 반기를 든다는 점이다. 예컨대 이들은 사르트르나 카뮈의 철학을 연극 고유의 언어로, 인간 조건의 부조리를 무대에서 펼쳐 보이고자 한다. 다시 말해서 부조리 작가들은 등장 인물들을 꼭두각시로 전락시키고 커뮤니케이션의 가능성을 해체시키며 무대 위의 모든 논리나 일관성을 제거하는 부조리한 언어를 통해 인간 실존의 철학을 표현하려는 것이다.

부조리 연극은 전쟁을 겪는 동안 유럽의 지식층이 느꼈던 불안감, 개성과 신앙의 상실, 고독과 소외감, 인간 상호의 커뮤니케이션 불가능이라는 시대적 비극의 산물이다. 실존주의나 초현실주의도 이러한 흐름의 결과이며 부조리 연극의 성격도 이들과 어깨를 나란히 한다. 인간이 태어난 세계란 불합리하여 인간의 희망과는 동떨어진 것이기 때문에 인간의 조건이나 행동은 부조리할 수밖에 없다는 것이 그들의 공통적인 견해였던 것이다.

부조리 연극은 카뮈의 부조리철학을 수용하면서 합리적이고 논리적인 것을 일체 거부한다. 객관적이고 전통적 의미의 극적 체계를 무너뜨리고 의미나 목적도 없는 세계를 제시한다. 반연극 경향의 부조리 연극에서 등장 인물의 캐릭터는 몰개성의 성향을 지니며 무의미화 되고 그들의 행위에도 정당한 동기가 없다. 심리적 동기가 결여된 우스꽝스러운 인물들은 부조리의 표상이 된다. 무대에서 발산되는 인물들의 언어도 비논리적이며 무의미하다. 아무 뜻 없이 지껄이거나 이상하게 반복된 언어의 낯선 사용은 현실에서 사람들이 의식하지 못하는 대화의 불가능성과 그로부터 야기되는 소외를 나타낸다. 이런 현상이 더욱 심화되면 부조리 연극의 무대에는 동작조차 없으며 그저 공허하게 반복되는 메아리만 존재할 뿐이다. 이오네스코는 "부조리란 목적의 상실을 의미한다. 종교적·형이상학적·초월적 기반으로부터 인간은 그 자신을 상실했다. 그의 모든 행위는 무의미하고 부조리하며 무효이다"라고 말한다. 죽음을 향해 나아가는 삶의 모습이야말로 부조리하다고 카뮈는 생각했고, 이를 직시한 부조리 연극은 목적과 자신을 상실한 인간 삶의 부조리한 모습을 무대에서 적나라하게 보여주려 했던 것이다. 이러한 부조리 연극은 우연의 지배를 받는 세계이다. 개성이 없는 군상과 그들이 내뱉는 잘게 파편화된 언어들이 무질서하게 흩어져 있다. 서양의 전통 연극은 교육적인 목적을 지니고 모델이 되는 이상적인 인간상 혹은 세계관을 세우려 하거나, 관객을 공포와 연민의 정에 빠트려 정제된 감정을 맛보게 하거나, 관념을 전달하려는 분명한 목적이 있었다. 그러나 부조리 연극은 우연성에 빠진 일종의 놀이처럼 어이없는 사건들이 꿈처럼 전개되거나 아무런 일이 일어나지 않기도 한다.

구체적으로 베케트 · 이오네스코 · 아라발의 연극이 이에 해당하며 좀더 확산시킨다면 아다모프와 주네의 초기 작품들 및 해럴드 핀터의 작품도 부조리 연극의 계열에 집어넣을 수 있다. 이 연극 개념은 실은 아르토의 연극 이론서인 《연극과 이중》, 브레히트의 서사극 개념 등에 의거하기도 한다. 앨프레드 자리와 초현실주의 상속인이라 할 수 있는 베케트나 장 보티에 등은 드러나지 않는 불안과 단어의 의미를 밝히고 커뮤니케이션의 난점을 통해 언어 자체에 대한 부조리를 드러내려는 의도를 갖고 있다. 이들은 적대적인 세계에서 보이지 않는 힘에 갇힌 인물들, 방황하는 존재들, 형이상학적 고통 속에 칩거하는 인물들을 그리는 것이다. 아다모프의 《패러디》(1949), 주네의 《하녀들》(1947), 이오네스코의 《대머리 여가수》(1950) 등의 작품도 여기에 속한다. 또한 이들 작품에서는 인물의 개성 상실과 간격 효과를 통해 의식과 논리와 언어가 해체되고 있다.

이오네스코의 《대머리 여가수》는 부조리 연극의 한 전형이다. 여기에서 등장 인물들은 비논리적이며 주고받는 대사는 상투적이거나 반복적이다. 극행동 역시 존재하지 않는 경우가 많다. 이오네스코는 이 극작품을 발표하면서 '반(反)연극'이라고 명명하여 커다란 파장을 불러일으킨 바 있다. 연극에 반대하는 연극이라는 의미인데, 참으로 도발적이고 반항적인 표현이다. 이 정신은 대략 극행동이 도입 · 전개 · 갈등 · 클라이맥스 · 대단원으로 전개되는 이상적인 플롯을 지닌 기존 연극을 우선적으로 거부하겠다는 의미를 담고 있다. 20세기에 들어서면서 서구인들은 이성이 인간을 행복하게 하는 데 실패했다고 단정하고 이성에 기초를 둔 모든 것을 해체시키려고 시도한다. 현대의 기계적인 부르주아 문명의 맹위와 가치의 상실, 그리고 이로부터 발생하는 퇴행적 삶에 항의하고자 하는 것이다.

그렇다면 관념, 전통적인 플롯, 인물, 언어를 배제했을 때 무엇이 남을 것인가? 무엇인가를 전달하려 하지 않고 이해하기 힘든 상황을 반복적으로 보여주는 무대에서 무엇을 읽을 것인가? 모호한 이미지만 남아 있는 무대에서 관객은 이상하게도 오히려 다의적으로 확산된 의미를 발견한다. 의미를 파괴하는 순간 다층의 의미가 새롭게 떠오르는 것은 참으로 모순적이다. 무대는 유아적인 놀이처럼 우연과 황당한 것들로 가득 채워지거나 혹은 아무 사건도 일어나지 않지만 오히려 의외성이 생산된다.

《대머리 여가수》의 무대에서 실제로는 아무 일도 일어나지 않는다. 막이 열리면 어느 조용한 저녁 영국식 가정의 응접실이 보인다. 시계 종소리가 열일곱 번 울리자 스미스 부인이 아홉 시라고 말하며 신문을 읽는 남편에게 쉴 새 없이 떠들어댄다. 이때 외출했던 하녀 마리가 돌아오고 마르탱 부부가 스미스 부부를 찾아온다. 마르탱 부부는 관객의 눈에는 분명 부부지만 처음에 전혀 모르는 사람처럼 말을 시작한다. 그러다가 하나씩 공통적인 현상을 발견하고 결국은 그들이 같은 침실을 쓴다는 사실을 알게 되며 자신의 남편, 자신의 아내임을 확인한다. 마르탱 부인이 이야기에 열중할 때 벨이 울린다. 하지만 밖에는 아무도 없다. 벨은 계속해서 울려대는데 사람은 없는 것이다. 다시 벨이 울리자 이제는 아무도 나가 보려 하지 않는다. 연이어 벨이 울리고 하는 수 없이 스미스 씨가 문을 열자 소방대장이 서 있다. 줄거리가 이런 식이다. 인물들은 해체되어 있고 비개성적이다. 여가수에 대머리가 있던가? 작품에 대머리 여가수가 등장하는가? 반복되는 기계적인 놀람, 상실된 기억, 불연속적인 대화, 상투어의 상용, 외국어의 무의미한 사용. 언어의 음절로의 퇴화, 의성어와 의태어 강조 등의 수법이 나열되어 있다. 여기에서 특히 문제가 되는 것은 언어이다. 작가가 영어를 공부하다가 언어에 대한 부조리를 깨닫고 이를 작품화하였다는 《대머리 여가수》는 언어의 횡포와 일상에서 흔히 사용되는 언어가 의사소통에 있어 문제를 야기시킨다는 점을 강조하고 있다. 하긴 이오네스코(루마니아)를 비롯하여 베케트(아일랜드) · 아다모프(러시아) · 아라발(스페인) 등의 부조리 극작가들이 외국 태생의 프랑스어권의 작가들이고 보면 언어 문제가 부각된 것이 오히려 자연스럽다. 우리의 일상 언어가 실은 오류투성이라는 것인데, 정교한 문법으로 무장된 언어야말로 가장 체계적이고 합리적이며 이성의 대변자였던 것이다. 따라서 일상 언어의 해체와 왜곡은 부조리 극작가들이 맨 먼저 염두에 두었던 작업이다.

그러나 파괴와 거부의 강한 몸짓을 하는 부조리 작가들은 허무주의는 아니다. 실존주의자들이 앙가주망(engagement, 참여)을 통해 삶에 대한 적극적인 자세를 보인 것처럼, 부조리 연극도 타락한 세상에서 자신과 인간을 구원하려는 몸짓을 한다. 이처럼 무의미한 인간 존재와 절망적인 현실 인식에서 부조리 연극과 실존주의 연극은 궤를 같이한다. 그러나 무대적 측면에서 이 둘은 매우 상이하다. 실존주의에서 연극은 일종의 기능으로 작용하는 바, 연극 자체의 틀에 대해서는 무심하다. 따라서 실존주의 무대는 사실주의적 컨셉트를 지닌다. 무대장치 · 인물들 · 대사 등이 사실적이고 논리적으로 전개되어 점층적인 극적 고조와 클라이맥스가 구조적으로 잘 짜여 있다. 다만 주제에 있어 인간 실존 문제가 가장 중요하게 취급된다는 점이 실존주의 연극의 특징이라면 특징이랄까. 반면 부조리 연극은 연극 형식을 새롭게 하려는 강한 욕구로 가득 차 있어 연극의 형식을 기꺼이 왜곡시킨다. 비정상적인 시간과 공간의 세계는 동사가 존재하지 않는 꿈처럼 이상야릇한 세계가 되며 극적 상황만 있을 뿐이다. 주제의 측면에서 부조리 연극은 실존주의의 수혜를 받았지만 형식적인 면에서 이처럼 전혀 다른 모습을 보이는 까닭은, 연극 자체에 대한 관점의 차이에서 기인되는 것이다.

부조리 연극은 우리에게도 매우 잘 알려져 있다. 뉴밀레니엄 시대가 도래했음에도 수시로 공연이 되고 있으니 부조리 연극에 대한 관심이 식을 줄을 모른다. 전쟁통에 인간의 비극을 발견한 부조리 작가들이 이성에 회의하면서 외쳐댔던 주장이 여전히 우리에게 유효한 까닭은 결국 부조리 연극이 실존주의 철학과 마찬가지로 인간을 주제로 하기 때문일 것이다. 여하튼 지금부터 부조리 작가의 대표로 간주되는 베케트, 이오네스코 · 주네 · 아라발 그리고 유사한 계열의 작가로서 언어 탐구에 좀더 적극적이었던 오발디아 · 타르디유의 연극을 차례로 살펴보고자 한다.

2. 베케트 연보

1906년   신교도 가정의 더블린에서 출생.

1923년   더블린에 있는 트리니티 칼리지 입학. 이탈리아어와 프랑스어를 배움.

1928년   파리 고등사범학교 영어 외국인 강사로 임명되어 여기서 제임스 조이스를 알게 됨.

1930년   데카르트에 관한 시집 《호로스코프》 발표.

1931년   《프루스트 연구》 발표.

1931-1937년 프랑스와 영국 등 여러 곳을 여행.

1935년   시집 《에코의 본질과 잔재》 발표.

1938년   이후 파리에 정착. 영어판 《머피》 발표.

1945년   이후 프랑스어로 단편과 시를 쓰기 시작.

1951년   프랑스어판 《머피》《몰로이》 발표.

1952년   《말론 죽다》 발표.

1953년   《이름붙이기 어려운 것》 발표.

1953년   《고도를 기다리며》가 로제 블랭의 연출로 바빌론 극장에서 초연되다.

1955년   《무(無)를 위한 이야기와 주제들》 발표.

1957년   《승부의 끝》 발표.

1960년   《크라프의 마지막 테이프》 발표.

1961년   《일에 따라》 발표.

1963년   《행복한 날들》《코미디》 발표.

1965년   《죽은 상상력, 상상하다》 발표.

1966년   《왕래》 발표.

1967년   《죽은 머리들》 발표.

1969년   《와트》, 노벨문학상 수상.

1970년   《첫사랑》 발표.

1971년   《멸종자》 발표.

1972년   《영화》와 《숨결》 발표.

1975년   《난 아니야》 발표.

1989년   파리에서 사망.

3. 베케트의 연극 세계

지금은 고전이 되어 버린 베케트의 《고도를 기다리며》는 1953년 추운 겨울 1월초, 파리의 바빌론 극장에서 초연됐을 당시 그처럼 엄청난 성공을 거두리라고는 아무도 예상하지 못했다. 그만큼 이 작품은 난해해서 이해하기 어렵고 지루한 작품으로 여겨졌던 것이다. 사실 이때 베케트는 무명이었다. 그는 조이스와 마찬가지로 아일랜드의 더블린에서 태어났다. 그의 가정은 중산층으로 평범했고, 베케트는 키가 컸으며 매우 온순한 성격을 지니고 있었다. 대학에서는 스포츠에 뛰어난 재능을 보였고 프랑스어와 이탈리아어를 습득하였으며 문학에서 발군의 실력을 보인 그는 파리의 고등사범학교의 외국인 강사로 초빙되었다. 그가 파리에 도착한 것은 1928년이었는데 그에게는 또 다른 기뿜이 기다리고 있었다. 그것은 다름 아닌 조이스와의 만남이었다.

《고도를 기다리며》는 그의 최초 작품이 아니다. 그에 앞서 간행되지 않은 3막극 《에뢰테리아》를 쓴 적이 있다. 이 작품은 외부와 단절된 고독한 사춘기 소년의 이야기이다. 모든 가족이 살롱에 모여 아들 문제로 토론을 한다. 무대의 다른 한편에는 사춘기 소년이 어둠 속 침대 위에 무기력하게 앉아 있다. 조명은 가족으로부터 소년에게로 이동하여 그의 모습을 비쳐 준다. 질문에 시달린 소년의 모습은 이제 아무도 자신을 이해하려 하지 않는다고 생각하는 태도이다. 그는 인간성에 등을 돌리고 침묵과 고독 속에서 침대에 드러눕는다. 이 작품은 소외된 인간의 모습을 극명하게 보여준 것으로 블라디미르와 에스트라공의 쓸데없는 대화로 구성된 《고도를 기다리며》를 예고한다.

이 두 친구는 나무 한 그루가 서 있는 시골길에서 만나기로 약속한 고도를 기다린다. 그런데 그들 앞에 나타난 이들은 고도가 아닌 포조와 럭키, 그리고 고도가 보낸 소년이다. 소년은 두 주인공에게 말한다. "오늘밤 고도는 오지 못할 것이지만, 내일은 틀림없이 올 것이다." 밤이 왔고 "지금 우리가 무얼하지? — 고도를 기다리지"라는 대사가 계속해서 던져진다. 이것이 제1막의 에피소드이자 주제이다. 대사의 반복, 사건의 지루함은 곧 신나는 장면을 기대했던 관객을 식상하게 했다. 고도를 기다리지만 그는 오지 않을 것이다. 아니 약속을 하지 않았는지도 모른다. 결국 일어난 일이란 거의 아무것도 없다. 제2막이 시작되었지만 상황은 여전히 마찬가지이다. 삭막한 풍경에 나무 한 그루가 언제나 존재할 뿐이다. 극이 끝났을 때 관객은 곧장 두 진영으로 갈라졌다. 대소동이 일어난 것은 두말할 나위도 없다. 그것은 아마도 고전주의로부터 낭만주의의 결정적인 승리를 상징하는 위고의 《에르나니》의 대소동에 비견할 만한 사건으로 기록될 것이다. 그렇다면 작가는 이 작품을 통해 무엇을 말하려 했을까? 그것을 규명하기란 무대에서 어떤 사건이 진행되기를 바랐던 관객과 똑같은 신세가 되기 십상이다. 다만 한 가지 작가가 이 작품을 통해 나타내려 한 것은 바로 무대에서 보여주는 그것 자체라는 점을 알아야 한다. 즉 아무리 기다려도 아무도 오지 않으리라는 것을. (…) 이를 형이상학적인 것 혹은 신학적인 것으로 해석하려 한다면 우리는 영락없이 조로(早老) 환자가 되고 말 것이다. 설령 신이 존재한다 하더라도 신은 절대로 명쾌한 증거를 제시하지 않을 것이기 때문이다. 그의 사도가 극한 고통 속에서 죽어가더라도 신은 끝없이 침묵할 뿐이기 때문이다. 현재를 살아가는 인생도 이와 같은 것인가? 인생은 결코 이해될 수 없는 것이며 아이러니이며 모순덩어리란 말인가?

어쨌든 예기치 못한 성공에 베케트 자신도 놀랐고, 다음 작품에서는 관객들이 5분 안에 극장을 떠나게 될 것이라고 농담삼아 말하기까지 한다. 그가 말한 다음 작품은 바로 《승부의 끝》이다. 이 작품에는 삼대가 동시에 나온다. 무대는 가구도 없는 어떤 집의 내부를 회색의 조명이 비춘다. 높이 달려 있는 두 개의 조그만 창을 통해 바다와 지상이 바라다 보인다. 눈이 먼 아버지인 함은 휠체어를 타고 있으며 피와 땀이 얼룩진 손수건을 얼굴에 덮고 있다. 무대 전면 왼쪽엔 함의 늙은 부모 앉은뱅이 나그와 넬이 각각 두 개의 쓰레기통의 모래에 파묻혀 있다. 움직임이 가능한 단 한명의 인물, 함의 아들 클로브는 입양아이다. 이제 클로브에 의해 먹을 것을 박탈당한 함은 죽게 될 것이고 클로브 역시 영양실조로 죽음을 맞이한다. 나그와 넬은 쓰레기통 속에 갇혀 그들의 추억을 서로 얘기하거나 먹을 것을 얻기 위해 가끔씩 쓰레기통의 뚜껑을 열 뿐이다. 두 노인의 비참한 상황, 죽음에 대한 임박을 통해 관객은 삶에 대해 일종의 애정을 느끼거나 친절해야겠다고 다짐하거나 부드러운 우정을 표명하려는 마음이 생겨난다. 이들 노부부는 《행복한 날들》에서 위니와 윌리의 커플로 재등장할 것이다. 이 작품에서 설정된 상황에는 불신밖에 없는 듯한데 묘하게도 희극적인 면모가 발견되기도 한다. 이들이 엮어내는 전체적인 색채는 시간이라는 함정에 빠져 인간이 완전한 파멸에 이르는 구체적인 비전이다. 이 비전은 웃다가 숨이 넘어가는 것처럼 매우 억압적인 힘으로 무대에서 이루어진다.

이렇듯 베케트가 설정한 인물들은 하나같이 육체적인 장애인이다. 그런데 이 육체적 불능은 이들을 비극적으로 보이게 하기보다는 오히려 어떤 유머의 형태로서 제시된다. 이들이 자아내는 공포와 우스꽝스러움은 세월에 따른 육체의 쇠락, 점진적인 상실을 보여주는 것에 다름 아니다. 또한 그로테스크한 육체적 훼손은 영원히 슬픔을 간직해야 하는 인간 존재의 상처이자 인간의 삶과 그 조건이 감수해야 하는 잔인성의 표현이기도 한 것이다.

베케트는 1957년 라디오 드라마인 《쓰러지는 모든 것》을 썼고, 1959년 《깜박불》 그리고 《크라프의 마지막 테이프》를 연이어 썼다. 라디오 드라마에 관심을 가진 것은 소리에 의한 공연 효과를 깨달았다는 의미이기도 하겠지만 역으로 이를 통해서 언어가 가지는 소리의 중요성을 강조하려 한 것으로 해석할 수 있다. 사실상 현대 극작가들, 특히 인간의 부조리와 그들의 근본적인 의사소통의 도구인 언어의 부조리에 관심을 보인 작가들은 대부분 순수한 프랑스의 혈통이 아니란 점을 유념해야 한다. 이들이 프랑스어를 구사하는 데 전혀 문제는 없었겠지만 어쨌든 완벽한 어머니의 품과 같은 모국어에 대한 향수와 그에 따른 언어의 효용성에 의심을 품었으리라는 것은 자명한 사실이다. 그러므로 언어를 의사소통의 수단으로 단순하게 간주하기보다는 이를 세세하게 살펴보아, 예컨대 소리의 중요성을 인식하고 이를 실천해 보려했을 것이다. 베케트가 보인 라디오 드라마에 대한 관심은 바로 여기에서 연유되었으리라고 볼 수 있다.

《고도를 기다리며》에서 《코미디》에 이르는 베케트의 작품을 추적해 볼 때, 대부분 이전 작품은 다음 작품을 위한 받침대가 됨을 알 수 있다. 즉 일련의 작품들이 일정한 궤적 속에서 하나의 획을 긋고 있는 것이다. 이 획은 데카르트 철학의 사유와 밀접하다. 이성의 철학자의 말 "나는 생각한다. 고로 나는 존재한다"의 신봉자 베케트는 이를 작품의 출발점으로 삼았던 것이다. 그는 작품을 통해 인간 존재의 본질을 파악하고자 한다. 그리하여 본질적인 것을 벌거벗기고 이로부터 모순을 드러내려는 것이다. 그의 예술 세계는 다층의 현실에 구멍을 뚫는 일종의 기계로서 이를 통해 자아와 인간 조건의 진리를 밝히고자 하는데, 물론 이 진리는 지성적인 것이 아니라 감각적인 것이다.

한편 그의 전체 작품을 놓고 볼 때, 셰익스피어의 묘비명 "모든 세상은 하나의 연극이다"라는 문구가 그대로 적용될 수 있다. 베케트에 있어서 연극은 현실의 비현실성이 존재하는 장소이자, 고유하고 굳건한 세계였던 것이다.

4. 《고도를 기다리며》의 공간 연출

들어가며

연극의 큰 특징 가운데 하나는 이차원의 극텍스트에서 시작하여 삼차원의 무대에서 완성되는 이중성이다. 공간적 개념인 차원의 변이는 연극의 이중성이 특히 공간에서 두드러짐을 의미하는데, 공간의 이중성은 다음과 같이 미시적으로 세분화할 수 있다. 극텍스트에서 제시되는 가상의 공간과 실제로 무대에서 나타나는 실제적 공간, 무대와 객석의 분할, 보이는 공간과 보이지 않는 공간, 구체적 공간과 추상적 공간 등이 그것이다. 극텍스트 안에 나타나는 허구적 공간은 지문을 통한 직접적인 파악과 등장 인물의 이름·특성·기능, 그리고 몸짓이나 움직임에 대한 지시에서 파악할 수 있으며, 나아가 인물들의 대사에서 파악할 수 있다.[1]

《고도를 기다리며》(이후 《고도》로 표기함)의 공간은 전체적인 지문의 양에 비해 파격적으로 단순하게 제시되어 있다. 이 작품에서 지문은 인물들의 동작과 어조에 많은 부분을 할애하고 있는 반면, 극이 시작

---

1) 《연극읽기 Lire le théâtre》, 154-155쪽 참조.

되는 부분에서 장소와 시간은 아주 간략하게 언급되고 있는 것이다. "시골길, 나무 한 그루. 저녁."[2] 이것이 전부이다. 전체적인 지문의 양을 고려한다면 무척이나 단순화된 지문이라 할 수 있다. 따라서 베케트의 작품에서, 지문에 의한 직접적인 공간의 파악은 한계가 있고 인물들의 움직임이나 대사를 통한 간접적인 파악이 주류를 이룬다. 이러한 공간의 간접 파악은 그만큼 연출가들에게 공간 구성에 대한 해석의 다양한 문을 열어 놓았다는 의미가 있다.[3] 사실, 수많은 공연에서 나타난 《고도》의 공간 구성은 실로 다양하다. 배 위에서 공연을 하기도 하고, 무대를 온통 진흙탕으로 만든 공연이 있는가 하면, 무대의 바닥을 아예 하얀 천으로 깐 공연도 있었다.[4]

본고에서는 이처럼 다양한 해석이 가능한 《고도》의 공간을 극텍스트를 통해 분석하고, 프랑스와 국내에서 공연된 두 공연 작품을 통해 공간의 구성을 비교하여 공간 연출의 예를 제시하고자 한다.

《고도》의 공간

연극 공간의 개념은 시대와 사조에 따라 매우 다양한 양상으로 나타

---

2) "Route à la campagne, avec arbre. Soir."(9) 괄호 안의 숫자는 Les éditions de minuit 출판사에서 1986년 출간된 《고도를 기다리며》의 쪽수이다. 이후의 모든 숫자는 이에 해당한다.

3) 현대극의 특징 중 하나는 연출가의 권위가 커진 반면 극작가들의 입지가 그만큼 줄어들었다는 것이다. 궁극적으로 연극이 완성되는 시점이 무대라는 점으로 인정되면서 연출가의 입김이 더 거세어지고 있는 것이다. 이러한 가운데 극작가들이 무대에 개입할 수 있는 수단이란 극작품 내에 지문을 통해 무대와 배우의 동작 및 어조를 지시하는 것이다. 지문이 거의 눈에 띄지 않던 과거의 연극에 비해 현대극에서 온갖 수식어로 장식된 지문이 풍부해진 원인 가운데 하나를 바로 이러한 차원에서 이해할 수 있다. 부조리극은 일반적으로 지문이 많은 것이 특징이며, 베케트 또한 극작품 속에 다량의 지문을 삽입하여 연출가와 배우들에게 세세한 지시를 하고 있다. 《고도》의 경우도 예외가 아닌데 작품의 어휘의 대략 50퍼센트 정도가 지문이라는 구체적인 연구 결과가 있다.

4) 김성우, 〈한국의 《고도》는 옳았다〉 참조 in 제23회 서울연극제, 《고도를 기다리며》 공연 팸플릿.

난다. 예컨대 19세기말에 득세한 자연주의 연극은 연극을 현실의 단면으로 간주하고, 앙투안의 '제4의 벽'의 이론에 따라 환각주의에 입각하여 무대를 현실과 똑같이 재현시키고자 했던 반면, 상징주의 연극은 상징을 통해 본질의 세계에 도달하려 했던 이념에 따라 무대도 상징적으로 구현하고 있다. 부조리극에서 공간은 파괴된 내적 형태의 공간, 밀폐된 공간, 간이역 혹은 일시적 기항지와 같은 공간, '이곳'과 '저곳'의 명확한 구분이 없는 공간[5]으로 표현되어 있고, 《고도》의 공간도 여기에서 크게 벗어나지 않는다.

베케트의 극작품에서 비록 무대에 대한 지시가 간략하다고는 하지만, 등장 인물들을 통해 무대 공간이 어느 정도 드러나므로 연출가가 무대를 임의로 구성할 수만은 없다. 무대를 구성하는 것은 한마디로 길의 양상, 나무의 위치와 형태, 돌의 위치와 형태들인데 이들을 어떤 모양으로, 어디에 위치시키느냐에 따라 작품의 성격 및 주제에 영향을 미칠 수 있으므로 무대 구성에 있어서 매우 주의를 요한다.

그렇다면 시골길은 어떤 길인가? 이 길은 아름다운 들꽃이 피어 있고 곤충들이 날아다니며 향기를 피워내는, 상쾌하고 정겨운 시골길이 아니다. 인물들이 주고받는 대사에서 드러나는 공간에 대한 정보를 통해 볼 때, 이는 황량한 들판을 가로지르는 시골길이라는 것에는 이견의 여지가 없다. 마치 고독하고 메마른 사막처럼, 생명체라고는 찾아볼 수 없는 사방이 탁 트인 광야의 어느 길인 것이다. 블라디미르의 대사 "토탄지(土炭地)야……."(19) "결국 우린 고원에 있는 거군."(104) 또는 에스트라공이 주위를 둘러보며 내뱉는 말 "이 지저분한 거 봐"(86)에서, 그리고 제2막에서 여기가 어디냐는 포조의 질문에 대해 "뭐라고 말할 수가 없다. 낯설어. 아무것도 없고. 나무 한 그루밖에는"(122)의 블라디미르 대답에서 시골길의 분위기가 충분히 파악된다. 또한 이곳의 지명은 Merdecluse(86)인데, 이 단어는 Merde와 cluse의 합

---

5) 신현숙, 《희곡의 구조》, 148-153쪽 참조.

성어이다. '너절하고' '시시하고' '혼란스럽고' '형편없는' 뜻을 지닌 merde와 '산협(山峽)'의 뜻을 지닌 cluse는 결국 이곳이 아름답지 못한 고산 지역임을 다시 확인시켜 주고 있다. 더구나 회색의 이탄지인 이 장소는 춥고 을씨년스럽다. 아울러 이들은 이른 저녁부터 밤이 되어 잠을 자러 가기 직전까지 이곳에 머물러 있으므로, 어스름한 색채는 우울하고 어두운 회색톤을 더욱 강조하고 있다. 그러므로 막이 오른 뒤 줄곧 돌 위에 앉아 있던 에스트라공이 일어서서 무대의 사방을 둘러보는 장면에서 "기막힌 곳이로군"(16)이라고 말하는 것이나 "화려한 경치야"(16)라고 말하는 것은 액면 그대로를 수긍하기가 어렵다. 이러한 분위기를 지닌 시골길은 구체적으로 어떤 의미로 나타날까?

첫째, 무대가 길이라는 사실은 의미심장하다. 길이란 누구나 왕래할 수 있는 만인의 것이다.[6] 그러므로 럭키와 포조가 제1막과 제2막[7]에서 우연히 주인공들과 조우하는 것은 그곳이 바로 길이기 때문이다. 극작품에서 매우 중요한 오브제인 모자와 신발도 길과 연관이 있다. 사람들은 길을 나서서 어디론가 떠날 때 신발을 신고 모자를 쓴다. 따라서 신발에 집착하는 에스트라공과 모자에 집착하는 블라디미르의 성격은 길이라는 공간에서 더욱 확연히 부각될 수 있다. 또한 이곳이 길이라는 것은 제목에 나타나는 '기다리며'와도 관련이 있다. 그들이 숙명적으로 고도를 기다려야 한다면, 그 장소가 길이라면, 그곳은 최종 목적지가 아님, 결코 끝나지 않았음, 계속 이어질 것임을 뜻하며, 두 주인공들은 막이 내려도 결국 떠나지 못하거나 혹은 목을 매지 못한 채 고도를 기다릴 것을 암시하는 것이다.

둘째, 이 공간은 방향이 불분명하다. 등장 인물들이 무대에 등장하고 퇴장할 때, 그리고 무대에서 움직일 때 그 방향이 명확하게 제시되지 않는 경우가 허다하다. 예컨대 맨 처음 블라디미르가 등장하는 방

---

6) "길은 만인의 것이지(La route est à tout be monde)."(31)
7) 대부분의 연출가들은 보조와 럭키가 제2막에서 등장하는 방향을 제1막에서 그들이 퇴장한 방향으로 설정하고 있다.

향이라든가, 포조와 럭키가 등·퇴장하는 방향, 소년의 등·퇴장과 같은 중요한 부분들, 그리고 인물들의 유의미한 움직임에 대해서도 정확한 방향 지시가 제한되어 있다. 또한 블라디미르와 에스트라공도 방향에 대해 무지하다.

포   조   저녁이오?
        (침묵. 블라디미르와 에스트라공은 석양을 바라본다.)
에스트라공   해가 뜬다고 하겠는데.
블라디미르   쓸데없는 소리. 저건 서쪽이야.
에르스라공   어떻게 알아?(120)

그러므로 방향의 불명확성은 《고도》의 공간이 평범한 일상의 공간이 아님을 보여준다. 언제나 정확하게 방향을 제시해야만 하는 현실 공간에 존재하는 평범한 인간이라면, 누구든지 한순간이라도 방향 감각을 상실할까 봐 두려워하지 않는가?

셋째, 비현실적인 이 공간은 비논리적인 공간이다. 우선 이곳에 머무는 인물들의 대화가 비논리적이다. 이들은 종종 자기가 무슨 얘기를 하는지조차도 모른다. "내가 무슨 얘기를 했지?"가 수시로 반복된다. 그리고 이 공간의 인간들은 누구나 할 것 없이 마치 꿈꾸는 냥, 시간이나 공간 개념이 없으며 기억력도 상실한다. 그들은 밤이 되면 잠자리를 찾아 각자 어디론가 떠나지만, 다음날 그 시간이 되면 어김없이 이 장소에 나타난다. 그럼에도 불구하고 여기가 어제 그 자리였는지 확실하지가 않다. "에스트라공: 어제 여기 왔었어/블라디미르: 아니야, 착각하는 거야."(17) 또는 "에스트라공: 어제 오지 않았었지?/블라디미르: 왔었잖아. 기억 안 나(…)."(84) 이런 식의 대화가 극작품 도처에서 발견된다. 바로 같은 자리에 제2막에 포조와 럭키가 다시 등장하지만 그들은 어제의 일을 기억하지 못한다. 포조는 어제 누구를 만난 적이 없다고 말한다. "어제 만난 사람이 아무도 없는데."(125) 이 공간에서 명확한 것은 없다. 심지어 주인공들의 미래가 달려 있다는, 그래서 그들이 하염없이 기다리는 고도가 어떻게 생겼는지조차 정작 모른다. 그들은 포조가 등장하자 고도로 착각하지 않는가?

에스트라공 고도 씨가 아닌가요?(29)

극은 이틀간의 기다림 속에서 하루와 이틀이 각각 제1막과 제2막으로 설정되어 있다. 제1막과 제2막은 하루가 지난 것뿐이며, 공간은 같은 장소이다. 그 하루 사이에 즉 제1막과 제2막 사이에서 달라진 것이 무엇일까? 포조와 럭키가 달라졌다. 어제까지만 하더라도 혹은 제1막에서 시력이 굉장히 좋았던 포조는 장님이 되었고, 말을 한번 시작하면 멈출 줄 모르던 럭키는 벙어리가 되었다. 또한 소년이 달라졌다. 극작품에서 분명 어제의 그 소년으로 명시되어 있지만 소년은 어제 일을 기억하지 못한다. 에스트라공의 구두도 달라졌다. 구두는 제1막에서 에스트라공이 놔둔 것이 분명하지만 크기가 달라져 제2막에서는 발이 쉽사리 들어간다. 이처럼 이곳은 논리적으로 설명이 되지 않는 마법의 공간처럼 같은 것을 다르게 하고, 다른 것을 같게 하는 공간인 것이다. 그런데 뭐니뭐니 해도 달라진 것은 나무이다. 제1막에서 앙상한 가지만 있던 나무는 제2막에서 나뭇잎이 돋는다. 하루 사이에 나뭇잎이 돋아난 것에 대해서는 누구나 주목하는 부분이지만 여기에서 그에 대한 설명은 유보하기로 하자.[8] 다만 일상적인 시간의 개념으로 도저히 설명할 수 없는 초자연적 현상은 무대가 비논리적인 공간이기

---

8) 새싹이 돋아난 것에 대해 다양한 해석이 있다. 예컨대 "가능한 시간의 경과"(Hubert de Phalèse, 《문자 그대로의 베케트 *Beckett à la lettre*》; Nizet, 1998, p.79)일 수도 있고, "새로워지고 되돌아오는 계절의 풍요로움"(Anna Dizier, 《고도를 기다리며》, Bertrand-Lacoste, 1993, p.30)의 상징일 수도 있으며, 새로운 생명의 싹틈, "모르는 사이 고도가 지나갔음"(Jean Onimus, 《베케트》, Desclée de Brouwer, 1967, p.99)의 증거일 수도 있다." 김찬자, 〈연극과 신화―베케트의 《고도를 기다리며》를 중심으로〉 in 《한국연극학》 제12호, 238쪽.

에 가능하지 않을까?

넷째, 이 공간은 닫혀 있는 공간이다. 실상 공간은 사방이 훤히 뚫려 있지만 의미상으로는 닫혀 있는 공간인 것이다. 사르트르의 희곡 《닫힌 방》의 주인공들과 마찬가지로, 블라디미르와 에스트라공도 그곳을 떠날 수 없다. '닫혀 있는 길'이란 일견 모순적으로 보인다. 그러나 돌한 개가 놓여 있어 우연히 주저앉은 에스트라공과 또한 나무를 우연히 발견하고는 그 장소에 머문 블라디미르에게 있어서, 그 길은 계속해서 이어질 수 없는 길이므로 그들은 닫힌 공간에 묶여 있는 셈이다. 길은 어디론가 뻗어 있겠지만 결코 떠날 수 없음이 그 증거랄까?

정서 불안에 시달리는 에스트라공은 탁 트인 공간이 두렵기만 하다. 오직 차가운 돌만이 약간의 위안을 줄 뿐, 그는 항상 어디론가 도망치고 싶어한다. 그러나 사방에서 무시무시한 소리가 들려올 때조차도 도망칠 수가 없다. 포조와 럭키가 등장하는 부분에서 도망치려고 하지만(28), 혹은 제2막에서 밤이 채 되기 전에 에스트라공은 이곳을 떠나려고 시도하지만 결국 실패하고 만다.(103) 그는 두려움이 밀려오면 블라디미르에게 안기거나, 구석에 가서 몸을 낮추거나, 아무짝에도 쓸모가 없는 나무 뒤에 숨으려고 시도하는 것이 고작이다. 블라디미르도 이곳을 떠나고 싶어한다. 친구보다 좀더 합리적인 그는 이 공간을 벗어나는 길을 잘 알고 있다. 그것은 어둠이 오거나, 또는 죽거나 아니면 고도가 오면 가능할 것이다. 고도를 기다리다 지친 블라디미르는 밤이 어서 오기를 기다린다. 그는 하늘을 바라보며 "밤은 오지 않는 걸까?"(45)라고 말한다. 그리고 소년을 만나고 나서 고도가 오지 않는다는 것을 확인하고 나서야 블라디미르는 오늘 일은 끝났다고 생각한다. 그러나 다음날 어김없이 다시 나타나야 하는 운명에 매어 있는 자들에게, 밤이 되어 그곳을 떠나는 것은 영구적인 해결책은 아니다. 이와는 달리 죽음은 이곳을 영원히 벗어날 수 있는 좋은 방법이다. 그래서 그들은 나무에 목을 달고 싶어하는 것이다. 블라디미르는 "잘하기 위해서는 다른 사람들처럼 죽어야 할 거야"(87)라고 말하지 않는가? 그러나 현공간에 존재하는 한, 그들은 예수처럼 행복한 죽음을 맞이할 수는 없다. 목을 매달고 싶어하지만 그것은 결코 실현되지 않을 것이다.

이들의 대화는 병렬 방식이다. 대화는 앞으로 나아가지 못하고 원을 그리듯 주위를 맴돈다. 구심력에 이끌려 계속해서 회귀하는 그들의 대화법은 그들이 재촉하여 길을 떠날 수 없음을 암시한다. 이처럼 보이지 않는 창살로 닫혀 있는 이곳은 어디인가? 현실이거나 인간의 삶 자체일까? 그 공간에서 영영 고도를 만날 수 없음은, 구원이란 죽음을 통해서만 가능하다는 것을 의미하는 것은 아닐까?

다섯째, 이 공간은 고도를 만나기로 되어 있는 곳이다. 블라디미르의 말 "그래, 다 혼란스럽지만 우리가 고도를 기다린다는 것 하나는 분명해"(112)는 이 사실을 명확하게 제시한다. 그곳이 고도와 약속을 정한 장소인지 확실하지 않지만, 고도가 정말 올지 불확실하지만 어쨌든 두 주인공이 고도를 기다린다는 것만은 확실한 사실인 것이다. 앞에서 말한 이 공간이 현실이거나 인간의 삶 자체를 의미한다고 인정한다면, 삶이란 고달픈 기다림의 연속이지만 고도를 기다리며 살아가는 것 혹은 희망을 기대하며 살아가는 것 자체는 확실하다는 의미일 것이다.

나무와 돌

5명의 인물을 제외하고 《고도》의 무대를 채우는 유일한 오브제는 나무와 돌이다. 생명체이자 향일성의 나무는 양지를 지향하며 극작품에서 두드러지게 드러나지만, 무생명체이며 하강하는 성격을 지닌 돌은 어둠 속에서 미미하게 존재할 뿐이다. 상징사전에 나오는 이들의 상징을 살펴보면 다음과 같다. 나무는 "하늘을 지향하고 영원히 진화하는 삶의 상징이다. 나무는 레오나르도 다빈치의 나무처럼 수직성을 상징한다. 또한 나무는 죽음과 재탄생이라는 우주적 진화의 순환적인 특징을 상징한다."[9] 반면에 "돌은 땅-어머니를 상징한다. 돌은 주피터의 어머니이자 사투르누스의 아내, 지상의 여신인 시벨레를 상징한다."[10] 이처럼 하늘과 땅을 나타내는 이들의 성향은 궁극적으로 각각 블라디미르와 에스트라공의 성격과 대입이 가능하다.

1) 나무

인물들의 대사에서 드러나는 나무의 형태는 볼품이 없고, 크기가 작아 숨을 수도 없으며, 단단하지 않아 목을 매기도 마땅치 않다. 또한 나무 종류도 애매한데 버드나무 같기도 하다.

> **에스트라공** 무슨 나무지?
> **블라디미르** 버드나무 같은데.
> **에스트라공** 잎이 없네?
> **블라디미르** 죽었구만.
> **에스트라공** 눈물도 말랐어.
> **블라디미르** 제철이 아닐 수도 있어.
> **에스트라공** 이건 차라리 관목이 아닐까?
> **블라디미르** 교목이야.
> **에스트라공** 관목이야. (17)[11]

이러한 나무는 여러 해석이 가능한데, 첫째로 십자가와 접목시킬 수 있다. 이들은 고도를 기다리다 참을 수 없이 지겨워지면 나무에 목을 매달아 죽으려 한다.[12] 두 걸인에게 있어서, 죽음이 위에서 언급한 구

---

9) "하늘로의 상승, 영원한 진화, 삶의 상징인 나무는 레오나르도 다빈치의 나무처럼 수직성을 상징한다. 또한 나무는 죽음과 재탄생이라는 순환적인 특징을 상징하기도 한다(…)." 장 슈발리에 · 알랭 게르브랑 공저, 《상징사전 *Dictionnaire des symbolisme*》, Seghers, 1973. 4권, 96쪽.
10) "돌은 대지-어머니의 상징이며 지상의 여신인 시벨레를 상징하기도 한다." 같은 책, 5권, 10쪽.
11) 이러한 내용은 제2막에서 다시 반복된다. 132쪽을 참조할 것.

원의 의미일 수 있다면, 나무에 매달리는 죽음의 방식은 예수의 죽음을 연상시킨다. 작품에서 논리적인 연결고리가 없이 불쑥 튀어나오는 예수에 대한 이야기, 예컨대 "도둑놈 하나가 구원되었다"(13) "예수와 같이 십자가에 못 박힌 게 두 놈이었지"(14) "에스트라공: 예수도 그랬어/블라디미르: 예수라고! 무슨 말이야! 설마 예수랑 비교하는 건 아니겠지?/에스트라공: 난 평생을 예수와 비교해 왔어"(73) 등의 대사들은 주인공들이 집착하는 죽음의 의미를 확연하게 부각시켜 준다. 그러므로 예슬린이 언급한, 미국 공연에서 "나무가 거의 예수가 못 박힌 십자가처럼 표현"[13]되었던 것은 이런 맥락에서이며, "(…) 나무에 목매달아 죽으려고 할 때의 형태는 고통받는 육체의 상징으로서의 십자가에 못 박힌 예수의 이미지와 겹쳐진다."[14]

둘째로 나무는 표시이다. 주인공들이 이곳 추운 벌판에 머무르는 것은, 이 공간이 정상이거나 특별한 의미가 있어서가 아니라 우연하게도 나무가 한 그루 서 있기 때문이다. 두 걸인은 고도와 나무 앞에서 만나기로 약속했던 것이다. 그들이, 특히 에스트라공이 정확하지 않은 기억력을 가지고 그곳에 어김없이 나타날 수 있는 것은 나무가 있기 때문이다. 자리를 바꾸지 않고 항상 그 자리에 존재하는 식물성 나무는 그곳이 어제와 같은 장소라는 것을 알려 주는 지표이다. 다만 어느 누구도 그 나무가 그 나무를 지칭하는지 확신할 수는 없다.

> **에스트라공** (…) 가자.
> **블라디미르** 그럴 수 없어.
> **에스트라공** 왜?

---

12) "당장 목을 매자."(21) "(나무를 바라보며). —Dommage qu'on n'ait pas un bout de corde."(74) 혹은 제2막에서 "목이라도 맬 수 있다면?"(132) "내일은 목을 매자."(133)

13) 오증자 역, 《고도를 기다리며》, 정우사, 1995, 164쪽.

14) 김찬자, 〈연극과 신화〉 in 《한국연극학》, 1999년 12호, 239쪽.

블라디미르	고도를 기다리니까.
에스트라공	그렇지. (사이) 여기가 분명해?
블라디미르	뭐?
에스트라공	기다리는 곳.
블라디미르	나무가 있는 곳이라고 했단 말야. (그들은 나무를 쳐다 본다) 다른 나무는 없냐?(16-17)

셋째로 블라디미르와 에스트라공, 특히 블라디미르는 나무를 닮았다. 이들이 닫힌 공간에서 결코 떠날 수 없음은 나무의 부동성을 연상시킨다. 항상 떠나자고 말하지만 그럴 수 없음이 금방 드러나는 그들의 처지가 그렇고, 그리하여 마치 "손과 발이 묶여 있다"(27)는 생각을 하게 되며, 그들은 급기야 나무의 자세를 취한다.[15] 이처럼 나무와 인물들은 매우 밀접한 관계를 맺고 있는데, 블리디미르의 경우는 더욱 그러하다. 나무에 대해 관심을 보이며, 나무 주위를 맴도는 주된 인물이 바로 블라디미르인 것이다.[16] 이를 밝음 및 이성이라는 나무의 상징과 연관시키면 블라디미르의 성격이 쉽사리 파악된다. 사실 한때 시인이었으며, 먹는 것과 자는 것에 연연하고, 포조에게 구걸을 하는 등 육체적이며 감성적인 측면을 드러내는 디오니소스적 인물 에스트라공에 비해, 지적이며 이성적인 블라디미르는 아폴론적 인물이라고 칭할 수 있지 않을까?[17]

---

15) "블라디미르: 네가 맞아. (포즈) 그래도 나무의 균형을 잡아보자./에스트라공: 나무?(블라디미르는 비틀거리면서 나무의 자세를 취한다)."(107-108)

16) 예컨대 제2막에서 나뭇잎이 새로 난 것을 발견하는 것도 블라디미르이다.

17) 작품에서 중요한 의미를 지니는 신발과 모자도 각각 에스트라공과 블라디미르에 대입된다. 움직임과 관계가 있는 신발에 집착하는 에스트라공을 동물적이고 육체적이라고 한다면, 머리와 관계가 있는 모자에 집착하는 블라디미르는, 럭키의 모자에서 드러나듯 이성적이고 정신적이라고 할 수 있다. 한편, 럭키가 춤추기를 바라는 것은 에스트라공이며, 생각하기를 바라는 것은 블라디미로 두 인물의 육체와 정신적 성향은 곳곳에서 드러난다.

2) 돌

극작품의 지문에서 돌이 놓여 있는 위치는 나무와 마찬가지로 전혀 언급되어 있지 않다. 또한 나무에 대해서는 관심을 보이는 등장 인물들도 돌에 대해서는 단 한마디의 대화도 나누지 않는다. 따라서 돌의 형태와 크기, 무대에서의 위치를 파악하기는 무척 어렵다. 다만 첫 장면에서 블라디미르가 등장하면서 돌 위에 앉아 있는 에스트라공을 바로 알아보지 못하는 것을 보면 어느 쪽인지는 모르지만 블라디미르가 등장하는 반대편에 돌이 치우쳐 있는 것이 확실하며, 걸터앉을 수 있어야 한다는 것을 알 수 있다.

나무가 블라디미르와 관계가 있다면 돌은 에스트라공과 관계 있다. 넘어졌을 때를 제외하고 항상 서 있는 블라디미르에 비해, 에스트라공은 수시로 돌 위에 앉는다. 한마디로 서 있는 나무의 공간이 블라디미르의 공간이라면, 앉아 있는 돌의 공간은 에스트라공의 공간인 것이다. 그가 돌 위에서 하는 행위는 첫째 신발을 벗는 행위이다. 막이 열리면 에스트라공은 돌 위에 앉아 신발을 벗으려 애쓰고 있다.[18] 신발을 벗는 것은 무슨 의미일까? 맨발로 십자가를 짊어짐으로써 구원을 받은 예수를 닮고 싶은 것일까? 구원은 아니더라도 맨발은 적어도 휴식을 의미한다. 블라디미르가 밤이 오기를 고대하는 것처럼, 고역의 노정에서 돌 위에 걸터앉아 신발을 벗으려고 애쓰는 모습은, 그곳이 신발 끈을 단단히 매야 하는 도정이기보다는 안락하고 따스한 목적지였으면 하는 에스트라공의 소망을 보여준다. 그러나 의지할 것 없는, 황량하기 그지없는 들판에서 조그만 돌 하나에 위안을 삼으려는 것은 얼마나 비극적인 일인가?

둘째, 에스트라공이 럭키에게 차여 다리에 상처가 났을 때,[19] 그리고 다리를 다쳤을 때 돌 위에 앉는다.

---

18) "에스트라공은 돌 위에 앉아 신발을 벗으려 한다."(9)
19) "에스트라공은 절룩거리면서 럭키한테 가서 침을 뱉고는 막이 오를 때 앉아 있었던 돌에 가서 앉는다."(45)

에스트라공   그만. 그러니까, 아야! (블라디미르는 움직이지 않는다)
            아야!
블라디미르   같은 사람이 아닐 수도 있어.
에스트라공   디디! 이쪽 발이야(그는 절룩거리면서 막이 열릴 때 앉았
            던 장소로 간다)!(68)

셋째, 에스트라공은 틈만 나면 돌 위에 앉아 잠을 청한다.[20] 그가 잠을 잘 때면 이상하게도 블라디미르의 의식은 더욱 명철해진다. 그는 자신도 모르게 뭔가를 지껄이며, 소년과 고도에 대해 대화를 나누기도 한다. 이때 명료한 의식을 지니는 이성적인 블라디미르는, 한쪽 구석 어디엔가 놓여 있는 돌 위에 앉아 잠을 자고 있는 에스트라공과 더욱 선명하게 대조된다. 그러므로 잠을 자는 돌의 공간은 밤의 세계이자, 무의식의 장소이며, 꿈속의 공간이자, 비현실적인 곳이다. 이처럼 에스트라공이 앉는 돌의 공간은 전반적으로 휴식을 갈망하며, 상처입은 자가 위안받기 원하는 공간이다. 소년을 통해 고도에 집착하는 블라디미르와는 달리, 돌에 앉아 꿈을 꾸는 에스트라공에게 있어 차가운 돌의 공간은 어미를 잃은 새끼원숭이처럼, 최소한의 안식처를 원하는 자의 공간일 가능성이 크다. 에스트라공은 돌 위에 앉아서 마치 모태 안의 태아 같은 자세를 취하지 않는가?

"그는 다리 사이에 머리를 묻고 태아의 자세를 취한다."(108)

결국, 나무와 돌은 대조를 통해 각각 상이한 성격의 블라디미르와 에스트라공을 대변하는 것으로 볼 수 있다. 그런데 양지와 음지를 지향하는 상반된 두 인물이 결코 헤어지지 못하는 것을 보면 나무와 돌이, 즉 이성과 감성이 피차 독단적인 영역을 차지하는 것이 아니라, 어

---

20) "에스트라공은 다시 앉는다. (⋯) 졸기 시작한다."(19)

느 한쪽이 다른 한쪽을 지배하는 구조가 아니라, 니체가 열망한 바와 같이 갈등과 화해의 질곡 속에서 조화롭게 존재해야 한다는 전언이 담겨 있는 듯하다.

나오며—공간 연출의 예

지금까지 분석한 공간 그리고 나무와 돌을 염두에 두면서 《고도》가 실제로 무대로 꾸며진 두 경우를 통해 공간 연출의 예를 제시하고자 한다. 한 공연은 지난 1999년 제23회 서울연극제에 초청되어 산울림 극단, 임영웅 연출로 문예회관 대극장에서 올려진 〈고도〉이고, 다른 한 공연은 베케트의 조언하에 아스뮈스가 연출하여 프랑스 국영 텔레비전 채널인 FR3에서 방영된 〈고도〉이다.[21]

먼저 산울림의 〈고도〉를 보자. 막이 열리면 산울림의 무대 공간은 음울한 회색빛의 어두운 조명이 강조되면서 황량한 이미지를 발산한다. 그리고 무대의 거의 한가운데에 고인돌처럼 의젓하게 서 있는 돌무덤 위에 나무가 힘차게 서 있다. 이러한 무대 구성은 이 공간이 시골길의 어디쯤 중간 단계라기보다는 도정이 끝난 정점의 상태를 나타낸다. 한마디로 균형이 강조하고, 빈 들판에서 가장 높은 정점으로 그리고 중심으로 해석된 것이다. 나무의 경우 무척이나 고민한 흔적이 엿보인다. 공연 팸플릿과 정우사에서 오증자 역으로 발간된 《고도를 기다리며》에 나와 있는 삽화들을 비교해 볼 때, 산울림의 나무 형태는 매우 다양하다. 그리고 1990년대에 들어와 지금의 모습, 그러니까 마치 의문 부호와 같은 힘차고 날카로운 나무의 모양새가 결정되었다. 일반적

---

21) 이 두 공연을 선정한 것은, 산울림 극단의 《고도》는 1969년부터 시작하여 현재까지 장기간 공연되고 있는 작품으로 세계 우수의 연극제에 초청되어 그 해석과 작품성이 탁월하다는 평가를 받았기 때문이며, FR3의 《고도》는 작가가 연출에 개입했기 때문이다. 또한 이 두 작품은 가능한 원작에 충실하려는 연출 방향을 보여준다. 그럼에도 불구하고 이들은 해석과 표현 방법이 문화권의 차이만큼이나 매우 색다르므로 이를 비교 연구한다면 극작품의 연출 연구에 도움이 될 것으로 보인다.

으로 여러 무대에서 가장 많이 눈에 띄는 나무의 형태는 세 개의 가지가 축 늘어진 모양이다. 아마도 연출가들은 텍스트의 내용을 토대로 나무의 줄기가 버드나무처럼 축 늘어진 형태로 무대화시켰을 가능성이 크며 전체적인 맥락에서 가장 납득이 가는 형태이다. 초기 산울림의 무대도 역시 이러한 나무의 형태였다. 그런데 보잘것없던 나무가 여러 해를 거치면서 끝이 뾰족하고 살아서 꿈틀거리는 듯한 나무로 변모한 것은 어인 일일까? 땅을 향해 쳐져 있던 줄기가 힘줄이 서고 날렵해진 모습으로 하늘을 향하는 것은 혹시 극작품 전반에 대한 연출가의 해석이 비관적에서 낙관적으로 변한 것은 아닐까? 블라디미르와 에스트라공이, 위태롭긴 하지만 반목하지 아니하며, 극작품의 결말에 이르러서도 헤어지지 않고 힘겨운 인생을 함께하는 모습에서 어느 정도 희망적인 메시지를 발견한 것은 아닐까? 마치 최후의 완성이 가능한 것처럼 보이는 그들이 존재하는 정점의 공간이 정말 고도를 만날 수 있는 골고다 언덕인 것처럼 말이다. 그렇지 않고서 무대 한가운데 엄청나게 큰 바위와 멋진 나무가 서 있을 수 있을까?

FR3의 〈고도〉는 비스듬한 무대 바닥이 먼저 눈길을 끈다. 그것은 산울림과는 달리 이곳이 정점이 아니고 중간 단계라는 의미가 담겨 있다. 또한 나무의 형태가 그렇고 나무와 돌이 서로 떨어져 있는 것도 산울림의 무대와는 대조가 된다. 돌은 특징 없는 형태와 크기로 가능한 한 드러내지 않으려는 흔적이 보인다.

극텍스트에 충실한 자세로 연출된 두 공연이, 공간 이외에 다른 극적인 요소들에서도 많은 차이점을 보이고 있는 것은 매우 재미있는 현상이다. 이는 연출의 중요성과 더불어 그 예술적 창조성이 그만큼 다양하다는 것을 보여주는 것이다. 한편 극작품을 무대에 올릴 때 그 해석은 연출가와 배우의 몫이다. 그렇더라도 매번 달라지는 공연과는 달리 언제나 변함없이 존재하는 극텍스트에 대한 엄밀한 분석은 분명 훌륭한 공연을 위한 필수적인 초석이라 하겠다.

제6장

외젠 이오네스코

1. 이오네스코 연보

1912년   11월 26일 루마니아인 아버지와 프랑스인 어머니 사이에서 루마니아 슬라티나에서 출생.

1913년   부모와 함께 파리로 이주.

1921년   어머니는 이오네스코와 여동생을 데리고 메이엔의 촌락인 샤펠-아트네즈로 이사. 당시의 추억은 《일기》 및 여러 극작품에서 나타남.

1925년   루마니아로 되돌아감. 루마니아어를 익히기 시작.

1929년   부쿠레슈티대학에 입학. 프랑스어 교사 자격증 준비.

1930년   루마니아 잡지 《조디악》에 최초의 글 발표.

1931년   문학에 두각을 나타내기 시작. 프랑시스 잠의 영향을 받은 습작시 발표 《미세한 존재들을 위한 엘리지》.

1935년   주요한 여러 잡지들에 글 기고.

1936년   잡지 《파클라》에 고정 칼럼 기고. 로디카 뷔리레아노와 결혼.

1937년   부쿠레슈티 고등학교 교사 임용.

1938년   루마니아 정부 국비장학생으로 파리 유학. 박사학위 논문의 주제는 현대시에 나타난 죽음의 문제.

1939년   루마니아에서 가장 권위를 자랑하는 잡지 《비에타 로마네아스카》에 기고.

1945년	파리에서 출판사 교정직을 얻음.
1948년	《대머리 여가수》 쓰기 시작.
1949년	《대머리 여가수》 완성.
1950년	《대머리 여가수》 초연. 《수업》《자크 혹은 복종》《안부》 발표.
1951년	《의자》《미래는 계란 속에 있다》 발표.
1952년	《의무의 희생자들》 발표.
1954년	《아메데 혹은 어떻게 버리지》 초연.
1955년	《알마의 즉흥곡》 발표.
1958년	《코뿔소》 발표.
1960년	《코뿔소》 초연.
1962년	《왕은 죽어가다》《공중 산책자》 발표.
1964년	《갈증과 허기》 발표.
1971년	아카데미 프랑세즈의 회원으로 피선되다.
1994년	파리에서 사망.

2. 이오네스코의 연극 세계

프랑스어와 루마니아어를 동시에 모국어로 사용하는 이오네스코는 두 언어 사이의 고민을 통해 언어에 대한 심사숙고가 자연스럽게 이루어졌고, 젊은 시절 독일의 나치즘을 직접 경험하였다는 특징이 있다. 언어와 나치즘은 작가를 이해하는 데 매우 중요한 것으로 《대머리 여가수》에서 보여준 반연극적 특징은 바로 언어에 대한 부조리를 기반으로 하고 있으며 나치즘에 대한 반감은 《코뿔소》에서 그대로 재현된다.

연극사에서 1950년은 기억될 만하다. 이오네스코의 부조리 극작품 《대머리 여가수》가 발표된 해이기 때문이다. 그러나 이 작품은 《고도를 기다리며》와는 달리 대소동을 일으키지 않았고 관객들은 오히려 무덤

덤한 표정이었다. 이제는 어느 정도 부조리 연극의 개념이 관객들에게 익숙해졌는지도 모른다. 이 작품에는 제목에서 언급된 대머리나 여가수가 존재하지 않는다. 실제로 대머리 여가수란 극히 희귀할 터이지만 제목을 처음 접한 관객들은 당황스런 기분을 감출 수 없었다. 사실 이오네스코는 38세가 되기까지 전혀 연극에 관심이 없었으며 극작품을 쓰리라는 생각도 없었다. 그러나 다다의 출발점이자 트리스탕 차라의 조국이었던 루마니아의 성향에 대해 이오네스코 스스로 경외하고 자랑스러워했다. 또한 그는 인간의 본성의 무서운 관찰자 라비슈나 앙리 베크의 자연주의적 성향에도 영향을 받는다. 그는 이들의 경향을 발전시켜 일종의 정신착란의 방법으로까지 나아가 언어와 연극 형태의 체계적인 단절로 인해 더욱 불안해진 현실의 붕괴를 고발하기에 이른다.

《대머리 여가수》는 프랑스—영어 회화 개설서로부터 씌어졌다. 작가는 훗날 《노트와 반노트》에서 이 최초의 작품에 대해 서술한다. 개설서에 등장하는 변질된 격언과 쓸데없는 이야기로부터 언어가 파괴되면서 그 내용이 점점 공허해진다고 생각했던 것이다. 이것은 《대머리 여가수》에서 마치 로봇처럼 배우들이 무관심하게 뱉어낸 모음과 자음의 형태로 즉시 재생된다. 쓸데없는 이야기는 더욱 가속화되어 작품의 마지막 부분에 이르면 더욱 심해지고 언어의 쓰레기더미가 리듬으로 재생되기도 한다. 그러다 종국에 이르면 배우도 줄거리도 없게 되며 우스꽝스런 모습을 지닌 인물들의 언어가 무참히도 부서진다. 언어를 살해하고 언어에 의한 커뮤니케이션의 사망을 선고하는 무대를 바라보면서 관객이 모욕을 느끼는 것은 당연한 것처럼 보인다. 언어의 사망을 좀더 구체적으로 제시한 것은 두번째 작품 《수업》이다. 작가 스스로 '코미디 드라마' 라고도 명명한 이 작품은 극이 진행됨에 따라 조금씩 제자의 명령에 따르게 된 교수가 칼로 제자를 찔러 살해한다는 내용이다. 이 극에서 사고는 언어를 떠난 상태이다. 그러나 사고는 언어가 가지고 있는 음성적 측면의 뒤에 숨어 비형태나 원초적인 악마의 모습으로 음란하게 전개된다. 여기에서 언어는 이전 작품처럼 부조리에 의해 교살되는 것이 아니라 오히려 성폭행 및 살인으로 귀결되는 교수의 도구가 된다. 이 극작품 역시 일반적인 줄거리는 존재하지 않고 '누가 누구를 죽였다' 정도의 에피소드만 있을 뿐이다.

《수업》과 같은 해에 발표된 《자크 혹은 복종》에서도 언어는 소시민의 가정에서 일어나는 살인 도구가 된다. 제목에 나타난 주인공 자크의 의미는 지금까지의 소년기가 죽고 성인이 되는 제2차 성징이 나타나 세상에 발을 들여놓는다는 것이다. 여기에서 볼 수 있는 어린 시절에 대한 향수, 성인으로의 변신을 거부하는 것은 《코뿔소》에서 코뿔소로 변형되기를 거부하는 주인공 베랑제의 비밀스런 동기와 유사하다. 그러나 《복종》이 암시하듯 자크가 어른들의 법칙을 인정하게 됨에 따라 그는 사랑을 받아들이고 결혼에 이르게 된다.

《수업》보다 1년 뒤에 발표된 《의자》는 이오네스코의 걸작으로 인정받고 있는 극작품이다. 이 작품 역시 처음에는 많은 비난을 받고 관객의 주의를 끌지 못했으나 자크 모데르가 새롭게 연출하면서 주목을 받았다. 이 작품에는 섬 한가운데의 종루에 고립되어 있는 노부부가 등장한다. 그들은 지금까지 살아오면서 감내하였던 실패와 굴욕을 세상에 밝히기 위해 황제를 포함한 모든 부류의 사람들을 가상의 초대자로하여 리셉션을 꾸민다. 초대자가 무대에 들어설 때마다 빈 의자는 하나씩 늘어난다. 마지막으로 빈 의자가 무대에 가득 차고 늙은 부부가 의자에 파묻힐 때 미지의 연사(Orateur)가 등장한다. 그는 노인들에게 있어 해방을 뜻한다. 두 부부는 인간성을 구원할 수 있는 위대한 메시지를 연사에게 맡기고 평화롭게 죽을 수 있기 때문이다. 이러한 믿음과 소망을 지니고 주인공들은 창으로 몸을 던진다. 이제 빈 의자들 앞에 홀로 남은 연사는 입을 연다. 그러나 기대했던 소리는 나오지 않고 헐떡거림과 후음 소리만 들릴 뿐. (…) 그는 귀머거리이자 벙어리였던 것이다. 그렇다면 이 극의 주제는 무엇인가? 작가는 이렇게 말한다. "그것은 메시지도, 삶의 좌절도, 주인공들의 도덕적인 파산도 아니다. 그것은 의자이다. 즉 인간의 부재, 황제의 부재, 신의 부재, 물질의 부재, 지상의 비현실성, 형이상학의 공허이다."

이외에도 이오네스코는 많은 작품들을 남겼다. 《의무의 희생자들》은 좀더 꿈적인 비전이 들어난 작품이며, 《아메데 혹은 어떻게 버리지》에서는 가장 평범한 일상적인 틀 속에 엉뚱한 것을 구체적으로 도입한다. 여기에는 괴물과도 같은 이상야릇한 상황에 의해 생겨난 익살을 통해 매우 자연스럽게 합치되는 언어의 사용이 두드러진다. 《알마의 즉흥극》은 《대머리 여가수》에서 시도했던 우스꽝스런 방법이 다시 적용된다. 이 작품에서 작가는 "나에게 있어 연극은 내부의 세계가 무대 위에 투영되는 것"이라고 말한다. 《무보수 살인자》에서는 이후 작품에서 자주 등장하게 될 베랑제라는 인물이 최초로 등장하는데, 물론 이 인물은 이전 작품들 《자크 혹은 복종》에서 자크, 《의자》에서 노부부, 《의무의 희생자들》에서 슈베르, 《아메데 혹은 어떻게 버리지》에서 아베데의 인물에 해당된다. 그럼에도 베랑제가 위의 인물들과 구별되는 것은 그가 가족이라든가 부부 같은 사회적이고 근본적인 조직을 초월하여 모험 속에 함축되어 있기 때문이다. 국제적으로 반향을 불러일으킨 《코뿔소》는 부쿠레슈티 시절 겪었던 충격적인 경험을 바탕으로 두고 있다. 작가는 《노트와 반노트》에서 "이 작품의 주제는 한 국가의 나치화 과정을 묘사한 것이다"라고 말한다. 주인공 베랑제는 주민들이 점점 코뿔소로 변하는 소도시에 거주한다. 그는 본능적인 혐오감과 반항감을 바탕으로 이 바이러스에 저항하지만 마지막에 이르러 환상을 통해 혹은 혼자 남아 있다는 공포감에 의해 자신도 코뿔소가 되지 않을 수 없음을 인정하게 된다. 나치를 고발하고 풍자하는 이 작품은 이밖에도 좌파와 우파를 통틀어 전체주의를 꼬집는 사회 비판도 담고 있다. 1962년에 발표된 《왕은 죽어가다》는 작가가 오래전부터 생각해 왔던 주제, 늙음과 죽음이 구체적으로 제시된 작품이며 《갈증과 허기》에서는 정신적인 모험을 그리고 있다.

이처럼 대략의 작품을 통해 볼 때 이들이 완벽한 일관성을 가지고 있는 것은 아니다. 피차간에 이따금 상당한 단절이 있음에도 불구하고 전반적으로 작가가 자신의 경험이나 본능의 모순에 연연하지 아니하고 현실을 면밀히 관찰하여, 관념·삶·예술을 단계적으로 성실히 보여준 것은 높이 평가받을 만하다. 아울러 이오네스코의 극 형태는 꽤나 다양한데 희극 드라마, 거짓 드라마 혹은 반연극적인 형태가 지속적으로 드러난다.

3. 《코뿔소》 작품 분석

《코뿔소》는 이오네스코를 세상에 널리 알리는 계기가 된 작품으로, 1960년 그의 작품으로는 가장 대규모 극장인 오데옹 국립극장(Odéon-Théâtre de France)에서 당시 매우 권위 있던 연출가 장 루이 바로의 연출로 초연된 작품이다. 이 작품은 커다란 성공을 거두었고 독일·미국·이탈리아·한국·일본 등 세계 각처에서 번역되어 공연되었다. 이 작품이 외국에서 가장 많이 공연된 곳은 독일이다. 작가 스스로가 천명하고 있듯 이 작품이 나치주의에 대한 경고 메시지를 담고 있고 독일 관객이 이에 많은 관심을 보였기 때문인 것으로 풀이된다.

《코뿔소》의 주제는 한마디로 변신(métamorphose)이다. 즉 인간이 코뿔소로 변신하는 것으로, 조용하고 평범한 시골 무대는 한 마리의 코뿔소가 등장하면서 변신의 소용돌이에 빠진다. 한 마리의 코뿔소는 시간이 흐를수록 온 마을에 가득 차게 되고 결국 주인공 베랑제를 제외한 모든 사람들이 코뿔소가 되고 만다. 이처럼 이오네스코의 변신은 카프카식의 개인적 변신과는 달리 개인적 변신을 통해 집단화하는 양상을 보인다. 이 집단적 변신 방법은 작가가 즐겨 사용하는 시간의 경과에 따른 공간적 확대라는 '증식(prolifération)'에 해당함은 물론 지식층에 의해 교묘히 조작된 이데올로기가 순식간에 사회 전반에 만연되는 일종의 집단 전염성의 무서움을 보여준다. 제1막에 등장하는 대다수의 인물들은 시골에서 흔히 볼 수 있는 평범한 사람들이다. 그들은 누가 자기 가게에서 물건을 사는지 혹은 맘에 드는 여성을 만났을 때 가슴 두근거림을 진정시키지 못하는 지극히 일상적인 서민들인 것이다. 여기에 예외적인 인물이 있다면 '논리학자(Logicien)'인데 그는 무지한 인물들이 전혀 이해할 수 없는 괴변으로, 코뿔소의 출현으로 두려움에 떨고 있는 그들을 알아듣기 어려운 논리를 통해 자기 쪽으로 끌어들이려 한다. 한마디로 그는 지식층을 대변하는 인물로 그에 의해 이루어진 논리적 이데올로기는 극작품 전체가 히스테리적인 집단주의로 물들 것을 암시하고 있다. 이런 맥락에서 보면 우의적 혹은 희극적으로 나타나는 코뿔소로의 변신은, 개인들을 희생물로 삼아 교묘하게 어떤 주의에 부합되는 전체주의로의 이행 과정이다. 즉 무지몽매하고 순진한 대중들이 지식인에 의해 만들어진 패러다임의 희생자들이 되고 마는 것이다. 지식인들의 포로가 된 희생자들은 자가당착의 논리로서 또 다른 희생자를 낳는 악순환을 되풀이하는데, 뵈프 부인이 코뿔소가 된 남편을 그런 불쌍한 상태로 놔둘 수 없다고 말하면서 스스로 코뿔소가 되는 것이나, 뒤다르가 동료들과의 연대감을 내세우며 코뿔소가 되는 것은 바로 이러한 현상이다.

이오네스코는 여러 곳에 기고한 글에서 《코뿔소》는 나치즘을 비유하는 것으로 단정하고 있다. 젊은 시절 루마니아에서 직접 나치의 광신을 경험한 작가는 집단적인 선전 앞에서 개인이 자기 고유의 의식을 갖기는 거의 불가능하다는 것을 알고 있었다. 정상적인 사람이 설령 나치즘에 대해 거부감을 갖는다고 하더라도 전체의 분위기에서 벗어나 이를 의식하기는 쉽지 않다. 작가는 이 작품에서 집단주의의 비인격화를 비난하는 방편으로 소심한 주정뱅이 베랑제를 내세운다. 주인공 베랑제는 작품 끝까지 유일하게 인간으로 남는 존재인데, 그는 집단주의에 대한 저항을 대변한다. 그런데 이 저항은 애초부터 형성된 초인간적인 성격에 의한 것이 아니라 조금씩 그의 내부에서 나오는 것이다. 주인공 자신도 본인이 왜 코뿔소가 되는 것에 반대하는지 의식하지 못한다. 그가 의식하는 것은 고독뿐이다. 그 고독은 코뿔소로 변신하는 모든 인물들과 동행하지 못하는 외로움, 나치의 군사 퍼레이드와 군중들의 열화 같은 환호 속에서 까닭없이 다가오는 소외감이다. 그런데 작가는 이 소외감이야말로 진정한 영웅을 만들어 낼 수 있다고 생각한다. 베랑제는 그대로 있었을 뿐이다. 주위의 사람들, 친한 친구, 회사 동료, 사랑하는 여인이 코뿔소로 변하는 현장 속에서 그는 항상 그대로 있었다. 한마디로 집단주의에 섞이지 않음으로써 자기도 모르게 어느새 혁명가의 모습으로 드러나게 된 것이다. 이제 대다수를 차지하게 된 코뿔소들은 자신과 닮지 않은 것들을 파괴하려 한다. 자신들과 의견을 같이하지 않는 것들은 부정하고자 한다. 코뿔소들에게 배척되고 부정되는 베랑제는, 인간으로 남고 싶어한다는 소박한 소망으로 인해 극이 끝날 때쯤에는 어느덧 혁명가의 모습으로 비춰지는 것이다. 극 초반부에서 연정을 품고 있는 데지에게 제대로 의사 표시도 못하던 베랑제가 극의 마지막에 이르면 인간성을 고수하려는 유일한 인간으로 남게 되는 것이다. 외부에는 온통 코뿔소들이 들끓고 그들에 의해 포위된 베랑제와 데지의 공간은 한순간 노아의 방주이거나 아담과 이브의 공간이다. 모든 인물들이 광신주의에 빠졌어도 인간성을 지키려는 주인공은 사랑하는 데지와 아이를 낳아 태초의 남녀가 그랬던 것처럼 인류를 다시 소생시키고자 한다. "데지 들어봐, 우린 아이를 가질 수 있을 거야. 우리 아이들이 또 아이를 낳고. 시간이 걸리겠지. 그렇지만 우리 둘이 인간을 재생시킬 수 있단 말야"라는 베랑제의 절규나 "아담과 이브는 용기 있는 사람들이었다"는 데지의 말에 "우리도 용기를 가질 수 있어"라고 자신 있게 말하는 주인공의 모습은 바로 혁명가의 모습인 것이다.

그러나 극은 두 사람의 결합을 통한 인류의 희망 메시지를 전하지는 않는다. 누가 정상일까 하는 의구심, 코뿔소들이 정상일까 아니면 베랑제가 정상일까 하는 갈등 속에서 데지는 베랑제와 뜻을 같이할 수 없음을 알게 되고 그의 곁을 떠나 동물들의 무리 속으로 뛰어든다. 그 순간 베랑제의 고독은 절대적이다. 이제는 정말 혼자가 된 것이다. 주인공은 과연 절대적 고독을 이겨내고 인간으로 남을 것인가? 작품의 마지막을 장식하는 베랑제의 긴 독백은 이에 대한 대답이다. "난 누구와도 대항해서 싸울 거야! 난 마지막 인간이란 말야. 난 끝까지 인간으로 남겠어! 결코 항복하지 않을 거라고!"

인간이 자아의 정체성을 쉽사리 포기하고 집단주의에 빠지는 것은 역사적으로 볼 때 비극이다. 따라서 이를 우의적으로 우스꽝스럽게 표현한 《코뿔소》를 가리켜 작가는 '비극적 소극(farce tragique)'이라고 말하고 있다. 아울러 이 작품은 선과 악이 대립하는 변증법적 역사 앞에서 때로는 선이 승리를 하고 때로는 악이 승리를 한다 해도, 인류의 삶이 비록 부조리하다 하더라도 필요한 시기에 적절히 나타나는 혁명가의 존재에 의해 삶의 형태의 큰 줄기는 변함없이 이어져 온다는 작가의 철학을 잘 보여준 것으로 사료된다.

4. 《막베트》에 나타난 극적 반복의 의미

들어가며

예술 창조와 그 행위에 있어 반복(répétition)의 기법은 매우 중요하다. 예를 들어 시에서 동일한 음소(phonème)·음절(syllabe)·단어(mot) 혹은 후렴의 반복은 리듬감을 살려 볼륨을 풍부하게 하거나 의미를 강조하기 위한 것으로 혹은 상징적인 의미와 형이상학적인 개념으로 사용되어 왔고, 음악에서 론도 형식은 바로 반복적 기교이며, 그림은 선과 색의 반복으로 이루어진다고 볼 수 있다.

극에서 반복은 극이 상대적으로 가지고 있는 다양성만큼이나 복잡한 요소를 지니고 있다.[1] 피에르 라르토마는 저서 《극적 언어 행위》에서 반복의 희극적인 효과[2]와 음성의 반복을 통한 대사와 대사의 연결[3]에 대한 역할을 언급하고 있다. 이것은 충분히 가능한 것이기는 하지만, 반복에 대한 전체적인 기능은 이보다 훨씬 더 복잡하고 깊다. 특히 부조리극의 측면에서 반복은 지나가 버리거나 사라지는 것이 아니라 끊임없이 제자리걸음을 하는 것으로 일상적인 시간을 벗어나려는 경향이 있으며, 고장난 음반처럼 사건 진행의 정상적인 궤도를 이탈하므로 합리적인 이야기의 전개와는 거리가 멀다. 베케트의 작품에서 흔히 나타나는 반복은 여러 양상으로서 나타나는데, 예를 들어 침묵과 침묵의 반복, 낱말과 낱말의 반복, 행동과 행동의 반복, 무대와 무대의 반복이 그러하다. 프론코는 이를 "생의 단조함과 되풀이와 지루함을 상기시키기 위한" 수단이며 "의사전달의 결여를 시사"[4]하기 위한 것으로 파악하고 있다. 이 글에서는 이러한 기능을 가지는 반복이 극적 요소와 어떻게 적용되고 극의 주제와 접근하는 양태는 어떠한 것이며, 그리하여 반복이 지향하는 것이 무엇인가를 이오네스코의 《막베트》를 통해 밝혀 보고자 한다.

이오네스코는 20세기 프랑스의 대표적인 극작가로 부조리 계열의 작품을 꾸준히 추구해 왔다. 그의 부조리의 개념은 궁극적으로 삶의 포착에 귀착되는 바, 이를 보여주기 위한 소재는 매우 다양하다. 즉 언어의 부조화라든가, 통념적인 사회의 틀과 유리된 난센스, 일상적인 시간과 공간을 초월한 개념 등을 통해 문체론적 부조리에서부터 역사적인 부조리, 이데올로기적인 부조리를 보여주는 것이다. 이를 위해 그가 즐겨 쓰는 수법 중 하나는 다름 아닌 반복이다. 어휘의 반복, 행

---

1) 프랑스어 'répétition' 은 원래 연극의 완성을 위한 반복적인 연습을 뜻하며, 'répétition générale' 은 의상을 갖춘 총 연습을 의미한다. 그러나 여기에서 말하는 '반복' 의 의미는 이와는 다르다. 즉 연습이 아니라 극작품과 무대에서 완성된 극에서 반복의 의미를 밝히고자 하는 것이다. 연습을 뜻하는 반복의 의미를 위해서는 다음 사전을 참고할 것: 《연극사전 *Dictionnaire du Théâtre*》, Paris, édition sociale, 333쪽 또는 《연극백과사전 *Dictionnaire encyclopédique du Théâtre*》, Paris, Bordas, 706쪽.

2) "결국 작가는 희극적인 자동성을 추구할 수 있다(…)." 《극적 언어 행위》, 271쪽.

3) 같은 책, 272쪽 참조.

4) 《부조리 문학》, Arnold P. Hinchliffe 저, 황동규 역, 서울대학교 출판부, 서울, 1986, 82쪽.

위의 반복, 상황의 반복, 그리하여 무대의 반복 혹은 연극의 반복을 꾀한다. 다른 작품에 비해 덜 알려진 《막베트》는 그러나 극작가에게 있어 매우 중요한 작품이다.[5] 이 작품은 제목에서 알 수 있듯이 셰익스피어의 작품에서 그 소재를 그대로 이어받았을 뿐만 아니라 대부분의 등장 인물, 심지어는 몇몇의 대사를 그대로 인용하기도 한다. 이는 각색의 경우를 차치한다면 작품 자체가 두 작가에 의해 반복된 것으로 간주할 수 있어, 외형적으로도 분석의 주제와 어울린다고 할 수 있겠다.

시간의 반복

다른 문학 장르에서와 마찬가지로 극에서 시간은 매우 중요한 요소이다. 극에서의 시간은 관객이 실제로 느끼는 시간, 즉 극의 공연 시간과, 등장 인물들의 시간, 즉 극 속의 시간이라는 이중적 시간을 상정할 수 있다. 이는 "체험된 사건적 시간"과 "텍스트에 의해 묘사된 시간"으로 표현하기도 한다.[6] 극이 줄거리를 갖고 있는 한 소설과 마찬가지로 사건의 전개는 바로 시간의 흐름과 연계되어 있다. 그러나 반연극으로 지칭되는 부조리극에서는 전통적인 극의 개념에서의 줄거리나 플롯을 찾아볼 수가 없다. 사건은 비연속적이거나 반복되어 마치 몽환적(onirique)이거나 혹은 기이한(insolite) 상황을 만들어 참으로 낯선 세계로 우리를 인도한다. 아무리 걸어도 출구는 보이지 않고 제자리를 맴도는 미로처럼, 청춘의 샘물을 마셔 젊음을 되찾는 동화속의

---

5) 폴 베르누아는 《막베트》를 작가가 《코뿔소》에서 보여준 신화적인 범주를 결정적으로 완성시킨 작품으로 간주한다. "이러한 변환은 이미 《코뿔소》의 신화의 틀 속에서 흔적이 나타났고 《막베트》에서 더욱 결정적인 것이 되었다(…)." 《이오네스코의 극적 역학 La dynamique théâtrale d'E. Ionesco》, 베르누아, Paris, Klincksieck, 1972, 269쪽.

6) 《희곡의 구조》, 신현숙 저, 서울, 문학과 지성사, 1990. "따라서 연극의 시간은 '체험된 사건적 시간' (관객이 참여하는 시간–상연의 시간)과 허구의 시간——서사적 시간, 재현된 세계의 시간, 즉 텍스트에 의해 묘사된 시간——이 중첩되는 이중적 시간이라고 말할 수 있다." 157쪽.

주인공처럼, 줄거리가 정지되어 있는 형이상학적인 세계이다.

《막베트》에서 범상치 아니한 줄거리는 몇 가지 사건을 개별적으로 떼어내어 파악해 볼 수 있다. 이를 사건적인 시간이라고 명명한다면, 낯선 시간은 극에서 사건이 어떻게 반복되고 그것이 가져오는 효과가 어떤 것인가를 드러나게 해줄 것이다. 이러한 사건들의 반복은 결국 시간의 가속과 이완의 교차를 통해, 그리고 시간을 시각화시킨 '증식'에 의해 드러난다. 즉 과거와 현재 그리고 미래라는 이차원 위에 그려진 직선의 개념이 아니라 연극 자체의 의미와 마찬가지로 시간이 그리는 선의 다양한 형태로 양감과 음감의 각인을 새겨 삼차원으로 이끌고자 하는 것이다. 맨 먼저 《막베트》 작품 자체가 외형적으로 가지고 있는 역사적 시간의 반복은 무엇인지를 살펴보자.

1) 역사적 시간의 반복

고전주의 작가들, 예컨대 라신 같은 경우에는 극의 줄거리를 과거의 특히 고대 그리스 시대의 신화나 전설, 나아가 그리스 비극 작가들의 작품에서 차용하였는데, 동시대의 일상적 주제 속에서는 작가가 필요로 하는 극적인 매력과 시의 정서가 부족하리라는 판단에서였다. 셰익스피어가 전해져 내려오는 이야기를 재구성한 것과 이를 다시 작품화한 이오네스코의 의도도 위의 사실과 크게 빗나가지 않는 것으로 보인다.

이오네스코는 이 작품을 구상함에 있어 셰익스피어의 작품을 본보기로 삼았고, 주지하다시피 셰익스피어는 역사적인 사실을 극으로 구성했음으로 역사적 시간이 세 번 반복된 셈이다. 이오네스코 작품 후반부에 나오는 맥콜의 독백은 바로 셰익스피어의 작품을 그대로 인용한 것이며, 원작자 역시 《맥베스》에서 역사에 존재하는 두 번의 살인 사건을 하나의 이야기로 자유롭게 재구성하였다. 즉 도널드에 의한 더프 왕의 암살과 맥베스에 의한 덩컨 왕의 암살을 한장으로 묶은 것이다. 원래 맥베스는 스코틀랜드 족벌의 우두머리였는데 왕이 되어 17년간 통치한 것으로 되어 있다. 그는 현명하고 너그러운 군주였다는 것이 역사학자들의 주장이어서 셰익스피어에 의해 잔인한 군주로 각인된 그를 복권시켜야 한다는 운동이 최근 영국에서 제기된 바 있다. 그런데 현재의 영국인들은 맥베스가 실존 인물이라는 사실을 거의 모르고 있다고 하니 문학의 힘이 얼마나 큰 것인지를 짐작하게 해준다. 여하튼 17년이라는 역사적인 통치 기간은 셰익스피어와 이오네스코에게서 형편없이 축소되어 나타나는데, 이는 작품의 완성도를 향한 구도 속에서 또는 시간의 일치를 통한 극적 효과의 극대화를 위한 배려임에 분명하다.

그러나 역사적인 사실은 극작가에게 있어 하나의 소재는 될지언정 극 자체의 구조에 영향을 주지는 않는다. 사실상 극작가 동시대의 관객들에게는 소재의 출처가 어디에 있든지, 먼 곳의 이야기가 아니라 무대에서 자신의 현실과 직접 만나는 것이므로, 이들에게 중요한 것은 작품 자체이지 소재의 반복은 아니다. 그러므로 역사적 시간이 반복된 경우라 하더라도 각 작품은 대중과 더불어 새로운 생명력을 가질 수 있다.

2) 사건의 반복

일반적으로 극 안에서의 시간은 사건과 연루되어 있고 사건은 장이나 막으로 구분되거나 이들을 단위로 설정된다. 그렇다면 시간의 전개 역시 장이나 막을 기준으로 삼을 수 있을 것이다. 그러나 《맥베스》를 일반적인 관점에서 사건의 전개를 다루고 이에 따른 시간을 상정해 보는 것은 옳지 않다. 우선 이오네스코의 작품은 장이나 막의 구분이 없다. 겉으로 이음새없이 연결된 사건들로 작품이 구성되어 있다고 볼 수 있고, 혹은 상호 연결되어 있는 각 줄거리는 하나의 주제 아래 반복된 줄기가 질서정연한 극의 체계를 구성하고 있다고 할 수 있다. 일반적으로는 사건이 전개된다거나 변화한다거나 하는 것들은 바로 시간의 흐름을 바탕으로 하고 있을 터이지만, 마치 사진첩을 넘기는 것처럼 주어 다음에 서술부가 존재하지 않는 따라서 시제를 파악할 수 없음은 움직임이 존재하지 않는 구조다. 달리 말해서 직렬 구조가 아닌 병렬 구조를 가지므로 시간의 흐름은 바로 반복적인 흐름 혹은 시간의 멈춤 혹은 내용은 바뀌었어도 외형은 여전한 상태를——예를 들어 인간 개개인은 죽어 사라지더라도 인간 사회는 그대로 존재하듯 또는 물은 흘러가도 강은 여전히 존재하듯——뜻한다. 따라서 내적 요소인 줄거리는 변할 수 있어도 전반적인 극의 흐름은 정지 상태에 있다고 할 수 있다. 작품 안에서 이를 살펴보자.

A) 죽음의 반복

우선, 이 작품을 죽음의 반복으로 파악할 수 있다. 그 얼마나 많은 죽음들을 만나는가. 칸도르의 죽음(52),[7] 글래미스의 죽음(69), 덩컨의 죽음(111), 뱅코의 죽음(118), 그리고 결국 맥베스의 죽음(142)이 무대의 안팎에서 펼쳐진다. 작품 사이사이에 보이는 이러한 죽음은 극을 핏빛으로 물들일 참이다. 이들의 죽음은 극을 이해하는 데 중요한 역할을 한다. 덩컨의 죽음은 맥베스가 살인자가 되었음과 그의 왕국이 태어났음을 뜻하는 시점이고, 뱅코의 죽음은 맥베스의 갈등과 불안한 심리 그리고 그 상황과 핵심적인 극중 인물들의 유기적인 관계와 행동을 제시하며, 맥베스의 죽음은 극의 종말을 의미한다. 이러한 일련의 죽음들은 기초 공사처럼 뼈대를 이루어 작품 전체를 받치고 있는데, 예를 들어 사건이 전개됨을 알리는 이 질서정연한 죽음의 순번은 텍스트의 독자나 무대 앞의 관객이 심리적으로 고스란히 느낄 수 있는 시간의 흐름이기도 하다. 그런데 이 시간의 흐름이 바로 일상적인 흐름과는 달리 죽음의 반복을 통해서 인지된다는 것을 주목해야 한다. 죽음이란, 특히 무대에서의 죽음이란 현존재(présence)[8]의, 다시 말해서

---

7) 괄호 안의 숫자는 1986년판 이오네스코 《막베트》, Paris, Folio/Gallimard의 쪽수이다.

배우의 사라짐을 의미한다. 줄거리의 전개가 연속적인 사라짐 또는 반복적인 사라짐 또는 반복적인 죽음을 통해 이루어지는 것은 앞에서 말한 바와 같이 하류로 흘러가 버리는 물을 담고 정지되어 있는 강의 모습이다. 줄거리의 외적인 흐름에 의한 변화에도 불구하고 사건들의 반복, 즉 죽음의 반복을 통해 나타나는 전체적인 극은 정지되어 있다. 애초에 등장했던 인물들이 하나하나 죽어갔으나 극은 여전히 존재하고 최초의 왕국은 최후의 순간까지 언제나 덩컨 계보의 왕권으로 보존되어 그 영원성을 간직하고 있는 것이다. 죽음이 시종일관 이루어져 변화가 일어났으나 어떤 것도 변한 것이 없다는 모순은 반복된 사건을 통해서만 설명되어질 수 있는 기교이다.

B) 레이디 덩컨의 반복

시간의 반복을 포착시켜 주는 또 다른 사건은 레이디 덩컨의 반복이다. 마녀가 레이디 덩컨으로 변신함으로써 레이디 덩컨은 반복된다. 진짜 레이디 덩컨은 마녀에게 잡혀 궁전의 지하 감옥에서 사슬에 묶여 있다.[9] 그녀는 언제나 그녀이지만, 그녀의 모습으로 변신한 마녀는 변신과 변신을 통해 개인적인 반복을 꾀한다. 이 변신은 죽음의 반복에서와 마찬가지로 우선 줄거리의 근간을 이룬다. 제식을 통해 레이디 덩컨이 된 마녀[10]는 맥베스에게 덩컨을 죽이라고 교사한다.

---

8) présence는 앙리 구이에의 용어이다. 그는 저서 《연극의 본질 L'essence du théâtre》에서 현재(présent)의 시간적 개념과 présence라는 존재의 개념을 동시에 설명하고 있다. 이는 직접 무대에서 육체를 가진 배우가 관객의 현시적인 시야에서 연기한다는 것으로 이것이야말로 연극의 본질임을 밝히고 있는 것이다.

9) "당신은 내 얼굴의 흔적과 내 몸의 형상과 내 목소리의 소리를 지닌 마녀를 대동하고 맥베스의 결혼식에 참석하였지. 마녀는 날 궁 속에 떨어트리고는 쇠사슬로 묶어 버렸고." 《맥베스》, 139쪽.

10) "두번째 마녀가 첫번째 마녀의 가면, 즉 머리를 묶은 것과 뾰족한 코를 잡아 벗긴다. (…) 뒤쪽으로 나아가면서 그녀는 낡은 옷과 가면을 벗어 버린다. 그러자 첫번째 마녀는 매우 아름다운 레이디 덩컨이 된다." 같은 책, 82쪽.

"이 칼로 덩컨을 죽여요. 그 자리는 당신 차지가 될 거고 난 곁에 있 겠어요. 난 당신의 아내고, 당신은 나의 군주가 될 거예요."(84)

그리하여 덩컨이 살해되었을 때, 그녀는 자연스레 미망인이 되며, 하루 동안의 미망인에서 맥베스와 결혼식을 올림으로써 레이디 맥베스로 변신하게 되는 것이다. 이후 극의 후반부에서, 그녀는 누더기 옷을 걸치고 뾰쪽한 코의 마녀로 다시 돌아가 사라져 버린다. 레이디 덩컨의 이러한 일련의 변신은 죽음의 반복에서와 마찬가지로 극의 줄거리 파악에 요긴한 것이기도 하지만, 중요한 것은 진짜 레이디 덩컨은 거의 변함이 없다는 사실이다. 그녀는 본의 아니게 마녀에게 포로가 된 까닭에 어두운 지하 감옥에 갇혀, 자기도 모르는 사이에 과부가 되고 대단원에 이르러 사슬에서 풀려나 자유의 몸이 되어 다시 나타나는 모습을 하고 있다. 결국 극이 진행되는 동안 레이디 덩컨은 처음부터 끝까지 변한 게 없다는 것이다. 남편에 대한 시종일관된 사랑, 왕후로서의 품위, 그리고 물론 모습 자체 등등. (…) 변화를 보인 것은 마녀이다. 변신한 마녀는 모든 것을 교사하고 음모를 꾸민다. 극의 핵심을 이루는 맥베스의 반란과 덩컨의 살해, 살인자의 왕위 계승 같은 것들이 결국 마녀의 사주에 의해 이루어졌고 그 진행의 정도와 필요한 역할에 따라 마녀는 새로운 모습을 드러냈던 것이다. 그러나 극 초반부에서 왕후로 변신한 마녀는 극의 후반부에서 본연의 제 모습으로 귀착된다. 마녀에 의해, 그녀의 변신에 의해, 레이디 덩컨의 반복에 의해 무수히 많은 인물들이 죽어갔고 왕국은 핏자국으로 얼룩졌으나 예전의 마녀는 여전히 그대로 남아 있다. 마치 아무 일도 없었던 것처럼. (…) 즉 레이디 덩컨의 반복은 극의 원동력인 동시에 극의 부동성이다. 모든 것이 변했으나 두 여자는 처음과 끝이 동일하다.

C) 왕국의 반복
또 다른 사건의 전개와 변화는 왕국의 반복을 통해 드러난다. 작품의 배경인 왕국의 통치권자는 세 번 바뀐다. 왕이 바뀐다는 것은 정치적·이념적으로 완전히 바뀌는 것을 의미한다. 덩컨의 왕국에서 맥베스의 왕국으로, 그리고 뱅코의 아들인 맥콜이 왕국의 지배자가 된다. 지배자의 교체로 인한 왕국의 반복은 앞에서 언급한 죽음의 반복과 레이디 덩컨의 반복과 같은 모습을 하고 있다. 인물은 바뀌었으되 왕국 자체는 변함이 없다는 의미에서 그러하다. 극은 분명히 진행되었으나 즉 왕국이 바뀌었으나 여전히 왕국은 의구하다. 변한 듯 변하지 않은 모습, 이것은 반복의 기교가 노리는 마술적 효과이다.

그런데 왕국의 반복은 크레셴도 형식으로 주제의 완성을 이룬다. 마녀의 말을 빌리자면, 덩컨의 왕국은 그의 포악한 성격과 물욕에 의해 정의가 상실된 나라이다. 왕은 신하들을 부려먹기만 할 뿐 필요없다고 판단되면 죽여 버릴 것이다. 그러면 정의를 세우기 위한 구실 하에 군주를 살해하고 얻은 맥베스의 왕국은 어떤가? 그곳이 더욱 잔인한 땅이 되었음은 두말할 나위가 없다. 그리고 선왕의 죽음을 복수하고 온 민중들의 희망이 된 맥콜은 더욱 어두운 세계를 건설할 것이라고 말함으로써 삼대에 걸친 왕국의 모습이 완성되는 것이다. 어둡고 잔인한 무대는 왕국의 반복으로 낯익은 벽을 허물어 새로운 세계를 구축한다. 우리가 선과 악의 두 부분으로 나누었던 이원론적 사고는 죽음과 살인, 악행의 사건 속에서 한 면만이 부각된다. 그러나 왕국의 반복으로 완성된 지옥의 모습, 그 잔인한 포효로 온통 시끄러워야 할 무대는 마치 아무 일이 없었던 것처럼 부동의 상태로 나타난다. 어쩌자는 것인가? 작가의 형이상학이 추구되는 곳이 암흑으로 뒤덮인 지옥의 흙탕물인가? 이러한 질문은 결론에서 밝혀지겠지만, 그것을 위한 왕국의 반복은 매우 유의적이다.

3) 낯선 시간의 반복

앞에서 언급한 바와 같이 삼차원적인 일상적인 개념하에서 시간과 공간은 진정한 삶의 모습을 포착하는 데 단지 장애물로서 존재할 뿐이다. 그것의 부조리를 드러내려는 이오네스코 극에서는 현실적인 측정이 불가능한 비현실적인 시간이 존재한다. 이러한 시간은 논리적으로 설명이 불가능하며, 마치 용수철과 같은 나선형의 모습을 띤다. 그것은 시간의 이완 내지는 가속, 더 나아가 정지 또는 시체가 점점 커져가는 모습에서 드러나는 경악, 예컨대 부피의 확대로 인식되는 증식에 의해 드러나는 낯선 시간이다. 이러한 시간은 꿈속에서 시간의 흐름과 같이 두서가 없는 비연대기적인 시간에 해당한다.

작품에서 일견으로 질서정연하게 보이는 사건들이 결국 반복의 기법으로 정지되어 있는 개념으로 이해해야 한다는 것을 여러 번 언급하였는데, 이것은 이미 낯선 시간의 표본이다. 태풍의 소용돌이가 모든 것을 휩쓸고 지나간 자리에 태풍의 눈의 자국이 선명하게 그려지면서 전혀 변한 것이 없다는 것은 바로 극적 형이상학에 다름 아니다.

작품에서 반역자 칸도르와 글래미스를 물리치고 이들 무리를 처단하는 장면을 보자. 무대 뒤편에 음험한 단두대들이 설치되고 이를 지켜보는 자들은 한가롭게 차를 마시는 모습으로 묘사되는 이 장면은 바로 죽음의 의식이다. 이제 명령은 떨어졌고 반란자들의 목은 차례로 베어진다. 여기에서 극작가는 여러 명의 배우들이 원무를 그리듯 단두대와 무대를 둥글게 돌아 사형집행에 반복되어 응하게 하면서 죽음에 대한 의식의 효과를 극대화시키고자 한다. 그런데 배우들의 동작은 이오네스코의 또 다른 희곡 《의자》에서 가속화되어 의자들이 쌓여지는 것처럼, 운동 경기에 출전한 선수처럼 "재빠르게(rapidement)"[11] 이루어져야 한다. 이 율동적인 움직임은 청각적인 반주와 곁들여지는데, 덩컨이 바구니에 쌓여 가는 머리를 보면서 "자자, 빨리, 빨리, 빨리!"[12]라고 외치는 것이 그것이다. 이 구령에 맞춰, 즉 "빨리"가 한번

---

11) "동일한 배우들이 반복적으로 계속해서 빠르게 무대 안쪽으로 지나가면서 칸도르 군사들의 머리가 기요틴에서 잘리는 것을 보여준다." 같은 책, 52쪽.

12) 이오네스코는 여기에 덧붙여 다음의 무대 지시를 한다. "덩컨이 빨리라고 외칠 때마다 바구니 속으로 목 한 개가 떨어진다." 같은 책, 53쪽.

발성될 때마다 한 개의 머리가 떨어질 것이고, 시간이 흐르면 바구니에 머리들은 쌓여 갈 것이다. 그런데 바구니에 머리가 넘쳐흐르는 것은 시간의 모습을 시각화한 것이다. 즉 반복에 의해 불어나는 물질의 부피는 사형집행 행위의 길이, 죽은 자의 숫자를 보여주는 낯선 시간에 다름 아닌 것이다.

이렇듯 시각화된 시간으로 파악되는 낯선 시간은 덧셈(addition)에 의해서 나타나기도 한다. 맥베스가 자신의 칼을 바라보면서 자신이 죽인 사람들을 셈하는 장면을 보자.

"나의 칼날은 붉은 피로 물들었다. 이 칼로 나는 12명을 죽였다. (…) 또 다른 몇백 명을 사형에 처했다. 몇천 명이 죽었다. (…) 수만, 수십만, 수백만, 수천만이 분노와 뇌출혈과 슬픔으로 죽어갔다."(28)

칼로 죽은 자가 몇십 명, 몇백 명, 그러다가 분노와 뇌출혈, 그리고 슬픔으로 죽은 자들이 1천만 명이 넘는 이 증식은 여기에 해당하는 장면 전체에 대한 크레센도이다. 즉 산처럼 쌓여 가는 시체들이 그러하며, 맥베스 자신의 감정이 그러한 것이다. 그래서 리듬과 등장 인물의 호흡과 무대의 분위기가 점점 무게를 더하게 된다. 죽임을 당한 자들이 양적으로 보태어짐, 시체의 쌓여짐, 이것은 살이 불어 부풀려져 거대한 괴물이 되는 악몽과도 같은 모습이다. 어찌하여 시간의 시각화가 반복되어 죽음의 사신과 더불어 존재하는가 하는 의문점은 이 작품이 이오네스코의 극작품 중에서도 가장 이상스럽고 음험한 모습으로 나타나는 이유이기도 하다.

극이 좀더 진행한 뒤, 살해되기 직전 덩컨이 환자들을 치료하는 장면 역시 이에 해당한다. 첫번째 환자와 두번째 환자를 구체적으로 묘사한 후, 연이은 환자들의 등장과 퇴장을 정확히 지시하면서 작가는 증식의 효과를 노린다.

"세번째 환자가 동일한 방법으로 자신을 치료해 줄 왕 앞으로 나아간다. 이러한 행동은 점점 빨라진다. 네번째 환자, 다섯번째 환자, 여섯번째 (…) 열번째, 열한번째 환자가 계속해서 무대 안쪽 오른쪽에서 등장하여 덩컨의 석상을 만진 다음 왼쪽으로 퇴장한다."(110)

이들의 움직임은 배경 음악과 더불어 가속화되다가, 열한번째 환자를 정점으로 느슨해지기 시작하는데 이후에 등장하는 이들이 바로 덩컨의 살해자들이 된다. 이것은 덩컨의 죽음의 순간을 극적으로 표현하기 위한, 극 효과의 극대화를 위한 것이다. 가속화된 인물들과 저속화된 인물들은 덩컨을 정점으로 놓고 볼 때 그에게 은혜를 받은 인물과 그의 죽음을 노리는 인물로 양극화될 수 있으며, 가속은 저속을 효과적으로 내보이기 위한 수단이 될 수 있다. 시간적으로 필름이 빠르게 돌아가는 가운데 등장하는 11명의 인물과 느리게 움직이는 3명의 인물은 명백히 구별된다. 후자의 느린 동작은 저승사자들의 혹은 망나니의 춤과 유사하며, 느린 동작의 과장은 곧 시간의 정지와도 상통하게 된다. 이 동작주들은 뱅코, 레이디 덩컨 그리고 맥베스인데 한 국가의 중심축을 무너뜨리고 새로운 축으로 대체되는 순간은 일순 정지의 순간이 된다. 정지된 시간은, 그들의 의사소통은 "암살자(Assa-ssin(es))"라는 똑같은 단어의 외침으로 이루어진다. 극작가가 어떤 대사를 여러 명의 인물들로 하여금 동시에 발성하게 하고 싶을 때, 그는 평면이라는 종이의 한계로 인해 똑같은 대사를 인물의 순서에 따라 나열할 수밖에 없다. 즉 시간적으로 다르게 적을 수밖에 없는 것이다. 이를 감안할 때, 여러 인물들이 동일한 단어를 계속해서 반복하는 것은 동시성의 효과를 위한 극적 테크닉이 될 수 있다. 한순간에 이루어진 행위, 반복의 기법은 이렇게 하여 정지를 뜻하게 되는 것이다.

낯선 시간의 반복이 가져올 수 있는 의미와 효과는 바로 이러한 것이며, 이오네스코의 여러 작품에서 이 극적 기교는 풍부하게 나타난다. 예컨대 《아메데 혹은 어떻게 버리지》에서 시체가 커진다거나, 《새로 온 하숙인〉에서 가구들이 가속화되어 축적되는 상황이나, 《수업》에서 등장 인물의 분노가 가속화되어 궁극적으로 살인을 저지르고야 마는 것들은 모두 이 맥락 속에 수용된다.

등장 인물의 반복

맥베스의 등장 인물은 셰익스피어 작품의 등장 인물의 반복이라고 해도 과언이 아니다. 맥베스·덩컨·뱅코는 그대로이고 3명의 마녀 대신 2명의 마녀가 등장하며, 왕자인 맥콜은 맬컴에 다름 아니다. 가장 중요한 위치를 차지하는 이들의 재현은 맥베스의 소재가 바로 셰익스피어의 극에서 왔음을 증명한다. 그렇다고 이오네스코가 셰익스피어의 《맥베스》를 전적으로 모방한 것이라고 볼 수는 없는데, 몇몇 인물을 그대로 수용했음에도 이들간의 관계, 조합이 완전히 다른 형태로 나타나기 때문이다. 즉 반복의 기법이 이오네스코의 극 자체에서 상당히 심화되어 다른 요소들과 조화를 이루고 있다. 그 중에서 두드러지는 것은 맥베스와 뱅코, 마녀와 레이디 덩컨과의 반복이다.

1) 맥베스와 뱅코의 반복

이들 중 무대에 먼저 나타나는 것은 뱅코이다. 2명의 귀족이 국왕 살해의 음모를 꾸미고 있을 때 뱅코가 등장하고 이어서 맥베스가 등장한다. 여기에서 역적 모의를 하는 귀족들의 눈에 이들이 유사한 성향이 있음을 알려 준다. 귀족 중 한 명인 칸도르는 말하기를 이들 두 인물이 똑같이 대공 군대의 우두머리 장군(21)임을 말하는 것이 그 증거이다. 유사한 성향의 두 인물을 추적해 보면, 그 유사성은 일정한 틀속에서 확연하게 드러난다. 28쪽 맥베스의 장광설에 이어 등장하는 뱅코의 대사는 맥베스의 그것과 글자 하나 다르지 않고 똑같다. 단지 맥베스의 대사에서 뱅코라고 명명되어진 부분이 뱅코의 대사에서는 맥베스로 대치되었을 뿐이다. 이 장광설은 지금까지 전쟁터에서 있었던 일, 죽인 적들, 군주에 대한 생각 그리고 피 묻은 칼을 강물에 씻도록 하는 것과 갈증을 풀게끔 마실 물을 가져오도록 하는 명령 등이 포함되어 있다.(28-32) 이러한 내용의 대사가 두 사람에게서 똑같다는 사실은 이들의 행적, 사고방식, 행동 등이 완전한 일치를 이룬다는 것을 의미한다. 맥베스는 뱅코에 다름 아니며 뱅코는 바로 맥베스라고 할 수 있는 것이다. 이렇게 두 인물을 반복된 한 인물로 보게 하는 또 다른 증거는 극이 계속해서 진행하는 동안 두 인물이 서로 찾아다니는 형태로,[13] 일정 기간은 동시에 무대에 등장하지 않는다는 점[14]과 레이디 덩컨이 뱅코를 전쟁터에서 만났을 때 맥베스로 착각하였다는 점이다.

레이디 덩컨 브라보! 고개를 들으시오, 맥베스.
뱅   코 저는 맥베스가 아니라 뱅코입니다.(40)

두 인물의 반복이 동일한 한 인물로서의 완성을 이루게 될 것은 마녀의 예언에 나타난다. 즉 맥베스는 덩컨의 뒤를 이어 "왕이 될 것이고,"(59) 뱅코는 당장 왕이 되지는 못하지만 "왕국을 천년이나 지배하게 될 왕가의 선조가 될 것"(66)임을 알리는데, 계시받은 두 인물의 공통 부분을 동일 선상에 위치시켜 보면, 맥베스와 뱅코가 합쳐져서 후대의 왕가를 이룬다는 뜻으로 보아 동일한 인물의 반복으로 간주할 수 있는 것이다.

그러나 극의 줄거리에서 맥베스와 뱅코는 엄연히 별개의 인물이다. 반란을 꾀한 두 제후를 제압한 후 왕이 두 장군에게 상을 내리는데, 맥베스는 제후 칸도르의 작위와 영지를 물려받게 될 것이고, 뱅코는 다

---

12) 두번째 마녀는, 이들이 같이 있지 않을 때는 한 사람이 다른 한 사람의 뒤를 쫓거나 서로 찾아다닌다고 말을 한다. 61쪽.
13) 한 배우가 변장을 통해 두 인물을 연기하는 것처럼 서로 꼬리를 물고 찾아다니면서, 무대에 한 인물만이 등장하는 기법은 덩컨을 알현하기 이전까지 계속된다. 물론 관객은 등장하지 아니하는 무대 밖 인물의 목소리를 들을 수도 있고, 또는 무대에 현존하는 인물에 들키지 아니하고 목소리, 인물의 머리 정도는 볼 수 있다.

른 제후 글래미스의 것을 하사받게 될 것이다. 각각 다른 인물의 직위와 땅을 소유함은 이들이 다른 존재임을 뜻한다. 또한 덩컨을 살해하고 난 후, 뱅코의 독백(118-119)과 이것으로 말미암아 동료이자 친구인 맥베스에게 배신자로 낙인찍혀 죽임을 당하는 것은 이를 입증한다.

한 인물로 간주된 두 인물에서 한 사람이 다른 사람을 죽인다는 것은 무슨 의미일까? 이를 파악하기 위해서는 두 인물이 별개로 나타나는 장면을 살펴볼 필요가 있다. 먼저 앞에서 언급한 두 제후의 지위와 영토를 약속받은 이들이지만 결과적으로 모든 포상이 맥베스의 차지가 된다. 즉 한 인물로 귀납되는 것이다. 덩컨을 살해하기로 공모하는 장면과 살해 장면 그리고 한 인물이 다른 인물을 죽이는 장면은 동작과 대사의 반복을 사용하여 마치 거울 속의 허상과 그것의 실체인 양 보여진다. 즉 용기를 북돋기 위해 스스로에게 중얼거리는 모습이거나 또는 한 인물의 상반된 모습, 갈등이 실제로 표출된 모습일 수 있다는 뜻이다.

먼저 두 사람이 국왕 살해의 음모를 꾀할 때의 장면을 보자. 일반적으로 여적 모익를 누군가와 공모하려 한다면 세심한 준비와 극도의 조심성이 따라야 할 것이다. 그러나 덩컨을 죽이기 위한 맥베스와 뱅코의 합심은 손쉽게 이루어진다. 국왕을 찬양하다가 뱅코에 대한 배려가 소홀했다는 대목에 이르자 어조의 변화와 함께 국왕을 부정적으로 평가하기 시작한다. 그것은 마치 한 인물의 의식에 스며드는 메아리와 같은 형태로 나타나기도 한다.

뱅 코   덩컨은 바보야.
맥베스   아주 바보. 바보……. (그는 좌우를 살핀다)(100)

또는 대사의 주고받음이 의미적으로나 음절상 대단히 율동적이어서 마치 한 인물의 독백인 듯하다.

뱅 코	우리 양들(De nos brebis).
맥베스	우리 돼지들(De nos cochons).
뱅 코	돼지(Le cochon)!
맥베스	우리 빵(De nos pain)(102).

　덩컨을 살해하는 장면에서 레이디 덩컨 · 맥베스 · 뱅코 그리고 덩컨의 4명의 등장 인물의 대사는 이미 언급했던 대로 똑같다. 제식을 치르는 분위기와 무당의 움직임, 일정한 순서로 주고받는 동일한 대사와 계산된 동작들은 죽이는 자나 죽는 자의 혼연 일체된 모습이다. 덩컨은 죽어 사라지겠지만 그의 뒤를 잇는 것이 맥베스라는 점에서, 레이디 덩컨은 맥베스의 부인이 된다는 점에서, 그리고 뱅코는 또 다른 맥베스라는 점에서 이들은 모두 맥베스에 귀결된다. 따라서 이 장면에서 보이는 합일의 제식은 우연이 아니다.

　마지막으로 맥베스가 뱅코를 죽이는 것은 배신을 당했다는 생각에서이다. 그러나 맥베스가 숨어서 엿들은 뱅코의 대사는 결코 틀린 말이 아니다. 둘이 공모를 해서 국왕을 암살했건만 그 보상은 온통 맥베스의 차지다. 그렇다면 뱅코에게 남은 유일한 희망은 마녀가 그에게 약속한 것, 자기 자손들이 왕국을 이어간다는 것인데, 맥베스에게는 결코 용납될 수 없는 것이다. 그러나 결과적으로 볼 때 뱅코의 죽음은 자신의 희망을 실현시킬 뿐 아니라 자연스럽게 맥베스를 파멸로 이끈다. 두 인물을 동일한 사람의 모습으로 보아 온 터에 한 사람의 죽음은 의미적으로 분리되었던 신체와 영혼의 결합이 이루어졌다고 할 수 있겠고, 한편으론 스스로를 억제하고 검열하였던 막이 사라졌다고 볼 수 있다. 그래서 뱅코가 사라져 버린 무대에서 맥베스의 모습은 완전히 폭군의 그것으로 나타난다.

　이렇듯 두 인물의 반복은 연출의 기법을 통한 분위기의 조성, 작가가 의도하는 줄거리 전개와 이에 따른 주제의 선명성, 그리고 대조법을 통해 맥베스라는 인물의 성격을 확실하게 해준다. 아울러 반복이라는 극적 기법의 한 부분을 이루면서 전체적인 구도와 일관성 있는 균형을 이루는데 이것이야말로 작가가 최종적으로 바라는 그 어떤 것에 한 발짝 다가서는 것이다.

2) 마녀와 레이디 덩컨의 반복

이오네스코의 작품이 셰익스피어의 작품과 근본적으로 다른 구조를 가진 것 중에서 전체적인 구조에 영향을 끼치는 것은 마녀와 레이디 덩컨의 중첩이다. 맥베스가 처음부터 덩컨을 살해하리라고 생각했던 것은 아니다. 마녀와 맥베스의 첫 만남의 장면을 보면 쉽사리 알 수 있다. 맥베스가 국왕이 될 것이라는 운명을 예언하는 마녀에게 그는 "자신은 어떠한 야망도 없으며, 야망이 있다면 왕을 섬기는 것"(59)이라고 하지 않는가. 이들의 두번째 만남이 이루어졌을 때, 맥베스의 귀가 조금은 솔깃해지는데 그것은 마녀의 쇳소리 같은 목소리가 변하면서 어쩐지 "귀에 익은 목소리로 들리게 되는"(79) 바로 그 순간부터라고 할 수 있다. 결론부터 말하자면 이 목소리는 레이디 덩컨의 목소리이다. 곧바로 2명의 마녀가 각각 레이디 덩컨과 하녀로 변신하는 의식이 치러진다. 마치 주술사들의 춤인 듯하다. 그녀들은 "발작적인 음악"(81)과 스포트라이트를 받으며 현란한 몸동작으로 원무를 그린다. 그리고 주술에 걸려 변모된 맥베스로, 완전하게 레이디 덩컨과 하녀의 모습으로 각각 변신하는 것이다. 이제 관객과 맥베스의 눈에는 마녀와 레이디 덩컨이 완벽한 동일 인물로 보인다. 국왕을 살해하고자 하는 맥베스의 결심은 이렇게 이루어진다. 다시 말해서 이 작품에서 가장 핵심적인 사건, 맥베스가 덩컨을 살해한 후 왕위를 찬탈한다고 하는 사건의 서두는 이렇듯 마녀와 레이디 덩컨의 변신, 즉 두 인물의 반복에 의해 생성된다.

그후 가짜 레이디 덩컨은 앞에서 밝힌 바 스스로 주군의 암살 현장에 참여하여 일조한다. 그리하여 덩컨의 죽음이 확인되는 순간 그녀는 곧바로 덩컨 미망인으로 변한다. 그러나 이것도 잠시 예견한 대로 맥베스와의 결혼을 통해 그녀는 레이디 맥베스로 다시 변하는 것이다.

이와 같이 연속적으로 변하는 마녀 혹은 레이디 덩컨의 의미는 무엇인가? 그녀가 변신하는 의식의 장은 이미 언급한 바 있다. 이 자리에서 강조하려는 것은 이 제식의 언저리에 놓여 있던 맥베스의 상태인데 그로부터 그의 모든 행동은 레이디 덩컨에 전적으로 이끌린다. 그녀가 다시 마녀로 되돌아오는 장면은 맥베스가 이미 술에 취해 있고 마녀 자신도 술이 필요하다는 것을 알리면서 시작한다. 술이라는 중독성과 비이성적인 특징을 고려할 때 마녀의 변신 이후 모든 사건은 바로 마술에 취한 상태에서 일어났다고 볼 수 있는 것이다. 이를 좀 더 관찰해 보면, 그 배후에는 마녀가 있었고 완벽한 시나리오 하에 사건이 진행되었다는 점이다. 무엇 때문인가? 마녀가 맥베스로 하여금 왕을 시해케 하고 여차여차한 일들을 치른 후 맥콜에 의해 죽임을 당하는 이러한 것들이 운명적으로 예정되어 있었다고 해도, 그 운명은 마녀에 의해 인위적으로 조작되었다는 느낌을 지울 수가 없다. 즉 마녀의 목적과 이에 상응하는 정황이 있었을 것이라는 말이다.

마녀의 여러 대사를 종합해 보면 맥베스 심중에 야심이 있었다는 게 그 첫번째 정황이라 할 수 있다. 본인의 부인에도 불구하고 마녀의 거듭된 예언, 즉 "그의 이마에 별이 나타나고 운명적으로 왕의 자리에 오를 것"(59)이라는 말에 맥베스는 마음의 동요를 느낀다. 그래서 맥베스와 마녀가 두번째로 만났을 때 유혹은 훨씬 실제적이다. 두 마녀의 입을 통해 들을 수 있는 반역의 당위성은 국가적으로 "정의의 실현"(78)과 "불쌍한 국민들을 구원하고 고통에서 신음하는 이들에게 평화를 가져다주기 위한 것"(79)이며, 개인적으로 "맥베스의 행복"(78)을 위해서이다. 이 모든 것이 "마녀가 맥베스를 사랑하기에"(79) 그렇다는 것이며 사랑은 실제로 그녀가 맥베스와 결혼을 함으로써 구체화된 것으로 볼 수 있는데, 이는 어떠한 목적을 위한 술수로서 마녀 자신과 같이 가면에 불과할 뿐이다. 결혼식이 거행되고 피로연이 있은 후, 맥베스는 취해서 곯아 떨어지고 변장한 그녀가 마녀의 제 모습으로 나타나면서 내뱉는 말, "여기에서 더 이상 할 일은 없다"(124)는 것을 들으면 쉽사리 이해가 된다. 즉 목적이 달성되었다는 뜻으로, 그 목적은 세상의 모든 것을 온통 뒤죽박죽으로 만들겠다는 것이다.

지금까지 장황하게 설명해 온 마녀와 맥베스의 관계, 마녀의 부추김, 유혹, 이를 위한 수단으로 레이디 덩컨으로의 위장 등은 "뒤죽박죽" 이라는 한 단어에 함축된다. 그녀의 포로가 된 맥베스는 이제 그 "소용돌이 속에서 빠져나오지 못할 것이다."(125) 맥베스의 인생을 파멸로 이끄는 것, 모든 것을 완전하게 무질서 속에 몰아넣는 것, 그리하여 가장 위험하고 어두운 세계를 구축하는 것, 이것이야말로 마녀의 목적이며, 맥베스의 운명이며, 이를 성사시키기 위해 레이디 덩컨과 마녀는 반복되어져야만 했던 것이다. 즉 반복의 의미는 죽음과 연관되어 있고, 죽음은 반복의 메타포를 포착할 수 있는 실마리가 되는 것이다.

이 전말과 결과는 마녀가 사라져 버린 후, 맥베스에게 살해되었던 뱅코와 덩컨의 환영이 나타나면서 백일하게 드러난다. 식객들과 맥베스 앞에 나타난 유령은 죽은 존재의 재현이라는 점에서 반복의 기법에 다름 아니며, 국왕의 현현은 현 국왕인 맥베스와의 혼동을 통한 동일성의 효과를 가져온다.

덩컨의 환영은 맥베스의 모든 이야기가 진실이지만 단 한 가지, 그가 레이디 덩컨으로 알고 취한 여인은 가짜라고 말한다. 그리고 현기증을 일으키는 혼란과 뒤죽박죽된 무대, 어두운 지하 세계에서 지상으로 올라온 진짜 레이디 덩컨 혹은 레이디 맥베스의 아리송함, 한 식객이 그녀를 가리켜 "레이디 맥베스"라고 했을 때 이 말에 포함되어 있는 오류와 진실은 다음의 대사에서 확연하게 드러난다. "사랑하든 사랑하지 않든 난 당신의 여왕이오. 하지만 난 레이디 맥베스가 아니라 레이디 덩컨이지. 합법적인 국왕 덩컨의 충직하고 불행한 미망인이란 말이오."(138)

이러한 것들이 바로 등장 인물들의 반복이 추구하는 목표이다. 물론 마녀의 예언 그대로 맥베스는 맥콜에게 죽고, 마녀의 계획에 따라 맥콜은 뱅코의 피를 이어받게 될 것이다. 맥콜의 다음 대사는 이 점을 분명하게 보여준다. "나는 덩컨의 아들이 아니야. 양자일 뿐이야. 난 뱅코와 마녀가 여자로 둔갑시킨 영양 사이에서 태어났어."(142) 그런 데 이 과정에서 핵심적인 것은 셰익스피어의 작품에서 맥베스의 첩자 인지 아닌지를 시험해 보기 위해 군주의 원수를 갚자고 하는 신하에 게 자신이 왕위에 오를 경우, 맥베스보다도 더욱 가혹하고 잔인한 왕 이 될 것이라고 거짓 심정을 내비치는 왕자 맥콜의 대사가 이오네스 코의 극에서 결말을 맺고 있다는 것이다. 배신자를 처단하고 환호하 는 무리들과는 대조적으로, 무대는 첫 장면과 마찬가지로 죽음을 부 르는 단두대가 즐비한데 승리자 맥콜은 다음을 선언한다.

"나의 불쌍한 조국은 과거보다 더 악하게 다스려질 것이다. 나의 지 배하에서 조국은 더욱 커다란 고통을 받게 될 것이다."(147)

이렇듯 악이 온 세상을 덮을 것이며 모든 질서는 무너지고 오직 살 인과 공포의 세상이 도래하게 될 것이며, "지상의 평화를 전복시키고 모든 합일이 파괴될 것이다."(148) 더욱 선명해진 마녀의 목표는 이 처럼 반복의 기법을 통해 완성된 것이다.

대사, 동작 및 무대의 반복

지금까지 분석한 시간, 인물의 반복에서 알 수 있듯이 이오네스코 극의 전체적인 기교가 '반복'이라고 해도 과언이 아니다. 예를 들어 인물이 반복된다는 것은 그들의 대사와 동작, 좀더 나아가 의상 등이 반복된다는 것을 의미한다. 물론 대사의 반복은 동작 혹은 움직임의 반복과 병렬하는 것으로 파악할 수 있으며, 대사의 반복에는 단어나 문장일 수도 있고 한 걸음 더 나아가 음절 혹은 음소일 수도 있다.

먼저 대사 및 동작의 반복을 살펴보면 첫째로, 셰익스피어의 대사를 그대로 옮겨 적은 것으로 작가가 주석을 달아 놓은 부분이 두 번 있다. 이들은 극의 끝 부분에 나오는 맥콜의 연설에 해당한다. 이오네스코는 "맥더프에게 말하는 맬컴의 대사를 셰익스피어에게서 차용했음" (146)을 밝히고, 마지막 구절 역시 셰익스피어를 직접 인용했음을 말하고 있다.

둘째로, 짝을 이루는 인물들의 대사이다. 글래미스와 칸도르가 맨 첫 장면에서 마네킹처럼 표정 없이 인사하는 장면을 보면 다음과 같다.

> 글래미스　　(칸도르를 향해) 안녕하시오, 칸도르 남작.
> 칸 도 르　　(글래미스를 향해) 안녕하시오, 글래미스 남작.
> 글래미스　　칸도르, 내 말 들어봐요.
> 칸 도 르　　글래미스, 내 말 들어봐요.
> 글래미스　　더 이상은 안 되겠소.
> 칸 도 르　　더 이상은 안 되겠소.(9)

동작과 대사가 완벽하게 반복되어 완전한 대칭을 이루고 있다. 그 후에도 필요에 따라 이들의 짧지만 운율적인 대화는 무대 전체의 맥락과 더불어 반복한다.

한편, 앞에서 두 인물의 반복으로 언급한 극 초반부에 나오는 맥베스와 뱅코의 긴 독백은 1백 퍼센트 똑같다. 그에 준하는 행동, 이를 지시하는 무대 지시, 모든 것이 마치 잘못 제본되어 같은 장이 반복된 듯하다.(28-32) 반복을 통해 합쳐지는 이들의 목소리와 육체가 무대 위에 펼쳐진다. 그 의미는 두 인물의 반복에서 설명한 바 있다.

셋째로, 여러 인물들이 동일한 단어 또는 구절을 반복하는 경우가 있다. 우선, 덩컨이 등장하는 장면에서 레이디 덩컨·맥베스·뱅코 그리고 병사의 4명의 인물이 "대공(L'archiduc)"을 계속해서 외쳐댄다. 순서는 일정치 않으나 그 횟수는 각각 네 번씩이며, 레이디 덩컨의 대사는 "대공 납시오(Voici l'archiduc)"로 항시 "Voici"라는 단어를 동반하며, 뱅코는 완전한 모습으로 무대에 등장하는 대신에 목소리만 들리거나 또는 머리만 내민다. 이것은 각각의 역할과 국왕을 맞이하는 움직임과 관계가 있을 것이다. 또한 반복 자체는 강조하는 의미를 지니는 것으로 최고 우두머리에 대한 경의를 뜻할 수도 있다.

동일한 단어의 반복은 마녀들이 맥베스에게 마술을 거는 장면에서도 나타난다. "Video moliora, deteriora sequor"의 반복이 그것인데, 두번째 마녀가 선창하고 맥베스가 따라하다가 이어 첫번째 마녀와 맥베스가 동시에, 그리고 다시 두 마녀의 선창과 세 인물이 합창하듯이 읊조리는 반복적 대사는 한마디로 주술의 장면이라고 할 수 있다. 반복과 반복을 통해 끊임없이 이어져 마치 어지럽게 회전하는 원무 속으로 원래의 정신은 사라지고, 즉 병은 완치되고 새롭게 태어난다는 것이다. 맥베스의 혼을 빼는 의식은 바로 반복을 통해 이루어진다.

한편 덩컨의 살해 장면은 이 모든 요소를 다 포함하고 있다. 병자와 수도승으로 가장한 맥베스, 뱅코 그리고 레이디 덩컨에 둘러싸여 덩컨은 도망가려 시도하다가 3명의 등장 인물과 각각 맞닥뜨린다. 즉 그의 움직임은 정해진 세 지점을 꼭짓점으로 하는 삼각형이 되거나 이 삼각형의 내접원을 그리기도 한다. 이러한 일정한 움직임 속에서 덩컨과 어떤 인물이 만날 때 터져나오는 일정한 단어의 반복은 왕의 암살이라는 극적인 사건의 중요성을 증폭시키고, 4명의 동작이 일정한 틀 안에서 행해져 그 도형이 가지고 있는 상징적 의미의 해석을 가능하게 한다.

대사 전체가 반복되는 경우가 아니고 한두 개의 단어가 교체되어 의미상으로 차이가 있을지라도 인물들의 주고받는 대화가 정형시의 그것처럼 일정한, 더 나아가 동일한 음절수를 지닐 때 혹은 같은 음소가 반복될 때, 그것은 단어나 문장의 반복과 같은 의미를 부여할 수도 있으며 리듬감을 살려 무대의 폭을 확대시키는 것으로 파악할 수도 있다. 무대에서 리듬감은 매우 중요하다. 사진이나 화폭처럼 일차원의 세계가 아니라 신체의 볼륨을 그대로 재현하는 삼차원의 예술이기 때문이다. 이의 특성을 강조하는 것은 움직임과 더불어 바로 리듬이며, 그 리듬은 바로 이렇게 여러 가지 연극적 요소들의 반복에서 탄생한다.

극 도입부에서 두 제후가 역적 모의를 하면서 사용한 대사의 반복을 이미 확인했는 바, 이번에는 맥베스와 뱅코가 동일한 상황에서 동일한 대사의 반복 대신에 서로의 말을 받아 점점 분위기를 고조시키는 형식을 취한다. 이들의 대사는 대개 3개, 4개 혹은 5개 정도의 짧은 음절로 이루어져 있는데[15] 이것은 짧은 호흡을 유도시켜 긴장감을 조성하는 일익을 담당하기도 하고, 두 인물의 의견이 일치되어 있음을 뜻하기도 한다. 이 분위기는 가짜 레이디 덩컨이 등장하면서 증폭되며 짧은 음절은 더욱 강조된다.

> 뱅   코 식인귀(Un ogre).
> 레이디 덩컨 바보(Un âne).
> 맥 베 스 얼간이(Une oie).
> 뱅   코 이(Un pou). (105)

물론 단어의 반복에서 이미 언급한 "Archiduc"이나 "Assassin"의 경우도 의미뿐만 아니라 동일한 음절의 반복으로 간주할 수 있는데, 이렇게 영역을 중첩시켜 보면 결국 이 작품의 전체적인 도식을 반복의 형식에 귀속시킬 수 있는 것이다. 음소의 경우를 살펴보면 마녀의 주문에 나오는 "Ante, apud, ad, adversus……./Circum, circa, citra, cis……./Contra, erga, extra, infra……./Inter, intra, juxta, ob……./Penes, pone, post et praeter……./Prope, propter, per, secundum……./Supra, versus, ultra, trans" 등은 의미보다는 시에서의 각운처럼 음소의 반복을 의도적으로 사용한 것이다. 음소의 반복은 축제를 준비하는 두 하

---

15) 예를 들면 "Il nous doit tout./Bien plus encore./Sans compter le reste./Mon honneur……./Ma gloire……./Mes droits ancestraux……./Mon bien……" 등이 그것이다. 《맥베스》, 101-103쪽 참조.

인의 대화중에서 다시 한번 나타나는데 "Et"[16]의 반복이 그것이다. 얼마나 율동적인가! 음식을 준비하는 그들의 경쾌한 움직임, 대칭적인 제스처가 가벼운 템포의 음악을 연주하는 연주장에 들어선 듯하다.

이오네스코가 여러 작품에서 자주 사용하는 반복의 기법 중 하나는 극의 프롤로그와 에필로그를 같게 한다는 것이다. 예를 들어 《수업》에서 등장 인물 교수가 교살한 여학생의 시체를 하녀와 함께 치우자마자 또 다른 학생이 방문하는 것으로 극을 끝맺는다던가,[17] 또는 《대머리 여가수》에서 극의 대미를 장식하는 무대 지시 역시 극의 반복을 위한 것이다.

"(…) 마르탱 부부는 스미스 부부가 처음에 그랬던 것과 똑같이 앉아 있다. 천천히 막이 내리는 동안 제1장에 있었던 스미스 부부의 대화를 마르탱 부부가 말하면서 극이 다시 시작된다."(《대머리 여가수》, (57))

이것은 일단 무대의 반복으로 칭할 수 있겠는데, 《맥베스》의 경우에는 마지막 부분에 이르러 "제1막에서처럼 무대 안쪽에 여러 개의 단두대"를 설치함으로써 극 전반의 반복을 시도한다.

이 기법은 첫째로 극의 시작이 반복되면서 막이 내림으로써 극은 또다시 시작되어 영원히 계속될 영원성을 암시한다. 맥베스에서 피비린내 나는 살인과 암울한 공포 정치가 끊임없이 계속되리라는 맥콜의 연설과 병행하여 목을 자르는 단두대의 형상이 반복되는 것이다. 이 기법은 둘째로 정지를 의미한다. 현실적인 시간은 흘러갔으나 극 속의 시간은 완전히 정지되었다는 것이다. 시간의 반복에서 언급한 부

---

16) "Et un tonneau de moutarde./Et des saucisses de Francfort./Et de la chou-croute./Et encore de la bière./Et encore du vin./Et encore du gin." 같은 책. 117쪽.

17) 《수업》에서 63쪽과 95쪽을 비교해 보면 이 점을 쉽사리 알 수 있다. 95쪽의 무대 지시를 보면 "여학생은 처음과 마찬가지로 문쪽으로 향한다"라고 되어 있는데, 극 작품의 시작과 종료를 반복하려는 작가의 의도가 드러난다. 《수업》 in 《제1연극집》.

동의 시간이 바로 그것인데 정지는 영원성을 지향한다. 시간이 멈출 수 있다면 하고 탄식하는 것은 바로 영원히 지속되기를 염원하는 것이기 때문이다. 셋째로 이 기법은 지금까지 논의해 온 반복을 종합한다. 분야별로 분석된 반복의 형태 그것이 주제에 미치는 영향이 이로 말미암아 완성을 보게 된다는 것이다.

나오며

극적 반복은 우리를 낯선 세계로 인도한다. 언어를 비롯하여 우리가 속세에서 늘상 보아온 것들, 그러한 행동, 그것들의 법칙이 부조리하다는 측면에서 낯선 세계로의 인도는 삶에 대한 하나의 가능성을 제시한다. 견자 랭보가 주장한 "뒤틀림(déréglement)"과 같이, 초현실주의자들이 의식보다는 무의식을 강조한 것과 같이, 습관적이고 의식적인 것들의 두꺼운 표피를 벗게 하는 수단으로 극적 반복은 유용하다.

극적 반복으로 형성된 곳은 일상성의 해체와 뒤죽박죽으로 낮과 밤으로 이루어진 질서정연한 세계 이전의 세계, 카오스의 세계이다. 《고도를 기다리며》에서 단조로움과 지루함의 반복으로 이루어진 무대가 궁극적으로 미지의 고도를 기다리기 위한 것이었다면, 《의자》에서 보여주는 인물들의 반복된 동작과 이에 따른 의자의 증식이 연사를 위한 최후의 제식이었다면, 《막베트》의 극적 반복은 죽음을 통한 어둠의 세계를 제시하기 위한 것이다. 그래서 원작과는 달리 최후의 계승자, 맥베스의 완성자인 맥콜의 잔인한 선언은 반복의 백미가 된다. 단두대가 늘어서 있는 마지막 무대에서 맥콜은 지금부터 그 어느 때보다도 더 잔인한 악으로 뒤덮일 것이라고 선언하는데, 바로 이것이 작품 맥베스의 주제이자 반복의 기법이 완성을 이루게 될 세계에 다름 아닌 것이다.

5. 여성 연출가전 첫번째 공연, 〈왕은 죽어가다〉

한국에 제법 소개된 이오네스코는 《대머리 여가수》와 같은 초기 작품에서 언어의 부조리를 보여주고, 중반기에 접어들면서 물질의 증식에 압도되어 황폐화된 인간성을 묘사한다. 그리고 1960년대 이후에는 죽음의 문제에 집착하는데 《왕은 죽어가다》 역시 죽음을 주제로 하고 있다.

"상상의 왕국에 어느 왕이 죽어간다. 그러나 자신은 그 사실을 모른다. 제2왕비와는 달리 제1왕비와 시의는 왕에게 죽음이 다가옴을 알린다. 그들은 왕이 공연 끝에 다가오는 자신의 죽음을 준비하기를 원한다. 왕은 죽음에 저항한다. 그러나 왕은 죽음을 받아들여야 한다." 왕은 한때는, 마치 카뮈의 주인공이자 부조리한 인간의 전형인 칼리굴라 황제처럼 원하는 것을 마음대로 할 수 있었던 절대 권력자였다. 그러나 아무리 강력한 권력이 있으면 무엇하랴! 인간은 누구나 죽는 것을. (…) 죽음 앞에서 모든 것은 허망하다. 이처럼 죽음의 문제는 곧장 카뮈의 부조리로 넘어와 카뮈의 평생 질문과 대면한다. 죽음을 향해 앞으로 나아가는 인간의 삶은 얼마나 부조리한가? 그러나 죽음과 당당하게 맞섰던 칼리굴라와는 달리 이오네스코의 왕은 평범한 우리와 마찬가지로 죽음을 아예 망각한 채 살아왔다. 그런 까닭에 닥쳐올 죽음을 인정하게 되면서 왕은 가장 나약한 존재로 전락하고 마는 비극적인 모습으로 나타난다.

서울여대 불문과 교수인 연출가 카티 라팽은 불문과 학생들과의 원어 연출의 경력이 있으며 프로 무대는 이번이 처음이다. 아마추어 학생들과 무대를 만드는 작업은 힘든 것임에 틀림없으며 학생이나 연출가에게 처음부터 시작해야 하는 호된 훈련의 기회가 된다. 이런 점에서 이오네스코의 공연은 진지한 고민과 성실한 노력을 통해 이루어졌으리라는 기대를 갖게 한다.

연출기법을 보면 왕을 죽음으로 이끄는 제1왕비 마그릿의 검은 의상과, 모성애적 본능으로 왕에게 철부지의 사랑을 읊조리는 제2왕비 마리의 흰색 의상은 두 캐릭터의 선명한 대비를 반영하고 있다. 마그릿의 힘 있는 시선은 마녀를 연상시키며 마리의 상큼한 목소리는 인상적이다. 전체적으로 무대와 의상은 빛과 어둠의 대립을 통해 권력자 왕의 삶과 죽음을 상징적으로 표현하고 있다.

공간에 있어서 이 공연은 애초부터 많은 혜택을 받고 있다. 성곽이 무대 배경으로 고정되어 있는 극장 '활인'에서 폐허의 궁궐을 배경으로 하는 〈왕은 죽어가다〉는 아주 안성맞춤인 것이다. 배경을 있는 그대로 활용하면서 무대를 몇 개의 허술한 돌덩이로 둘러침으로써 극 공간은 자연스럽게 기존의 배경과 조화를 이루고 있다. 이러한 무대장치는 퇴장하는 배우들이 무대 뒤로 사라지는 대신 관객의 시선에 온전히 노출된 돌덩이 밖으로 물러남으로써 극중극의 효과를 노리기도 한다.

상징적인 무대장치 가운데 고정되어 있는 세 개의 의자와 바퀴 달린 의자가 시사하는 바는 크다. 무대 안쪽 정중앙에 우뚝 솟아 있는 사다리형 왕의 의자와 무대 앞쪽 좌우에 똑같은 형태로 축소된 두 왕비의 의자는 삼각형 구조를 이루면서 왕과 두 왕비의 역할과 성격을 대변하고 있다. 고정된 의자는 굳건한 권력을 상징하는 반면 휠체어는 부유하는 권력의 덧없음을 보여준다. 따라서 의자만 놓고 본다면 마지막 장면에서 왕이 휠체어가 아닌 자신의 사다리꼴 의자에서 죽음을 맞이하는 것은, 인간이 비록 비극적이고 부조리한 존재이지만 어둠 한쪽에서 아련하게 솟아나는 빛처럼, 삶에는 희망이 있음을 넌지시 암시하는 메시지를 읽을 수 있다.

이 공연에서 극중극은 연출가의 의도이다. 공연이 끝나고 연출가와 나눈 대화에서 연출가는 분명히 이 점을 강조하고 있다. 뚜렷이 나타나는 극중극의 테크닉은 배우가 일종의 제2의 관객이 되는 것 이외에도 원작에는 존재하지 않는 인형극의 삽입이다.

극중극은 시선의 이중화이다. 관객이 바라보는 배우 그리고 그 배우와 관객이 동시에 바라보는 배우, 이것이 극중극의 한 단면이다. 이러한 시선의 이중화는 진짜 관객과 무대 사이에서 이화 작용을 일으키게 한다. 무대에 집중되었던 관객의 시선이 분산되면서 무대의 문제 의식이 자아로 되돌아오는 것이다. 그러므로 극중극은 거울과 같은 구조이다. 이러한 반사 현상은 무기력하게 전락하는 왕의 죽음이 자신과 전혀 상관없는 강 건너 먼 나라의 이야기가 아니라 바로 관객 자신의 문제임을 제시하는 효과가 있다.

연출가는 또한, 왕은 모든 등장 인물들을 대표하는 존재로서 그의 죽음은 실상 다른 인물들의 죽음까지도 포괄하고 있다고 설명한다. 이 설명이 정당성을 지니기 위해서라도 극중극의 형식은 꼭 필요하다. 왕의 죽음을 통해 자신의 죽음을 인식하는 관객−배우는 바로 죽을 수밖에 없는 우리 진짜 관객의 거울에 비친 모습이기 때문이다. 극이 진행되는 동안 눈여겨 봐야 할 것은 왕이 점차 무기력해지는 것과 비례해서, 왕과 똑같은 부위에 똑같은 형태의 붕대를 감는 근위병의 모습이다. 또한 이 근위병이 들고 있는 긴 창은 왕의 권위를 한껏 드높이는 상징물이지만 왕의 힘이 쇠잔해지면서 엿가락처럼 휘어진다. 이러한 왕과 근위병의 그림자적인 연출은 결국 왕의 죽음이 혼자만의 죽음이 아니라 무대 위의 모든 사람 나아가 연극 공간에 존재하는 모든 인간에게 해당된다는 사실을 암시하는 것이다. 이처럼 다양하고 풍부한 상징적 연극 언어로 치장한 이번 공연은 〈왕은 죽어가다〉가 안고 있는 죽음과 대면한 인간의 부조리성을 효과적으로 표현하고 있다.

제7장
―
장 주네

1. 주네 연보

1910년   가브리엘 주네의 사생아로 파리에서 출생. 출생 직후 어
         머니에게 버림받아 빈민 시설에서 자란다.

1916년   르모르방 지방의 가톨릭 농촌 가정에 입양된다.

1919년   절도죄로 소년원에 수용된다.

1923년   초등학교를 졸업한다.

1926년   감화원에 수용된다.

1932년   절도 현행범으로 체포되어 형무소에서 복역한다.

1936년   프랑스를 떠나 약 1년간 가짜 증명서로 유럽을 방랑한다.
         독일에서는 남창, 스페인에서는 거지, 유고에서는 절도,
         네덜란드에서는 마약 밀수를 거드는 등 밑바닥 생활을
         한다.

1942년   투옥된다. 감옥에서 그의 최초의 시집 《사형수》와 《꽃들
         의 성모 마리아》를 자비로 발표.

1943년   장 콕토와의 만남.

1944년   사르트르 · 시몬 드 보부아르 · 장 콕토 등의 도움으로 집
         행유예로 석방된다. 《장미의 기적》을 완성한다.

1946년   《도둑 일기》를 쓰기 시작한다.

1947년   소설 《장례식》과 《브레스트의 논쟁》 발표. 희곡 《하녀들》
         이 루이 주베에 의해 초연된다.

1949년	과거의 소송으로 10개월간 옥살이를 한다. 소설 《도둑 일기》가 출판된다.
1951년	완전한 사면이 이루어진다. 희곡 《엄중한 감시》가 갈리마르 출판사에서 출판된다.
1952년	사르트르의 《성 주네, 희극배우와 순교자》가 출판되자 그의 명성은 더욱 높아졌다.
1956년	희곡 《발코니》 발표.
1959년	1958년에 발표된 《흑인들》이 로제 블랭에 의해 초연된다.
1961년	《병풍》이 로제 블랭에 의해 프랑스 극단에서 초연된다. 수필 《알베르토 자코메티의 아틀리에》 발표.
1966년	《로제 블랭과의 서신》 출판.
1967년	극동을 여행한다.
1968년	프랑스에 돌아와 68 운동에 충격을 받고 최초의 정치적 글 《다니엘 코 방디 헌사》를 발표한다.
1970년	정치적으로 활발한 활동을 한 해이다. 3개월 동안 미국의 블랙 파트너(Black Panters)[1] 운동에 참여한다. 미국에서 비자가 거부되자 캐나다를 통해 밀입국한다.
1979년	후두암이 발견된다.
1982년	베이루트에 위치한 팔레스타인 캠프에서 자행된 학살의 장면을 목격하고 정치색이 가장 짙은 《샤틸라에서 4시간》을 발표한다.
1986년	후두암으로 사망한다.

그의 이력에서 알 수 있는 것처럼, 천한 출생에 교육도 제대로 받지

---

1) 1968년 멕시코 올림픽 당시 2백 미터에서 1위와 3위를 했던 미국 출신의 흑인 토미 스미스와 존 카를로스가 메달 수상식에서 검은 장갑을 낀 손을 쳐들어 미국의 인종차별정책에 항의했던 사건이다. 이때문에 이들은 올림픽 징계위원회에 회부되어 메달을 박탈당했다.

못하고 도둑질을 일삼던 장 주네는 자신의 삶의 경험을 토대로 누구도 흉내낼 수 없는 대담한 작품을 선보인다. 그의 작품은 악을 찬미하고 악을 미의 근원으로 삼는 까닭에 전위작가 가운데서도 그의 독특한 문학적 정체성을 확립하고 있다. 하긴 최악의 상황에서 그가 글을 쓸 수 있었던 것은 거의 기적에 가까운 일이다. 나아가 당시 저명한 문학인들이 그에게 관심을 쏟아 글을 쓸 수 있는 통로를 열어 준 것도 프랑스가 자랑할 만한 독특한 분위기에서 기이된 것이다.

이처럼 악에 대한 관심과 검은 힘에 대한 숭배는 특히 희곡 작품에서 두드러지며 아르토의 잔혹 연극과 종종 연결된다. 그런 이유로 한국의 전위적이고 실험적인 연출가들은 주네에 많은 관심을 보여 왔다. 특히 《하녀들》은 이윤택·이성렬·박정희 등에 의해 줄줄이 공연이 이루어져 우리에게 잘 알려진 연극이 되었다. 지금부터 소개하고자 하는 글은 이윤택과 박정희 연출의 〈하녀들〉과 박정희 연출의 〈발코니〉이다.

2. 여성 연출가전 세번째 공연, 〈하녀들〉

여성 연출가전 마지막 공연, 〈하녀들〉의 연출가 박정희는 극단 사다리의 상임 연출가이기도 하다. 이전까지는 주로 아동극을 다루어 왔다고 하니 주네의 무대가 어떤 형태로 꾸며졌을까 몹시 궁금해진다. 성벽을 자연스럽게 이용한 앞서의 두 공연 〈왕은 죽어가다〉와 〈펠레아스와 멜리장드〉를 머리에 그리며 극장 안으로 들어간 관객은 공간이 전혀 다르게 변한 것에 아연해질 것이다. 사면이 검게 칠해져 있는 무대는 이전의 두 작품과는 전혀 다른 모습을 하고 있다. 이오네스코와 메테를링크의 작품 배경이 성이었던 반면, 주네의 작품 배경은 부르주아의 집안이라는 색다른 공간 설정이 이러한 무대를 꾸미도록 부추겼을 것이다. 무대는 앞으로 좀더 전진했으며 욕심을 버린 듯 객석의

수는 현저하게 줄어 있었다.

역시 어둡게 칠해져 있는 불편한 상자 의자에 앉으면 전체 공간에 울려퍼지는 중세풍의 성가가 가슴팍을 사정없이 파고든다. 도대체 무슨 일이 있기에 이처럼 무겁고 장중한 음악을 관객에게 들려주는 것일까? 의미 있는 조명 사이로 무대 안쪽 한가운데에 네모난 것이 눈에 띄는데, 마치 서양식 무덤을 연상시킨다. 극이 시작되고 보니 이는 욕조였다. 욕조를 사이에 두고 양쪽에 토르소에 원피스가 걸려 있다. 왼쪽에 흰색의 원피스, 오른쪽에 붉은색의 원피스. 흰색의 원피스에는 멋진 머플러가 허리를 감고 있고 붉은색 원피스 아래에 매우 붉은천과 검은옷 두 벌이 가지런히 놓여 있다. 이것들은 연극 중간에 어떤 형태로든 쓰이게 될 것이다. 한 가지 이채로운 것은 객석 맨 앞 한가운데에 타자기가 놓여 있는 책상과 의자가 무대를 바라보고 있다는 사실이다. 무대와 조명과 음향을 넌지시 계산하고 있는 동안 성가가 서서히 잦아들면서 한 남자가 타자기가 있는 책상 앞에 앉는다. 남자는 원작에 없는 형사였다. 형사! 관객과 나란히 앉아 가끔씩 타자를 치며 무대에 나가 상황을 설명하거나 시퀀스와 시퀀스 사이를 설정해 주는 인물. 그를 보는 순간 눈앞의 무대는 주네의 원작과 상당량 변모되었음을 알아차릴 수 있었다.

아버지가 누군지도 모른 채 태어난 사생아, 태어나자마자 22세의 미혼모로부터 합법적으로 버려진 아이, 평생 감옥을 제집 드나들었던 상습 절도범, 프랑스인이면서도 프랑스 국적을 갖지 못했던 사람, 그러나 사르트르에 의해 배우이자 순교자이자 성자라는 찬사를 들었던 인물 주네는 20세기 프랑스의 대표적인 극작가 중 한 사람으로 꼽힌다. 그렇다고 그가 많은 극작품을 남긴 것도 아니다. 주네는 극작품의 경우 다섯 작품밖에 쓰지 않았다. 1947년에 루이 주베의 연출로 초연되어 일상적으로 주네의 첫 극작품으로 간주되는 《하녀들》, 1946년 구상하기 시작하여 1949년 초연된 《엄중한 감시》 그리고 《발코니》《흑인들》《병풍》이 전부이다. 그러나 주네는 부르주아 사회에서 소외된 인간을 통해 이성을 근간으로 구축된 서구 문화를 가차없이 비판하며, 주신 디오니소스를 찬양하고 검은 악의 모습을 거리낌없이 드러내면서 제의적 형태를 통해 인간의 욕망과 죽음의 문제에 접근하고 있어 현대 프랑스 사회에 커다란 반향을 불러일으킨 바 있다.

초기 작품인 《하녀들》은 다른 작품에 비해 단순한 편이다. 사건·인물·공간·극행동·주제 등이 비교적 선명하고 간략한 인상을 주는 것이다. 그러나 단순성 속에는 후의 작품의 경향이 대부분 드러나 있으며, 극중극의 형태로 그 의미를 파악하기가 여간 까다롭지 않다. 때문에 사전 지식 없이 극장에 들어가면 인물들의 광기 어린 행동이 쉽사리 수긍하기 어렵다.

하녀인 솔랑주와 클레르 자매는 주인마님이 외출을 하면 항상 둘만의 비밀스런 놀이를 시작한다. 번갈아 가면서 마님이 되어 보는 것이다. 그녀들은 마님의 옷을 입고 마님의 화장품을 바르고 한 사람은 주인이 되고 한 사람은 하녀가 되어 그들의 억눌렸던 욕망을 맘껏 표출한다. 오늘도 마님은 투옥된 애인 무슈를 만나러 외출하고 없다. 무슈가 투옥된 것은 하녀들이 투서를 했기 때문이다. 그런데 그들의 계획이 실패했음이 드러난다. 전화를 통해 전해진 소식은 무슈가 가석방되었다는 것이다. 이제 솔랑주와 클레르는 두려움에 떤다. 마님과 무슈가 필적 감정을 통해 쉽사리 자신들이 밀고자임을 알아차릴 것이기 때문이다. 어떻게 할 것인가? 도망칠 수도 없다. 여기에서 이들이 살아남을 방법은 마님을 독살하는 것밖에 없다. 외출했던 마님이 돌아온다. 형사의 몸에 토르소에 걸쳐 놓았던 붉은 원피스를 걸치자 그는 마님으로 화한다. 물론 마님 역을 남자가 맡는다는 것이 처음 시도된 것은 아니다. 이 점에서 《하녀들》은 해석의 지평이 무지하게 넓은 작품이기도 하다. 지금까지 수많은 연출가에 의해 수많은 해석을 통해 〈하녀들〉은 새롭게 태어났던 것인데, 마님=남자도 그 중 하나이다. 이것이 가능한 것은 하녀들 사이의 동성적 성애가 마님과의 성애로 확산될 가능성을 암시하기 때문이다. 할인의 무대에서도 마님과 두 하녀의 몸짓은 성적인 의미로 충만하다. 어쨌든 띠월차에 수면제 10알을 타서 마님을 살해하려는 클레르는 마님이 차를 마시기를 종용하나, 바로 그순간 마님은 수화기가 내려져 있음을 발견한다. 무슈가 가석방되었다는 말에 당황한 나머지 클레르가 수화기를 제자리에 놓지 않았던 것이다. 무슨 일이 있었냐고 다그치는 형사, 아니 마님의 호령에 하녀들은 그만 무슈가 석방되었노라고 고백하고 만다. 환희의 노래를 부르는 마님은 띠월차를 뒤로하고 유유히 사라진다. 이제 그녀들은 무엇을 할 수 있을까? 절망의 나락에서 하녀들은 다시 마님놀이를 시작한다. 그 놀이의 끝은 그녀들이 목표로 했던 마님의 살해이다. 클레르는 위엄 있는 어투로 솔랑주에게 띠월차를 대령하라고 명령한다. 그녀들은 마님을 죽이면서 스스로 죽는다.

〈하녀들〉은 마님놀이라는 극중극 형식을 통해 인간의 질투와 욕망을, 나아가 살인 의식과 죽음의 문제를 적나라하게 드러내고 있다. 물론 마님에 대한 하녀의 증오와 갈등이 지배자와 피지배자의 대립 관계에서 피지배자의 억눌린 감정이 어두운 힘으로 드러난다는 해석이 가능하지만, 결국은 작품에서 나타나는 욕망과 죽음의 문제는 이에 직면하고 있는 보편적인 인간의 모습인 까닭에 인간이라면 예외없이 누구에게나 해당한다는 광의의 해석이 바람직하다.

초반에 제시된 욕조에서 하녀들의 물놀이는 물과 여성의 상징적 관계를 이용하면서 마님놀이와 엇물려 공간을 연극적으로 적절하게 사용하고 있다. 오늘의 마님놀이에서 클레르는 마님이 되고 솔랑주는 클레르가 된다. 그러니까 무대 공간에서 하얀 코르셋 차림으로 욕조에 앉아 물장난을 하고 있는 하녀들은 자신의 이름을 가지고 있지 않으므로 누구도 자기가 아니다. 솔랑주는 클레르가 되고 클레르는 마담이 되어 있다. 심지어 관객과 동일한 시선을 지니는 형사마저도 마담이 됨으로써 자신에게서 멀어진다. 무대는 철저하게 허구이고 연극인 것이다. 이런 점에서 〈하녀들〉의 극중극은 〈왕은 죽어가다〉에서 삽입의 형식으로 나타난 극중극과는 상당한 차이가 있다. 작품 전체가 교묘하게 극 안으로 들어갔다 빠져나왔다 하면서 시종여일 극중극의 틀에 의해 이루어지고 있는 것이다. 자아가 망각된 상태에서 과연 하녀들은 무엇 때문에 마님놀이를 하는 것일까? 마님이 되어 보고 싶은 욕망, 신분의 상승 욕구일까? 꼭 그런 것 같지만은 않다. 왜냐하면 살인과 죽음에 대한 강박관념이 극 처음부터 강하게 나타나기 때문이다. 하녀들이 내뱉는 말을 통해 보면 마님과 하녀는 철저하게 대립적인 존재이다. 그녀들을 대립시키는 상징들은 흰색과 검은색, 성녀와 창녀, 깨끗함과 더러움, 향기가 좋은 꽃과 더러운 냄새가 나는 수채통, 천당과 지옥 등 작품에서 무수히 나타난다. 그러나 하녀들이 증오하는 동시에 열망하는 마님과의 대립은, 자신들이 놀이를 통해 마님이 되면서 결국은 하나로 합해진다. 그리고 이 합일의 최종 완성은 죽음으로 귀결된다. 전적인 합일은 놀이가 허구적인 무대에서 철저하게 허구적인 까닭에 가능하다. 하녀들의 집착증은 놀이와 현실을 구분하지 못하고 마님을 살해하고 마는 것인데, 놀이를 통한 살인 행위에 참여하는 관객 역시 마님놀이를 커다란 틀 속에 존재하는 보다 작은 액자로 판단하는 대신, 현실과 허구 사이의 경계를 혼동하게 되어 진짜로 마님이 죽은 것인지 솔랑주가 죽은 것인지 혼동하게 된다. 더구나 마님의 실체는 애매하기만 하다. 마님은 실제로 무대에 존재하기도 하고 존재하지 않기도 한다. 추상적인 마님은 오로지 하녀들에 의해 형상화되고 사건 기록을 읽는 형사에 의해 구체화된다. 이런 까닭에 형사와 마님의 이중 연기는 합리성을 갖는다.

어쨌거나 인물들의 혼동은 무대와 현실의 혼동이라는 방향으로 나아간다. 결국 기묘한 극중극을 통해 무대 자체가 현실이 되어 버리는 것이다. 무대를 현실로 바라보는 관객에게 "세계는 연극이다" 혹은 "연극은 세계이다"라는 인식이 가능해지며, 현실이 되어 버린 무대에서 연기자의 몸짓은 무당의 몸짓이 되어 연극의 제의적 성격이 확장된다. 그러므로 이 공간 속의 관객은 바라보는 자가 아니라 참여하는 자이다. 아르토 연극론에 의하면 관객은 푸닥거리의 대상인 환자가 되는 것이다.

　원작을 과감하게 변형시킨 무대는 원작에 비해 많이 짧아졌지만 놀이 부분과 제의식의 분위기를 훨씬 짜임새 있게 돋우면서 오히려 주네의 특징을 선명하게 부각시키고 있다. 콜라주처럼 파편화된 조각들이 모여 화폭 전체를 이루고, 교차 편집의 형식이 강화되고, 언어는 원작에 비해 더욱 간접적이며 상징적이다. 그러나 간략화된 무대는 욕조의 다용도적인 사용으로 공간의 풍요로운 상징화에 성공하고 있다. 예컨대 욕조를 덮은 나무 뚜껑에서 광기 어린 춤은 샤먼의 춤을 연상시킬 정도로 소리와 몸짓이 강렬하다. 이 작품은 간접적인 표현과 다량의 상징성으로 집중이 흐트러져 내용을 잠깐이라도 놓친다면 그 서사적 맥락에 대한 파악은 어려워진다. 그러나 무대에 강인한 흡인력은 관객의 집중력을 여간해서 놓아 주지 않는다. 그만큼 〈하녀들〉의 공연은 서사성과 공간성 그리고 연기와 연출에 있어 전체적으로 치밀하게 구조화되고 형상화되었던 것이다.

　제2회 여성 연출가전을 겪으면서 활인의 공간은 젊은 3명의 여성 연출가들에 의해 무참하게 난도질되었다. 모래가 뿌려졌는가 하면 물로 흠뻑 적셔지기도 한 것이다. 이는 그만큼 연출가들이 치열한 정신으로 작업에 임하였다는 증거이기도 하다. 서두에서 언급한 시대적인 측면과 작품의 경향을 제외하고 세 작품을 이리저리 묶어 본다면, 〈왕은 죽어가다〉가 그런 대로 원작에 충실하였다면 나머지 두 작품은 상당량 연출가에 의해 변형되어 공연되었다. 또한 세 연출가 가운데 프랑스인 라펭이 프랑스 연극에 정통한 반면, 백은미·박정희는 독일에서 연출을 전공한 연출가들이다. 또한 세 작품에서 한번 등장한 인물은 끝까지 무대에 남아 있었다는 점을 공통점으로 들 수 있겠는데 무대의 조건과도 연관이 있으리라고 추측된다.

　이번 공연에서 세 연출가는 최상의 조건은 아니었지만 각자의 개성을 발산하며 연구하는 성실한 자세로, 각기 독특한 색깔을 지닌 프랑

장 쥬네 작 / 오세곤 역 / 이윤택 연출

소극장산울림 제1회 현대연극극페스티발
street theater troupe

발아들아한판고

스 연극 세 편을 2001년 한국의 관객에게 확실하게 각인시켰다고 할 수 있겠다.

3. 이윤택의 〈하녀들〉

신촌은 활기찬 젊은이들로 넘쳐나는 서울의 대표적인 대학 공간이다. 이러한 공간에 연극 공연장이 몇 개밖에 없다는 것은 매우 부끄러운 일이다. 그나마 '소극장산울림'이 우뚝 서서 신촌의 문화와 예술의 단단한 버팀대가 되고 있음은 위안이 된다.

이러한 '소극장산울림'이 '제1회 현대연극페스티벌'을 기획했다. 제1탄으로 이현화 작 채윤일 연출의 〈쉬-쉬-쉬-잇〉, 제2탄으로 장 주네 작 이윤택 연출의 〈하녀들〉(2002년 4월 12일-5월 19일), 그리고 마지막으로 사뮈엘 베케트 작 임영웅 연출의 〈고도를 기다리며〉(5월 24일-7월 28일)를 선보인다. 연출가의 면면을 보면 각각 강한 개성으로 한국을 대표하는 연출가들로 짜여 있어 관객을 흥분시키기에 충분하다. 〈쉬-쉬-쉬-잇〉은 76년 중앙일보 동양방송 창사 10주년 기념 희곡 공모 입상작으로 같은 해 김정옥 연출로 '극단 자유'에서 공연된 바 있다. 따라서 이번 공연은 26년 만에 새로운 옷으로 단장하고 관객 앞에 선보이는 것이다. 작가 이현화와 연출가 채윤일은 〈불가불가〉 〈0.917〉 〈카텐자〉 〈산씻김〉의 공연에서 명콤비의 진면목을 유감없이 발휘한 바 있으므로 이번 공연은 두 사람이 만났다는 자체만으로도 벌써 관심의 대상이 된다. "신혼여행을 온 신혼부부의 평온하고 행복한 일상을 여지없이 파괴하는 무자비한 폭력의 게임을 비극도 희극도 아닌 웃음으로 형상화한 작품이다."

제1탄이 창작극인 데 비해 제2·3탄은 번역극이다. 제3탄의 〈고도를 기다리며〉는 아일랜드 태생으로 프랑스어와 영어로 작품을 썼던 베케트의 극작품이다. 이 작품은 작가에게 노벨문학상을 안겨 주었으며 대표적인 부조리극으로 평가받고 있다. 〈고도를 기다리며〉는 '극단 산울림'의 대표작이기도 한데 극단의 창단 공연이었고 아비뇽 연극제, 더블린 연극제 등 세계 각국에서 호평을 받은 공연이다. 33년 동안 많은 연기자들이 바뀌고 내용도 정제되어 왔으니 이번 공연에서 또 어떤 모습으로 나타날지 자못 궁금하다.

이 자리에서 소개하려는 제2탄의 〈하녀들〉은 이성렬 연출과 박정희 연출로 이미 공연된 바 있다. 또한 박정희 연출의 〈하녀들〉은 '서울공연예술제'의 공식 초청작으로 선정되어 어린이날 공연을 시작한다. 따라서 관객은 〈하녀들〉의 무대를 서로 비교하면서 동일한 작품이 연출가의 해석에 따라 어떻게 달라지는지 직접 목격할 수 있는 즐거움도 곁들일 수 있다. 아무튼 한 외국 작가의 작품이 국내 정상급 연출가들에 의해 다루어지고 있다는 점은 예사로운 일이 아니다.

〈하녀들〉은 실제로 있었던 사건에서 작가가 힌트를 얻은 작품이다. 소위 '파팽 자매 사건'인데 동성애 관계의 크리스틴 파팽과 레아 파팽 두 자매가 7년 동안 일하던 한 가정의 안주인과 딸을 살해했다가 덜미가 잡힌 사건이다.

주네의 하녀들은 사슬에 묶여 있는 꼴이다. 폐쇄된 방에 갇혀 있어 이곳에서 한 발짝도 나설 수 없다. 그녀들은 놀이를 통해 백옥 같은 피부를 지닌 마님을 살해함으로써 억제된 의식을 해방시키고자 한다. 그러므로 그녀들은 놀이에 집착한다. 놀이는 극중극을 만들어 내고 인물들은 현실과 허구 사이의 경계를 혼동하게 된다. 이러한 효과가 바로 극중극의 미덕인 것이다. 죽음을 통한 해방이 무대에서만 이루어지는 것이 아니라 현실에서도 이루어진다. 현실이 감옥이었던 작가 주네의 입장을 감안하면 이러한 해석은 정당하다. 하녀들은 죽음을 통해 해방되고 완전한 자유인이 된다. 연출가는 이를 다음과 같이 밝히고 있다. "내가 장 주네의 입장이라면, 나는 죄인이기 때문에 순결해지고 싶을 것이다. 이 세상이 너무 가혹한 시궁창이라서 오히려 세상을 아름다운 꽃들로 치장하고 싶을 것이다. 나는 죄인이기 때문에 오히려 성자를 꿈꿀 것이다. 클레르는 살인을 기도하고 좌절하는 과정을 통해서, 그리고 언니 솔랑주가 펼치는 연극의 세계를 거치면서 비로소 자기 해방의 과정에 도착한다. 이는 속된 세계 추악한 인간의 욕망이 연극을 통해 자기 구원의 의식으로 고양되는 순간을 의미한다." 인간의 추하고 악한 면을 이미 겪었던 주네가 그것을 더욱 강화시켜 구원으로 가는 다리를 만든다는 의미로 해석한 것처럼 보인다. 원작자를 이해하려는 노력으로 이윤택은 다른 연출가에 비해 원작에 충실하고자 했던 것 같다. 또한 꽃들로 치장된 무대를 만들고자 하는 의도에 걸맞게 무대와 몸짓도 다변적이고 화려하다. 절제가 아니라 과장을, 꾸밈을 감추는 것이 아니라 드러내는 컨셉트를 택한 것이다.

한편 연출가가 '배우를 위한 연극'이라고 언급했듯이 연기자의 연기 기량에 많은 부분을 할애한 것은 분명하다. 연출의 개성적인 해석을 강조하는 대신 배우의 연기에 집중하겠다는 것인데, 이러한 의도는 섬세한 연기가 생생하게 전달되는 소극장의 경우 바람직한 측면이 있다. 〈오구〉에서 어머니 역을 열연했던 정동숙과 남미정이 마담을, 오필리어로 강한 인상을 남긴 김소희가 솔랑주를, 〈바보각시〉의 이윤주가 클레르 역을 맡아 연희단거리패의 간판급 여배우들이 출동한 듯한 인상을 준다. 이들은 매우 놀라운 집중력과 상당한 에너지를 보여주면서 의욕적으로 작업에 임했음을 보여준다. 더욱이 산울림소극장의 가파른 경사면과 지하의 어둡고 습기찬 벽면이 공연의 난점으로 작용하는 대신 오히려 이를 통해 하녀들의 폐쇄성을 공간적으로 잘 표현하였다는 생각이다. 다만 의욕이 앞서 지나친 동선과 몸짓의 정당한 동기 부여가 미흡했던 부분이 몇 군데 눈에 띄는 것은 옥의 티로 느껴진다. 아마도 화려함과 연기력을 강조한 결과 좀 지나친 과장된 부분이 생겨났을 가능성이 크다.

존재에 대한 명상2
발코니

4. 〈발코니〉에서 벌어진 연극놀이

〈하녀들〉에서 제식적인 측면을 절도 있고 강하게 부각시켜 연극계에 커다란 반향을 불러일으켰던 극단 풍경의 박정희 연출은 두번째로 박상륭 소설《평심》을 각색하여 존재에 대한 질문을 던진 바 있다. 2004년 서울연극제에 공식으로 초청된 〈발코니〉는 주네와 존재 문제를 결합시킨 것으로,《하녀들》과《평심》을 조합하여 자신의 스타일을 공고히 하는 한편 관념적 무대에 대한 집요한 애착을 가감없이 드러낸다.

인류의 역사와 더불어 시작된 매춘이 본격적으로 부각된 것은 서양에서 부르주아 계급이 득세한 이후이다. 그러니까 매춘은 유산 계급의 부정적인 산물인 셈이며, 영화사에서 나타난 '누벨바그'의 거장 고다르의 경우처럼 매춘을 전면에 내세우는 것은 부르주아 사회의 가면을 벗겨내는 작업이기도 하다. 주네의 극작품에는 유난히 매춘부가 많이 등장한다. 특히 〈발코니〉는 극중 장소를 아예 유곽으로 설정해 자신이 속한 사회 전체를 강한 어조로 질타한다. 대부분의 극적 행동은 포주 일마가 운영하는 유곽 안에서 진행된다. 그런데 이곳은 단순히 성을 매매하는 곳이 아니라 손님들이 원하는 각본에 따라 매춘부들과 함께 연극놀이를 하는 환상의 집이다. 조명에 의해 파편화된 공간에서 간간이 혁명의 총소리가 들리는 가운데 손님들은 매춘부와 놀이에 열중한다.

제1장에서 주교가 등장하여 창녀 마리아의 죄를 용서한 예수 흉내를 내며 신도의 죄를 사해 준다. 주교에게는 주교의 형식과 법의와 주교관이 필요하고, 악과 죄와 죄인이 주교의 존재 이유라고 말한다. 조명을 통해 제2장으로 넘어가면 재판관은 일마의 기둥서방인 아르튀르와 매춘부의 도움을 받아 재판을 벌인다. 재판관은 피고의 자백을 받아내지 못하는 한 진정한 재판관이 될 수 없으므로 모든 것을 희생해서라도 놀이를 완성하고자 한다. 제3장은 장군놀이 장이다. 장군의 애마가

된 또 다른 매춘부는 나폴레옹이 모스크바로 진격했던 역사를 상기시키며 용감히 싸우다 장렬하게 전사한 장군의 영광을 찬양한다. 제4장은 놀이가 아닌 현실의 장이다. 유곽의 주인 일마와 그녀의 총애를 받는 매춘부 칼멘이 조명을 받아 전면에 등장한다. 그녀들은 이미 제1장, 제2장, 제3장의 틈새를 침입하여 손님들에게 제공한 환상의 대가를 셈하기도 하고, 이야기의 연결고리를 만들어 내거나 주제를 부각시키기도 한다. 이들의 대화를 통해 그녀들 사이의 애정과 갈등, 성녀 테레사 역을 제의받는 칼멘, 밖으로 도망친 매춘부 샹탈, 경찰서장과 일마와의 관계 등이 구체화된다. 이번엔 서장이 등장한다. 그는 모순적인 인물로 폭도들로부터 왕궁과 여왕을 수호하는 자이며 일마의 정부로서 이곳의 보호자이기도 하다. 그는 서장의 역할로 놀이에 참여하려는 손님이 없음을 알고 실망한다. 그것은 아직은 그가 위대한 인물로 이미지화되지 못했다는 반증이기도 하다. 일마는 말한다. "그러기 위해서 당신은 계속 죽여야 해요." 유곽 밖에서 벌어지는 제5장은 샹탈과 혁명 지도자인 배관공 출신의 로제가 사랑하는 장이다. 혁명군은 샹탈이 혁명군 진두에 서서 혁명을 완성시킬 것을 요구한다. 이렇게 샹탈은 자유의 여신이자 잔 다르크의 이미지가 되며, 그녀가 이에 동의하자 이장 역시 놀이의 연장 선상에 놓이게 된다. 제6장은 여왕의 칙사가 나타나 왕궁과 여왕의 안위에 대해 불안한 낌새를 풍기며 이곳 손님들에게 실제로 주교·재판관·장군의 역할을 주문하고 일마에게는 여왕이 되어 줄 것을 제안한다. 이렇게 되면 놀이를 했던 손님들은 실제로 그 이미지가 될 수 있으며, 실제라고 주장하는 자들이 오히려 허상일 뿐이라는 논리가 가능해진다. 칼멘은 말한다. "결국 실체는 이미지였군요." 이쯤해서 관객의 의식에서 현실과 놀이 사이의 경계가 조금씩 허물어진다. 안 공간에서 실제가 아닌 유희가 벌어지고 밖 공간에서 실제로 목숨을 위협하는 폭발음이 들리지만 어느 것이 허상이고 어느것이 실제인지 모호해진다. 시체가 된 아르튀르는 정말 죽은 것인지 시체놀이를 하는 것인지, 눈앞에 존재하는 시체가 이미지에 불과한 것인지. (…) 제7장에서 일마(여왕) 일행은 발코니에 모습을 드러내어 기자들을 불러낸다. 이때 샹탈이 혁명군을 이끌고 나타나자 그녀를 사살한다. 제8장에서 가짜 주교, 가짜 재판관, 가짜 장군이 기자회견을 한다. 회견을 하면서 가짜들은 스스로 실제라고 착각한다. 칙사는 말한다. "이미지에 진실을 부여한다……." 그러나 불행히도 아직까지 서장의 역을 맡겠다는 손님이 나타나지 않자 그는 거대한 남근으로 국가의 상징이 되겠다고 결심한다. 남근. (…) 이곳이 유곽이고 성적인 코드로 가득 차 있으니 거대한 남근은 최후의 종착점이 될 수 있다. 이 부분에 이르면 높은 자리에 앉아 거드름을 피우는 권력자들에 대한 통렬한 조소가 읽혀진다. 파티가 끝날 무렵 혁명에 실패한 로제가 검은천으로 눈을 가린 채 나타나 서장의 역을 맡겠다고 말한다. 서장 놀이를 하던 중 그는 샹탈을 언급함으로써 놀이의 규칙을 파괴하고 스스로 거세함으로써 거대한 남근으로 역사에 남겠다던 서장에게 복수한다. 쓰러진 로제를 보면서 자신도 레퍼토리에 끼이게 됨을 만족해하는 서장은 여왕이 마련해 준 무덤 속으로 사라진다. 이렇게 해서 오늘의 모든 의식은 끝이 난다. 그러자 칼멘이 나타나 마침표를 찍는다. "다 끝났습니까? 5천 프랑 되겠는데요, 부인!" 어떤 위협이 가해지더라도 이곳의 놀이는 계속될 것이라는 강한 암시가 전해진다. 이곳의 놀이가 결국 세상사인 까닭에…….

거울과 거울을 맞대어 놓은 것처럼 현실과 환상이 복잡하게 중첩되어 있어 좀처럼 이해하기가 쉽지 않은 '발코니'는, 무대를 의지한다면 어느 정도 접근이 가능하다. 관객은 발코니에 앉아 실제 연극 혹은 연극 속의 연극을 구경하며, 스스로 거울에 비친 비현실의 인물이 되어 자신의 존재를 되돌아볼 수 있기 때문이다. 카메라의 하이 앵글에서 잡히는 네모 속의 인물들을 응시하는 관객의 자세는, 소꿉놀이를 하는 아이들을 선 자세로 바라보는 어른의 자세이다. 때문에 놀이를 하는 인물들은 아이 같기도 하고 모형 같기도 하다. 무대 바닥의 중심을 차지하는 삼각형은 묘지인 피라미드처럼 안과 밖으로 분리되어 안은 죽음의 공간이 된다. 객석과 무대의 수직적 분할, 무대의 기하학적 분할을 통해 공간은 주제를 상징적으로 표현하고 있다. "〈발코니〉는 집 밖과 집 안을 이어 주는 공간, 안과 밖의 경계가 허물어진 공간이다. 따라서 실체와 이미지, 선과 악, 현실성과 환상의 세계, 진실과 거짓 등 세상의 모든 대립되는 개념들은 서로 엉키고 뒤섞여 있다."

주지하다시피 주네는 부르주아 제도 및 체계는 이미지일 뿐이라고 항변하며 이를 전복하고자 한다. 역할을 통해 존재하는 인물을 통해 소위 프랑스가 자랑하는 역사와 영웅을 해체하고자 한다. 이들의 자락에 숨어 자신의 약점을 조작하는 부르주아 사회를 적나라하게 파헤치고자 한다. 그런데 이번에 각색된 〈발코니〉는 존재의 실제와 허상의 대립에 포인트를 맞추고 있다. 뭐가 진짜고 뭐가 가짜인가? 우리가 현실이라고 믿는 것들이 실은 연극보다 더 연극적인 것은 아닐까? 사실 작품 속에는 거울놀이, 흑백을 대립시키는 판화의 양상이 존재하므로 이런 물음은 정당하다. 그러나 〈발코니〉는 몇 가지 문제점을 갖고 있다. 소위 철학극이니 관념극이니 하더라도 일반 관객의 접근이 어렵다면 연극은 실패할 확률이 높다. 이 공연은 대학로에서 자행되고 있는 가볍고 경박한 연극과는 비교할 수 없지만 지나치게 양식화되고 난해한 극적 요소들로 인해 관객과의 교감을 적극적으로 성사시키지 못하고 있다. 또 다른 문제는 존재에 대한 명상을 위해 갖가지 상징과 메타포가 동원되었지만 주제 표현이 너무 직접적이라는 점이다. 인물들이 하나같이 비슷한 톤으로 말하고 철학자처럼 고뇌하는 모습은, 꼭 그런 방식이어야 하는지 의심스럽다. 한 편의 시가 아니라 왜 연극으로 존재를 명상해야 하는지 진지한 검토가 필요하다.

제8장
페르난도 아라발

1. 아라발 연보

스페인 태생으로 프랑스어로 작품 활동을 한 아라발은 극작가 · 소설가 · 시인 · 예술비평가 · 수필가 · 화가 · 영화감독 그리고 체스 선수로서 다재다능한 재능을 유감없이 선보인 작가이다. 그의 삶 자체는 이미 4세 때 스페인 내란에 의한 아버지의 희생, 청소년기에 앓았던 결핵으로 인한 요양소 생활 등으로 한 편의 드라마이며 이러한 경력은 그의 작품 전체에 고스란히 영향을 끼치게 된다. 그의 등장 인물들은 하나같이 예기치 않은 행동을 하거나 낯선 동기 부여로 인해 모순성을 보이는 희생자이거나 사형집행인의 모습을 하고 있다. 사디즘 · 마조히즘 · 성도착 · 사간 · 신성모독 등의 테마는 그의 작품에서 반복적으로 나타난다. 프랑코파의 희생자라고 할 수 있는 그는 권위주위의 대리인인 정권 · 교회 · 군대 등을 비웃고 풍자하여 한때 스페인에서 감금된 적도 있다. 아라발의 대략적인 연보는 다음과 같다.

1932년   모로코의 스페인령 멜리야에서 출생.
1936년   아버지가 체포된 후 그의 가족은 스페인으로 옮긴다. 그곳에서 전통적인 가톨릭의 분위기 속에서 엄격한 어머니와 지중해의 감수성을 지녔던 숙모와 함께 산다.
아라발은 에스콜라피오스 데 게타페 수도원에서 수업을 받는다. 이곳은 문학 분야에 명성이 드높은 교육 기관이다.

1945년경 가족의 삶에서 영감을 얻은 시와 단막극을 쓴다.

제지회사에서 일을 하는 한편 발렌시아에서 대학입학 자격시험을 통과한다.

1952년 마드리드로 귀환.

1953년 최초로 결핵 징후가 나타남. 결핵은 그의 작품에 많은 영향을 미친다. 《세발자전거》 발표.

1954년 최초로 파리를 여행한다. 익히 알고 있었던 베케트의 연극을 관람한다. 경비에 쪼들려 히치하이크로 여행을 한다. 몇년 후 그는 미래의 아내인 뤼스 모로를 만난다. 그녀는 아라발의 초기 작품들을 프랑스어로 번역했으며 소르본대학교에서 스페인 문학으로 박사학위를 취득한 재원이다.

1955년 장학금을 받게 되어 다시 파리로 온다. 다시 건강이 악화되어 파리 근교의 요양원에 머물게 된다. 《환도와 리스》 발표.

1958년 최초의 극작품 《전쟁터 속의 소풍》 발표. 이 작품은 한국전쟁에서 소재를 따온 것으로 전해진다. 《자동차 묘지》 발표.

1959년 소설 《바빌론의 바알 신》《게르니카》《사형수의 자전거》 발표.

1960년대초 브르통의 초현실주의 진영에 자주 드나든다.

1962년 토포르 · 조도로위스키와 함께 누구든 아무에게나 무엇이든 요구할 수 있다는 '공포(Panique)' 운동을 전개한다.

1960년대말 아라발은 유명인사가 되었고 빅토르 가르시아 · 조르주 라벨리 · 피터 브룩 · 제롬 사바리 같은 연출가들이 그의 작품을 무대에 올린다.

1963년 《위대한 의례》 발표.

1966년 《건축사와 아시리아 황제》 발표.

1967년	《환희의 정원》《미로》 발표. 스페인을 여행하던 중 반체제 인사라는 이유로 체포된다. 베케트 등이 주동이 되어 그를 석방시키기 위해 지식인들의 범세계적인 운동을 전개하다.
1968년	《검붉은 여명》《호색적인 야수성》 발표.
1969년	《그리고 그들은 꽃에 수갑을 채웠다》 발표.
1970년	영화 〈죽음이여 만세!〉 감독.
1972년	《하늘과 개똥》 발표.
1973년	영화 〈미친 말처럼 달리다〉 감독.
1975년	《게르니카의 나무》 발표.
1982년	《페루의 황제》 발표. 영화 〈태평양의 오디세이〉 감독.
1992년	《바빌론이여 안녕》 발표.
1999년	《사랑의 편지》 발표.

2. 악몽의 연극, 〈건축사와 아시리아 황제〉[1]

들어가며

작품을 이해하는 고전적인 방법으로 작가의 전기를 기반으로 하는 방법이 있다. 구조주의 이후 이 전기적 비평은 된서리를 맞았지만 페르난도 아라발의 경우 이 방법론이 매우 유효하다. 그는 스스로 자신의 작품은 "감성의 열매이거나 기막힌 추억의 소산"[2]으로 밝히고 있

---

1) 보기 드문 경우로 아라발 희곡전집은 김미라 역으로 국내에 소개되어 있으며 이 전집에는 《건축사와 아씨리 황제》로 번역되어 있다. 본 연구의 주텍스트는 이 번역서를 참고하였음을 밝혀둔다.

2) 《천년 전쟁》 in 《아라발 희곡전집 2》, 김미라 역, 246쪽. 이후로는 전집으로 간략히 함.

으며 또한 작품의 의미 코드들이 대체로 그의 전기 및 경력과 일치하고 있기 때문이다. 애증의 굴곡이 심하게 점철되어 있는 어머니와의 관계는 특히 주목해야 할 부분이다. 아라발의 인생은 한마디로 드라마 자체라고 할 수 있다.

그는 모로코의 스페인령 멜리야에서 스페인 내전이 일어나기 직전에 태어났다. 장교였던 아버지는 좌익이며 무정부주의자의 성향으로 분류되었는데 군인들이 공화국에 반기를 들고 파시스트 쿠데타를 일으켰을 때, 쿠데타에 소극적이었다는 이유로 프랑코파에게 체포되어 반역죄로 사형이 선고된다. 그후 감형되어 아버지는 감옥을 전전하다가 1941년 정신병원으로 이송된 직후 행방불명되어 영원히 사라지고 만다. 스페인 내란으로 일어난 이 사건은 아라발 개인뿐 아니라 당시의 스페인 사람이면 누구나 겪어야 했던 사건이다. 아버지가 체포되자 어머니는 식구들을 데리고 친정으로 간다. 프랑코 파만이 스페인에서 살아남을 수 있다고 확신한 어머니는 집에서 아버지의 이름을 부르는 것을 금지시켰으며 아버지 지우기를 시작한다. 공화당원의 가족이라는 굴레를 쓴 채 사람 행세를 하기는 불가능하다고 판단했던 것이다. 그러나 어느 정도 성장하여 아버지의 과거를 알게 된 아라발은 어머니의 행동을 용납할 수가 없었다. 그리하여 가슴에 깊은 상처를 간직하게 된 아라발은 어머니와 한 집에 살면서도 8년 동안이나 한마디도 하지 않고 지낸다. 항간에 알려져 있듯이 어머니가 아버지를 밀고한 것은 아니다. 다만 살아남기 위해 정신병자 행세를 할 수밖에 없었던 아버지를 미워한 어머니를 아들은 이해할 수 없었던 것이다. 아라발은 근본적으로 어머니를 매우 존경했다. 어머니에 대한 애증은 이렇게 해서 생겨났는데, '존경심'이라는 단어는 당시 스페인에서 "조국 · 군대 · 종교, 이런 단어들"[3]과 마찬가지로 신성한 것이었다. 이러한 이유로 아라발에게 있어 가족 · 조국 · 군대 · 종교는 어린 시절의 떨쳐 버

---

3) 알랭 쉬프르, 《아라발의 '혼돈' 의 의식》 in 《아라발 희곡전집 3》, 257쪽.

릴 수 없는 강박관념으로 자리잡게 된다. 여기에다가 그의 삶이 표류한 시대적 흐름이 첨가된다.

아라발은 제2차 세계대전을 고스란히 몸으로 맞은 세대에 속하며 시대적 사상의 흐름, 예컨대 실존주의, 부조리극, 초현실주의에도 노출된다. 이에 덧붙여 조국 스페인의 정치적 혼류로 말미암아 아라발은 숨쉬기조차 거북한 권력의 억압과 짓눌린 인간의 불행을 몸소 체험한다. 이러한 악몽 같은 체험은 서구 문화에 대한 비판, 나아가 현대 문명의 비판으로 이어지는데 〈건축사와 아시리아 황제〉[4]에서 이 모든 요소들을 찾아낼 수 있다.

아라발은 어두운 과거와 역사, 병약한 육체, 개인적 외모에 대한 콤플렉스가 첨가되어 까닭도 없는 죄의식에 사로잡혀 마치 악몽을 꾸듯 삶을 이끌어 온 작가이다. 그는 결국 스페인의 감옥을 경험하기도 하지만 압제적 폭력에 적극적으로 항거하지 못한다. 내성적 성향의 작가의 악몽과 고통은 만일 분출구가 없다면 가슴앓이로 가슴이 시커멓게 타버렸을 것이다. 그가 창작이라는 도구를 발견함으로써 악몽을 풀어 버리고 일종의 스트레스를 잠재울 수 있는 영토를 발견한 것은 본인뿐만 아니라 크든 작든 간에 악몽에 시달리고 있는 현대인에게는 행운인지도 모른다. 이런 이유로 그의 작품은 악몽을 꾸는 듯하다. 이 악몽은 가슴을 짓누르며 사슬이 채워진 흉측한 괴물의 모습이다. 악몽의 언어는 비논리적이며 두서가 없어 어떤 방향으로 튈지 예측을 불허한다. 그의 극작품에서 제시된 유아적 성향의 인물들은 정말 순진한 것인지 세상 물정을 모르는 것인지, 이상하리만치 기분 나쁜 순진성으로 세상을 경멸한다. 낯설게 설정된 상황·공간·등장 인물은 악몽을 탈출하고픈 아라발 자신의 욕망이다. 이러한 작가의 자화상은 절대 권력에 저항하다 단죄된 프로메테우스와 닮은꼴이다.

〈건축사〉에서도 마찬가지이다. 2명의 극중 인물은 인간의 더럽고 치

---

4) 이후는 〈건축사〉로 간략히 함.

사한 치부들을 거리낌없이 드러낸다. 그것을 말하지 않고서는 악몽에 시달릴 것 같은 무서운 태도이다. '임금님 귀는 당나귀 귀'라는 사실을 말하지 않음으로써 병에 걸려 죽게 된 이발사처럼, 아라발은 악몽의 무대를 확실하게 그려 보임으로써 악몽을 잠재우려 한다. 등장 인물들이 드러내는 인간의 치부는 무엇인가? 권력자를 비난하지만 뒤돌아서서 자신도 권력을 꿈꾸는 이기적인 인간, 저열한 성적 장면에 두 손으로 얼굴을 가리지만 손가락 사이로 좀더 똑바르게 바라보려는 인간 등이 적나라하게 표현된다. 나아가 근친상간, 사디즘이나 마조히즘같이 타락한 성적 욕망, 모친 살인, 인육 먹기, 신성모독, 배설물의 장면이 스스럼없이 표출된다. 이러한 파편적인 주제들은 마치 잘게 깨진 거울에 비춰진 자화상이다. 각각의 거울의 파편들은 이미지를 왜곡시키고 옆의 파편에 영향을 미쳐 괴물 형상을 만들어 낸다. 거울을 바라보고 있는 자는 역사와 권력의 희생자인 극작가이므로 아라발의 몽상적이고 공포적 장면들은 반문명적 · 반종교적 · 반독재적 · 반권력적이다.

〈건축사〉는 1966년 발표되어 이듬해 초연되었는데 1967년은 작가에게 있어서 매우 중요한 해이다. 1967년은 〈건축사〉가 대단한 성공을 거두고 '연극대상'을 받음으로써 작가의 위상이 한껏 고조된 해이자, 스페인에 갔다가 국가 모독죄로 체포되어 구금된 사건이 발생한 해이기도 하다. 다행히도 베케트 · 모리아크 · 이오네스코 · 밀러 등의 구명 운동으로 석방되기는 하였지만 이 구금의 경험은 "지금까지 개인적 환상에만 기울였던 관심을 개인을 초월하는 다른 곳으로 향하게 한 계기가 된다."[5] 아무튼 아라발의 전반기를 마감하는 〈건축사〉는 그의 초기 작품들의 주제와 극적 테크닉을 집대성해 놓은 것으로 평가받고 있다. 이 작품에는 "벌레스크 · 잔혹극 · 부조리극을 혼합한 글쓰기를 통하여 문명의 허구성과 인간 내면에 숨겨진 야만적 욕망의 움직임이 있다."[6] 이처럼 에피소드의 변조와 파편들이 교묘하게 조합되어 있는

---

5) 《백색의 사랑》 in 《전집 1》, 308쪽.

〈건축사〉는 아라발이 주장한 '공포 연극(théâtre panique)'[7]의 속성이 잘 드러나 있으며 악몽의 이미지가 무척이나 풍부하다. 따라서 이 작품의 분석은 난해하기로 정평이 나 있는 아라발의 어둡고 칙칙한 세계를 이해하는 데 하나의 주춧돌이 될 수 있을 것이다.

작품의 구조

〈건축사〉는 2막으로 되어 있다. 제1막은 다시 제1장과 제2장으로 나누어지고 제2막은 제1, 2, 3장으로 되어 있다. 제1막 1장은 매우 단순하고 간단하다. 막이 열리면 "무대는 건축사 혼자 살고 있는 섬의 숲 속 조그만 빈터에서 진행된다."(127)[8] 한 미개인 혹은 건축사가 홀로 살고 있는 외딴 섬에 비행기 소리와 함께 요란한 폭발음이 들린다. 잠시 후 커다란 가방과 지팡이를 든 황제라는 자가 나타나 자신이 사고에서 살아난 유일한 생존자라며 두려움에 떨고 있는 건축사에게 도와주기를 간청한다. 이렇게 해서 두 사람은 고립되어 있는 섬 공간에 놓이게 된다. 제2장은 그로부터 2년이 흘렀고 황제는 미개인에게 건축사라는 칭호를 사용하며 글과 아시리아의 위대한 문명을 가르치고 있다. 이장은 매우 길게 늘어져 있으며 역할의 중첩과 유희를 통한 수많은 장면들이 무분별하게 제시되어 자칫 혼돈의 미궁 속에 빠져들 위험이

---

6) 《20세기 프랑스 연극》, 신현숙, 169쪽.

7) 아라발은 1962년 롤랑 토포르와 알렉산드로 호도로프스키와 더불어 '공포 연극 운동(Mouvement Panique)'을 창설한 바 있다. 영어로는 패닉(panic)으로 '당황'과 '공포(恐慌)'을 의미하는 Panique는 그리스 신화에 등장하는 Pan에서 유래한다. 허리의 위쪽은 사람 모습이고 아래쪽은 염소의 다리와 뿔을 가지고 있는 이 목신은 춤과 음악을 좋아하는 명랑한 성격의 소유자인 동시에, 잠들어 있는 인간에게 악몽을 불어넣기도 하고 나그네에게 갑자기 공포를 주기도 한다고 믿어져 왔다. 그러므로 공포 연극은 한마디로 악몽과도 같은 연극이며, 악몽의 연극인 《건축사와 아시리아 황제》에서 펼쳐지는 난해하고 비논리적인 장면들, 우스꽝스럽고 그로테스크한 장면들, 돈키호테를 닮은 황제의 좌충우돌의 몸짓은 공포 연극의 전형이다.

8) 괄호 안의 숫자는 김미라 역 《건축사와 아씨리 황제》 in 《아라발 희곡전집 3》의 쪽수이다.

있다. 제2막의 1장 역시 상당히 복잡하게 얽혀 있는데 여기에서 눈여 겨볼 것은 건축사와 황제 사이에서 끈질기게 제시되는 재판 장면이 다. 이 재판을 통해 황제의 어두운 과거와 어머니를 살해한 죄가 적나 라하게 드러난다. 제1장의 말미에 황제에게 사형이라는 중형이 내려지 고 황제는 사형이 서둘러 집행되기를 바란다. 제2장에 가면 황제의 시 체를 앞에 놓고 건축사는 나이프와 포크로 황제의 다리를 잘라먹는다. 그리고 점점 황제를 닮아간다. 제3장은 제2장의 연장 선상에 있다. 다 만 2장과의 차별성이 있다면 황제를 완전히 먹어 치운 건축사가 책상 밑으로 들어갔다 나오는 순간 건축사의 옷차림을 한 황제가 나타난다 는 것이다. 마지막 장면은 극의 시작 장면과 똑같지만 황제는 건축사 가 되고 건축사는 황제가 되어 있다. 건축사는 두려움에 사로잡혀 있 는 황제 앞에 나타나 사고에서 살아남은 단 한사람의 생존자라며 도움 을 청한다. 이 아이러니하고 기막힌 전도는 단순한 순환 구조를 넘어 서는 것으로 많은 의미 코드가 내재해 있다.

이처럼 작품의 내용과 구조에서 알 수 있는 것은 제1막 2장과 제2막 1장은 건축사와 황제가 동시에 존재하며 중복되는 역할을 통해 일련의 놀이들이 연속적으로 펼쳐지는 장이며, 제1막 1장과 제2막 3장은 건 축사와 황제가 완전히 바뀐 상태에서 똑같은 언어와 장면으로 이루어 져 있다는 점이다. 정리하면 이 작품의 구조는 크게 순환 구조와 극중 극이라는 커다란 두 개의 성격으로 요약된다. 물론 순환 구조와 극중 극은 별개의 것이 아니고 피차간에 영향력을 행사하며 종국에는 동일 한 지향점으로 모아진다.

1) 순환 구조

마지막 장면을 첫 장면으로 종결짓는 순환 구조의 수법은 아라발 특 유의 것도 아니며, 연극의 전유물도 아니다. 연극뿐만 아니라 소설이 나 영화에서 전체적인 줄거리가 과거의 회상이나 꿈의 상태일 때는 주 로 순환 구조를 사용하고 있으며, 현대 연극에서 순환 구조는 흔히 목격된다. 순환 구조는 우리 눈앞에 드러난 것이 실상은 꿈이었다는 것과 일회적이고 단속적인 인생은 종말로 치닫고 있다는 생각을 회피하고픈 욕망의 표현 구조이다. 현실의 시간은 직선적이어서 한번 지나가면 다시는 돌이킬 수 없는 반면 꿈속의 시간은 논리성을 벗어나 있어 그 형태를 종잡을 수 없다. 황제가 건축사 나이를 셈하는 것이나 건축사가 스스로 "몰라요, 천 오백 살…… 그건…… 정확히 모르겠어요" (198)라고 대답하는 것은 꿈속의 시간에서나 가능하다. 또한 원의 형상을 취하는 순환 구조는 기승전결의 서사 구조처럼 확실한 맺음으로 결론을 이끌어 내는 것이 아니라 계속해서 혹은 반복적으로 이어질 것을 암시한다. 순환 구조는 무에서 태어나 무로 돌아가는 인생, 돌고 도는 바퀴와 같은 윤회적인 삶의 모습을 제시하는 것이다. 그러므로 〈건축사〉의 순환 구조는 무대가 악몽이라는 이미지와 이 악몽이 지속되리라는 것을 보여준다. 누가 황제이고 누가 건축사인가? 건축사는 애초에 아무도 아니었고 황제는 황제의 꿈을 꾸어대던 현대인이 아니던가? 아니면 거꾸로 황제는 아무것도 아니었고 건축사가 초월적인 능력을 꿈꾸던 인물이 아니던가? 꿈과 현실이 이처럼 혼재하는 〈건축사〉는 한마디로 악몽의 희곡이라 할 수 있다. 건축사는 무대에서 펼쳐지고 있는 분명한 상황을 꿈이라고 말한다. "이런 꿈이에요, 제가 무인도에 혼자 있더군요. 그런데 갑자기 비행기가 추락해서 저는 몹시 무서워 이리저리 뛰며 모래 속에 파묻었지요. 그때 누가 뒤에서 다가와……" (146) 또한 악몽을 꾸어대는 밤이 두려운 작가, 그 악몽을 일기 쓰듯 작품으로 표현하는 아라발은 스스로 이렇게 말하기도 한다. "나의 연극이 초현실주의는 아니지만 그렇다고 단순히 리얼리즘도 아니다. 즉 리얼하면서도 거기에는 악몽을 간직하고 있다. 악몽은 내 생애에 큰 부분을 차지한다."[9] 그러므로 유치하고 정신착란적인 놀이들의 모음으로 제시되는 순환 구조는 바로 악몽의 의미를 더욱 강화시키는 역할을

---

9) 알랭 쉬프르, 《아라발의 '혼돈' 의 의식》 in 《아라발 희곡전집 3》, 260쪽.

한다. 이 악몽은 마지막 순간에 건축사와 황제의 도치를 통해 순간적으로 엄청난 기세로 그 의미가 팽창된다. 조그만 퍼즐 조각들이 무리지어 숨 가쁘게 이어져 오던 놀이가 일거에 건축사와 황제의 커다란 역할 바꾸기를 통해 작품 전체로 확산되는 것이다. 작은 동일한 형상들이 모여 커다란 형상의 탑을 만들어 내는 모양새랄까!

2) 극중극

두번째 중요한 구조인 극중극의 경우 작가의 인생관이 담겨 있다. 인물의 다중성과 언어의 조각화와 더불어 인물은 순간적인 변신을 통해 각양각색의 모습으로 나타난다. 이러한 변신과 혼란은 일명 바로크적인 요소이다. 일정한 틀 속에 거주하여 제품화되는 현상은 참을 수 없는 일이다. 아라발에게 있어 인간적인 것은 혼돈적이다. "오늘날, 내 생각 속에 혼돈되어 있지 않은 것으로는 인간적이며, 지상적인 것은 하나도 없다. 내가 창조하는 연극은 이 혼돈을 표현하는 리얼리즘이다."[10] 그러므로 밤하늘의 별들처럼 작품 안에 점점이 박혀 있는 극중극은 제도화와 규격화에 대한 반발이다. 제도화란 연극 형식에서부터 서양 이념에 이르기까지 매우 포괄적이다. 극중극의 모습은 난삽하고 변칙적이고 혼란스럽고 몽상적이고 기묘하다. "'혼돈'의 사상이 나의 머리에서 떠나지 않고 맴돌고 있다. 모순된 것, 설명하기 어려운 것, 예상을 초월한 것, 또는 연극 행위를 형성하는 온갖 요소들을 나는 그 혼란 속에서 귀담아 들으려고 한다."[11] 이러한 작가의 말을 빌리자면 "모순된 것, 설명하기 어려운 것, 예상을 초월한 것"이 그의 연극 행위를 형성하고 있고 이를 표현하는 메커니즘 가운데 하나가 바로 극중극인 것이다. "가끔 나의 연극 속에서 상황이 변화되어 인물과 관념이 교차된다. 괴물이 아름다움을 간직하고, 죄인이 신성함을 남몰래 지니

---

10) 같은 책, 261쪽.
11) 같은 책, 260-261쪽.

고, 피해자가 사형집행인을 감금하기도 한다. 선량한 사람이 갑자기 악인으로 변한다. 《자동차 묘지》에서 훈련중인 운동선수가 돌연히 경관으로 탈바꿈하지 않는가. 이것이야말로 인생이 아니겠는가! '혼돈'의 사상은 나의 머리에서 떠나지 않고 맴돌고 있다."[12] 아라발에게 있어 인간이 고정되어 있지 않고 계속해서 변신할 때 그는 살아 있는 인간이 되며, 따라서 혼돈의 와중에서 끊임없이 변신하는 황제와 건축사야말로 가장 인간적인 인간, 우리가 길거리에서 언제나 만날 수 있는 가장 일상적인 인간일 수 있다.

이처럼 〈건축사〉에서 황제와 건축사가 수시로 변신하는 극중극의 구조는 황제의 과거와 의식을 들추어 낼 뿐 아니라 악몽의 형상을 가중시켜 작가가 추구하는 전형적인 인간을 만들어 내고 있다.

원시 언어의 추구

앞에서 살펴본 작품의 구조를 떠받치고 있는 언어와 인물들은 혼란스럽고 꿈적이며 바로크적이다. 언어는 정리되어 있지 않으며 논리적이지도 않고 파편화 혹은 해체되어 있다. 몇초 안에 수십 개의 프레임이 빠른 속도로 지나가듯 무슨 일이 일어났는지 알기 어렵고 섣부른 예측을 불허한다.

> 황　제　(…) 아! 음악, 그 얼마나 훌륭한가! (갑자기 불안해져) 렌즈콩 소시지를 삶았나?
>
> 건축사　예.
>
> 황　제　어디까지 말했지? (…) 아, 심오한 철학! 언젠가는 설명해 주지.
>
> 건축사　황제, 그 여자들은 어떻게 철학을 가르치지?

---

12) 같은 책, 260쪽.

황　제	꼬치꼬치 캐묻지 마. 아, 내 약혼녀…… 어머니…….
건축사	엄마, 엄마, 엄마.(131)

　이런 점에서 〈건축사〉의 언어 구조는 베케트의 극작품과 매우 유사하다. 하지만 베케트의 일관성 부재의 언어는 인간 사이의 커뮤니케이션이 부조리하다는 것을 표명하므로 그의 언어는 끝까지 철저하게 미궁으로 향한다. 반면 파편화되어 있는 아라발의 언어는 만일 조각들을 정성스럽게 찾아 모은다면 구체적이고 훌륭한 그림으로 완성되는 퍼즐식의 언어이다. 순서를 맞추고 앞과 뒤를 다시 배열하면 어느 덧 일관성이 살아나는 형태인 것이다. 이러한 언어는 한마디로 꿈의 언어이다. 동사가 존재하지 않는 꿈의 세계는 시제가 일정하지 않고 전후 맥락이 불분명하며 일상적인 움직임을 뛰어넘는다. 꿈의 언어는 아라발이 한때 교감을 이루었던 초현실주의의 이념과 상통한다. 초현실주의자들은 현실과 이성의 폭력에 저항하면서 현실을 수정할 것을 제안한바 있다. 그들이 관심을 갖고 있었던 것은 제도와 관습에 억압되어 있는 측면들, 예컨대 무의식·꿈·광기 같은 것들이었다. 그러므로 〈건축사〉의 꿈의 언어는 프로이트의 맥락에서 억압받은 무의식의 언어이다. 이를테면 어머니의 권위나 이데올로기의 권력하에서 강하게 통제되고 검열되어 숨어 지내던 언어인 것이다.

　아라발이 추구하는 언어는 자연과 문명의 대립 구조에서 문명화된 황제의 언어보다는 야만 상태의 건축사의 언어, 의미가 없는 언어로 귀결된다. 황제의 말은 현대적이며 문명적이다. "이 무지몽매한 야만인! 넌 보지도 못했지! 텔레비전, 코카콜라, 탱크, 바빌론의 박물관, 우리나라 장관, 교황, 끝없는 바다, 내 깊은 학문……"(151) 황제가 나열한 단어들은 매스컴·자본주의·전쟁·정치·종교·영토·학문에 관한 것으로 현대인들의 욕망과 직결되어 있는 필수적인 단어들이며, 나중에 설명하겠지만 작가의 조롱의 대상이 되는 것들이다. 반면 건축사의 의사소통은 언어가 아닌 무형의 것으로 이루어진다. 신권을 소유한 황제의 언어 능력에는 한계가 있지만 건축사는 마음먹기에 따라 햇볕을 몰아낼 수 있으며 박수를 쳐서 산을 옮기기도 하고 짐승이나 새와의 의사소통이 가능하다. 건축사는 말을 하는 대신 그저 중얼거리거나 바라기만 해도 밤이 되고 낮이 된다. 이같은 초월적인 건축사의 힘은 언어를 뛰어넘는 것이다. 주로 의사소통을 언어에 의존하는 현대인은 황제와 마찬가지로 언어 이외의 내적인 힘을 상실한, 소위 언어의 시정(詩情)을 잃어버린 인간이다.

건축사의 변모하는 모습을 보자. 원래 건축사는 말을 할 수가 없는 존재였지만 황제의 가르침으로 제1막 2장 첫 부분에서 이제는 말할 줄 안다고 자랑스럽게 밝히고 있다. 그리고 점점 건축사가 문명의 단어들을 익히면서 황제를 흉내내고 결국 황제의 인육을 먹고 뇌세포산을 빨대로 빨아 마시면서 황제가 되는 순간 원래의 초자연적인 능력을 상실하고 만다. 건축사가 언어를 깨치게 되면서 미개인에서 문명인으로 퇴행성 진화가 이루어졌던 것이다.

건축사   (…) 자, 너의 뇌세포산 덕택에 너의 기억, 너의 꿈…….
그래, 네 생각, 모두 내 것이 된다. (황제의 귀 뒤에 끌을 대고 내리친다. 구멍을 뚫는다. 그 속에 빨대를 넣는다. 그는 뇌세포을 마신다. 요구르트처럼 끈적끈적한 것이 그의 볼에 흐른다. 그는 그것을 핥는다. 마시기를 멈춘다.) 다른 사람이 된 것 같아. 자 이젠 낮잠 좀 자볼까. 숲의 고릴라들아, 그물 침대를 가져오라. (자신있게 기다린다.)
어찌 됐어? 내 말이 안 들렸어? 그물 침대를 요구했는데. (초조하게 기다린다.)
어찌 된 거야? 내 명령을 거역하나? (덤불 속으로 들어간다.)
이놈 고릴라, 너지? 당장 그물 침대를 가져와. (잠시 기다린다.)

내 명령을 안 듣고 달아나다니, 너무하는군! (기가 죽어
투덜대며 걸터앉는다.)
내 권위는 완전히 땅에 떨어졌다.
암흑.(246-247)

따라서 〈건축사〉에서 언어의 파편화는 언어에 의한 의사소통의 허
구와 현대 문명의 야만성을 밝히기 위한 시도로 보인다. 이런 관점은
원시 언어를 찾으려고 했던 초현실주의자들과 일맥상통하면서 자연
언어의 압박에서 해방되어 신체 언어를 통해 형이상학의 세계를 추구
했던 아르토의 잔혹극과도 맥락을 같이한다.

인물의 파편화

건축사나 황제는 사회적인 직함이다. 건축사는 황제가 임의로 부르
는 직업이고 황제는 자칭 황제인 듯하다. 미개인인 건축사가 짐승의
가죽을 걸치고 있는 반면 아시리아 황제는 "바로크풍의 고전적이면서
현대적인 화려한 옷차림"(126)을 하고 있다. 처음에 건축사는 인간의
언어로 말할 수 없는 미개인 중의 미개인이었다. 그가 이름이 아닌 건
축사라는 직업으로 불리게 된 것은 황제가 그를 건축사로 임명했기 때
문이다. 아시리아의 황제 역시 이름 대신 황제라는 사회적 신분을 칭
호로 사용하고 있다. 황제가 굳이 미개인을 건축사라고 부르고 싶어하
는 것은 자신이 아시리아 황제로서의 정당성을 갖고 싶은 까닭이다.
아시리아[13]는 기원전 6세기 이전에 이미 그 유래를 찾을 수 없을 정도

---

13) 아시리아는 페르시아 만에서 지중해 연안, 소아시아에 걸쳐 대제국을 형성했
던 고대의 강력한 제국이었다. 아시리아의 문화적 특색은 메소포타미아에서 일어난
여러 가지 문화를 융합하여 변경 지대에 전했다는 점이다. 또 니네베와 코르사바드
유적에서 볼 수 있듯이 도시 계획이나 축성에 능하였고, 예술면에서는 석조의 환조
와 부조로 뛰어난 작품들을 남겼다.

의 대제국을 건설한 바 있으며 도시 계획 및 축성과 같은 건축에 능했다. 따라서 절대 군주의 위상을 지닌 아시리아 황제는 거대하게 조직화되고 문명화된 현세계를 대변하며, 이런 이유로 아시리아를 대표하는 건축사를 필요로 했던 것이다. 이런 측면에서 황제가 건축사에게 가르치는 첫 단어가 '엘리베이터(l'ascenseur)' 라는 점은 매우 시사적이다. 이 단어의 발음이 음성적으로 쉽지 않은 까닭이기도 하겠지만 엘리베이터는 과학과 문명의 산물이기 때문에 이 단어를 굳이 가르치려 하는 것은 건축사를 문명화시키려는 황제의 의지이다. 나아가 엘리베이터는 건축과 관계 있는 오브제라는 점에서 이 단어에는 건축사로 임명한 미개인이 이에 합당한 지식을 갖추게 하려는 황제의 의도가 담겨 있다. 수학을 가르치기 위해서 예로 드는 의자 두 개와 책상 두 개의 예역시 이러한 맥락에서 해석이 가능하다.

이렇게 황제와 건축사의 위상이 생겨나면서 놀이가 시작된다. 놀이는 언어의 경우와 마찬가지로 현란하게 모자이크되어 있다. 제1막에서는 제비뽑기로 결정하는 십자가놀이, 황제가 말이 되는 말놀이, 약혼자놀이, 엄마놀이, 수소폭탄을 피한다면서 우산을 들고 하는 전쟁놀이, 세례놀이 등이 있다. 황제가 혼자서 벌이는 예수의 십자가형놀이가 있는가 하면, 에로틱한 프로이트의 꿈 및 사디즘과 마조히즘이 동시에 나타나는 채찍질하기, 죽음을 가장한 유언놀이, 코끼리놀이가 펼쳐져 작품 전체가 놀이로 가득 채워져 있다. 그런데 이 놀이들을 살펴보면 문명인으로서 황제가 나열한 단어들과 유사한 내용을 하고 있음을 알 수 있다. 제2막에 가면 놀이는 재판놀이라는 커다란 틀로 제시된다. 사회의 정의를 세우는 근엄한 재판을 희화화하는 재판놀이에서 대체로 건축사는 재판관이 되고 황제는 주로 가족의 인물이 되어 자신의 과거와 무의식을 들춰내는 피고 역을 맡는다. 이쯤해서 재판 장면은 극중극의 진수가 되며 환자를 치료하는 심리극과 비슷한 형태가 된다. 그리고 결국 재판놀이의 와중에 친모 살해라는 가장 비인간적인 황제의 살인 행각이 백일하에 드러난다.

지금까지 열거한 놀이는 등장 인물의 파편화를 근간으로 한다. 황제의 경우 말, 약혼녀, 엄마를 찾는 아기, 군인, 시체, 코끼리, 대통령, 산모, 수녀, 고해신부, 의사, 낙타, 화성인 등으로 변신하여 남녀의 경계 및 인간과 동물의 경계를 자유롭게 넘나든다. 두 남자가 수시로 여자로 변신하여 품어내는 에로틱한 몸짓은 리비도가 충족되지 못한 현대인의 불안한 상태를 그리는 것처럼 보인다. 푸코에 의하면 문명과 권력은 성을 억압한다. 그렇다면 사춘기의 아이들이 은밀한 성적인 유희를 통해 기성 세대에 반항하는 것처럼 아라발의 인물들도 성적놀이를 통해 억압의 실체에 반항하는 것으로 볼 수 있다. 한편 동물놀이는 "모든 피조물 중에서 혐오감을 일으키는 것은 오직 인간뿐이다. 동물로 인한 불쾌감은 일시적인 것이다"(223)라고 외쳐대는 황제의 주장처럼 속된 인간에 대한 경멸이 담겨 있다. 재판놀이에 가면 황제는 아내, 동생, 어머니, 친구인 삼손, 어머니 친구인 올림피아가 되는데 인물의 변신은 가면을 통해 더욱 실감나게 이루어진다. 인물의 변신은 고립된 섬 공간의 깨진 거울 앞에 서서 자신의 분열을 바라보는 황제의 의식일 수 있다. 분열은 분열을 낳는 행위를 더욱 재촉한다. 그러나 뭐니뭐니 해도 가장 중요하고 두드러진 놀이는 황제와 건축사놀이이다. 황제는 건축사 앞에서 위엄을 부리지만 종종 유아적인 행동을 취하며 혼자인 것을 두려워한다. 상사에게 아내를 헌납하면서 조직원으로 살아남을 수밖에 없는 자칭 황제는 절대 권력자 아시리아의 황제를 꿈꾸는 고독한 현대인의 상징이 아닐까? 그는 일상에 얽매여 친구도 만나지 못하고 지하철에 시달리면서 자신이 누구인지 모르고 살아가는 현대인의 전형일 수 있다. 황제는 이렇게 읊조린다. "내가 누구였지? 내 직업이 뭔데?"(171) 그렇다면 황제는 정체성이 상실된 채 가상의 옥좌 위에 쇠사슬로 묶여 있는 허수아비일 것이다.(169) 요약하면 황제놀이는 권력자 및 복권 당첨을 꿈꾸는 소외된 현대 소시민의 허망한 욕망의 증후군으로 볼 수 있는 것이다.

문명의 조롱

《건축사》에서 읽을 수 있는 커다란 코드 가운데 하나는 원시와 문명, 자연과 도시, 과거와 현재 혹은 건축사와 황제라는 이원적 대립 구조이다. 문명·도시·현재는 아라발이 경험한 가족사와 스페인의 근대사라는 끔직한 상황을 대변한다. 구체적으로 악몽 같은 감옥에 갇혀 거대한 악마의 힘에 짓눌렸던 어두운 경험, 정신병자의 아버지에 대한 기억, 사랑하는 어머니와의 철저한 단절, 전쟁의 공포와 비극 등 고통스런 경험들이다. 좀더 확대시키면 이는 파시즘적인 집단의 광기와 편집광적인 아집에 빠져 있는 기독교로 중무장한 서구 이념 혹은 위선의 가면을 쓰고 있는 문명 전체로 나아간다. 따라서 이미 짐작할 수 있듯 악몽의 희곡인 《건축사》의 조각화된 장면들은 현대 문명의 모든 소산을 해부하고 우스꽝스럽게 만들어 조롱하려는 것이다. 그 가운데 중요한 것들 살펴보면 다음과 같다.

첫째, 두 인물이 벌이는 전쟁놀이는 스페인 내란과 제2차 세계대전을 통해 전쟁의 참상을 목격한 작가가 놀이를 통해 문명인의 어리석음을 고발하려는 것이다. 《전쟁터 속의 소풍》에서 전쟁의 비극을 희극적으로 풀이한 바 있는 작가는 《건축사》에서도 유사한 장면을 삽입하고 있다.

건축사   당신이 적병이오?

황 제   날 죽이지 마시오!

건축사   당신도 죽이지 마시오!

황 제   이게 겨우 가장 좋은 세계를 실현하겠다는 싸움이오?

건축사   솔직히 말해 난 전쟁이 무섭소. 참호 속에서 쭈그리고 …… 이제 끝장이 났으면 좋겠다고 하고 기다리거든요.

황 제   그런 당신에게 겁을 먹고 손을 들었다니. 바보 취급하지 마오! 적군의 병사여!

건축사	그러는 당신은?
황 제	난 군인이 맞지 않죠. 우리 부대에서는 모두 전쟁이 끝났으면 해요. 그 사진은 무슨 사진이죠?
건축사	(울음이 터질 듯이) 당신네들의 폭탄에 맞아 죽은 우리 가족들이오.
황 제	(친절하게) 여보시오, 울지 말고 내 사진도 봐요. 당신네들이 죽인 내 가족이라오.
건축사	당신도? 그렇다면 정말 운이 없나보구려. (그는 눈물을 흘린다.)
황 제	같이 울어도 되겠소?
건축사	좋아요, 허지만 모략은 아니겠죠? (두 사람은 뜨거운 울음을 쏟는다.)(144)

작품에서 전쟁놀이는 다시 한번 되풀이되는데 수소폭탄이 떨어지고 나면 황제와 건축사는 두 마리의 원숭이가 되어 나타난다. "건축사: (암원숭이) 넴! 넴! 한 사람도 살아남지 않았군. 수소폭탄이 떨어진 후에, 어머나./황제: (수원숭이) 넴! 넴! 다윈 할아버지!"(160) 이것은 끔찍한 상황으로 애국적이고 신념에 가득 찬 전쟁이 문명과 인간의 몰살을 가져올 것을 경고하는 놀이인 것이다. 전쟁 이후의 세계는 다윈이 말한 인간의 먼 조상뻘인 원숭이들의 세상, 문명의 무덤이 길게 그림자를 드리운 세상이다.

둘째, 고귀한 이념으로 포장되어 있는 문학·철학 및 학문에 대한 조롱이다. 황제는 심오한 지식의 소유자이며, 제왕의 웅변도 구사할 수 있다.(151) 그는 스스로 유명한 시를 지은 시인(163)이라고 생각하며, 노벨문학상을 거절하고,(149) 항상 옆에서 나체로 황제의 걸작을 받아 적는 14명의 여비서를 두었다(149)고 건축사에게 자랑한다. 또한 황제는 건축사에게 심오한 학문인 철학을 가르쳐 주겠다고 거드름을 피우지만 속으로는 오히려 건축사의 초인적 능력에 감탄한다. 그리하여 행복하게 되는 방법을 가르쳐 준다고 약속했지만 황제는 오히려 건축사에게 행복론을 듣는다.(141) 지식이 과연 행복에 보탬이 되는가라는 작가의 강한 물음이 전해오는 대목이다.

셋째, 종교에 대한 조롱이다. 아라발은 어려서 엄격한 가톨릭의 교육을 받았다. "에스고라피오 교단의 신부들은 아라발에게 볼테르는 악마적인 괴물이라고 가르쳤고, 랭보는 무자비하게 부정됐다."[14] 이처럼 독선적인 가톨릭은 권위의 상징이며 작가에게 있어 극복해야 할 대상이었다. 《건축사》의 많은 대사와 종교놀이는 이를 여실히 보여준다. 황제의 다음 대사들은 좋은 예이다. "가혹한 것, 구토가 나는 것, 악취가 풍기는 것, 저속한 것은 모두 한마디로 요약된다. 신이다."(191) 혹은 "그리고 대변으로 그림물감을 만들어 이렇게 쓰지. '신은 매춘부의 아들이다' (…) 빌어먹을 신, 신의 모습, 형상, 제기랄, 어디나 신의 오물이로군."(229) 한편 수녀와 신부놀이(186)는 고해신부의 위선을 보여주며, 박애 정신을 구현하려고 제비뽑기를 하여 십자가에 묶는 십자가놀이는 십자가를 구원으로 믿는 기독교의 뿌리를 흔들어대는 조롱이며, 전자 기계 당구로 신의 존재를 내기하는 장면(178)에 이르면 종교에 대한 조롱이 극치를 이룬다. 만일 게임에서 1천 점이 되면 신은 존재하는 증거가 된다는 것이다. 그러나 9백99점이 되었을 때 "술주정꾼이 당구대에 부딪치자 기계는 그만 서버린다"(184) 한낱 주정뱅이의 허망한 몸짓에 의해 신의 존재가 거부되는 맹랑한 장면이다.

넷째, 아라발의 다른 작품에서와 마찬가지로 《건축사》에서도 배설에 대한 담론이 여전히 존재한다. 요강이 무대에 제시되고 황제는 줄곧 변비를 호소한다. "나는 줄곧 변비였어"(161) 또는 "안 되겠어 난 변비야"(175)와 같은 배설 담론을 통해 회피하고 싶은 더럽고 냄새나는 것을 일부러 강조하면서 인간이 감추고 싶어하는 치부를 드러낸다.

---

14) 알랭 쉬프르, 257쪽.

이는 바로 점잔을 빼는 문명화된 인간에 대한 조롱이며 나아가 유해한 덩어리가 몸 안에서 배설되지 못하는 변비는 현대인의 털어 버리고 싶은 스트레스와 악몽에 대한 환유이다.

한편 이와 유사한 것으로 작품 곳곳에서 드러나는 성적 담론이 있다. 변태와 왜곡으로 찌그러진 형태를 지니는 에로티시즘은 사춘기 소년의 자위 행위처럼 이를 강하게 억누르는 사회와 문명에 대한 반항이다. 이러한 반발 의식은 크레셴도처럼 점점 상승하여 궁극적으로는 가장 금기되어 있는 인육 먹기와 어머니 살인이라는 상식과 윤리가 전적으로 파괴된 무대로 나아간다. 이와 같이 조롱과 반항은 악몽을 유발시킨 문명 · 도시 · 현재 · 서양이라는 괴물에 대한 정면 도전이다. 건축사는 황제에게 문명 세계에 대해 알려 달라고 조르자 황제는 거드름을 피우며 이렇게 대답한다. "문명 세계에 대해서 말인가? 놀라운 세계지! 오랜 세기를 걸쳐 인간은 지식을 쌓고 그 지식을 풍요하게 했지. 결국에는 현재 인간 생활의 경탄할 만큼 완벽에 이르기에까지 도달한 것이야. 세계 어느곳에서 행복 · 기쁨 · 평화 · 미소 · 이해가 넘치고 있어(…)."(162) 매우 풍자적인 황제의 이 말이 끝나자마자 건축사는 새에게 물을 갖다 달라고 한다. 그리고 "중요한 것은 마음속으로 생각한다는 거야. 우리들 사이에는 생각이 자연스럽게 전달돼"(162)라고 말하면서 황제를 비웃는다.

나오며

대립적이면서 종극에 완벽한 전이를 통해 동일한 존재로 제시되는 황제와 건축사는 한 인물 안에 내재하는 상반된 의식이라고 할 수 있다. 건축사는 황제의 분신이며 순수하고 원시적 상태에 대한 황제의 갈망이다. 사회에서 소외되고 의미없는 존재로 살아가는 황제는 아라발의 다른 등장 인물처럼 또는 돈키호테처럼 "자기 고유의 운명에 어긋난 자들이거나 낯선 자들 혹은 추방된 자들이다. 과거도 미래도 없는 주인공들은 스스로 제어할 수 없는 허구의 메커니즘 속에 빠져 있다."[15] 그로테스크하고 아이러니하며 희·비극적 인물인 황제는 고독, 행복의 추구, 공포 등 인간의 내면에 자리하는 의식을 대변한다.

아라발은 '공포 연극'에 대해 이렇게 정의 내리고 있다. "비극과 기뉼(Guignol), 시와 통속성, 희극과 멜로드라마, 사랑과 에로티시즘, 해프닝과 집단의 이론, 불경과 신성, 죽음과 투자와 생의 앙양, 비열과 숭고, 이 모두가 한결같이 제전 속에, '공포적인' 의식 속에서 참여하는 것이다."[16] 그렇다면 결국 공포 연극은 상반된 것들을 변증법적으로 충돌시켜 문명이 야기한 찌꺼기를 해소하려는 의도로 보인다. 이 충돌의 방법은 놀이이자 축제이자 제의이다. 《건축사》에서 난장으로 무질서하게 흩어진 유리조각들은 놀이에서 축제로, 제의로 승격되면서 일종의 살풀이나 푸닥거리의 의미를 띤다. 그렇다면 아라발이 모순과 광기와 유머를 통해 악몽 같은 몸짓으로 문명을 마음껏 조롱하는 이유와 실험적이고 해체된 작품 구조에 대해 어느 정도 파악이 가능하다. 한마디로 변비를 해소하듯 쇠사슬을 풀어내듯 악몽을 떨쳐 버리듯 오직 자유를 향한 일념에서 비롯된 것이라는 사실이다. "우리가 지금 만들어 내려 하는 연극은 현대적이지도 않고, 전위도 아니고, 새로운 것도 아니며, 부조리한 것도 아니다. 그것은 오직 자유로우며 보다 나은 것에의 끊임없는 갈망이다."[17]

한편 작가는 알랭과의 대화에서 이렇게도 말한다. "의식의 가장 정확한 포착으로서, 나는 인간을 불러냅니다. 인간 속에 숨겨진 모든 것을 추출합니다."[18] 그렇다면 유아적 집착과 비관적 웃음으로 짜인 연극, 광기적인 돈키호테식 인물들은 궁극적으로 엉킨 실타래를 풀어내려는 정화 작용을 염두에 둔 것으로 보인다.

---

15) 미셸 코르뱅, 《연극백과사전》, 64쪽.
16) 《공포 연극》 in 《백색의 사랑》, 281쪽.
17) 같은 책, 282쪽.
18) 《표현의 불꽃》 in 《천년 전쟁》, 268-269쪽.

3. 2인극을 통한 인간 탐색, 〈건축사와 아씨리 황제〉[19]

'2인극 페스티벌'이 2001년 12월 8일-12월 30일까지 상명소극장에서 벌어졌다. 백은아 연출 〈건축사와 아씨리 황제〉를 필두로 하일호 연출 〈콘트라베이스와 풀롯〉, 장우재 연출 〈2인극〉, 박정석 연출 〈들개〉가 연속적으로 공연되었다. 팸플릿은 2인극의 기본 의도를 다음과 같이 밝히고 있다. "커뮤니케이션의 기본 조건인 2인의 관계를 중심으로 황폐해져 가는 인간과 사회를 되돌아보고 새로운 인간관계를 전망하기 위하여 기획한 배우 중심의 연극 축제이다." 여기서 눈길을 끄는 것은 커뮤니케이션의 문제와 새로운 인간 관계에 대한 전망이다. 왜냐하면 아라발의 초기 작품들을 집대성한 것으로 평가받고 있는 〈건축사와 아씨리 황제〉는 바로 위선으로 가득 차고 피폐한 사회에 경종을 울리면서 고독하고 소외된 개인을 해방시키려는 의지가 담겨 있기 때문이다.

모로코의 스페인령에서 태어나 프랑스에서 작품 활동을 한 아라발은 대략 12편의 소설, 70편의 극작품, 16편의 에세이와 서간문 등을 합쳐 1백50여 권의 책을 발간했으니 다작의 작가인 셈이다. 그는 또한 1962년 '공포 연극 운동'을 창설한 바 있다. 공포 연극은 한마디로 악몽과도 같은 연극이며, 악몽의 연극인 〈건축사와 아씨리 황제〉에서 펼쳐지는 난해하고 비논리적인 장면들, 우스꽝스럽고 그로테스크한 장면들, 돈키호테를 닮은 황제의 좌충우돌의 몸짓은 공포 연극의 전형이다. 작가는 "유머와 시정, 공포와 사랑이 하나가 되는 연극을 꿈꾸었다"(《아라발 연극전집 1권》 281쪽)라고 밝히고 있는데, 이러한 측면이 〈건축사와 아씨리 황제〉에서 분명하게 드러난다.

눈발이 날리는 을씨년스런 날씨에도 불구하고 상명소극장은 젊은

---

19) 여기서 《건축사와 아씨리 황제》라는 제목은 팸플릿 그대로 인용하였다.

관객으로 꽉 채워졌다. 날짜를 감안하면 리포트 관객도 없을 시기인데, 〈건축사와 아씨리 황제〉의 난해함으로 미루어 보아 이러한 현상은 분명 난기류임에 틀림없다. 이 젊은 관객들은 무엇에 끌린 것일까? 아라발은 동시대의 유사한 경향과 위치를 지니는 프랑스어권 작가들, 예컨대 아다모프나 오디베르티에 비하면 국내에 제법 잘 소개된 작가이다. 2000년에 이미 공이모와 연출가협회가 공동 주최한 세계단막극제에서 아라발의 《전쟁터 속의 소풍》이 선보였고, 아라발 페스티발이 있었으며, 2001년도에는 〈건축사와 아씨리 황제〉 이전에 이미 〈게르니카〉가 공연되었으니 이만하면 아라발 연극이 국내의 연극인과 관객들에게 낯설지 않다. 그렇다면 왜 아라발일까? 아라발이 우리의 정서와 잘 어울리기 때문일까? 꼭 그런 것 같지 만은 않다. 다른 작가들에 비해 아라발이 국내에 잘 알려진 것은 첫째, 아마도 아라발 전집이 우리말로 번역되어 출판된 것이 커다란 이유일 것이다. 실상 연출가들이 외국 작가나 작품을 체계적으로 알고 싶더라도 외국어라는 장애물에 부딪쳐 번역된 것을 접할 수밖에 없는 것이 현실이다. 이런 까닭에 기왕에 번역된 작품에 관심을 두는 것은 자연스러운 일이고, 아라발 현상은 우리의 번역 실정이 매우 미약하다는 것을 간접적으로 증명하고 있는 것이기도 하다. 이런 현상을 보면서 전문적이고 체계적인 번역 풍토가 아쉽게 생각된다. 둘째는 아라발의 연극이 '엽기'적이기 때문이다. 엽기라는 단어가 키워드인 현시대, 〈엽기적인 그녀〉라는 제목의 영화가 히트하는 시대에 아라발의 연극은 흉측하거나 외설스럽기는커녕 즐거움의 대상이 될 수 있다. 엽기적인 그의 연극은 이성과 논리로 접근하기를 거부한다. 특히 〈건축사와 아씨리 황제〉는 언어·인물·장면 등 모든 것이 파편화되고 해체되어 있어 정신을 똑바로 차리지 않으면 연결고리를 놓칠 수밖에 없으므로 흐트러진 퍼즐을 맞추기란 영 쉽지 않다.

이제 무대로 눈길을 돌려보자. 막이 열리면 건축사 혼자 살고 있는 외딴 섬에 비행기 소리가 난다. 건축사(박태경 분)는 위협당하는 짐승처럼 쫓겨다닌다. 비행기 폭발 소리. 그리고 비행기 사고에서 살아남은 단 한 사람이라며 황제(김신기 분)가 등장하여 벌벌 떨고 있는 건축사에게 도움을 청한다. 암전. 그리고 2년이 흘렀다. 황제는 건축사에게 '엘리베이터'라는 단어를 가르치고 있다. 몸매가 통통한 건축사와 홀쭉한 황제, 머리를 박박 밀어 버린 건축사와 번개머리를 한 황제는 언어·태도·몸짓에서 무척이나 대조적이다. 이들은 놀이의 상대를 서로에게서 혹은 자신에게서 찾으면서 끊임없는 유희 속으로 빠져든다. 인물들은 수시로 다른 인물로 변하면서 모자이크식으로 삽입된 에피소드들의 집합을 통해 부챗살처럼 펼쳐진다. 교회와 신의 권위를 부정하는가 하면, 사디즘과 마조히즘이 가미된 에로티시즘, 분노담, 전쟁, 재판, 모친 살인, 식인의 장면 등이 악몽처럼 순서 없이 펼쳐진다. 제2막은 주로 재판 장면으로 이루어져 있다. 건축사는 재판관이 되고 황제는 여러 명의 피고로 변신한다. 그리고 재판을 통해 황제의 감추고 싶은 과거와 어머니를 살해한 죄상이 낱낱이 드러난다. 황제는 어머니를 살해했음을 고백하고 건축사에게 사형시켜 줄 것을 부탁한다. 제2막 2장은 건축사가 식탁에 앉아 황제의 다리를 뜯고 있다. 황제를 죽인 후 그의 인육을 먹어 치우는 것이다. 그런데 건축사가 황제를 먹어감에 따라 조금씩 황제를 닮아간다. 그러다가 건축사는 빨대로 황제의 뇌를 빨아먹는 순간 잠깐 배경 뒤로 사라지는가 싶더니 황제가 건축사 옷차림을 하고 나타난다. 건축사가 완벽하게 황제가 된 것이다. 그리고 잠시 후, 첫 장면처럼 비행기 소리가 들리고 이어 폭발음이 울린다. 그리고 짐승처럼 쫓겨다니던 황제, 아니 건축사 앞에 이번에는 황제의 옷차림을 한 건축사가 나타나 도움을 청한다. 한마디로 원형의 순환 구조 속에서 완벽한 인물의 전이가 일어난 것이다. 이처럼 〈건축사와 아씨리 황제〉는 순환 구조와 극중극이라는 두 개의 커다란 구조를 근간으로 하고 있으며 인물들의 전이를 통해 강력한 메시지를 발산한다.

원래 아라발은 이해하기 어려운 작가라고들 한다. '이해하다'는 논리와 이성으로 파악이 가능하다는 뜻이다. 그러나 아라발의 작품은 애초에 논리와 이성으로의 접근을 거부하므로 이해하려 하기보다는 능동적이고 적극적으로 참여하여 파편으로 흩어져 있는 조각들을 세세히 추적하고 느껴야 한다. 이번 공연은 원작에서 복잡한 것들을 빼 버리고 단순화시켰으며 관객을 위한 서비스 차원인 듯한 시사적이고 즉흥적인 대사들을 삽입시켰다. 이것이 즉흥적인지 사전에 계산된 것인지는 모른다. 그러나 아라발의 작품을 전체적으로 조망하고 유리 조각처럼 흩어져 있는 장면들에서, 일관성을 읽어내기 어려운 상황에서 즉흥성과 시사성은 오늘날의 관객을 무대로 흡입시키는 효과가 있었다. 하나하나의 놀이에서 제시되는 아이러니하고 희극적이고 모순적인 장면에 대해 관객들은 매우 민감하고 활발한 반응을 보였으니 말이다. 아라발이 언제나 염두에 두었던 그로테스크하고 엽기적인 장면들이 관객들에게 상당히 어필한 것처럼 보였다. 작품에서 유머는 조롱이며 더럽고 냄새나는 것은 인간이 감추고 싶어하는 치부이다. 조롱의 대상은 종교와 이데올로기같이 인간을 억압하는 것이며 문명이며 이성이다. 아라발이 가능한 치부를 드러내려는 것은 기존의 전통과 제도에 대한 반항이자 자신의 억눌린 악몽으로부터의 해방되고자 하는 의지이다. 변비인 황제는 몸 안에 해로운 이물질을 간직한 채 배설하지 못하는 문명인의 전형이다. 그러므로 황제와 건축사놀이는 인류의 문명과 현대 사회에 대한 경고이다.

텍스트는 무대를 숲 속의 빈터를 나타내는 가시덤불이라고 지시하고 있지만 오늘날 소극장의 무대는 텅 비어 있다. 배경으로 세트가 세워져 있는데 사람이 드나들 정도의 문 크기만한 구멍이 뚫려 있고 흰색과 검은색이 조합된 체크무늬로 장식되어 있다. 이 무늬는 단절없이 무대 바닥으로 이어져 내려온다. 무대 역시 가로와 세로로 줄이 그어져 있으므로 두 등장 인물이 벌이는 놀이는 마치 체스보드 위에서 벌어지는 체스를 연상시킨다. 아라발이 체스 선수였다는 점을 상기한다면 재미있는 착상이다. 체스보드 위에서 두 사람은 각종 말이 된다. 한 연기자가 여러 인물의 역할을 소화해야 하기 때문에 반복과 리듬, 인물의 변조에 따른 강약이 중요하게 부각된다. 이런 측면에서 황제 역의 김신기는 훌륭한 리듬감을 보여주었고 그의 섬세한 연기와 강렬한 눈빛은 매우 인상적이었다. 또한 식인의 장면에서 건축사가 황제를 게걸스럽게 뜯어먹는 장면을 음향으로 처리한 것은 적절한 조처였다. 스피커를 통해 리얼하게 전해 오는 씹는 소리와 트림, 빨대로 빨아대는 소리 덕분에 마네킹을 앞에 놓고 인육을 먹는 시늉을 해대는 건축사의 엽기적인 행동이 실감나게 전달되었다. 대부분의 관객들이 이 장면에서 괴성을 지르며 치를 떨었으니 말이다.

이번 공연은 아라발 연극의 독창성이 무난하게 드러났음에도 전체적으로는 가난하고 투박하게 준비되었다는 느낌이다. 계속해서 무대 안으로 들어오는 오브제들, 여성 속옷이라든가 가면 등이 정교하게 다듬어지지 않은 상태에서, 작은 공간 탓에 연기자의 코앞에 앉아 있는 관객들의 시선에 그대로 노출되었다. 이런 경우 세련되지 못한 오브제는 관객의 동화 작용을 방해할 위험이 있다. 또한 간단한 무대장치가 놀이판을 연상시킨다는 점에서는 좋았지만 고립된 섬에서 이루어진 놀이를 표현하는 데는 무리가 있었다. 이 작품에서 소외되고 단절된 공간 표현이 중요하다는 건 누구나 인정할 것이다. 마지막으로 황제와 건축사의 의상이 애매하다는 점을 지적하고 싶다. 텍스트에서 황제는 "화려한 옷차림, 바로크풍의 고전적이고 현대적인 옷"으로 지시되어 있고, 건축사는 "짐승의 가죽"으로 지시되어 있다. 작품의 테마와 직결되는 의상의 코드는 황제와 건축사라는 이름 못지않게 매우 중요하다. 고전적이고 현대적인 의미는 절대 권력자를 꿈꾸는 현대인의 소망을 나타내고 바로크풍의 현란한 스타일은 작품 자체의 구조, 모자이크로 짜깁기되어 있는 구조와 연관되어 있는 것이다. 또한 건축사의 미개인의 옷차림은 황제의 옷과 대조를 이루며 문명과 원시 혹은 사회와 자연의 변증법적 대립 코드를 밝혀 준다. 이런 점에서 두 인물 의상의 기본 컨셉트는 텍스트를 존중했어야 하지 않을까? 무대 위에 제시된 모호한 의상에서 유의적인 것을 찾아내기는 쉽지 않았다.

〈건축사와 아씨리 황제〉는 두 인물만 등장하는 2인극이지만 끊임없이 다른 인물로 변신하기 때문에 다인극이라고 할 수 있다. 혹은 반대로 종극에 건축사가 황제를 먹어치운 후 황제가 되는 기막힌 전도를 통해 두 인물이 하나로 합해진다는 점에서 또한 황제와 건축사는 실상 별개의 인물이 아니라 한 인물의 상반된 의식이라는 점에서 1인극이라고 할 수도 있다. 이처럼 관점에 따라 다양한 모양을 지니며 변신과 변신을 거듭하는 극중극의 구조를 무대에서 표현해 내기란 여간 쉽지 않다. 그럼에도 불구하고 리듬감을 잃지 않고 볼륨을 증폭시켜 역동적인 에너지를 쏟아낸 이번 공연은 국내에서 아라발의 실험적인 작품이 완성도에 따라 관객의 호응을 얻을 수 있다는 자신감을 심어 준 소중한 계기가 된 것으로 보인다.

제9장

르네 드 오발디아

1. 오발디아 연보

1918년   홍콩 영사였던 파나마인 아버지와 프랑스인 어머니 사이
에서 ·홍콩에서 태어났다. 외지에서 출생하긴 했지만 매
우 어렸을 때부터 프랑스에 와서 살았으며 콩도르세 고
등학교를 다녔으므로 그의 정신적 · 육체적인 모국은 프
랑스로 보아도 무방하다.

1940년   제2차 세계대전이 발발하자 그는 곧 입대했으나 포로가
되어 포로수용소에서 독일이 항복할 때까지 지내게 된다.

1944년   수용소에서 풀려나 프랑스에 돌아온 오발디아는 오로지
문학에만 전념한다.

1949년   초현실주의적 영감이 깃든 시집 《남부》를 출간하여 정식
으로 시인 등록을 한다. 이후 《프랑스 메르쿠리우스》《동
시대》 등의 잡지에 많은 글을 기고하게 된다.

1952년   《자연적 풍요로움》 발표. 이해부터 1954년까지 로와이
몽 국제문화원의 부원장을 역임한다. 1954년부터는 주
로 창작에만 매달린다.

1956년   최초의 소설 《친절한 타메를랑》 발표. 그의 명성을 드높
인 것은 먼저 소설 분야에서였다. 이 해 단편 소설 《워털
루 탈주》《에밀의 정열》로 '검은 해학'의 그랑프리를 받
는다.

1960년	두번째 소설 《백년제》로 콩바상 수상. 같은 해 연극 《제누지》가 파리에서 초연된다. '몽환적 희극'인 이 작품을 장 빌라르가 민중극단에서 연출을 하여 무대에 올린 것이다.
1961년	〈여유로운 즉흥극〉 포시 몽파르나스 극장에서 초연.
1962년	《지옥에 떨어진 자》 발표. 이탈리아상 수상.
1963년	〈빌레트의 풍자〉 아틀리에극단에 의해 초연.
1964년	《눈먼 자의 눈물》과 연극 〈미지의 장군〉 발표.
1965년	〈사사프라스 가지에 이는 바람〉이 대단한 성공을 거둔다. 〈농사짓는 우주비행사〉.
1966년	장 루이 보리가 서문을 쓴 기존 텍스트 선집 《비밀스런 유머》 발표.
1967년	《축복》 발표.
1968년	게테 몽파르타스 극장 앞에 도로 명칭이 오발디아로 명명됨. 〈그리고 종말은 폭음이었다〉가 리옹의 셀레스틴극장에서 초연됨.
1969년	《어린이와 어른을 위한 시》 《순진한 여자들》 발표.
1971년	뢰브르극장에서 〈베이비시터〉와 〈유령을 위한 두 여인〉 초연. 《메두사들의 향연》 출판.
1975년	뢰브르극장에서 〈클레브 씨와 로잘리〉 초연.
1977년	오발디아 작품 공연 행사로 〈총리대신〉 〈농사짓는 우주비행사〉 공연. 《기름진 아침》 발표.
1980년	퐁피두센터에서 오발디아의 밤 행사가 열림. 〈착한 부르주아들〉 에베르토극장에서 초연.
1981년	프랑스 국영방송국 **TF1**에서 '오발디아의 얼굴'이라는 제목으로 오발디아 특집 방송.
1984년	《대위의 암말》 발표.
1986년	《꽃상추와 연민》 발표.

1996년	시집 《과부들의 배》 발표. 몰리에르극장에서 오발디아의 밤 개최.
1999년	아카데미 프랑세즈 회원이 되다.
2001년	그라세 출판사에서 전집 발간. 그 가운데 연극집은 전체 8권으로 이루어져 있다.

한편 오발디아는 대단히 많은 수상 경력을 가지고 있다. 《제누지》로 극비평가상(1960)을 수상했으며, 아카데미 샤를 크로스 음반 그랑프리(1978), 아카데미 프랑세즈 연극 그랑프리(1985), 《순진한 여자들》로 SECAM 시 부문 그랑프리, 극작가협회 그랑프리(1989), 파리시 문학 부문 그랑프리(1991), 프랑스 팬클럽상(1992), 몰리에르상(1993), 마르셀 프루스트상 또한 11월상(1993), 프랑스어상(1996) 등을 수상하였다. 이어 1999년 줄리앙 그린의 뒤를 이어 그의 자리에 아카데미 프랑세즈의 회원으로 피선되었다.

수상이 모든 것은 말해 주지는 않지만 어쨌든 오발디아의 경력은 그 여느 작가와 비교할 때 손색이 없는 것인데, 우리에게 잘 알려지지 않은 것은 매우 유감스러운 일이 아닐 수 없다. 아무튼 1997년 3월 성신 여대 불문과에서 필자의 연출로 〈사사프라스〉가 프랑스어로 공연된 바 있다. 당시 여학생들이 남자 역을 맡으면서 재미있는 에피소드도 많이 남겼다. 오발디아 연극을 연구할 좋은 기회였을 뿐 아니라 그들과의 유쾌한 작업은 두고두고 기억에 남는다.

2. 오발디아의 연극 세계

극작가 · 소설가 · 시인인 오발디아의 문학은 아방가르드 문학과 밀접한 관계가 있다. 그의 글쓰기는 전후(戰後) 개혁적인 주요 작가들의 글쓰기와 연결되어 있는데, 예컨대 미쇼와의 관계가 그러하다. 그는 미쇼에게서 단어의 유희와 새로운 언어의 창작을 발견하였으며, 최초의 극작품《제누지》에서 제누지 지방에서 사용하는 새로운 언어 구축을 주요 테마로 택하기도 한다. 또한 미쇼의《그랑드 가라바니의 여행》에서 상상적 인류학을 발견한 그는《제누지》에서 이렇게 말한다. "올리족·오나족·노아크족·치치스족과 같은 모든 원시 문명은 인간을 존재론의 상위에 올려 놓는다." 이처럼 언어들의 유희는 담론의 논리적 구조의 해체로 나아간다. 즉 이오네스코처럼 오발디아는 단어들의 '부조리'한 연결을 시도한 것이다. 작품《지옥에 떨어진 자》의 등장 인물 르 메샹은 소리와 알파벳의 관계로만 이루어진 단어들의 군상 속에서 의미를 찾아 헤매도록 형이 선고된 자이다. 또한《제누지》제2막에서 인물 크리스티앙의 독백, "세 시간의 유보, 영불 해협의 터널, 극지의 외설, 오이, 새끼오이, 어둠의 샐러드, 쇼팽의 야상곡"은 이오네스코의《대머리 여가수》의 비논리 대사 "신격화를 위한 품질 좋은 요구르트"를 상기시킨다. 이같은 환상이 축적된 오발디아의 연극은 우리가 맹신하고 있는 언어가 사실은 그렇게 완벽하지 않다는 것을 보여주고 있다. "몰이해 중에서도 가장 나쁜 것은 아마도 우리가 동일한 언어로 말하는 데 있다"라고《제누지》에서 말하고 있지 않은가. 결국 오발디아는 논리를 문제삼아 그것의 규범과 일반적 논거와 문학의 심각성에 의해 부과된 아카데미즘을 재검토하고자 하였던 것이다.

그러나 오발디아를 부조리 연극이나 누보로망의 대표 작가로 볼 수는 없다. 비록 언어의 시적 유희가 작가의 초현실주의적인 경향을 보여주기는 하지만 화술과 드라마의 기본적인 개념은 전통적인 측면을 유지하고 있기 때문이다.《제누지》의 경우 연극의 관습적인 규칙에서 약간 벗어나긴 하지만 그 외의 극작품들, 예를 들어〈빌레트의 풍자〉는 분명한 불바르 연극이며,〈사사프라스〉는 벌레스크 효과를 내기 위해 고전적인 방법을 그대로 취하고 있다. 또한 소설《워털루 탈주》에는 사랑의 시작과 끝이라는 줄거리가 존재하며,《백년제》의 독백에서 소설의 전통 기법이 그대로 드러나 새로운 화법의 구조를 새롭게 시도했다고 보기는 어렵다.

오발디아는 패러디의 기법을 즐겨 사용한다. 〈사사프라스〉는 서부극의 패러디이자 《아탈리의 꿈》의 모방극이며, 《워털루 탈주》는 푸른 수염의 패러디이고, 〈미지의 장군〉은 셰익스피어와 성서의 패러디, 《에두아르와 아그리핀》에는 은어의 패러디가 있다. 그렇지만 이러한 패러디의 기법이 멋진 대사라든가 경이적인 경구, 단호한 격언과 같은 무대의 일상적인 효과를 약화시킨 것은 아니다. 《제누지》의 한 대사 "포도주는 사람들과 세상 사이에서 경이적인 안전 장치이다"는 좋은 예라 할 수 있다. 또한 이오네스코에서 차용한 듯한 지리멸렬한 대사는 오발디아 연극에서 일관된 효과를 내고 있는데, 〈빌레트의 풍자〉 같은 작품에서 다음의 환상적인 보드빌로 나타난다.

귀머거리는 언제나 보는 자이다.
— 벙어리가 구슬치기를 한다.
— 기왕이면 유리로 된 구슬로
— 좀더 잘 보기 위해서.

그러나 이러한 패러디적인 경향에도 불구하고 오발디아가 과거의 문학을 모델로 추구한 것은 어디까지나 자신 고유의 문학을 위한 수단일 뿐이다. 작가의 글쓰기는 부조리보다는 초현실적인데, 공간과 시간, 심각한 것과 코믹한 것, 꿈과 현실, 아카데미즘과 언어의 혁신, 언어의 시적인 힘을 증가시키기 위한 단편적인 파롤과 수사학을 한데 섞어 그 효과를 얻어내고 있다. 《친절한 타메를랑》의 주인공 젬므[1]는 정복자와 대화를 함에 있어서 1939년의 프랑스 사회와 아시아의 역사를 혼동하며 《백년제》의 인물 르 상트네르는 벤치에 앉아 세계일주를 공상하고, 《메두사들의 향연》의 인물인 여자는 정신분석학자의 집에서

---

1) 이 역시 언어 유희이다. Jaime는 J'aime(나는 사랑한다)의 변형이기 때문이다.

만난 한 신부를 따라간다. 그리하여 그녀는 바다 위에서 "몇만 년의 액체 시대"의 시적이고 영매적인 모험을 시작하는 것이다. 한편 파롤의 분산과 변화를 통해 오발디아는 이미지의 증식을 추구하는데, 이를 통해 문학이 자체에만 머물지 않고 문학 너머로 나아갈 수 있는 가능성을 모색한다.

오발디아는 언어 행위의 프리즘을 통하여 더욱 생생하고 직접적인 세계의 색깔을 상상한다. 그는 장르나 문학주의와 같은 철학적 측면에는 별로 관심을 보이지 않으며, 직접적인 의미보다는 간접적인 무의미에 더 많은 관심을 보이고 있다. 결국 그는 《순진한 여자들》의 시집에서 보여준 바와 같이 상상성이 지닐 수 있는 절대적인 능력을 확신하고 있었던 것이다.

3. 〈사사프라스 가지에 이는 바람〉의 줄거리

제2막으로 이루어진 〈사사프라스〉의 제1막은 19세기초, 서부 켄터키 지역에 정착한 비천한 이주민 록펠러의 집에서 시작된다. 존 에메리 록펠러와 그의 부인 카롤린, 건달인 아들 톰과 딸 파멜라가 그의 가족들이다. 존의 친구 군의관 윌리엄이 이곳을 방문하여 식구들과 함께 식사를 하고 있다. 톰이 자기를 성추행하려 했다는 파멜라의 고자질로 인해 평소에도 톰을 못마땅해 하던 아버지는 아들과 크게 다투고 톰은 집을 나가 버린다. 사람들은 카롤린의 수정구슬을 통해 인디언들의 공격을 예상한다.

이때 그들 앞에는 서로 친하게 지내는 인디언 외이유 드 페르드릭스가 나타나고 존은 그에게 기병대에 원군을 청하는 서신을 전하도록 부탁한다. 어머니 카롤린은 여전히 돌아오지 않는 톰을 걱정한다. 언제 인디언들의 공격이 시작될지 모르는 불안감에 휩싸인 그들의 집으로 미리암이 찾아온다. 그녀는 인디언들의 공격으로 불타 버린 판초 시티의 창녀이다. 그녀는 또한 존이 예전에 알고 지냈던 한 여인과의 사이에 낳은 딸이기도 하다. 이런 인물들이 모여 있는 집을 향해 마침내 인디언들의 공격이 시작되면서 막이 내린다.

제2막이 시작되면 존의 가족들과 사람들은 인디언들의 첫번째 공격을 성공리에 물리쳤다. 그러나 미리암은 가슴에 독화살을 맞고 죽기 직전 윌리엄과의 결혼식을 올린다. 이때 이들의 집으로 찾아온 또 하나의 인물, 보안관 카를로스가 등장한다. 인디언들에게 가족을 잃은 슬픈 과거가 있는 그에게 파멜라는 관심을 보이지만, 그는 인디언과 한 패인 악당 무리들 중 한 명으로 오해를 받는다. 자신의 결백을 증명하기 위해 카를로스는 원군을 요청한다는 명목으로 집 밖으로 나선다.

다시 아침이 밝아오자 인디언 한 명이 집 안으로 들어온다. 모두는 원군을 요청하러 갔던 외이유 드 페르드릭스가 돌아온 줄 알고 기뻐하지만, 사실 그는 외이유 드 페르드릭스와 얼굴이 꼭 닮은 잔인한 외이유 드 랭스였다. 그렇게 하여 그들은 인디언에게 붙잡히고 만다. 외이유 드 랭스는 파멜라에게 아내가 될 것을 요구하고, 만일 거절할 경우 끔찍한 방법으로 모든 사람들을 몰살시키겠다고 위협한다. 이슬이슬한 순간에 보안관 카를로스가 나타나 그들을 구하고 그들은 다시 인디언들의 두번째 공격에 맞선다. 카를로스는 집 밖에 있었던 애기를 하던 중 악당 무리인 줄 알고 자신이 죽인 사람이 톰인 것 같다는 말에 가족들은 다시 절망감에 사로잡힌다. 하지만 톰은 죽은 것이 아니었다. 집을 나설 땐 건달에 불과했던 톰은 용감한 젊은이가 되어 악당들을 다 처치했던 것이다. 모두가 좋아하고 있는 사이 죽은 줄 알았던 미리암도 독기운이 사라지면서 다시 깨어나고 그들을 원조하기 위해 달려온 기병대의 우렁찬 나팔 소리를 들으며 파멜라와 카를로스는 서로의 사랑을 확인한다. 나아가 카롤린의 수정구슬을 통해 집터에 유정이 흐르고 있음을 발견한 그들은 행복한 결말을 맞이하게 된다.

4. 〈사사프라스 가지에 이는 바람〉의 구조

들어가며

여러 다른 예술들과 비교해 볼 때 연극은 기본적으로 이중적인 구조가 풍부하다. 예를 들어 일반적인 예술들은 예술가, 예술품, 그리고 감상자의 세 단계를 거쳐 작품이 완성되는 데 반해, 연극은 극작가 · 작품 · 연출가 · 무대 관객이라는 복잡한 단계를 거쳐 작품이 완성된다. 이 연극의 복잡한 단계는 그것이 작가와 독자, 극작가와 연출가, 무대와 객석, 배우와 관객 등 이중적인 요소가 풍부하다는 것을 의미하기도 한다.

이처럼 자체적으로 이중적인 구조를 가지고 있는 연극에서, 특히 오발디아의 극작품 〈사사프라스〉[2]는 전체적으로 이중적인 요소들로 짜여 있다. 그것은 전통극과 비전통극, 등장 인물들의 이중성, 음향 효과에서 소리와 침묵, 조명을 통한 빛과 어둠, 그리고 나아가 의미와 무의미, 현실과 비현실, 삶과 죽음, 신(Dieu)과 등장 인물 미리암이 겪는 끊임없는 갈등과 화해의 이중적 구조이다. 이처럼 상호 대립과 조화를 통해 극적인 효과를 노리는 이중적 구조는 이 작품의 핵심적인 틀을 형성하고, 나아가 작품을 이해할 수 있는 하나의 단초를 제공하므로 이를 분석해 보고자 한다.

오발디아는 20세기의 물결인 초현실주의 사상과 부조리극의 흐름에 각각 한쪽 발을 딛고 서 있는 작가로 평가받고 있다. 프랑 에바르의 분류에 따르면 오발디아는 오디베르티 · 보티에 · 타르디유 등과 더불어 현대의 언어적 위기를 직시하고 연극을 통해 시적 언어(langaga

---

2) 이 작품은 르네 뒤퓌의 연출로 1965년 2월 브뤼셀의 포시극장에서 초연되었다. 파리에서는 같은 해 11월 그라몽극장에서 동일 연출가에 의해 초연되었다.

poetique)를 창출해 내려고 노력한 작가이다. 그는 최초의 극작품 《제누지》에서 "언어의 환상(fantaisie verbale)"을 그려낸 것으로 평가받고 있으며 〈사사프라스〉에서는 꿈과 사랑의 언어를 창조한 것으로 인정되고 있다.

본고에서는 이러한 관점에서 작품 〈사사프라스〉에 등장하는 인물들의 구조, 공간의 구조, 음향 효과와 조명의 구조 및 의미와 무의미의 유희 속에서 드러나는 언어의 구조들을 살펴보고, 이를 바탕으로 이중적 구조에 집념하는 오발디아의 극작법과 그 효과에 대해서 연구해 보고자 한다.

인물들의 이중성

오발디아의 작품에서는 현실과 비현실의 세계가 인물들을 통하여 무수히 교차된다. 이것은 작가가 작품의 극적인 효과와 줄거리 및 주제를 선명하게 드러내기 위한 근본적인 수단으로 보이는데, 현실의 세계와 비현실의 세계를 공유하는 카롤린과 미리암의 경우가 특히 그러하다. 비현실의 세계는 예컨대, 수정구슬을 앞에 놓고 법열의 상태에 빠지는 카롤린의 경우와 독화살에 맞아 꿈속을 헤매는 미리암의 경우에서 드러난다. 이 두 인물을 근간으로 이중적 세계의 소유가 가져오는 극적 효과를 파악해 보자.

1) 카롤린의 이중 세계
카롤린에게서 드러나는 이중 세계는 자유로운 공간과 시간의 이동을 가능케 한다. 과거와 현재 그리고 미래 사이의 거리낌없는 왕래는 인물들에 대한 과거를 포착하여 그들의 전력을 통한 성격 파악을 가능하게 하며, 미래를 통하여 극적인 전개를 암시하는 복선의 역할을 한다. 〈사사프라스〉에서 카롤린의 비현실의 세계는 세 번의 시퀀스로 나타나는데 극의 도입 부분, 중간 부분 그리고 극의 대단원에 배치되어 극전반의 중요한 세 기점을 형성한다.

카롤린은 무대가 되는 켄터키 지방 통나무집의 안주인이자 서부 개척민의 아내로서 억세게 살아온 강인한 여인이다. 따라서 그녀의 생활력과 현실 적응력은 대단하여 매우 현실적인 여성임을 쉽사리 짐작할 수 있다. 현실적인 여인, 카롤린은 그러나 한편으로 비현실적인 영해의 세계를 소유한다.

미래를 예언하는 점쟁이처럼 카롤린은 커다란 수정구슬을 앞에 놓고 비현실의 세계로 빠져든다. 신들린 듯한 카롤린, 그녀는 꿈꾸는 듯한 목소리로 숲과 나무들, 전나무 · 너도밤나무 · 단풍나무 · 사사프라스나무 그리고 인디언, 백인 머리 가죽, 인디언들의 공격 등을 실감나게 표현한다. 그런데 이러한 단어들은 극 전반에 대한 예언이기도 하다. 즉 앞으로 전개될 극적인 갈등과 전개를 제시하는 것이다. 카롤린의 이러한 신통력은 백인들에게 호의적인 인디언 외이유 드 페르드릭스의 등장을 예언하게 되는데, 비현실 세계에서 나타난 외이유 드 페르드릭스가 그녀가 점진적으로 흥분하면서 쏟아내는 말을 따라 결국 현실적으로 이 오두막집에 나타남으로써 카롤린의 현실 세계와 비현실 세계가 하나로 통합된다.

카롤린의 대사는 수정구슬과 교감하는 영매의 세계에 해당하는 반면 괄호 안에 이탤릭체로 씌어 있는 지문은 카롤린의 말대로 되어 가는 현실 세계의 모습이다. 그리하여 그녀의 말 그대로 말이 달려오고, 실제로 말울음 소리가 무대 전체에 메아리치며, 결국 무대에 인디언이 등장하는 것이다. 이러한 기법은 카롤린이 가지고 있는 이중적 세계가 텍스트의 복선 역할을 하기도 혹은 사건의 개요를 관객에게 알려주기도 하면서, 극 전반의 구성을 짜임새 있게 만드는 역할을 한다. 아울러 그녀의 비현실적인 세계는 실제로 말을 타고 달려오는 인디언의 모습을 무대에 재현하는 대신, 다시 말해서 무대에서 표현이 불가능한 사건의 진행 및 경과를 알게 하는 극적인 테크닉이기도 하다.

수정구슬을 통한 카롤린의 비현실적인 세계는 인디언들의 공격을 성공리에 물리친 후, 기병대와의 연락을 위해 그들이 보낸 외이유 드 페르드릭스의 소식을 알고자 할 때 다시 한번 나타난다. 그런데 등장 인물들의 기대와는 달리 몽상적 상태의 카롤린의 입에서 흘러나오는 단어들은 그녀의 남편 존의 젊었을 때의 행적이다. 그는 과거에 아내 모르게 젊은 윤락 여성 블랑시 네즈와 단 한번 바람을 피운 적이 있는 데, 바로 그 당시의 모습이 수정구슬을 통해 재현된 것이다. 이 장면 이 드러내는 사실은 첫째 인디언들에 습격당한 판초 시티에서 살아온 창녀 미리암이 실은 존의 딸이라는 것이고, 둘째 카롤린이 영매 상태 에서 미리암의 어머니인 블랑시 네즈의 모습을 재현할 때, 존이 자신 도 모르게 카롤린의 비현실적인 세계에 빠져들어 그 당시의 상황을 재현하는 모습에서 현실적인 존과 비현실적인 카롤린이 하나로 합쳐 져, 결국 현실과 비현실이 하나로 조합된다는 것이다. 현실 세계와 비 현실 세계의 격의 없는 연결은 앞에서 말한 카롤린의 비현실적 세계 가 외이유 드 페르드릭스의 현실 세계와 혼합되는 이중 통합의 기교 와 동일한 것으로 볼 수 있다. 셋째 인디언이 등장하는 수정구슬은 미 래에 대한 예언이었는 데 반해서 이 장면의 수정구슬은 과거의 모습 을 보여준다는 사실이다. 이것은 카롤린의 비현실적 세계가 과거 · 현 재 · 미래라는 시간의 굴레를 벗어나 자유롭게 날아다니는 비시간적 세계라는 사실을 알 수 있다.

수정구슬을 통한 카롤린의 비현실 세계는 극의 후반부에서 마지막 으로 나타난다. 이 부분은 극의 대미로서 인디언을 물리친 그들 앞에 유정이 발견될 것을 암시함으로써 행복한 결말을 예감케 한다.

따라서 카롤린의 이중적 구조를 지닌 세계는 그 전개를 위한 중요한 디딤돌 역할을 할 뿐만 아니라, 마치 해설자가 극중 인물들의 과거와 미래를 설명하는 것같이 관객들에게 필요한 정보를 좀더 극적인 효과 를 노리면서 인물 파악을 위한 정보를 전달하는 것이다.

2) 미리암의 이중 세계

인디언들의 습격이 예견되어 절체절명의 위험에 처한 존의 오두막 집에 찢어진 옷차림과 맨발의 젊은 여성이 등장한다. 그녀는 인디언들에게 몰살당한 백인들의 도시의 유일한 생존자로서 그녀에게 붙여진 별명은 명사수(Petite-Coup-Sûr)이다. 미리암이 등장하는 장면은 상당히 드라마틱한데 그것은 인물들의 불길한 운명적 전조이면서 미리암의 환상적인 세계에 대한 암시이자 그녀와 존과의 관계를 예시하는 것이기도 하다. 그녀는 비현실적인 의상을 하고 마치 몽유병 환자처럼 부대에 등장하여 꿈꾸듯 대사를 읊조린다. 이러한 미리암을 뚫어지게 바라보며 당황하는 존의 태도는 심상치 않다. 몽유병 환자의 모습으로 무대에 등장한 미리암은 제2막에서 독화살을 맞아 다시 한번 비현실의 세계로 빠져들어가는데, 그녀의 비현실은 다른 현실적 인물들의 상태와 교묘하게 어우러져 극적 효과를 극대화시키고 있다.

그것은 첫째, 신들린 미리암의 모습이다. 카롤린이 수정구슬과 함께 두번째로 비현실의 세계에서 존의 과거를 들추어 내는 장면은 곧바로 미리암의 비현실 세계와 연결된다. 그녀가 과거 판초 시티의 창녀로 되돌아간 것이다. 그녀는 군의관을 손님으로 착각하고 인사말을 건넨다. 그녀가 부르는 손님의 이름은 독어 이름인데 윌리엄 버틀러가 독어 이름일 수도 있겠으나 군의관이 실제적으로 제1막 3장에서 직접 독어를 말하는 것으로 추측하건대 버틀러는 독일계임이 분명하다. 군의관에 대한 정보를 전혀 모르는 미리암이 그를 독일식으로 헤르 자콥 슈미트(Herr Jacob Schmit)라고 부르는 것은 따라서 몽환 상태의 그녀가 마치 신들린 점쟁이임을 보여주는 것이다.

둘째, 미리암이 보여주는 환상의 세계가 물질의 변화라는 섬세한 효과를 이끌어 낸다. 창녀로서의 미리암은 손님, 슈미트로 화한 버틀러에게 스카치 한 잔 줄 것을 요구한다. 그러자 현실 속의 군의관은 물을 한 컵 갖다 주는데, 이 물을 마시는 비현실 속의 미리암은 스카치를 마신 것이 된다. 이처럼 현실과 비현실의 조합을 통해 이루어진 장면에서 물이 술로 변한다. 그녀는 현실적으로는 물을 마셨지만 술을 요구하고 이를 마신 그녀는 진짜 술을 마신 셈이다. 무대의 물질은 실제적으로 변하지 않았지만, 미리암의 이중적 세계를 통해 물이 술로 변화한 것이다. 물질의 변화는 현실과 비현실의 전이 현상에서 자주 이루어지는 것 중의 하나이다. 이러한 사실을 바탕으로 현실과 비현실의 이중적 변증법은 창녀와 손님으로서의 미리암과 버틀러의 관계가 극중에서 실제적으로 어떻게 전개될 수 있을 것인지, 그 해석의 가능성을 열어 주는 동시에 어느 정도는 이를 암시하는 것으로 봐야 한다.

셋째, 미리암은 비현실의 세계를 통해 현실적으로 실현 불가능한 것을 실현 가능한 것으로 환원시킨다. 존이 혼수상태에 빠져 헛소리를 하는 미리암에게 다가가 그녀를 위로하자, 그녀는 "네 아빠. 최선을 다 하겠어요. 고마워요, 아빠"라고 말한다. 아빠라는 호칭은 환상에 빠진 그녀의 단순한 헛소리가 아니다. 왜냐하면 누구나 알다시피 존은 실제로 그녀의 아빠이기 때문이다. 그러나 버림받은 사생아 미리암이 존을 현실적으로 아빠라고 부를 수는 없다. 따라서 이 장면은 비현실이 우연하게도 현실과 일치한 경우로서 비현실과 현실의 변증법을 통해 그들의 실제적 관계를 명확하게 보여준 좋은 예라고 할 수 있다.

이러한 미리암의 현실과 비현실의 변증법은 또 다른 낯선 인물, 카를로스가 등장한 이후에도 계속해서 이어진다. 그는 전직 보안관으로 과거에 아내와 아들을 악당들에게 잃고 복수를 하기 위해 악당들을 찾아 떠돌아다니는 처지로 무대에 등장하기 이전에 이미 어깨에 부상을 당한 상태다. 군의관 버틀러는 그를 치료해 주는데, 바로 이 장면에서 혼수상태의 미리암의 세계와 현실의 세계가 다시 한번 조우한다. 즉 실제적으로 군의관이 카를로스의 어깨에 박힌 총알을 빼는 순간 부상자의 신음 소리가 무대에 울려퍼지게 되는데, 이 소리를 빌미로 비현실의 세계에 있던 미리암은 창녀로서의 과거 상황을 재연한다.

아픈 상처를 통해서 흘러나온 현실적인 소리가 미리암의 쓰라린 과거를 고스란히 들춰내는 계기가 된 것이다. 이것은 상황과 감각을 통해 과거의 시간 속으로 흘러들어간 프루스트의 이야기 전개 방식과 유사한 것으로, 청각을 통해 현실적 육체의 미리암이 마치 꿈을 꾸듯 과거의 상태에 존재하는 이중적 세계가 동시에 무대에 현존하는 것을 뜻한다. 과거와 현재의 동시적 존재는 이야기 속의 직접화법과 같은 용법으로 이야기 속의 이야기 혹은 연극 속의 연극(극중극)으로의 파악이 가능하다. 이처럼 인물의 이중적 세계를 통하여 과거와 현재를 넘나들고, 현실과 비현실을 교묘하게 들락거리는 기법은 무대라는 한정된 공간에, 괄호로 묶여진 다른 이야기를 첨가함으로써 무대를 한없이 확장시키고 있다.

마지막으로 미리암의 현실과 비현실의 변증법은, 꿈을 꾸는 듯한 그녀와 가장 현실적인 인물 버틀러와의 결혼을 통해 완성된다. 결혼이란 두 세계의 완전한 결합에 다름 아니기 때문에 미리암과 버틀러의 결혼은 현실과 비현실의 완벽한 결합으로 이해할 수 있다. 즉 현실과 비현실의 변증법이 결혼이라는 상징적인 사건으로 완성된 것이다. 그 완성의 상징적 의미는 결혼이 이루어지는 순간 미리암이 죽는다는 사실에서 더욱 자명해진다. 현실과 비현실의 일치 그리고 죽음, 이러한 전개의 의미는 무엇일까? 두 세계가 일치되는 순간 미리암이 죽는다는 것은, 대립적인 두 요소가 하나로 합해져 죽음을 통해 영속한다는 의미가 아닐까? 합일 그리고 영원성은 다른 말로 표현하자면 변증법의 궁극인 합일의 형이상학이 될 수 있을 것이다.

지금까지 드러난 미리암의 현실과 비현실의 변증법을 종합해 보면 물질의 전이, 시간적 굴레로부터의 해방, 공간의 확장 등을 통해 인물들간의 관계 설정, 인물들의 과거 및 미래의 제시 그리고 극의 진행 방향을 선명하게 드러내 주는 동시에 주제의 측면에서 변증법적 완성을 보여주고 있음을 알 수 있다.

3) 기타 인물들의 이중성

현실과 비현실의 이중 세계를 소유하는 카롤린과 미리암 이외에도 〈사사프라스〉에는 많은 등장 인물들이 이중성을 가진다. 카롤린의 아들 톰은 극에서 맨 처음과 맨 마지막에만 등장하는데, 처음에는 아버지의 말을 거역하고 문을 박차고 나간 불량아들의 모습을 보이다가 마지막 장면에서 악당을 훌륭하게 물리치는 의젓한 사나이의 모습으로 되돌아온다. 이것은 톰의 이중적 행각과 더불어 대극점의 성격을 보여준 것으로 이중적 성격의 한 단면이다. 이러한 그의 이중적 성격은 초반부의 암울한 가족의 상태를 부각시킨다든가 그들이 보낸 인디언 밀사를 오인하여 톰이 죽인 사실, 혹은 해피엔딩의 순간 그가 갑자기 가족 앞에 나타남으로써 엄마 카롤린의 기쁨을 두 배로 극대화시킨다는 점 등을 미루어 볼 때 극의 전반적인 진행과 밀접한 관계를 맺고 있음은 두말할 나위가 없다.

한편 버틀러 역시 이와 유사한 이중성을 보여준다. 이 극은 미국 서부 개척 당시를 배경으로 하여 한 개척민 가족이 인디언들에게 포위당해 결정적인 곤경에 처하게 되지만 결국은 훌륭하게 극복한다는 줄거리로 이루어져 있다. 이러한 줄거리를 근간으로 할 때, 가장 낯선 인물은 군의관으로 등장하는 버틀러이다. 그는 과거에 의사로서 잘못을 저질러 사람을 죽이고 이 오지로 숨어든 인물이다. 그는 가족의 일원이 아니면서도 처음부터 끝까지 무대에 등장하는데, 소심한 성격에 매우 겁쟁이이다. 그는 끊임없이 술을 마셔대는 주정뱅이로 이러한 그의 성격은 극 전반을 코믹하게 만든다. 인디언들의 습격이 전해지자 두려움에 사로잡혀 온몸을 떨며 차라리 다른 도시에 있었더라면 좋았을 것이라고 후회하면서 변장을 하고 어디론가 도망칠 것을 생각한다. 이러한 버틀러의 모습은 톰과 마찬가지로, 제2막에 들어서면 완연히 다른 양상으로 변화한다. 죽어가는 미리암의 슬픈 운명에 대한 이야기를 듣고 그 자리에서 그녀에게 청혼한다든가, 환자를 돌볼 때 의사 본연의 자세로 돌아간다든가 하는 것들은 극 전반부에서는 상상할 수 없었던 태도이다. 이러한 측면들을 고려해 볼 때 버틀러의 성격을 이중적 구조로 파악할 수 있는 것이다.

〈사사프라스〉에는 2명의 인디언이 등장한다. 이 중 한 사람은 외이유 드 페르드릭스로 불리는 자로 백인들에게 우호적인 인디언인데, 작가의 지문에 보면 '착한(gentil)' 인물로 묘사되어 있고 다른 한 인디언, 외이유 드 랭스는 백인을 학살하는 인디언 추장으로 '나쁜(mauvais)' 인디언으로 제시되어 있다. 그런데 이 작품의 초연 당시 이들 두 인물은 한 사람의 배우에 의해서 연기되어졌다. 이 사실은 두 인디언이 동시에 무대에 존재하는 일이 결코 없다는 것을 전제로 한다. 그리고 완전히 대조되는 두 인디언이 한 사람에 의해 해석이 되었다는 것은 한 인물에 대한 양면적 성격을 암시하는 것으로 파악할 수도 있다. 실제로 극작품 안에서, 외이유 드 랭스가 통나무집 안으로 들어왔을 때 사람들은 그를 외이유 드 페르드릭스로 오해하기도 한다. 이 현상은 이들이 분명 두 인물이긴 하지만 한 인물의 변형으로 간주될 수 있음을 뜻하고 인디언의 이중성으로 해석할 수 있을 것이다.

이 외에도 말괄량이 딸 파멜라가 카를로스에게 빠져 성숙한 여인으로 변한다든가, 복수와 증오심에 불타던 카를로스가 사랑의 묘약에 빠져 부드러운 남자로 와하는 장면들은 궁극적으로 작품의 인물들이 이중적 틀 속에 자리잡고 있음을 예시해 주는 것이다. 전체 인물들이 이중적 구조를 가지고 있다면, 작품 자체가 이러한 구조에 의해 짜여 있다고 보아도 무방할 것이다. 그런 전제하에서 이번에는 극 요소들의 이중성을 살펴보기로 하자.

극 요소들의 이중성

1) 공간의 이중성

〈사사프라스〉의 공간은 19세기초, 켄터키 지방의 미국 서부 개척민들의 가장 보편적이고 남루한 통나무집으로 설정되어 있다. 장소와 시간의 일지의 관점에서 본다면 오발디아는 철저하게 아리스토텔레스의 삼일치 법칙을 계승한 듯한데, 제2막으로 되어 있는 극의 장소가 완전하게 일치되고 있을 뿐만 아니라, 시간도 대략 24시간 이내로 한정되어 있기 때문이다.

그런데 통나무집은 완전히 밖의 세계와 격리되어 고립되어 있는 닫힌 공간이다. 피맛을 본 흥분한 인디언들에게 포위되어 있는 상태에서 집 밖으로 나간다는 것은 죽음을 의미하기 때문에 생존을 위한 공간은 일정한 경계선 안으로 닫혀 있는 상태이다. 마치 이오네스코의 《의자》의 공간이 물로 둘러싸여 있어 주인공들이 그 밖으로 나갔을 때 바로 죽음을 의미하는 것과 같이, 혹은 사르트르의 《닫힌 방》의 간힌 공간처럼 〈사사프라스〉 역시 완전히 포위되어 있는 공간을 제시한다. 등장 인물들이 이 닫힌 공간으로의 이동 경우를 파악해 보면 인물들의 성격을 용이하게 이해할 수 있고, 극 속에서 그들의 역할과 전체적인 극의 짜임새를 자명하게 알 수 있으며, 한편으로 무대 공간 자체가 되는 닫힌 공간의 의미를 파악함으로써 극행동과 주제의 파악을 용이하게 할 수 있다.

우선 닫힌 공간에서 외부 공간으로 이동한 경우를 보자. 막이 오르면 존의 일가족과 군의관 버틀러는 이미 무대에 존재해 있는데, 이때 이 공간은 인디언들이 쳐들어오기 전이므로 생사와 연관된 닫힌 공간의 의미는 아니다. 다만 아버지를 거역하는 아들 톰에게 있어 가족의 울타리는 일정한 한계가 설정된 공간으로 작용할 수 있겠는데, 열려진 공간으로 나아가 언젠가는 큰돈을 벌겠다는 생각과 아버지와의 갈등으로 그는 문을 박차고 밖을 향해 나아간다. 그러므로 톰의 경우 고간의 이동은 닫힌 세계에서 외부 세계로 나아가 자신의 야망을 펼치기 위한 수단이다.

한편으로 공간 이동은 인디언 외이유 드 페르드릭스와 카를로스의 경우가 있는데, 이들은 똑같이 간힌 공간의 사람들의 목숨을 구하기 위한 행동이다. 이들 중 외이유 드 페르드릭스는 한번 밖의 공간으로 나간 후 영영 되돌아오지 못한다. 그것은 그 자신이 죽었다는 의미이며 아울러 무대 인물들의 목숨이 위험에 빠졌다는 것을 의미한다. 반면에, 외부 공간으로 향했던 카를로스가 재차 닫힌 공간으로 귀환하는데, 이 귀환은 기병대의 원군이 도착할 것을 의미하는 것으로 무대의 인물들, 즉 닫힌 공간의 사람들의 행복한 결말을 예고하는 것이다.

반대로 외부 공간에서 닫힌 공간으로의 이동이 있다. 이 경우는 톰을 제외하고 애초에 무대에 존재했던 인물들 이외의 낯선 인물들로서 일정한 의도와 목적을 가지고 무대에 새롭게 등장하는 인물들이다. 제일 먼저 이 닫힌 공간에 들어오는 자는 인디언 외이유 드 페르드릭스이다. 그는 존의 가족들에게 인디언들의 습격이 있을 것이라는 사실을 알려 주기 위해 닫힌 공간으로 들어온다. 앞에서 언급한 바와 같이 인디언은 이들 가족을 닫힌 공간에서 구출하기 위해 기병대에게 인디언들의 공격을 알리는 임무를 부여받고 목숨을 걸고 재차 외부 공간으로 향해 나아간다.

두번째로 무대에 등장하는 인물은 미리암이다. 그녀는 인디언들에게 학살당한 도시의 유일한 생존자로서 아직까지는 삶이 보장되어 있는 닫힌 공간으로 들어온다. 세번째 인물은 앞에서 말한 카를로스로 그는 갇힌 공간에서 이 집안의 딸인 파멜라와 사랑에 빠지고 결국 이들을 구하기 위해 외부 공간으로 나갔다가 기병대를 이끌고 닫힌 공간으로 무사히 귀환한다. 따라서 카를로스의 공간 이동은 극의 줄거리의 전반적인 맥락과 긴밀한 관계를 유지하고 있다고 볼 수 있다. 마지막으로 밖에서 안으로 들어오는 인물은 톰으로서 그의 공간 이동은 해피엔딩으로의 극의 대단원을 뜻한다고 볼 수 있다. 그것은 집을 나간 자식이 결국 안락한 가정의 품안에 안기는 의미일 뿐만 아니라 톰이 생존의 공간인 닫힌 공간으로의 귀환은 그의 죽음을 기정사실화했던 등장 인물들에게 커다란 기쁨을 안겨 준 것이기 때문이다.

이처럼 안과 밖, 혹은 닫힌 공간과 외부 공간의 이중적 구조 속에서 닫힌 공간은 삶의 최소한의 필수적인 장소임을 알 수 있다. 인물들의 무대에서의 등장과 퇴장은 남아 있는 자들의 생사와 직결되고, 다시 등장하는 경우와 등장하지 못하는 극의 구조 속에서 줄거리와 주제를 파악하는 것이 가능하다. 따라서 오발디아의 외부 공간과 닫힌 공간의 의미는 사르트르의 자유가 억제된 닫힌 공간, 상황이 설정된 닫혀 있는 공간과는 다른 뉘앙스를 가지고 있는 것으로 봐야 하며, 완전히 외부 세계와 전연되어 있는 이오네스코의 공간과도 구별된다. 오발디 아 공간의 이중적 구조는 왕래가 불가능한 것이 아니라, 왕래하는 인물의 역할이나 그 왕래의 빈도수를 통해 극을 구성하는 유연적인 공간으로 간주하는 것이 합당하다. 그 유연성을 공간이 이중으로 구성되어 있음에도 불과하고, 닫힌 공간과 외부 공간이 두꺼운 성벽으로 둘러싸여 있어 상호 침범할 수 없는 영역이 아니라, 극이 진행되는 상황과 그 의미에 따라 확장과 축소가 이루어져 있다는 뜻이다. 그것은 삶을 보장받은 닫힌 공간이 항상 따뜻한 가정, 포근한 어머니의 품, 생을 보장받는 공간만은 아니라는 사실에서 두드러진다. 비록 일시적인 것이기는 하지만 닫힌 공간에서 미리암의 죽음이 목격되고, 다른 인물들도 아직까지는 살아 숨쉬고 있지만 언제 죽을지 모르는 불안과 공포감이 닫힌 공간 속에서 확산되기도 한다.

이러한 의미의 닫힌 공간은 외이유 드 랭스의 출현으로 극대화된다. 그가 무대에 등장한 것은 닫힌 공간과 열린 공간의 경계선이 허물어졌음을 의미하는데, 인디언에게 포로가 되어 포박당한 가족들의 목숨은 이제 풍전등화의 상태에 빠져 있다. 닫힌 공간에 대한 이러한 양면적 상태를 한마디로 표현하자면, 어느 순간이나 불행과 행복의 날줄과 씨줄로 짜여 있는 우리의 현실적인 공간을 함의한다. 이러한 의미는 외이유 드 랭스의 포로가 된 인물들 사이의 대화에서 여실히 드러난다. 아버지, 어머니 그리고 군의관은 현실의 비참함을 슬퍼하는 데 반해, 딸 파멜라는 언제든지 변할 수 있는 것이 현실이라며 이들과는 다른 태도를 취한다.

이처럼 공간의 이중성이 가지는 여러 가지 측면을 종합해 볼 때, 무대 자체인 닫힌 공간이 처음에는 복수심에 불타는 인디언들과 격리시켜 목숨을 보장해 주는 공간이었으나, 극이 진행됨에 따라 안과 밖의 경계가 허물어지고 닫힌 공간의 의미가 새롭게 변했다는 것을 알 수 있다. 오발디아의 공간은 고정된 것이 아니라 신축적인 탄력성을 지닌 것이다. 그래서 궁극적으로 독을 품은 인디언이 무대로 쇄도했을 때 닫힌 공간은 행복과 불행, 선과 악, 기쁨과 슬픔, 사랑과 이별, 탄생과 죽음 등의 이원적 요소로 구성되어 있는 현실 자체가 된 것이다. 이러한 오발디아의 공간 구조의 해석을 바탕으로 〈사사프라스〉의 메시지를 유추할 수 있는 바, 닫힌 공간의 극중 인물들과 같이 현실의 인간도 항상 비참한 것도 항상 행복한 것도 아니라는 전언이 그것이다.

2) 음향 효과의 조명의 이중적 구조

극 전반에서 드러나는 이중성은 대체로 대립을 전제로 한다. 백인인 서부 개척민과 인디언들 사이의 극단적인 대립, 혹은 이교도와 기독교인들의 대립, 현실과 비현실의 대립, 외부 공간과 닫힌 공간의 대립 등이 그것인데, 이러한 대립이 가장 선명하게 드러나는 부분은 연극의 청각적 요소의 음향 효과에서 고함과 침묵의 대립과, 시각적 요소의 조명에서 밝음과 어둠의 대립에서이다.

A) 음향 효과와 조명의 이중적 구조

고함과 침묵의 음향 효과의 이중적 구조는 특히 제2막 인디언들과의 전투에서 두드러진다. 밀물과 썰물처럼 밀려왔다 사라지는 인디언들의 전술은 백인들이 서부를 개척할 당시 그들과 싸웠던 인디언들의 실제 전투 방법이기도 하다. 오발디아의 작품에서 인디언들의 이 전술은 고함과 침묵이라는 음향 효과를 통해 나타난다. 외부 세계에 존재하는 것으로 되어 있는 인디언들은 실제로 부대에 모습을 나타내지는 않는다. 다만 음향 효과로 그들의 존재 여부가 드러난다. 인디언들이 공격을 개시하면, "인디언들의 외치는 소리와 달리는 말발굽 소리"가 무대를 진동하다가 "소리가 멀어지면서 고요함"이 깃들면 그들이 사라졌음을 알 수 있는 것이다. 간단히 말하면 이러한 음향 효과의 이중적 구조에서 고함은 저승사자 같은 인디언들의 공격을, 침묵은 이들의 후퇴를 암시한다. 이 기법은 인디언들이 밀려왔다 사라지는 제2막 전반부에서 수시로 반복된다. 그런데 인디언들의 시끄러운 소리와 침묵의 이중적 구조는, 몽상 속에서 비현실적인 어조를 지닌 미리암의 꿈결 같은 목소리와 인디언들의 날카로운 소란으로 점철되는 장면에서 극치를 이룬다. 인디언들의 공격이 개시되었을 때 갇힌 공간의 인물들은 일제 사격을 가한다. 토착민들의 날카로운 고함 소리와 총소리의 혼합은 풍부한 음향 효과를 예견하게 하는 것으로 오로지 음향 효과를 통해서 요란한 전쟁터를 연상시켜야 한다. 음향의 볼륨이 최고조로 올라가는 순간, 과거의 슬픈 기억을 상기하는 미리암의 목소리, 성가와 같은 애잔한 목소리, 아무런 억양도 없이 가슴을 에우는 목소리가 시끄러운 소리와 대조를 이루며 끝없이 울려퍼진다.

이러한 이중적 음성의 대조는 억센 남성적인 목소리와 가냘픈 여성의 목소리의 대조, 합창대와 같은 무리들의 뒤죽박죽된 소리와 솔로의 분명한 음성의 대조, 피에 굶주린 감정적인 소리와 무감정의 소리의 대조 등으로 파악할 수 있다. 이는 인디언의 공격과 후퇴의 리듬과 더불어 솔로 아기의 연주에 따라 곡조가 이끌리듯, 음향 효과를 통한 풍요로운 입체감과 볼륨을 삼차원의 공간에 생성하는 것이다. 그리하여 관객은 실제로 인디언 무리들이 통나무집을 향해 파도 같은 리듬감으로 출렁이는 듯한 효과를 생생하게 전달받게 된다. 아울러 미리암의 무감정적인 목소리가 똑똑하게 들려주는 것은, 아무리 어려운 상황이라 하더라도 용기를 잃지 말라는 내용으로 결국 이들이 인디언들을 용감하게 물리쳐 학살당하지 않을 것이라는 강한 암시이다.

연출적인 측면에서 이러한 음향 효과를 극대화시키기 위해서는 인디언 소리와 미리암의 대사가 중복되지 않도록 강약 조절에 세심한 배려를 해야 함은 물론이다. 이러한 부분은 소리로서 모든 이미지를 전달하는 라디오 드라마[3]와 같은 경우로, 많은 인원이 등장하는 전쟁의 장면을 보여주는 데 한계가 있는 무대에서, 그 폭을 무한히 넓힐 수 있는 극작법의 기술적 방법이기도 하다.

마지막으로 음향 효과의 이중적 구조는 기독교인들이 이교도들에게 사로잡혀 밧줄로 묶여 있는 장면에서 다시 한번 반복된다. 백인 일가족을 죽이려던 외이유 드 랭스가 파멜라를 보는 순간 그녀에게 반하여 만일 그녀를 자기에게 주면 가족들의 목숨을 살려 주겠다고 말한다. 이 장면은 〈사사프라스〉에서 주인공들의 최대 위기로 그들은 모든 것을 포기하고 깨끗하게 죽을 각오를 한다. 그리고 기독교도로서 죽음을 앞에 두고 기도와 예배를 올리는데 그 소리에는 비장함과 경건함이 깃들어 있다. 여기에서 바로 예배를 드리는 경건한 소리와 피에 굶주린 이도교의 시끄러운 소리가 선명하게 대조된다.

이처럼 음향 효과의 이중적 구조는 무대의 폭을 확장해 주는 역할과, 극적 분위기를 돋우는 역할을 한다. 아울러 소리의 대립을 통해 기독교와 이교도의 대립이 강조되고 결국 기독교도들의 승리로 끝날 것이라는 복선이 되기도 한다.

B) 조명의 이중성

극이 시작되는 시간은 점심 때이다. 따라서 밖은 환한 대낮인 데 반해 통나무로 둘러싸인 내부는 꽤나 어두운 편이다. 그것은 외부 공간과 내부 공간이 통하는 무대 안쪽 중앙 정면에 위치한 통나무집의 문이 열릴 때마다 강한 빛을 발한다는 사실에서 잘 알 수 있다. 극이 진행됨에 따라 무대가 점점 어두워지다가 결국 밤이 되고, 달이 뜨고, 다시 날이 밝는 시간의 흐름과 더불어 조명은 밝아졌다가 어두워졌다가 하는 밝음과 어둠의 이중적 구조로 작품은 치밀하게 짜여 있다.

톰을 찾기 위해 밖에 나갔던 파멜라가 문을 열고 들어설 때 빛이 밖으로부터 발산되는 장면은 밖의 밝음과 안의 어둠이 대조되는 장면으로, 그들의 어두운 운명의 전조를 암시하고 있으며, 점점 어두워지는

---

3) 오발디아 역시 타르디유나 베케트처럼 라디오 드라마를 수편 썼다. 이들 부조리 작가들이 라디오 드라마에 관심을 보였다는 사실은 그만큼 단어의 의미뿐 아니라 소리에 귀기울였다는 의미이다.

무대를 위한 지문은 시간의 흐름을 위한 조명의 이중적 구조이다. 조금씩 어두워지다가 마침내 밤이 되자 인디언들의 공격이 시작된다. 무대의 인물들은 당연히 불을 끄고 어둠 속에서 그들을 맞아 싸운다. 이 장면의 연출에 있어 무대가 암흑이 되리라는 예상은 어렵지 않다. 그 어둠 속에서 화약이 터지는 순간은 빛이 반짝거릴 것이다. 인디언들이 물러가자 실내는 다시 밝아진다. 따라서 음향 효과에서와 마찬가지로 조명의 밝음과 어둠의 이중적 구조는 어느 정도 인디언들의 공격과 맥락을 같이한다. 이로부터 음향 효과나 조명 같은 극적인 요소들이 하나의 주제를 목표로 동일한 상황이나 분위기를 창출한다는 사실을 알 수 있다.

제2막 3장이 시작되는 시간은 모든 것이 고요한 깊은 밤이다. 인디언들은 다음 공격을 위해 물러갔고 집안의 사람들은 카를로스와 파멜라 이외에 모두 잠들어 있다. 어둠 속에서 오직 달빛만이 두 사람의 모습을 비춰 줄 뿐이다. 어둠 속에 묻혀 불안한 모습으로 잠들어 이들 사이에서 달빛을 통해 두 사람만의 조그만 공간으로 격리된 듯, 이들은 조심스럽게 사랑을 속식인다. 따라서 달빛이 비치는 손바닥만한 공간은 고통과 불안을 암시하는 어두운 공간과는 대조적으로 따뜻하고 사랑이 있는 행복한 공간이라 할 수 있는데, 조명으로 분리된 서로 다른 의미의 공간을 목격할 수 있다.

제2막 5장은 새벽이다. 아직 어스름이 채 가시지 않은 시간에 외이유 드 랭스가 나타나 가족들을 결박한다. 어둠의 저승사자가 나타난 꼴이다. 그러나 동이 트고 아침이 되면서 어둠의 상징인 포악한 인디언은 죽음을 맞게 되고, 반대로 무대 위의 인물들은 죽음의 문턱에서 살아나 밝은 세계로 나온다.

이상을 종합해 볼 때 빛과 어둠의 이중의 변주곡은 첫째, 시간의 흐름을 나타낸다. 둘째, 밝음과 어둠은 공간의 이중성을 좀더 확실하게 헤 주는 역할을 한다. 셋째, 불안한 밤을 지새우고 날이 완전히 밝았을 때 인물들이 삶에 대한 희망을 찾았다는 점에서, 어둠 속에서도 달빛은 존재한다는 점에서 어둠은 공포 · 불안 · 저주 · 죽음을, 밝음은 희망 · 사랑 · 삶 등을 의미하는 것으로 파악할 수 있다. 이러한 이중적 변증법은 다른 극적 요소들과 마찬가지로 극의 분위기와 주제 및 메시지를 더욱 명확하게 한다.

의미와 무의미의 이중적 구조

오발디아의 전기적인 특징은 지극히 국제적이라는 점이다. 그의 출생지는 동양인 홍콩이고 아버지는 남아메리카 파나마 출신이며 어머니는 유럽 출신이다. 다국가의 혼합으로 이루어진 이러한 환경은 그로 하여금 자연스럽게 다양한 언어를 접하게 했을 것이다. 따라서 오발디아의 극작품 자체에서 드러나는 다양한 언어의 구사는 그의 외적인 상황과 연관되어 있다고 볼 수 있다. 그는 《제누지》에서 현실에서는 존재하지 않는 상상적인 나라와 그 나라의 상상적인 언어를 창조했고, 〈사사프라스〉에서는 각양각색의 국적을 지닌 인물들을 통해 다양한 외국어를 구사한다.

이 작품의 배경은 19세기초 서부 개척이 한창인 미국이다. 미국은 다수의 인종들이 모여 형성된 국가로 수많은 외국어들이 서로 비벼대며 사는 땅이다. 그러므로 작가의 다언어적 성향과 미국 개척 시대의 배경을 한 이 작품은 언어에 대한 작가의 근원적인 관심을 보여주는 좋은 예가 된다. 이 작품의 핵심적인 에피소드는 개척민과 원주민 간의 갈등이다. 이러한 상황에서 아메리카의 원주민인 인디언들 언어와 개척민들 언어의 이중적 구조가 드러나는 것은 매우 자연스런 일이다. 개척민들의 국적 또한 한결같지 않다. 뷔틀러는 독일계이고 카를로스는 스페인계이다. 이러한 다양한 인종으로 이루어진 인물들의 등장은 작품에서 여러 외국어가 구사될 것이라는 추측을 가능케 한다. 한 작품에서 여러 종류의 외국어의 쓰임, 이것은 오발디아에게 있어 주목해야 할 부분이다. 언어는 모국어가 아니면 후천적으로 습득해야만 이해할 수 있다. 언어가 다른 사람들이 서로 만나면 언어에 의한 의사소통은 불가능해진다. 동일한 언어를 사용하는 집단에서 아무런 의식없이 일상적으로 언어를 사용하다가 다른 언어를 구사하는 사람과 만났을 때 각자의 모국어는 의사소통에 거의 도움이 되지 않는다. 내가 항상 사용하던 언어는 이처럼 다른 언어와 만나면 무용지물이 된다. 따라서 한 극작품 내에서 다양한 외국어를 사용하는 것은 언어의 한계성을 보여주기 위한 의도가 깔려 있다. 우리가 아무런 의식없이 일상적으로 사용하는 언어가 그 기능에 있어 부족하고 불충분하다는 것은 익히 경험하고, 인지하고 있었던 작가의 의식적인 의도가 직접 작품에 부여된 것이다. 이 점에 착안하여 이 작품의 주언어인 프랑스어와 이해가 불가능한 다른 외국어들의 이중적 구조를 제시하면서 언어의 의미와 무의미를 대립시킬 수 있다. 예를 들어 프랑스어와 인디언의 이중적 대립을 분석해 보면 언어가 가지는 의미의 한계성을 부각시킬 수 있고 또한 비언어적인 요소들, 즉 일반적으로 의사소통에 도움이 되지 않을 것으로 여겨졌던 무의미한 것들이 실은 풍부한 의사소통을 실현시킬 수 있다는 사실을 확인할 수 있는 것이다.

인디언 외이유 드 페르드릭스가 존의 오두막에 도착한 후, 버틀러와 더불어 대화를 나누는 제1막 4장의 장면은 이러한 측면에서 매우 시사적이다. 이들의 대화에서 특징적인 것은 예컨대 외이유 드 페르드릭스의 경우, 첫째 그의 대사는 짧은 음절로 이루어졌다는 점과, 둘째 단어의 의미적 효과보다는 음성적인 효과가 강조되었다는 점, 마지막으로 인디언은 말을 많이 아끼되, 필요한 경우 제스처와 동작을 통해 의사전달을 꾀한다는 점을 들 수 있다. 이것은 바로 의미를 추구하는 언어의 한계성을 보여주는 작가가 오히려 무의미의 차원에서 훨씬 광활하고 심오한 의사소통이 이루어질 수 있음을 제시하는 좋은 예라 할 수 있겠다. 반복하자면, 언어는 기능적인 측면에서 미숙아인 셈인데, 이를 보완하고자 오발디아는 흔히 이용되는 단어의 의미적 차원을 의성어나 의태어의 음성적 차원으로 승화시켜 단어의 단점을 보완하고

자 하는 것이다. 따라서 여러 외국어를 한 작품에 삽입시킨 이유가, 의미와 무의미의 이중적 구조 속으로 첫째 단어의 한계성을 제시하고자 한 것이라면, 둘째는 언어의 의미보다는 무의미적인 것, 예컨대 언어의 음성적 차원 혹은 언어보다 몸짓의 직접적인 제시가 오히려 커뮤니케이션의 가능성을 더욱 확장시킬 수 있음을 보여주고자 한 것이 아닐까?

작품 속에서 인디언이 사용하는 말은 프랑스어로 해석이 가능한 것과 불가능한 것이 합성되어 묘한 음성적 효과를 준다. 예를 들어 인디언의 말 "Quitemapo"는 바로 이전의 존의 말, "Autant quitter ma peau"에서 quitter ma peau를 음성적으로 다시 취한 것이다. 집을 버리고 도망가느니 차라리 죽겠다는 의미의 '끼테마뽀'가 그 의미를 모르는 인디언의 입을 통해서 나왔을 때는 아무런 의미가 없는 프랑스어에는 존재하지 않는 낯선 말이 되어 버린 것이다. "Quitemapo"와 더불어 인디언의 다른 말들, "Potakiki" "Ti polt apkuk" "Dakota" 등과 같이 의성어 내지는 의태어의 형태를 취하는 것들로, 프랑스 사전에 존재하지 않는 단어들이지만 극작품을 이해하는 데 아무런 문제가 되지 않는다. 낯선 단어들이 의사를 전달하는 데 불편하지 않다면, 이것은 자체적으로도 일상적인 단어를 뛰어넘은 결과가 된다.

이러한 의도를 함의하면서 단어의 불확실성을 제시하고 이러한 불확실한 단어가 어떤 의미를 발산할 때, 오히려 본래의 의미보다는 화자가 전혀 고려하지 않았던 예기치 못한 의미로, 즉 무의미한 틀 속으로 청자가 의미를 전이시키는 장면은 작품의 곳곳에 산재해 있다. 의미와 무의미의 이중적 구조 속에서 오히려 의미를 내포하지 않는 경우가 훨씬 풍부한 전언이 가능하다는 뜻일 것이다.

이미 언급한 바와 같이 외지 출신의 카를로스는 이 작품에서 버틀러의 과거 행적을 알고 있는 유일한 인물이다. 카를로스는 처음부터 존의 집에서 군의관으로 행세하고 있는 버틀러를 의심의 눈초리로 바라본다. 물론 군의관은 그러한 사실을 완강히 부인하면서 아마도 먼 친

척인 다른 버틀러일 것이라고 얼버무린다. 이러한 상황에서 전직 보안관의 상처가 악화되어 버틀러의 치료를 받지 않을 수 없게 되었을 때 카를로스가 내뱉는 말, "버틀러 선생"이라는 호칭은 이중적 의미를 지닌다. 즉 카를로스의 입장에서 '버틀러 선생'은 아무래도 과거 범죄를 저지른 어떤 의사를 암시하는 반면, 카롤린에게 있어서 이 호칭은 단순히 환자를 치료하는 군의관 '버틀러 선생'을 의미할 뿐이다. 이 예에서 보듯, 일상 현실에서도 한 단어가 여러 가지 뜻으로 해석되는 경우는 비일비재하다. 그리고 이러한 단어의 다의성은 바로 의사소통에 있어서 혼란을 야기시키는 주범이기도 한 것이다.

그러므로 〈사사프라스〉의 무대는 일상적 언어의 의미는 불구인 반면, 대체적으로 그 효과가 미미한 것으로 여겨지는 언어의 비의미적인 요소들, 즉 의미상으로 거의 가치가 없어 무의미한 것들이 실상 의사소통을 위한 값어치가 상당하다는 것을 보여주려는 시도로 간주될 수 있다. 언어 의미의 가치 전략은 이오네스코가 시도한 연결고리가 없는 말들의 우연적인 나열, 단어들의 반복 그리고 언어의 부조리를 강조하여 결국 단어의 의미가 얼마나 허무한 것인가를 보여주려 했던 것과 매우 흡사하다. 오발디아는 이처럼 의미의 굳건한 성채를 파괴한 다음, 그 잔해 위에 의미가 부재하는 음성적인 측면을 극작품에서 강조했다. 예컨대 비현실적인 세계에 살고 있는 미리암은 의미를 추구하는 인간의 언어보다도 인간에게 거의 의미가 드러나지 않는 새 소리로서 의사소통을 피한다.

그러므로 〈사사프라스〉에서 보여준 외국어들의 혼용, 한 단어의 이중적 의미, 의미 중심보다는 소리 중심의 언어 구사, 궁극적으로 새소리에 의한 의사소통은 의미와 무의미의 이중적 구조에서 언어의 의미보다는 무의미가 오히려 더욱 가치 있는 것으로 제시하기 위한 수단이자, 언어의 꿈적이고 시적인 측면을 강조하기 위한 것으로 여겨진다.

나오며

〈사사프라스〉는 고전극과 마찬가지로 엄격하게 삼일치 법칙에 따름으로써 전통극의 모습을 보여주는 반면, 서부극의 패러디라는 점에서 포스트모던적 요소가 가미되어 있어 작품 자체가 이미 이중적인 체계를 취하고 있다. 이러한 이중성은 "공간과 시간, 엄격한 것과 코믹한 것, 꿈과 현실, 아카데미즘과 언어의 혁신, 수사학과 단편적인 파롤의 틀 속에서 결국 단어의 시적인 힘을 증진시키는"[4] 역할을 한다.

요약하자면, 작품 내에서 극중 인물들의 이중 세계는 그들의 과거와 미래를 파악하게 하는 하나의 도구이자 줄거리의 전개를 원활하게 해주는 극적 테크닉이다. 또한 조명의 이중적 구조는 시간의 흐름을 인지하게 하고 상황에 따른 분위기를 창출하게 하는 수법이다. 그리고 언어의 의미와 무의미의 이중적 구조를 통해, 작품의 중요한 테마 중 하나인 언어의 위기와 그 결과로서 의사소통을 위한 언어의 시적인 힘이 증폭된다. 따라서 오발디아 작품의 이중적 구조는 극작품 일반이 갖는 이중성 이외에, 극작품 파악을 위해 간과할 수 없는 작품의 핵심적인 구조가 되는 것이며, 때문에 이 극작품의 분석을 위한 하나의 수단으로 이중적 구조에 대한 연구는 유용하다 하겠다.

---

4) 《프랑스어 문학사전 Dictionnaire des littératures de la langue française》, G-O, Bordas, 1669쪽.

제10장

장 타르디유

1. 타르디유 연보

1903년   쥐라 산맥 자락에 자리잡은 작은 마을 생제르맹드 주에
         서 화가인 아버지 빅토르와 음악가인 어머니 카롤린 사
         이에서 출생.

1904년   파리로 이사.

1904-1914년 성숙기로 아버지와 더불어 후기 인상주의의 취향에
         젖음. 여름방학은 리옹 근처의 시골에 있는 할아버지 댁
         에서 보낸다. 넓은 정원은 온갖 꽃들이 만발하였고 아름
         다운 자연과의 접촉은 타르디유의 행복했던 어린 시절로
         깊이 각인된다. 한마디로 프루스트 소설의 인물처럼 일
         요일엔 숲 속을 산책하고 외아들로서의 응석받이로 풍요
         롭고 넉넉한 가정에서 양육된다. 그런 중에도 가끔씩 우
         울증에 빠지고 자기 속에 침잠하였으며, 특히 밤이 되었
         을 때 보이지 않음은 그에게 낯선 불안감을 안겨 주었다.
         평범한, 그러나 대답이 불가능한 질문들, 예컨대 왜 지구
         가 태양의 주위를 돌까? 태양은 왜 하늘에 있지? 그러
         면 하늘이란 무엇인가 등의 의문을 품는다.

1914-1918년 전쟁중 아버지의 입대로 파리에서 어머니와 단둘이
         지낸다. 어머니가 하프를 가르쳐 준다. 14세에 코메디 프
         랑세즈에서 몰리에르의 《기분으로 앓는 사나이》를 관람

하고 고등학교 문학 시간에 이를 흉내내 최초의 희극 《할 수 없이 선생이 되어》를 쓴다.

1919년 매우 우수한 성적으로 대학입학자격시험 제일 관문 통과. 시골 여성과 열렬한 편지를 주고받음. 그러나 이 여성의 결혼으로 싱겁게 끝나 버린다.

1920년 철학 공부에 몰두. 어느 날 아침 거울 앞에서 면도를 하다가 자아 분열의 현상을 보인다. 철학 공부를 중단하고 독서의 양도 줄임. 휴식을 취하면서 가벼운 글쓰기에 열중한다.

1921년 친구의 소개로 그리스어 선생 데자르댕이 만든 클럽에 가입. 여기에서 당시의 많은 지성인들, 지드 · 리비에르 등과 접촉. 플라톤 · 아리스토텔레스 · 롱사르 · 몽테뉴 · 파스칼 · 데카르트 · 괴테 · 실러 · 셰익스피어 등을 공부한다.

1927년 NRF에 시 발표.

1929년 군대 문제도 해결할 겸 베트남 하노이에서 프랑스 정부의 보조를 받으며 미술학교를 운영하고 있는 아버지도 만날 겸 베트남으로 출발한다.

1930-1931년 하노이 도착. 식민지에서 프랑스인들의 행태에 불만을 느낀다. 무더운 날씨와 젠체하는 지배자들의 분위기에 어울리지 못하고, 파리에 있는 친구들만을 생각하며 지루한 18개월의 복무 기간을 보낸다. 다만 생물학을 전공하는 젊고 매력적인 프랑스 여성 마리 로르 블로와의 만남에서 위안을 찾음. 일요일 군복을 벗어던지고 베트남의 젊은 혁명 시인들과 만남. 이로 인해 3주간 감방 생활을 한다.

1932년 파리로 돌아옴. 국립박물관에 근무. 《출판지》간행. 마리 로르 블로와 결혼.

1933년   횔덜린의 《다도해》 번역.

1934년   최초의 소시집 《숨은 강》 발간.

1939-1940년   전쟁 전야의 상태에서 갈리마르 출판사에서 시집
《악센트》 발간. 파리가 독일에 점령되었을 당시 레지스
탕스들과 친분을 맺는다.

1943년   시집 《보이지 않는 증인》 발간. 이 시집은 나치 점령하의
비애감으로 젖어 있다.

1944년   파리 해방 후 라디오 방송국에서 방송드라마 책임자로
일함. 산문시집 《형상》 발간. 이 시집은 푸생에서 세잔에
이르기까지, 그리고 라모에서 에릭 사티에 이르는 프랑스
의 유명한 화가들과 음악가들을 소재로 함.

1946년   단막극으로 된 시(詩)적 연극, 《거 누구요?》 발표. 새로운
스타일의 연극을 예고한다.

1947-1949년   《석화된 나날들》 간행. 같은 해 타르디유의 연극이
두루 공연되고 이오네스코 · 베케트와 동일한 계열의
극작가로, 소위 부조리 작가로 인식됨. 그의 유명한 연극
〈단어 바꾸기〉가 파리에서 초연되어 대단한 호평을 받
는다.

1951-1963년   시 · 산문 · 연극 등 대단히 활발한 저술 활동을 함.
《무슈 무슈》(유머로 가득한 시집), 《일인칭 단수》(환상적
산문집), 《임자 없는 목소리》(서정시집), 《공간과 플루트》
(피카소 데생에 관한 시집), 《추상화에 대하여》(현대화에서
영감을 받은 시적 산문집), 《실내극》《어두운 이야기》《네
덜란드》《글쓰기 페이지》(산문집), 《캔버스의 문》 등을
발표.

1977년   69년 방송국에서 은퇴한 후 저술에 전념. 《한낮의 어둠》
과 《트레비종드의 탑들》에서 세계에 대한 작가의 비전과
예술 표현에 대한 심사숙고가 선명하게 드러나다.

1978년	우스꽝스러운 판타지로 가득 찬 《프뢰펠 교수》 발표.
1983-1985년	극작품에 대해 계속적인 관심을 보임. 환상적이고 몽상적인 극작품 〈잘 수 없는 도시〉가 뉴욕에서 초연된다.
1986년	일종의 자전적 작품인 《여백 모음》 출판.
1990년	앞의 것과 유사한 계통의 작품으로 《장 선생을 찾으러 왔다》 발표.
1995년	92세의 일기로 파리에서 사망.

타르디유는 쥐라 산맥의 한 자락에 위치하고 있는 작은 마을에서 화가인 아버지와 음악가인 어머니 사이에서 1903년에 태어났다. 따라서 그가 예술적인 성향 속에서 자라났음을 알 수 있겠는데, 오히려 이 점이 부담스럽기도 하였던 듯하다. 17세 때 거울 앞에서 자아 분열의 공포를 느꼈다는 고백을 보더라도 부모에 의해 두 분야의 예술이 선점된 것 같은 생각에 심한 질투심을 느꼈을 법도 하다. 그렇다면 미술과 음악이 누군가에 의해 그 처녀성을 잃어버렸다면 그가 설곳은 어디일까? 자아에 대한 확신, 이를 위한 표현 수단을 위해 그가 찾아 나선 곳은 말라르메의 좌절과 영광이 점철되어 있는 영토, 언어라는 험난한 곳이었다.

타르디유의 극작품이 발표되었을 때 사람들은 곧 이오네스코와 동일한 계열의 작가로 그를 취급했다. 그러나 엄밀한 의미에서 타르디유는 이오네스코에 비해 훨씬 언어의 마술사이다. 어린 시절부터 언어의 유희를 통해 상징주의 시인들을 흉내냈었고 초현실주의의 객관적 우연성을 바탕으로 습작을 하기도 하였다. 사춘기 때 쓴 《헤라클라스와 뱀》은 논리적인 관계가 전혀 없는 단어들을 짝지어 놓거나 단어들을 낯설게 연결시켜 음성적으로 이상한 소리가 나게끔 하였다. 여기에서 단어들의 합리적인 틀은 없다. 논리는 뒤틀리고 일그러져 일상적인 언어에 익숙해져 있는 독자는 당황하게 될 것이다. 이것은 타르디유의 훗날 성향을 대변한다고 봐도 무방하다.

1938-1961년 동안 쓰인 시들은 《숨은 강》에 모아져 있는데 이 시집에서 우리는 존재의 어리석음에 대한 작가의 개인적인 경험을 토대로, 앙리 미쇼의 세계와 상당히 유사한 이상야릇한 세계가 창조된 것을 발견할 수 있다. 이 세계는 횔덜린식으로 보면 신에 의해 버려진 세계일 수도 있는데, 타르디유에게 있어 그것은 구체적으로 언어에 의한 의사소통의 불완전성을 의미한다.

전반적으로 그의 극작품들은 단막극이고 등장 인물들도 많지가 않다. 그래서 그의 작품들은 소극단이나 카페 테아트르 혹은 학생 연극에서 많이 상연되었다. 특히 초기 작품들은 이러한 성향이 두드러졌는데, 갈리마르 출판사에서 제일 연극집이 1955년에 출판하였을 때 그 타이틀을 실내극이라고 붙인 것을 보아도 어느 정도 짐작할 수 있을 것이다. 두번째 연극집은 1960년 《연기시집》이라는 제목으로 출판되었는데 마치 무대 위에 시를 쓴 것 같은 인상을 주기에 충분하다. 이두 권의 연극집의 작품에서는 유머·환상·희망·서정성 등을 발견할 수 있고, 자아의 인식, 존재의 부활 등의 주제도 찾을 수 있다.

그는 이미 《무슈 무슈》라는 시에서 "하나의 목소리에 대한 여섯 가지 연구," 즉 대명사·음절·모음·리듬 그리고 특히 어린이의 목소리에 대해서 연구를 한다. 이것은 단어의 의미를 확장시키려는 의도인데, 이러한 소리의 연구는 극작품을 통해 실질적으로 보여준다. 의미의 확장은 예컨대, 《단어 바꾸기》에서 우리가 사용하고 있는 단어의 허구성을 드러내 주면서 동시에 리듬과 어조 그리고 제스처를 통해 커뮤니케이션이 얼마나 가능한지를 보여줄 때 이루어진다. 단어에서 제스처로 바뀐 작품 《제스처 바꾸기》에서는 제스처 역시 언어와 마찬가지로 임의적이어서 관습적인 제스처를 파괴하더라도, 즉 주어진 순간 일상적인 상황에 전혀 어울리지 않는 제스처가 등장할지라도 관객은 충분히 이를 깨달을 수 있음을 실험적으로 제시한다. 언어나 제스처나 결국 문제가 되는 것은 인습이다. 그 속에서 안주하게 될 때 의사소통의 범위는 한없이 축소될 수밖에 없으며 그만큼 단절과 소외 현상은 확장될 것이다. 《말하는 것이 의미하는 것》에서는 인물들의 대화가 정상적인 문장으로 구성되는 대신에 단순히 감탄사로만 구성되어 있으며 《그들만이 알고 있다》에서는 어떤 사건에 대해서 등장 인물들만이 알고 있을 뿐으로 관객은 완전히 궁금증 속에서 미로를 헤매는 형식으로 구성되어 있다. 이러한 단절은 《지하철의 연인들》에서 두 연인 사이에 위치한 '장애물'들로 다시 나타난다. 지하철 안에서 사랑하는 두 연인 사이에 놓여 있는 낯선 인물들은 각각 소외된 인간의 모습일 뿐 아니라, 소외를 조장하는 방애물이기도 하다. 이처럼 그의 극작품들은 전반적으로 단어의 불충분성과 소외 현상 내지는 의미 확장의 가능성에 대한 관심으로 간주될 수 있는데, 이에 대한 관심은 작가로 하여금 언어 예술의 극작품의 차원을 넘어 음악극 및 회화극으로의 전이를 시도하게 한다. 《담화—심포니》《삶의 에이비씨》와 같은 작품에서 바로 음악적인 실험과 접하게 되는데 등장 인물들의 목소리를 교향곡이나 콘체르토의 구조로 이끌어 마치 극이 오케스트라로 이루어진 효과를 내게 된다. 인물들은 베이스·테너·알토·소프라노 등으로 명명되기도 하거나 지휘자도 등장하고, 또는 합창과 솔로의 조화된 구성에 의해 관객은 마치 음악회에 참석한 느낌을 받을 수도 있을 것이다. 그의 대표적인 회화극은 〈그림 속에 들어온 세 사람〉인데 각각의 성격을 지닌 인물들이 그 성격을 대표하는 유명한 화가의 그림이 투영되어 극 전반을 이끌어 나가는 것으로 관객은 말에 의한 설명 없이도 극을 이해할 수 있는 형식을 가지고 있다.

언어의 문제에 대한 작가의 인식을 놓고 볼 때, 타르디유에게 있어서 시와 연극은 별개로 구분된 문학 장르가 아니라, 한 동전의 양면처럼 다른 모습을 지니는 동일한 기능이다. 그가 '시적 연극'이나 '드라마적 시'로 표현한 것이 여기에 해당한다. 따라서 그에게 있어서 중요한 것은 장르의 문제는 아니고, 대체적으로 언어에 대한 관심, 시와 연극의 상호성, 소리와 이미지의 합성, 이중의 추구와 절대적 자아의 탐구였다. 소외 현상을 밝히고 이를 거부하기 위한 의미 확장의 노력이야말로 아무런 빈틈도 없는 합일체를 이루려는 소망이라는 점에서 '절대적 자아의 탐구'는 종종 비평가들이 타르디유에게서 찾는 주요 테마인 듯하다.

필자가 타르디유를 전공하게 된 이유는 지도교수였던 폴 베르누아 교수의 조언 덕분이었다. 석사 때 아르토의 잔혹 연극을 전공했고 프랑스 현대 연극에 관심이 많다고 하자 그는 당시 한국에 거의 알려지지 않은 타르디유를 권했던 것인데, 타르디유의 연극집을 접하는 순간 운명적인 만남을 예견할 수 있었다. 나중에 알고 보니 베르누아와 타르디유는 개인적인 친분이 두터운 사이였고, 그 덕분에 실제로 파리에서 타르디유를 만날 수 있었으니 학생 신분으로서 많은 혜택을 누린 셈이다. 아무튼 학위를 마치고 귀국하여 기회가 있을 때마다 지속적으로 그를 소개하여 왔다. 2000년 공이모와 연출가협회가 공동 주관한 해외 명작 단막에 타르디유의 단막극 〈창구〉를 번역하여 김영환 연출로 무대에 올렸고, 《지하철의 연인들》을 번역하여 출판하기도 하였다. 이 작품은 젊은 연극제뿐 아니라 2004년 '제1회 젊은 연출가 오목(五目)전'에서 박희범 연출로 공연된 바 있다. 이 외에도 대학의 불문과나 연극과에서 필자의 연출로 예컨대 〈잘 수 없는 도시〉 〈동사시제〉 〈그림 속에 들어온 세 사람〉 등을 공연하였다.

2. 타르디유와의 만남

1991년 크리스마스를 며칠 앞둔 파리는, 짙은 회색 구름으로 감싸여 겨울철 특유의 음울한 날씨를 보여주고 있었다. 몇몇 일행은 약간 긴장된 표정으로 파리 14구, 아라고 거리에 자리잡고 있는 타르디유의 아파트에 접어들었다. 바야흐로 역사적인 만남이 이루어지려 하고 있었다. 그것은 분명 시간과 공간의 특권일진대, 자기가 오랫동안 탐구해 온 작가와의 해후는 실로 만감이 교차되는 사건이 아닐 수 없었다.

흔히 문학도가 한 작가의 울안에 침거했을 때 그에 대한 인상은 이미 일반 독자들의 그것과는 같을 수가 없다. 작품이 철저하게 분석되고 비판받았을 때, 나의 관점을 향해 그를 몰고 갔을 때 작가는 타인이 아니라 나의 일부분이 되어 버리기 때문이다. '또 다른 나' 혹은 '나'라는 색으로 칠해진 그를, 책이라는 매개체로서가 아니라 동일한 시간에 같은 공간에서 실제로 만나본다는 것은 우선은 두려운 일이었다. 오랫동안 삶의 전부였던 그의 실체가 실은 환상이 아니었을까 하는 의구심과 더불어 그의 아름다운 이미지가 손상될지도 모른다는 불안감이 솟구쳤기 때문이다. 휴! 내가 공부한 작가를 직접 만나다니……. 실상 그것은 꼭 실현시키고픈 욕망이기도 하였다.

그는 크지 않은 체구를 천천히 움직이면서 우리의 눈앞에 나타났다. 1903년생인 타르디유는 사르트르보다는 두 살, 베케트보다는 세 살이 많고 이오네스코보다는 9년이나 연장이다. 그럼에도 잘 듣지 못하는 것을 제외하고는 매우 건강한 편이었다. 마담 타르디유는 남편보다 한 살이 더 많았는데 역시 건강했으며 젊었을 때 간직했음직한 빼어난 미모의 흔적이 주름 속에 남아 있었다. 그들의 만남이 프랑스 식민지였던 하노이에서 이루어졌음은 주목할 만한 사실이다. 타르디유는 1930-31년 두 해에 걸쳐 이 머나먼 이국땅에 머물렀는데, 그럴 수 있었던 첫번째 동기는, 마침 그의 아버지 빅토르 타르디유가 프랑스 정부의 보조하에 베트남에 미술학교를 개설하였기 때문이며, 그 기회에 미루어 두었던 군대 문제를 해결하려 했던 것이 그 두번째 동기였다. 이곳에서 18개월의 생활은 영 따분한 것이었다. 식민지에 대한 반감과 베트남 해방에 대한 관심이 자연히 그곳에 거주하는 다른 프랑스인들의 식민지 취향과는 거리감을 느끼게 했을 것이다. 이곳 생활에서 유일한 위안은, 의사인 아버지를 따라온 마리 로르 블로와의 만남이었다. 그녀는 당시 식물학에 재능을 나타내 보였고, 약학과 이학부에서 박사 논문을 준비하고 있었던 이지적이고 발랄한 아가씨였다. 타르디유는 부인의 이러한 지적 활동에 매우 만족스러워 했던 듯하다. 우리에게 소개할 때 박사학위를 세 개나 소유한 사람이라고 기꺼워했으니 말이다. 아무튼 그의 작품 속에 나타나는 동양적——특히나 중국이나 일본의——냄새가 결코 우연만은 아니었던 것 같다.

그래서인지 처음에 와닿은 그의 인상은 우리나라 시골에서 흔히 볼 수 있는 맘씨 좋은 할아버지였다. 작가다운 치밀함이나 엄격성대신, 부드러움과 소박함이 우리를 정겹게 했다. 그래서 그로부터 직접 확인하고 싶었던 몇 가지 질문과 토론 대신 단박에 응석을 부렸던 것이다. 이제 걱정은 없어졌다. 오래전부터 진즉 있어 왔던 그와의 만남이 하나도 변하지 않고 현재 눈앞에 육화되어 있을 뿐 (…) 책에서나 보았던 여러 실체들이 현실로 나타남은 마치 꿈꾸는 듯한 착각을 일으켰다. 그의 작품에 인용되어 익히 눈에 익은 빅토르의 그림들이 다가왔다. 두세 살 되었을까? 타르디유가 낙원으로 기억하고 있는, 리옹 근처 할아버지 댁의 정원을 배경으로 그려진 유화가 눈에 띄었다.

타르디유가 태어난 곳은 쥐라 산맥의 조그만 마을이었지만 이듬해 파리로 이사한다. 알다시피 그의 아버지는 화가였고 어머니는 하프 연주자였다. 부모로부터 물려받은 예술적 피는 훗날 작가로서의 감수성을 키워 나가는 데 훌륭한 유산임에 틀림없으나 그는 이것이 오히려 부담스러웠던 것 같다. 따라서 그가 개척한 새로운 영토는 언어였다. 그러나 인간과 인간 사이에 의사소통을 위한 가장 기본적인 수단인 언어는 불행히도 제 기능을 다하지 못한다. 거울 앞에서 드러난 자기와의 단절, 사람들 사이에서 흔히 생기는 오해나 불협화음 등은 바로 이 불충분한 언어의 산물이다. 그러나 언어의 터를 떠나서 우리는 무엇을 할 수 있을 것인가? 특히 시인에게 있어 언어와의 결별은 죽음을 뜻한다. 이 모순적이고 절망스런 현실에서, 타르디유는 언어의 연금술적 탐구를 시도한다.

작가가 어릴 때 쓴 시나 극작품은 벌써부터 언어 문제에 조숙한 소년의 면모를 보여준다. 물론 그당시 상징주의 시인들을 흉내내는 언어의 유희가 만연되어 있었던 것도 사실이어서 타르디유도 이 유행에 고무된 바 크다고 할 수 있겠다. 당시의 시들은 1987년에 발간된 시집 《여백 모음》에 연도별로 정리되어 있다. 희곡으로는 희극 《헤라클라스와 뱀》에서 그의 미래에 대한 경향을 일별할 수 있다. 일반적으로 언어는 정확한 논리 속에서 숨쉴 수 있기에, 그 체계를 고집하는 사람들은 이처럼 파괴된 언어의 잔해 앞에 망연자실해질 것이다. 그렇지만 한편으로 논리의 언어는 의미의 두꺼운 벽으로 둘러싸여 있는 바, 논리 주재의 단어뭉치들은 제한된 의미 이상의 의미를 지닐 수도 있다. 초현실주의의 자동 기술(écriture automatique)이 노리는 효과처럼, 후에 타르디유 극작품에서 보이는 단어의 무분별한 나열은 이와 같은 맥락에서 얼어붙은 의미에 대한 저항이다. 이와 더불어 단어들의 비습관적인 의도적 배열은 또한 우리 눈에 익숙해진 모양새를 떠남으로 시각적 충격요법일 수 있으며, 이상한 소리를 유도시킨 것은 음성적 측면에 대한 작가의 관심을 측정하게 해준다. 이것들은 다 부모의 미술과 음악에 대한 유산일 수 있겠는데, 훗날 그의 작품에서 회화적 요소와 음악적 요소가 깃들어 있는 것과 무관하지 않으리라 본다.

작가 연보에서 살펴본 일군의 작품을 놓고 볼 때, 그의 창작 활동은 꽤나 꾸준하게 이루어져 왔음과, 시가 주종을 이루며 몇 편의 산문집과 네 편의 연극집이 중반 이후 추가되었음을 알 수 있다. 그가 연극집을 최초로 발표한 것은 50세가 넘어서이다.

지금까지 살펴본 타르디유의 삶과 작품을 통해 언뜻 드러난 그의 사상을 정리해 보자. 첫째는 언어에 대한 관심이다. 둘째는 시와 연극의 상호성, 셋째는 자신의 영역에 소리와 이미지의 합성, 그리고 마지막으로 이중의 추구와 절대적 자아의 탐구 등이다. 그런데 종합 예술로 간주되어지는 연극은 그 구조가 텍스트와 무대의 이중적이라는 점에서, 또한 불완전한 언어의 상형화를 통해 그 단점을 극복하고자 한다는 점에서 작가가 끈끈한 애착을 가졌던 분야였던 듯하다. 언어의 또 다른 형태, 말하자면 완전한 의사소통을 목표로 하는 연극은 자체로서 하나의 기능인 셈이다.

이렇듯 살아 있는 작가 정신을 간직한 그가, 1972년 프랑스 아카데미 시 분야, 1979년 극작가협회, 1981년 파리 시(市)에서 수여하는 시 분야 그리고 1983년 라디오 드라마협회의 그랑프리를 수상한 것은 결코 우연이 아니다.

3. 장 타르디유의 연극 언어—콜라주

들어가며

타르디유 연극의 출발점은 언어에 대한 성찰이다. 시인이자 극작가인 그가 언어에 관심을 갖게 된 이유는 대략 두 가지 정도로 요약된다. 하나는 부모로부터 물려받은 유산이고 다른 하나는 그의 동시대인 20세기초 유럽의 정신적·사상적 흐름이다. 화가인 아버지와 하프 연주자인 어머니에 의해 형성된 집 안의 분위기는 어린 그에게 언어에 대해 조숙한 사념에 빠지도록 하였다. 어머니를 통해 아름다운 하모니의 선율을 듣고 아버지의 그림을 보면서 환상적이고 마술적 세계를 체험한 타르디유는, 예술의 경이로움에 감탄을 보내는 동시에 그것이 부모에 의해 선점되었다는 사실에 강한 질투심을 느꼈다고 고백하고 있다. "부모님 고유의 것으로 보였던 회화의 비밀과 음악의 마력에 대해 어린 시절부터 강한 질투심을 느꼈다. 회화와 음악이라고 하는 이 두 마법이 친근하면서도 낯설게 느껴졌다. 그래서 내 자신의 영역을 찾을 수밖에 없었다. 음울함과 단조로움을 벗어나기 위한 기적의 세번째 문은 언어였다."[1]

---

1) 《장 타르디유의 시적 극작법 *La dramaturgie poétique de Jean Tardieu*》, 베르누아, 15쪽.

그러나 세번째 문을 열고 내딛은 영토는 그 기능이 근원적으로 불구라는 것을 작가는 금방 깨달았다. 《프로방스 지방에서의 하룻밤》[2]의 제2장 〈단어들의 사막(Le désert des mots)〉에서 등장 인물은 "단어는 고유의 의미를 가지고 있지 않다. 단어는 그저 기준일 뿐 그 이상은 아니다"[3]라고 말하는데, 이것은 작가의 언어관을 대변하는 것이다.[4] 불완전한 언어의 성격은 시인·극작가에게 있어 형벌인 셈이다. 언어가 없는 세상은 시인에게 죽음을 의미한다. 그러나 이러한 언어의 부조리성에도 불구하고 언어는 작가에게 필수 불가결하다. 시인은 마치 저주받은 것처럼 또는 운명의 쇠사슬처럼 언어를 떠안을 수밖에 없다. 언어가 없는 작가란 상상할 수조차 없지 않은가! 그러므로 시인들은 수도승처럼 고행의 길을 떠날 수밖에 없으며 타르디유도 이 순례의 동참자가 된다. 언어와의 결연이 불가능한 것임을 깨달은 그는 이제부터 언어의 조탁을 위해 정면으로 힘겨루기를 시작한다. 그 시발점은 무엇일까? 아르토가 주장하듯 그 역시 우리가 언어의 의미에 지나치게 집착하는 것에서 문제가 발생한다고 생각한다.

기호를 시각적·청각적 이미지인 시니피앙과 그것이 의미하는 시니

---

2) 타르디유의 극작품들은 총 4권의 연극집에 수록되어 있다. 1966년에 초간된 제1연극집 《실내극》은 주로 단막극인데, 평소 자신의 연극론에 입각한 실험 정신을 바탕으로 단어들을 왜곡·변형시킨 작품 또는 회화 및 음악과 조합된 작품들이 주류를 이루고 있다. 3년 뒤에 출판된 제2연극집 《연기시집》에서도 실험 정신은 지속되며 특히 무대에서 소리·음절·문법·리듬을 이용한 시어의 탐구가 두드러진다. 1975년 출판된 제3연극집 《프로방스 지방에서 하룻밤》에는 음향 효과를 강조한 라디오 드라마와 단막극으로 된 오페라 각본이 들어 있어 연극 형식에 대한 극작가의 관심을 엿볼 수 있다. 마지막으로 1984년 발행된 제4연극집 《잘 수 없는 도시》에는 장막극이 포함되어 있고 극의 주제는 사랑의 중요성이 강조되고 있다.

3) 《프로방스 지방에서의 하룻밤》, 31쪽.

4) 언어에 대한 다르디유의 관심은 그가 문학적 성숙기에 횔덜린이나 괴테 같은 독일 작가들을 번역하였다는 점에 주목할 필요가 있다. 번역은 결국 언어의 문제로 귀착된다. 왜 '젖소'는 프랑스어로 하필이면 'vache'일까? 언어가 다르다는 것은 무엇을 뜻하는 것일까? 한 언어가 다른 언어로 대체되는 것은 어떤 의미인가? 이러한 물음에서 그의 대표작으로 간주되며 뒤에서 자세하게 다룰 《단어 바꾸기》가 생겨났을 가능성이 크다.

피에로 구분한 소쉬르의 용어로 본다면, 우리가 귀로 듣거나 눈으로 보는 '나무'는 시니피앙이고 그것이 의미하는 '나무'는 시니피에인데 사람들은 지나치게 시니피에에 의존하려는 경향이 있다는 것이다. 그러나 언어는 고정되어 있는 것이 아니며 청각과 시각적, 즉 시니피앙의 측면에서도 풍요로운 요인들이 잠재되어 있다. 타르디유는 다음과 같이 말한다. "언어에는 반짝임과 울림이 있다. 하지만 의미 전체가 텅 비어 있는 경우가 많고 쓰임새가 아닌 다른 것을 표현하려는 경우가 왕왕 있다. 구멍이 많은 유연한 단어들은 소리의 고정보다는 폭발을, 억제보다는 통과로 이루어져 있다. 요약하면 강요된 어휘라기보다 움직이는 유체인 것이다."[5] 그러나 시니피앙에 대한 강조와 탐구는 타르디유 시대에 시작된 것이 아니며 19세기에 이미 상징주의 시인들 특히 말라르메에게서 나타났다. 그는 알파벳의 모음과 자음을 각각 상응하는 소리와 색으로 일일이 구분하여 시에 적용시켰던 것이다. 20세기에 들어와 아르토 역시 무대 언어로서 자연어의 일상적 의미보다는 언어의 소리와 형태에 주목한 바 있거니와, 꿈과 무의식의 세계에 관심을 갖는 초현실주의자들도 고정된 의미를 지닌 언어의 무능함을 비웃고 있다. 언어가 확산된 의미를 갖기 위해서는 "예기치 않은 의미를 부여해야 한다. 사실 습관 때문에 우리는 가장 흔히 사용되는 낱말들이 놀랄 만한 것을 간직하고 있음을 모른다."[6] 그리하여 그들은 낱말의 형태와 소리에 주목한다. "시의 가치는 그 심오한 의미에만 있는 것이 아니라 형태에도 있는 것이다"고 말하는가 하면 "낱말들은 항상 젊음에 넘친 청각에 대해서만 신선한 시정(詩情)을 가진다"[7]고 주장하기도 한다.

이러한 이념을 바탕으로 타르디유가 언어를 탐구하는 방식은 크게 셋으로 요약할 수 있다. 이 셋은 의미의 왕국을 축소시키고 언어의 다른 기능을 강화시킨다는 개념을 근간으로 하기 때문에 삼각형처럼 연

---

5) 《캔버스의 문》, 10쪽.
6) 《초현실주의》, 77쪽.
7) 같은 책, 76-77쪽.

결되어 상호 소통하는 관계이다. 첫째는 회화적 요소이며 둘째는 음악적 요소이다. 이것은 부모의 예술 덕택에 미술과 음악을 일상적으로 접한 까닭이기도 한데 타르디유의 시나 극작품에서 이 요소들이 풍부하게 나타난다. 그는 결국 '음악극(théâtre musical)' 또는 '회화극(théâtre pictural)'이라는 명칭을 써서 음악 언어와 회화 언어를 통한 극작품의 가능성을 실험하고 있다. 셋째 콜라주(collage) 기법으로 이것은 초현실주의에 영향받은 바 크다. 이 세 부분은 구체적인 극작품 분석을 통해 한꺼번에 다루어져야 하지만 지나치게 방대한 까닭에 여기서는 타르디유의 연극 언어 중 콜라주 기법을 중점적으로 밝히고자 한다. 이를 위해 맨 먼저 기존 의미의 동요와 왜곡을 통해 새로운 의미를 분출하고자 하는 초현실주의 언어의 실체를 파악해 볼 필요가 있다.

초현실주의 언어

20세기 전반 다다이즘의 뒤를 이은 초현실주의자들은 양차 세계대전의 뼈저린 경험을 통해 인간이 쌓아올린 합리적 제도와 법칙에 의문을 제시한다. 정신의 진정한 해방과 무의식의 자유를 기치로 내건 이들은 마침 무의식의 세계를 탐구한 프로이트에게서 힘을 얻어 의식과 논리에 짓눌린 무의식과 비논리의 세계를 다양한 기법을 통해 탐구한다. 그들이 관심을 가진 분야는 꿈·광기·유머 같은 것으로 이 같은 암시적이고 몽환적인 세계를 표현하기 위한 수단으로 '자동 기술법'을 창조하기에 이른다. 초현실주의 수장인 브르통은 스스로 자동 기술법을 다음과 같이 표현하고 있다. "마음의 순수한 자동 현상으로서 그것에 의하여 입으로 말하든 붓으로 쓰든 또는 기타 어떠한 방법에 의해서이든 사고의 참된 움직임을 표현코자 하는 것, 그것은 또 이성에 의한 어떠한 감독도 받지 않고 탐미적 또는 논리적인 일체의 관심을 떠나서 행해지는 사고의 구술이다."[8] 즉 인간을 억제하는 이성, 탐미적인 것 또는 논리적인 것의 "모든 억제 행위를 늦추면 꿈이나 광란의 상태에서 무의식은 저절로 나타나고, 자동 기술로 그 무의식의 메시지가 옮겨질 수 있다"[9]는 것이다. 이성과 논리의 틀에서 벗어나며 문법 체계를 주요 근간으로 하는 일상어와 확연히 구분되는 꿈이나 광기의 세계는 이렇게 해서 연상과 상징이 풍부한 새로운 언어의 미학적 창조 모델이 된다.

사실 자동기술법은 초현실주의자들이 소위 '진귀한 송장'으로 표현한, 무의식을 포착하기 위해 '객관적 우연(le hasard objectif)' 속에 글을 내맡기는 희귀한 글쓰기 방식에서 그 싹을 엿볼 수 있다. 두 사람이 각자 종이와 연필을 준비한다. 한 사람은 자신의 종이에 질문을 쓰고 다른 한 사람은 대답을 쓴다. 물론 각자는 상대방의 글을 알지 못한다. 그런 다음 질문과 대답을 연결시켜 본다. 그러면 예컨대 다음의 대화가 생겨난다.

질문 달이 무엇인가?
대답 신기한 제조업자.
질문 봄이란 무엇인가?
대답 벌레 먹고 자란 반짝이는 램프.
질문 초현실주의는 우리 생의 조직 또는 파괴와 같은 중요성을 가지는가?
대답 거의 꽃으로만 이루어진 진창에…….[10]

이러한 "진기한 송장 덕분에 인간은 진부한 연대적 관계를 뒤엎고 침울한 현실을 벗어나 사람들 사이의 직접적 상의의 세계에 돌입"(58)

---

8) 《쉬르레알리즘 선언》, 브르통 저, 송재영 역, 성문각, 186-187쪽.
9) 《초현실주의》, 이본느 뒤플레시스 저, 조한경 역, 탐구당. 59쪽.
10) 같은 책, 58쪽. 진귀한 송장은 집단적 시작(詩作)에도 이용된다. 예를 들어 여러 사람이 모여 각자 주어·목적어·부사·동사를 나누어 맡은 다음, 주어진 단어를 종이에 쓴다. 그리고 서로를 맞추면 하나의 문장이 생겨나는데 아무도 예측할 수 없는 기상천외한 문장이 된다. '선생님은 아이를 크게 먹는다' 식이다.

하는 것이 가능하다는 것이다. 무의식을 말하기 위한 이러한 방식은 "말로 된 사고(pensée parlée)"(60)에 도달하고자 하는 의지로서, 무의식이 시사하는 바를 브르통과 수포가 공동으로 옮겨 적은 작품이 《자기장》이다. 이 안에는 진기한 송장 같은 문장들로 가득하며 이로부터 색다른 이미지들이 생성된다. 이것은 회화로 말하자면 우연적인 오려 붙이기, 즉 콜라주가 될 것이고 시의 경우 "삶 전체가 시의 구실이 된다." (67) 왜냐하면 "우연히 결합된 광고와 포스터 그리고 신문 쪼가리가 시를 구성"하기 때문이다. "일상적인 의미를 박탈하면 되는 것과 마찬가지로, 이질적인 말과 영상의 단편들을 서로 접근시키면 정신은 현실에서 이탈하여 다른 세계로 침투되기 때문이다. 차라에 의하면 시 한 줄 쓰지 않아도 시인이 될 수 있다……. 거리에도 광고 방송에도, 어디에도 시의 자질은 존재한다."[11]

이처럼 초현실주의자들에 의해 의식이나 논리 또는 이성의 대리인격인 체계적인 언어는 뒷자리로 밀려난다. 막강한 권력을 자랑하며 독재자의 권한을 행사하던 언어는 무의식의 순수한 탐구에 오히려 장애물로 작용하므로, 그대신 일상적 의미가 박탈된 언어들, 전혀 어울릴 것 같지 않은 오브제나 이미지의 결합을 통한 꿈과 같은 새로운 언어가 생성되어야 한다.

콜라주

프랑스어 'collage'는 '풀칠하여 붙이기' 따위의 의미인데 미술에서 이를 차용하여 화면에 신문종이 · 천 · 쇠붙이 · 나무조각 · 모래 · 나뭇잎 등 다양한 재질의 오브제를 붙여 구성하는 기법 내지는 이 기법에 의해 제작된 회화를 가리킨다. 입체파 화가인 피카소와 브라크가 개발한 '파피에 콜레(papier collé)'에서 유래한 것으로, 이를 뒤이어 서구

---

11) 이 인용은 이미 콜라주를 분명하게 연상시키고 있다. 같은 책, 67쪽.

사상과 문화를 노골적으로 거부하고 언어와 논리의 부조리성을 고발하고자 했던 다다이스트들이 더욱 이질적인 질료들을 조합시켜 부조리성과 아이러니한 충동을 불러일으키고자 하였다.

　독일의 초현실주의 화가 에른스트는 옛 이야기 책이나 과학 서적의 그림을 오려 기상천외한 〈백 개의 머리를 가진 여인〉(또는 〈백두녀〉(白頭女)로 부르기도 한다)을 제작하여 초현실주의적 콜라주를 확립한다.[12] "에른스트 자신은 후에 콜라주를 '부조리한 평면 위에서 전혀 관계없는 두 실제간의 우연한 상봉'이라고 묘사했는데, 이는 '해부대 위에서 재봉틀과 우산의 우연한 상봉같이 아름다운'이라는 로트레아몽의 유명한 구절의 인유(引喻)였다."[13] 초현실주의의 콜라주는 기성품에 손대지 않은 채 아무런 논리적 연결고리도 없는 오브제를 결합시켜 기대하지 않았던 새로운 의미를 생산해 내고자 한다. 이러한 방법은 비유적·연상적·상징적인 효과를 통해 의식과 이성에 억눌려 있던 무의식의 세계를 검열받지 않은 채 있는 그대로 드러내고자 하는 목적을 지니고 있다.

　새로운 의미, 꿈의 세계를 창출하기 위해 엉뚱한 오브제들을 결합시키는 화가의 콜라주가 시적 콜라주로 넘어오면 언어적 차원과 혼합되어 매우 재미있는 현상이 목격된다. 소쉬르는 언어 기호는 지시하는 대상과 필연적인 관계가 아니라 자의적인 관계를 맺고 있다고 주장한다. 예컨대 같은 대상을 놓고 우리는 '나무'라고 말하고 프랑스인들은 'arbre'라고 말한다. 결국 '나무' 'arbre' 등의 언어 기호와 그것이 가리키는 대상, 또는 말의 소리와 그 의미 사이의 관계는 구성원의 약속에 불과한 것이며 이러한 언어의 특성을 자의성이라고 한다. 그렇다면 만일 구성원간의 약속 혹은 사회적인 관례가 뒤틀린다면 어떤 일

---

　12) 콜라주 수법을 사용한 에른스트 그림으로 1930년의 〈칼멜 수녀원에 들어가기를 원했던 소녀의 꿈〉, 그리고 1934년의 〈선을 행하는 일주일 혹은 7가지 기본 요소〉가 유명하다.
　13) 《초현실주의》, 호세 피에르 저, 박순철 역, 15쪽.

이 벌어질까? 해부대 위에 재봉틀과 우산이라는 오브제를 모아놓고 이들을 비관례적 언어로 지시한다면 그 효과는 확실히 증폭되고 언어의 의미는 단층에서 다층으로 확산될 것이다.

시적 콜라주

타르디유 극작법에서 매우 중요한 수단으로 사용되는 콜라주 기법은 두 단계를 통해 나타난다. 첫 단계는 그의 습작에서 확인할 수 있는 것으로, 화가의 예기치 않은 오브제의 충돌처럼 단어를 무분별하게 늘어놓는 것이다. 작품 《헤라클레스와 뱀》은 작문 시간에 배운 합성어를 우스꽝스럽게 개조한 것으로 단어를 뒤죽박죽 혼합시켜 논리의 틀을 깨려는 시도이다. 즉 몰리에르풍의 즉흥 희극으로서 복합 단어라는 주제를 통해 선생님이 보여준 텍스트를 비웃고자 하였던 것이다.[14] 그는 이 희극에서 "단어의 논리적 연결을 해체하고 우스꽝스런 집합들로 울리게 함으로써"[15] 즐거움을 주었다고 회상한다. 작가는 여기에서 논리적 고리가 전혀 없는 단어들을 짝지어 놓거나 단어들을 얄궂게 연결시켜 이상한 소리가 나도록 하였다. 다시 말해서 단어들의 합리적 틀을 벗겨 버리고 이를 뒤틀거나 왜곡시켜 버린 것이다. 일반 언어는 정확한 논리 속에서만 생명력을 지닐 수 있으므로, 언어의 문법적 체계에 익숙한 사람은 파괴된 언어의 잔해 앞에서 당혹감을 느낄 것이다. 후에 타르디유 극작품에서 보이는 단어의 괴팍한 배합은 이같은 맥락에서 논리, 이성 및 의미 숭배에 대한 저항이다. 이것이 바로 시적 콜라주인데, 단어들의 비습관적인 배열이 가지는 효과 속에는 눈에 익숙해진 모양새를 깨트리는 시각적인 충격요법[16]과 아울러 이를 읽을 때 낯선 소리를 유발시키는 청각적인 효과[17]도 있다.

---

14) 《한낮의 어둠》, 타르디유, 51쪽 참조.

15) "joie d'accoupler des mots sans lien logique et d'écouter sonner leur l'assemblage cocasse." 같은 책, 51쪽.

타르디유의 시적 콜라주는 초현실주의 화가들과 마찬가지로 논리와 맥락이 존재하지 않는 꿈속의 이미지를 창출하기 위한 것이다. 만일 언어의 문법이 해체되고 파편화된다면 현실은 혼란의 급류에 휩싸여 커뮤니케이션은 불가능하게 될 것이다. 그러나 커뮤니케이션의 카오스를 통해 얻어진 논리 부재의 언어는 아무도 예상하지 않았던 언어, 새로운 언어, 미지의 언어로 의식에 떠밀려 어두운 구석에 웅크리고 있던 무의식에 생기를 불어넣어 주고 뜻밖에도 정신적 자유와 진정한 해방의 근거를 마련해 준다. 꿈적이며 무분별하고 비논리적을 조합된 단어들로부터 생겨나는 오묘한 이미지가 타르디유 극작품에서 무더기로 발견되는 것은 이러한 이유에서이다.

간단한 예로서, 제2연극집에서 시적 언어로 쓰인 《삶의 에이비씨》에는 두 인물 남성 무슈 모와 여성 마담 파롤이 등장한다. 이 작품에서 알파벳 A, B, C가 제목으로 설정된 것은 삶의 일상성을 표현하면서 동시에 언어에 대한 주제를 대변하는 데 인물이 각각 단어(Mot)와 파롤(Parole)로 불리는 것도 여기에 무게를 더해 준다. 여하튼 이 작품에는 무작위로 추출되어 "꿈을 상징하는 일관성 없는 단어들"[18]이 일종의 콜라주를 구성한다. 무슈 모가 발성하는 단어들은 "Armure(갑옷), Bandit(도둑), Caravanes(대상), Clameurs(함성), Aboiement(개짓는 소리), Abandon(포기), Abolition(폐지론), Bombardements(포격), Caves(지하실), Caractères(성격), Chevaux(머리), Cathédrales(성당)"이고 마담 파롤의 단어들은 "Anneaux(고리), Bijoux(보석), Buissons(수풀), Cerises(체리), Aumône(은혜), Abeille(꿀벌), Ciseaux(가위), Cadran(문자판),

---

16) 시각적 글쓰기는 예컨대 문자의 편집을 통한 시각화 · 칼리그람 · 상형 문자화 등의 기법이 있다. 이 점에 대해서는 차후 타르디유 연극적 글쓰기의 회화극 부분에서 자세히 다룰 것이다.

17) 낯선 단어들의 모음, 비일상적 반복은 음성적 측면에서 역시 초현실적 효과가 있다. 결국 이런 점 때문에 앞서 언급한 것처럼 콜라주 기법과 회화극 및 음악극은 뗄 수 없는 불가분의 관계이다.

18) 《삶의 에이비씨》, 78쪽.

Billets(티켓), Baisers(키스), Batailles(싸움), Caresses(애무)"(78)이다. 이 단어들은 제목과 연결되어 첫 알파벳이 A, B, C의 형태를 취하고는 있지만 의미상 하등의 관련이 없다. 그럼에도 이들의 의미가 한데 뒤엉킬 때 초현실적 콜라주가 형성되어 일탈된 의미, 몽상적 의미가 생겨난다. 동사 없이 명사로만 이루어진 명사 군집은 사진첩을 넘기듯 시간과 공간을 개의치 않기 때문에 꿈의 장면이 될 수 있다.

1) 〈꿈의 열쇠〉와 콜라주

시적 콜라주의 두번째 단계는 단어의 나열뿐 아니라 언어 기호의 자의성에 입각하여 언어적 관례마저 해체시키는 것이다. 이 점은 벨기에 출신의 초현실주의 화가 르네 마그리트의 그림 〈꿈의 열쇠〉(1930년)에서 분명히 드러난다. 언어와 그림이 조합되어 하나의 줄거리를 형성하므로 '언어 회화'라 할 만한 이 그림은 타르디유의 콜라주 기법과 직접적으로 연결되어 있으며, 특히 극작품 〈단어 바꾸기〉의 원형을 보는 듯하다. 〈꿈의 열쇠〉는 "표면적으로 그는 일반적으로 인정되는 형상-언어의 논리, 즉 사물의 일상적 이미지와 사물을 가리키는 명칭을 결합시키려는 논리를 따랐다. 그러나 그는 이러한 결합의 의미를 매우 선명하게 드러냄으로써 우리는 이같은 결합 과정의 타당성 자체를 의심하게 되며 일상 생활의 낯익은 사물을 대면하면서 우리는 사물과 우리를 갈라 놓는 심연을 보게 된다."[19]

'말과 오브제는 어떻게 연결되어 있을까?'라는 부제가 붙어 있는 〈꿈의 열쇠〉는 창문 모양의 직사각형이 여섯으로 나누어져 있고 각 칸에 한 오브제와 이를 지칭하는 단어가 있다. 오브제 계란과 l'Acacia(아카시아), 여성용 구두와 la Lune(달), 모자와 la Neige(눈), 촛불과 le Plafond(천장), 유리컵과 l'Orage(폭풍), 망치와 le Désert(사막)가 짝을 이루는 것이다. 여기서 알 수 있는 것은 첫째, 에른스트의 콜라주와 마

---

19) 《초현실주의》, 앞의 책, 26쪽.

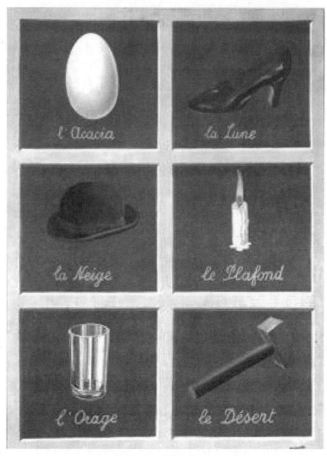

마그리트, 〈꿈의 열쇠〉, 1930년

찬가지로 이들 오브제들간에 아무런 일관성 없이 우연히 모여 있다는 것이다. 둘째, 오브제와 지시 명사의 짝은 규범에서 벗어난다는 것이다. 오브제와 이에 해당하는 명사는 일상에서 사용되는 관계에서 뒤틀려 있다. 셋째, 오브제와 지시 명사는 필연적 관계가 아니며 단지 사회적 관례에 따른다는 것을 보여준다. 만일 사회 구성원의 대다수가 닭이 품고 있는 깨지기 쉬운 타원형의 흰 오브제를 '아카시아' 라고 부르자고 약속했다면 그것은 아카시아가 된다는 것이다. 넷째, 그럼에도 이들 관계에 대한 임의적인 해석이 가능하다. 일단 그림 속에서 오브제들의 관계를 따져 볼 수 있다. 여섯 개의 오브제를 동시에 파악할 수도 있고 가로나 세로에 따라 분석할 수도 있으며 순서를 전혀 무시한 채 여섯 개의 물건으로 그럴듯한 이야기를 만들어 낼 수도 있다. 또는 오브제와 명사의 관계, 즉 계란(l'Oeuf)과 아카시아, 구두(la Chaussure) 와 달, 모자(le Chapeau)와 눈, 촛불(la Chandelle)과 천장, 유리컵(le Verre) 과 폭풍, 망치(le Marteau)와 사막으로부터 형태적 · 의미적 · 음성적으로 어떤 관계를 유추해 볼 수 있다. 흰 계란의 형태는 흰 아카시아 꽃으로, 구두는 초승달의 형태로 유추할 수 있으며, 눈 내릴 때의 모자 등으로 해석이 가능하다. 이처럼 콜라주의 두번째 단계인 말과 오브제의 비관례적 관계를 통해 오히려 더욱 풍요로운 은유와 상징을 제공하는 현상은 〈단어 바꾸기〉[20]에서 더욱 분명하게 목격된다.

2) 〈단어 바꾸기〉와 콜라주

이 작품에서 '어휘의 병'에 걸린 부르주아들은 의미가 연결되지 않는 낱말들을 무분별하게 나열하고 있다. "그로부터 관객들은 폭소를 자아내게 될 것이고, 배우들은 정말 외국어를 말하는 것처럼 연기하고 억양을 사용함으로써 즐거움을 가질 수 있다."[21] 작품의 내용은 부르주아 드라마나 불바르극에서 흔히 볼 수 있는 상류층 부인과 남편, 그리고 남편의 정부(情夫)이자 부인의 친구 세 사람의 삼각 관계로 이루어져 있다. 자신의 남편이 친구의 정부라는 사실을 까마득히 모르는 부인이 친구와 수다를 떨고 있는데 자기 남편이 친구 집에 나타난다. 순간적으로 부인은 친구가 지금까지 자랑스럽게 말했던 그녀의 정부가 다름 아닌 자기 남편인가 하고 의심하지만 친구와 남편의 임기응

---

20) 1950년 2월 파리의 아니에스-카프리 극단에 의해 초연된 이 작품은 상연 시간이 10분 정도의 짧막한 단막극으로 극작가로서의 타르디유의 명성을 드높여 준 작품이다. 제1연극집에 수록되어 있다.

21) 《한낮의 어둠》, 53쪽.

변으로 상황을 교묘히 빠져나간다는 단순한 내용의 코미디이다.

작가는 서문에서 작품의 배경을 밝히고 있는데 내용을 간추려 보면 다음과 같다. 1900년경 한 도시에 이상한 전염병이 돌았다. 이 병은 주로 상류 사회를 강타하고 병에 걸린 환자들은 평소의 단어들을 사용하는 대신 아무런 단어나 마음대로 사용하게 되었다. 그런데 환자들은 자신들의 이러한 문제를 인식하지 못했음에도 불구하고 그들 사이의 대화에 별로 지장을 받지 않았다. 단지 '어휘'만이 바이러스에 감염되었던 것이다.[22] 과연 감염된 인물들은 어떻게 말하게 되었을까? 《한낮의 어둠》에서 작가는 이 부분을 설명하고 있는데 구체적으로 살펴보면 다음과 같다. 여기서 페를르미누즈 부인은 친구 집을 방문한 사람이고 괄호 속의 문장은 작가 자신이 직접 해석한 것으로 바이러스가 침투하지 않은 정상적인 어휘들로 이루어진 문장이다.

페를르미누즈 부인 불쌍한 가련한 차(茶) 같으니…! 내가 부인이라면, 다른 램프를 갖겠어요!
(번역: 불쌍하고 가련한 이웃 같으니…! 내가 부인이라면, 다른 애인을 갖겠어요!)

부 인 안 돼요…! 그이는 무시무시한 스카프예요! 난 그이의 파리이고, 벙어리장갑이며, 오리죠; 그이는 내 등나무이고, 호루라기이며 (…) 등등.
(번역: 안 돼요…! 그이는 나에게 무시무시한 영향력을 행사해요! 난 그이의 것이고, 그이의 피난처이며, 노예예요; 그이는 내 보호자이고 나를 존재케 하죠 등등.)

원문과 번역을 비교해 보면 마그리트의 그림과 똑같은 방식으로 이웃(voisine)이 차(tisane)로, 애인(amant)이 램프(lampion)로, 영향력(ascen-

---

22) 《실내극》, 209-210쪽 참조.

dant)이 스카프(foulard)로, 그의 것(sa chose)이 그의 파리(sa mouche)로, 피난처(refuge)가 벙어리장갑(mitaine)으로, 노예(esclave)가 오리(sarcelle)로, 보호자(soutien)가 등나무(rotin)로 존재 이유(raison d'être)가 호루라기(sifflet)로 각각 대체되어 있음을 알 수 있다. 작가는 이 대체된 이미지들, 즉 차 · 램프 · 스카프 · 파리 · 벙어리장갑 · 오리 · 등나무 그리고 호루라기들이 어린이들을 유혹하는 백화점 선전용 카탈로그를 연상시킨다고 말하고 있다. "이것은 초현실주의자들 특히 막스 에른스트가 콜라주의 요소를 통해 탐구하고 발견했던 시적이며 조형적인 창작의 모습이다. 저 유명한 총포상이나 자전거 가게 카탈로그에서 볼 수 있는 손수레, 쇠스랑, 커피 가는 기계, 두더지 덫, 겨자 숟가락, (새를 덫으로 유인하기 위한) 새피리, 가짜 오리, 소총, 탄약통 같은 것들이다."[23] 여하튼 작품에서 대체된 단어들 사이의 일상적 의미 관계는 전무하다. 초현실적이며 시적인 오브제들은 꿈속의 언어 혹은 어린아이들의 언어로 그려진 콜라주인 것이다.

그러나 뒤죽박죽된 단어들은 〈꿈의 열쇠〉의 경우처럼 다양한 해석을 기다린다. 단어들의 대체는 음절 · 음성 · 형태에 따른 일정한 흐름을 따르고 있다. 따라서 이 작품이 실제로 무대에서 공연될 경우, 프랑스어를 모국어로 사용하는 관객들은 언어의 유사한 성격이나 배우들의 음정 · 억양 · 제스처에 따라 작품을 이해하는 데는 별 지장이 없고, 오히려 통쾌한 웃음으로 화답할 것이다. 이것은 과연 무엇을 의미할까? 작가는 작품의 첫 부분에서 대체된 단어를 통해 얻을 수 있는 게 어떤 것인지 설명하고 있다. "이러한 사실에서 다음과 같은 것들을 확인할 수 있다. 첫째로 우리는 종종 아무 의미도 없는 말들을 지껄인다는 것이다. 둘째로 뭔가를 말하려 할 경우 그것을 표현하는 방법이 엄청나게 많다는 것이다. 셋째로 미치광이들은 소위 정상적인 사람들이 그들의 언어를 이해하지 못한다는 이유로 미치광이 취급을 받는다

---

23) 《한낮의 어둠》, 앞의 책, 55-56쪽.

는 것이다. 넷째로 인간 관계에 있어서 많은 경우에 신체의 움직임, 목소리의 억양, 얼굴의 표정이 파롤보다 훨씬 풍부한 메시지를 전달한다는 것이다. 다섯째로 멍멍이라는 개짖는 소리를 히힝이라는 말 울음 소리와 대체할 것을 계약한다면 다음날 우리는 개들이 히힝거리고 말들이 멍멍 짖는 소리를 듣게 될 것"[24]이라고 말하고 있다.

그러므로 《단어 바꾸기》는 첫째, 의미보다는 억양이나 음절이 강조되고 다른 단어로 대체되어 폭소를 자아내게 하면서 언어의 불구성을 회복하고 언어의 약화된 다른 기능을 통한 의미 확장의 가능성을 보여준다. 둘째, 마술 가게의 카탈로그를 통해 회화적 콜라주를 제공하면서 언어 기호의 자의성을 동요시키고, 이를 통해 고정된 의미를 탈피하여 비이성·광기·꿈의 세계로 진입하는 문을 열어 준다.

한편 이해할 수 없는 단어들의 비논리적 조합으로 그려진 콜라주는 부조리 극작가에서 나타나는 '기이한 연극(théâtre de l'insolite)'과 연결된다. 기이한 연극에 대해 베아르는 비정상적이고 예기치 않은 방법을 통해 인간의 감수성을 자극하고 단절을 느끼게 하여 불안을 야기시키는 연극, 마음 깊숙한 곳에 쌓여 있는 침전물을 드러내게 하는 연극 등으로 정의 내리고 있다.[25] 여기에서 비정상적이고 예기치 않은 방법이란 바로 오브제나 단어들의 뜻하지 않은 만남에 해당하며, 불안의 조성은 체계나 습관의 왜곡 또는 전복에 해당하고, 마음속의 침전물을 드러내는 것은 무의식의 해방에 해당한다. 요약하면 언어의 단절 현상을 깊이 인식하고 확장된 무대 언어를 통해 진정으로 순수하고 자유로운 세계를 추구하는 시적 콜라주는 '기이한 연극'의 언어이기도 한 것이다.

---

24) 《실내극》, 209-210쪽 참조.
25) 〈기이한 연극의 기원에 대하여 Aux sources du théâtre insolite〉 in 《현대 프랑스 연극에서 몽환과 이상야릇함 L'onirisme et l'insolite dans le théâtre français contemporain》, 베르누아 편, 3-4쪽.

나오며

타르디유의 연극 세계는 언어의 기능 확장에 집중되어 있다 해도 과히 틀린 말이 아니다. 지금까지 살펴본 콜라주 기법 이외에도 작가는 여러 각도에서 연극 언어를 실험하고 있다. 첫째, 시적 무대가 그것이다. 시는 가능한 적은 수의 어휘를 사용해서 가능한 많은 의미를 만들어 내는 언어 예술로 반문명적이다. 애초에 타르디유는 시인이었다. 그의 전기를 살펴보면 처음에 시집이 주종을 이루다가 몇 편의 산문집과 연극집이 중반 이후에 추가되었음을 알 수 있다.[26] 따라서 연극은 종합 예술이고 문학적 경지가 성숙되면서 시에서 연극 분야로 전이된 것이 아닌가 생각할 수도 있다. 그러나 타르디유의 경우 언어 탐구라는 명백한 목표에 초점을 맞춘다면 시와 연극의 장르 구분은 필요하지 않다. 작가 자신도 극작품이란 시적 표현 가운데 하나인 까닭에 시와 연극을 각각 독립된 장르로 생각하지 않았다. 시와 극작품이 별개의 문학 장르가 아니라 동전의 양면처럼 다른 형태의 동일한 기능으로 보았던 것이다. 그가 '시극(théâtre poétique)' 혹은 '극시(poésie dramatique)'라고 표현한 것은 이러한 사유의 발로이다. 이런 관점에서 눌레의 "타르디유의 모든 작품은 극작품이든 산문이든 일종의 시가 된다"[27]는 지적은 정당하다. 반대로 그의 시에는 연극적 요소가 무수히 나타난다. 이미 시인으로서 명성과 자질을 검증받은 그의 시어는 대화의 리듬과 상형 문자화된 단어를 통해 연극 형식을 취하고 있다. 시집 《시선》은 제1연극집에 대한 예고편으로 시어는 거의 대화체로 되어 있다.

둘째, 언어의 불완전성을 극복하려는 노력은 연극 형태에 대한 연구

---

26) 그가 연극집을 최초로 발표한 것은 50세가 넘어서이다. 그러나 극작품을 쓰기 시작한 것은 그 이전이다. 《거 누구요?》의 경우는 1947년에 쓰인 것으로 44세 때의 작품이다.

27) 《장 타르디유 Jean Tardieu》 〈오늘의 시인 Poètes d'aujourd'hui〉 총서, 눌레, 50쪽.

와 무대 언어를 통한 의사소통의 가능성에 대한 타진으로 나타난다. 연극의 형태에 대한 그의 관심은 극작품의 제목 혹은 부제목, 예컨대 《방백》《독백》《제스처 바꾸기》《음악을 말하는 방법》《예술을 말하는 방법》《임자 없는 목소리》《동사시제》《연기하는 대사》《희극적 독백》《삼박자 리듬》《언어 코미디》 등에서 잘 드러난다. 형태와 문체를 연구하는 극작품은 일종의 연구서처럼 극적 요점만을 간략하게 드러냄으로써 스케치[28] 같은 느낌을 준다. 한편 무대 언어란 무대에서 메시지를 전달하는 일체의 것들, 극작가 자신의 표현에 따르면 "등장 인물과 상황, 빛과 어둠, 속삭임, 웃음, 한숨과 고함, 꿈속에 나오는 긴 복도에서의 숨바꼭질 같은 모든 것"[29]에 해당하며, 의미를 확장시키자면 관객뿐 아니라 연극 공간에 존재하는 전체가 포함된다. 따라서 타르디유의 극작품을 연구함에 있어 조명·음향·의상·무대장치 같은 연출적 요소들이 심도 있게 다루어져야 한다. 또한 그의 극작품은 주로 단막극의 형태가 많고 주제도 가벼우며 단어들의 이상야릇한 조합으로 웃음을 자아내게 한다. 그러나 그 웃음 뒤에는 단절과 소외에 따른 인간의 비극적인 모습이 이두운 그림자로 남아 있다. 오니뮈스가 "불안한 웃음"[30]이라고 명명한 것도 그렇고 자신의 작품을 "눈물 나는 웃음"[31]이라고 표현한 것도 이러한 맥락에서이다.

　논리적 언어에 대해 의심의 눈초리를 보내는 타르디유는 반서구적이고 반문명적인 경향이 강하다. 그의 사상은 전통적인 서구 사상의 이원론과 변증법에 기반을 두면서도 억압받고 무시된 무의식적 부분들을 복구시켜, 화려하게 조명을 받고 있는 의식과 동일한 균형을 취

---

28) 이런 이유로 그의 극작품은 고등학생들, 대학생들 혹은 아마추어들이 즐겨 공연했고, 소위 '실험극'이니 '전위극'이니 '간편극'이니 '학생극' 등으로 불렸다.
　29) 실내극, 8쪽.
　30) 오니뮈스가 1985년 샹 발롱 출판사에서 출간한 타르디유에 대한 비평서 《장 타르디유: 불안한 웃음 Jean Tardieu: un rire inqiet》에 나오는 표현이다.
　31) 르 시다네르와의 인터뷰에서 극작가가 직접 언급한 표현이다. 《시인 장 타르디유 Jean Tardieu, un poète》, Le Sidaner, 13쪽.

하도록 한다. 그는 의식과 무의식이 완전하게 균형을 이룰 때 인간과 인간 사이의 순진무구한 하모니가 성립된다고 보았던 것이다. 그가 즐겨 사용하는 어휘, 예컨대 '숨겨진' '보이지 않는' '비현실' 그리고 '질식된' 등은 가치 없는 것으로 분류되어 억압받고 있는 무의식, 소외된 자아 혹은 무시된 비현실에 대한 표상이다. 이는 작가가 밤에 집착을 보인 것과도 상통한다. '어둠' '하룻밤' '어두운' '잠' 등이 이에 해당하는 바, 1991년 《르몽드》지와의 인터뷰에서 밝혔듯이 그의 집착은 하찮은 세계로 간주된 어둠을 밝음 혹은 낮과 균형을 꾀하려는 의도인 것이다. 일반적으로 밤은 낮에 비해 도외시된다. 그래서 작가는 일부러 밤을 강조함으로써 두 개의 대립적인 테제와 안티테제의 균형을 취하도록 했던 것이다. 그가 밤샘 작업을 한 후 새벽 무렵 세상과 아름다운 공감을 형성한 글들을 찾아보기는 어렵지 않다. 새벽이란 어둠과 빛이 균형을 이루어 공감대를 형성한 때이다. 그러므로 타르디유의 극작품이 의도하는 것은 의식의 무게에 함몰된 무의식의 자리를 되찾아 주려는 시도이지 의식을 으깨려는 것은 아니다. 기존의 문법에 반기를 들어 이를 폐허로 만든 다음 처음부터 다시 시작하려는 것이 아니라 소외된 것을 발굴하여 이들의 가치를 되찾아 주자는 것이다. 밝음을 부정하는 것이 아니라 어둠과 밝음이 공존하는 아름다운 새벽의 추구가 타르디유 연극 미학의 주류를 이루며, 이것이 그의 연극 언어의 궁극적인 목표가 된다.

4. 〈가구〉 〈자물쇠〉 〈창구〉에 나타난 이중적 구조를 통한 죽음의 메타포

들어가며

사춘기 시절 거울 앞에서 자아 분열 현상을 경험[32]한 바 있는 타르디유에게 있어서 분열은 일생 동안 하나의 강박관념처럼 작용한다. 이 분열은 그의 작품 속에도 두루 내재되어 있는데, 작품의 주된 테마를 이루기도 하고 언어 인식의 새 근거를 제공하기도 한다. 즉 작가는 일상 언어의 부조리한 측면이 다름 아닌 단어(mot)와 지시 대상물(référant) 사이의 불일치로부터 유래한다고 생각하고, 글쓰기 작업의 전제로 습관적으로 적용되고 있는 언어의 대상과 지시물을 분리시킨 후 이를 왜곡시킴으로써 새로운 언어, 낯선 언어의 세계로 유랑하는 것이다.

분열은 작품 속에서 이중적 구조로 드러난다. 타르디유의 작품 속에 속속들이 박혀 있는 이중적 구조는 시집 《숨은 강》의 서문에서 잘 드러난다. "나의 일생은 산모퉁이를 돌아 사라지는 혹은 숨어 버리는 강 줄기의 이미지로 표현된다. 이 강물과 마찬가지로, 사물들은 존재와 부재 사이에서 잠수하거나 작용하는 모습을 하고 있다. 내가 만지는 것 중 반절은 돌이고 나머지 반절은 거품이다."[33] 이 인용문에서 나타나는 높이 솟아 움직이지 않는 산과 그 낮은 발치를 흐르는 유동적인 강, 존재와 부재, 고체인 돌과 액체인 거품이 주는 이중적 변주는 바로 작가의 삶을 지탱하는 분열의 '터전이자 사물 전체를, 삶의 양상을 이중적 구조 안에서 파악하고자 한 것으로 사료된다.

타르디유의 제1연극집에 실려 있는 희곡들은 초기 극작품들로, 일반적으로 단편의 형태를 취하고 있다. 이 가운데 세 편의 단막극은 형식과 내용의 유사성으로 눈길을 끈다. 그것은 〈가구〉 〈자물쇠〉 〈창구〉

---

32) 《레른 L'Herne》에 실려 있는 타르디유의 연대기를 보면, 18세 때 그러니까 그가 철학 바칼로레아를 준비하던 부활절 어느 날 아침, 거울 앞에서 면도를 하다가 거울에 비친 자신의 모습에 공포를 느꼈다라고 적고 있다. 《레른, 장 타르디유 L'Herne, Jean Tardieu》, Herne, 1991, Paris, 19쪽. 한편 에밀리 눌레는 이 공포의 순간이 일종의 '단절(rupture)'로 평생 동안 그의 내부에 깊숙이 각인되어 자리잡게 되었다고 말하고 있다. 눌레, 《장 타르디유》, Seghers, 1978, Paris, 183쪽 참조.
이처럼 거울 앞에서 단절의 공포를 경험한 사춘기 시기의 자아 분열은 작가의 뇌리에 새겨져 그의 많은 작품에 흔적을 남기고 있다.
33) 타르디유, 《숨은 강》, 1988, Paris, 15쪽.

로, 이 세 작품에는 공통적으로 손님이 등장하며, 결국 손님의 죽음으로 극이 종결된다. 작가 자신도 후에 이 세 작품을 〈폴리오〉 총서로 출판된 연극집 속에 "손님의 세 죽음(le triple mort du client)"이라는 커다란 제목하에 나란히 엮어 놓았다. 이것은 세 작품이 별개의 것이 아니고 상호 연관 관계를 맺고 있다는 의미와 아울러 여기에 등장하는 각각의 손님이 실은 동일한 인물임을 의미하는 것이기도 하다. 이들 작품 안에서 이중적 구조는 구체적으로 등장 인물들간의 대립적 구조, 공간의 구조 그리고 현실과 비현실의 구조 등을 통해 중요한 테마로 자리매김하고 있다.

그런데 이러한 대립적 구조를 통한 양극화는 작품을 희극적 분위기로 채색한다. 이는 대립적 요소들 사이의 불합리하고 부조리한 상황에서 유발되는 것으로, 삶이란 원래 이처럼 불합리하고 부조리한 단면을 가지고 있다는 것을 보여주는 동시에 이성적이고 논리적인 현실의 세계에서 합리적인 설명이 불가능한 비현실의 세계로 이행하기 위한 하나의 토대가 되기도 한다. 따라서 본고에서는 세 작품을 면밀하게 비교·검토함으로써 작품 안에서 이중적 구조의 미학이 어떻게 적용되고 기능하는가를 살펴보고, 분열을 통한 이중적 구조의 종착역인 손님의 죽음이 갖는 메타포를 밝혀 보고자 한다.

〈가구〉

세 작품 중에서 가장 짧은 극인 〈가구〉는 일정한 상황만을 간명하게 그리고 있고, 어떤 특정한 결말을 제시하지는 않는다. 즉 대립적 구조가 주는 효과나 어처구니없는 손님의 죽음을 통한 부조리한 상황을 보여주는 것이다. 따라서 만일 세 작품을 일종의 연작으로 간주한다면, 이 첫 작품은 도입 부분에 해당할 것이다. 이러한 의미를 가진 이 작품에 나타나는 공간과 극중 인물들의 이중적 구조는 어떠한가를 살펴보자.

1) 공간 구조

여기에서 극 공간의 구조는 보이는 공간과 보이지 않는 공간으로 이분화되어 있다. 보이는 무대는 양쪽의 막을 완전히 열지 않고 반절만 열어 최소한의 공간으로 되어 있으며, 막으로 닫혀 있는 양쪽의 무대는 보이지 않는 공간이 된다. 그런데 이 좁은 공간은 가시적이라는 의미에서 현실적이다. 그렇다면 보이지 않는 공간은 비현실적이라고 할 수 있겠는데, 보이지 않기 때문에 그 크기를 가늠할 수 없는 무한한 공간이 된다. 관객에게 드러나는 답답한 공간은 발명가(L'Inventeur)의 공간이다. 그는 이 공간에 존재하는 유일한 인물이다. 이와는 달리 보이지 않는 공간의 오른쪽에는 손님(Le Client)이 왼쪽에는 발명가가 발명한 기계(Le Meuble)가 존재한다. 무대의 오른편과 왼편은 서양의 중세 연극 이후 어느 정도 일정한 의미를 지니고 있다. 즉 오른편이 천국이라면 왼편은 지옥을 나타내고 있는 것이다. 이 의미가 타르디유에게 그대로 적용된다고 말하는 것은 무리이지만, 무대의 양분된 의미에 따른 극적 효과를 분석하고자 할 때 유용할 수 있을 것이다. 예컨대 왼쪽에 존재하는 기계를 지옥의 이미지로 대입시키는 것이 그것인데, 기계가 손님을 죽이는 작품의 결말을 놓고 볼 때 이 해석이 어느 정도는 가능하다. 어쨌든 이상의 대립된 공간 구조를 바탕으로 이곳에 존재하는 인물들의 성격을 파악해 보는 것은 흥미로운 일이 아닐 수 없다.

2) 인물의 이중적 구조

손님은 발명가가 만들어 낸 기계에 관심을 갖고 경우에 따라서는 이를 구매하고자 하는 사람이다. 이러한 상황 설정은 매우 일반적인 것으로, 정상적인 생활을 영위하는 사람이면 누구나 언제고 쉽사리 경험할 수 있는 상황이다. 이처럼 극은 지극히 평범한 상황 속에서 시작된다. 그런데 물건을 파는 사람과 물건을 사는 사람은 우선은 대립 관계이다. 이 관계는 작품 안에서 보이는 것과 보이지 않는 것, 말 많음과 말 없음 등으로 그 양극화가 두드러진다. 여기에서 보이지 않는 인물은 손님이다. 설령 보이기는 하더라도 그는 극의 처음부터 끝까지 말을 하지 않는 것으로 설정되어 있다. 무대에 전혀 나타나지 않거나 말이 없는 인물은 무대를 독점하거나 혼자서만 말하는 발명가와는 명백한 대조를 이룬다. 이는 손님이 실상은 비존재라는 의미일 수 있다. 무대에 전혀 나타나지 않는 인물 혹은 한마디의 대사도 없는 인물이란 비현실적인 인물이기 때문이다. 이처럼 대립된 인물들의 특성이 그들이 존재하는 공간적 의미와 상당히 밀접한 관계를 갖게 되는 것은 당연하다.

이들 이외에 제삼의 극중 인물로 설정할 수 있는 기계 역시 손님과 마찬가지로 무대에 모습을 드러내지 않는다. 그러나 기계의 핸들은 발명가와 연결되어 있고, 발명가의 주문에 따라 모든 행동을 취하기 때문에 독립적인 존재일 수 없고 차라리 발명가의 분신으로 간주하는 게 합당할 것이다. 또한 기계는 여러 가지 소리를 내는데, 보이지는 않지만 소리를 낸다는 것은 감각으로 포착할 수 있다는 점에서 현실적인 존재로 간주할 수 있다. 아울러 기계는 막이 열리기 전 일종의 서곡을 연주함으로써 극 내용의 전조를 알려 주는 역할을 하기도 한다. 발명가가 손잡이를 잡고 돌려 연주하는 이 오르간(l'orgue de Barbarie) 소리는 거리의 악사들이 흔히 사용하는 악기의 소리로, 극 전체의 분위기와 결론에 대한 암시를 한다. 그 소리는 애절한 단조로 이루어져 있다. "헐떡이는 소리이자, 어떤 건반이 빠져 있는 듯한 결핍된 소리를 내며, 명랑한 음색을 내려고 하나 결국 가슴을 에우는 슬픈 가락이 되

발명가+기계	손님
판매자	구매자
보이는 존재	보이지 않는 존재
말이 많음	말이 없음
가해자	피해자
살아 있음	죽음
현실적 존재	비현실적 존재

고 마는 소리"(285)인 것이다. 이같은 특징을 지닌 발명가와 기계 그리고 손님 사이의 대립된 양상들을 종합해 보면 앞의 표와 같다.

이 도표의 마지막에 삽입되어 있는 현실적 존재로서의 발명가와 비현실적 존재로서의 손님은 결국 작품 자체의 현실과 비현실의 대립을 상정한다. 이러한 대립은 직접 작품 속에서 어떻게 나타날까?

극은 기계를 만든 발명가가 자기 물건에 대해 일방적으로 선전하고 이를 시범 보이는 것으로 이루어져 있다. 발명가가 선전하는 기계의 여러 가지 작용은 일상적인 것들의 조합으로 따로 떼어 보면 평범한 것들이다. 예를 들어 "맛있는 굴 요리, 한 편의 음악, 기하 문제의 해결, 입체상, 향수 분사, 법률적 조언 등"(287)으로서 오븐·오디오·컴퓨터·백과사전 등의 역할에 해당하는 것들이다. 그러나 이들 전체를 하나의 기계를 통해 조작할 수 있는 능력이야말로 발명가가 만들어 낸 기계의 특성이 된다. 일상적인 것들의 조합을 통해 범상치 아니한 것으로 나아가는 기계의 성격은, 다름 아닌 일상성에서 기이하고 몽상적인 것으로 점차 변모하는 극작품의 모습을 대변하는 것이다. 손님 앞에서 발명가는 자랑스럽게 기계의 능력을 실제로 보여주려 한다. 깃털 빗자루(plumeau)를 주문하는 첫번째 시범은 완벽하게 성공한다. 두번째 시범은 사람의 목소리를 흉내내는 것으로 기계는 뮈세의 시구를 읊는다.

　　인간은 견습생, 고통은 인간의 스승
　　고통받지 않는 인간은 누구도 자신을 알지 못해.(288)

그런데 발명가의 설명에 따르면 이 시구 읊기는 똑같은 목소리로, 같은 시어와 같은 억양으로 반복할 수 있어야 한다. 카세트에서 되풀이를 누르면 똑같은 소리가 원하는 만큼 반복되는 것과 마찬가지로 완벽한 반복은 기계의 특징일 수 있다. 그런데 이 기계는 발명가가 원하는 것과는 달리 기계의 특징을 벗어나, 시구를 다음과 같이 변형시킨다.

인간은 고통은 견습생 인간의 스승

누구도 고통받지 않은, 자신을 인간은 알지 못해.

인간은 알지 않은 못해 인간의 스승 않는

누구도 견습생, 인간은 고통받지 자신을 고통은

고통받지 스승, 견습생 않는 인간은

고통은 인간의 알지 못해 누구도 자신의 인간은.(289)

　두 행에 대해 세 번에 걸쳐 이루어진 변형은 다름 아닌 단어의 배열을 변형시킨 것이다. 빠진 단어는 없으나 단순히 단어의 순서들이 달라짐으로써 정상적인 의미는 혼동의 미궁에 빠져 해석할 수 없게 되고, 그 안에서 어떤 의미를 찾아낸다는 것은 불가능하다. 이것은 무엇을 뜻하는가? 이는 의사소통을 위한 정상적인 언어로 구성되어 문법에 맞는 문장이 약간의 조작에 의해 무기력하게 되고 마는 상황을 보여주는 것이다. 우리가 규범이라고 하는 것, 정상적인 것이라고 하는 것, 규율에 맞춰져 있는 것들이 실상은 위태하고 깨지기 쉬운 것이 아니던가! 이러한 기계의 반란, 기계에 의한 변형을 통해 극은 정상의 영역에서 갑자기 비정상의 영역으로 치닫는다. 극작품은 이순간을 경계로 현실과 비현실로 양분되는 것이다.

　그런데 비현실의 영역은 바로 부조리의 세계와 상통한다. 기계가 이상한 징후를 보이면서 발명가의 의도대로 되지 않자, 발명가는 당황하면서 고장 원인에 대해 장황하게 변명을 늘어놓는다. 그리고는 용서를 구하는 의미에서 선물을 주겠다고 제의한다. 그는 손님의 눈을 감게 하고 기계를 작동시켜 총으로 손님의 숨통을 끊어 버린다. 기계의 오류를 감추기 위해 말 한마디 없이 물건을 바라보기만 했던 손님을 살해하는 것이다. 이 얼마나 부조리한 무상성의 행위인가! 손님의 죽음은 얼마나 부조리한 죽음인가! 손님의 죽음이라는 극단적 상황 속에서 발명가의 태도는 애초에 보여준 일상성[34]이란 전혀 찾아볼 수 없는, 부조리의 극치를 이룬다. 그는 죽어 넘어지는 손님을 보고 일순간 당황하지만 곧바로 체념한 듯 어깨를 으쓱하면서 다시 음악을 튼다. 물론 그 음악은 막이 열리기 전, 관객에게 들려준 것과 똑같은 오르간 소리 이다. 사람이 죽었음에도 마치 아무 일이 없었다는 듯이, 혹은 이전의 손님들이 다 죽어 나갔다는 듯이, 아니면 앞으로 손님이 또한 죽을 거 라는 듯이 발명가와 그의 발명품은 부조리한 행위를 태연자약하게 실 천한다.

이처럼 〈가구〉에 나타나는 보이는 공간과 보이지 않는 공간의 분리, 인물간의 이중성은 결국 현실과 비현실의 이중성을 생산하고 나아가 비현실의 세계가 부조리하다는 결론을 이끌어 낸다. 그러나 앞에서 밝 혔듯이 부조리한 세계가 어떤 것인가 하는, 그 세계 이후의 목적성은 이 작품에서는 제시되지 않는다. 이것은 아마도 본론 및 결론 부분에 해당하는 다음의 작품들 속에서 밝혀질 수 있을 것이다.

〈자물쇠〉

역시 단막극의 이 극작품은 그러나 내용상 두 개의 장으로 나눌 수 있다. 하나는 손님(Le Client)과 여주인(La Patronne)의 장이고 다른 하 나는 여주인이 퇴장하고 난 후, 손님과 보이지 않는 인물 그녀(Elle)와 의 장이다. 여러 면에서 대조를 이루는 손님과 여주인의 장에서 두 등 장 인물은 무대에 실제적으로 모습을 드러낸다. 반면에 손님과 그녀의 장에서 그녀는 왼쪽 문 너머에 존재하는 것으로 설정되어 있고 손님만 이 무대에 존재하여 그녀를 예시한다. 그녀를 예시하는 손님의 대사와 동작은 점점 추상적 · 비논리적으로 화하여 마치 꿈을 꾸는 듯하다. 따라서 전자의 장을 현실적인 장으로, 후자의 장을 비현실적인 장으로 간주할 수 있다. 이는 현실성에서 비현실성으로 변모한 〈가구〉의 변화

---

34) 막이 열리면 발명가는 의자에 앉아 신문을 읽고 있다. 그는 이따금씩 하품을 하거나, 머리를 긁적거리거나 시계를 보는데 신문이라는 물건과 발명가의 나른한 모습은 특별한 의미가 없는 일상성을 보여주는 것이다.

추이와 같은 양상이다. 이와 같이 이중적인 내적 구조를 가지는 이 작품에서 공간과 인물이 어떠한 모습으로 양극화되어 있고 이것이 궁극적으로 지향하는 것은 무엇인지를 살펴보자.

1) 공간의 양극화

무대는 화려하게 장식되어 있긴 하지만 타락한 인상을 주는 살롱이다. 이 살롱의 오른쪽과 왼쪽에 문이 한 개씩 있는데, 〈가구〉에서 양편에 손님과 기계가 존재하듯, 맞은편에서 서로 바라보고 있는 이 문은 형태적으로 묘한 대조를 이룬다. 즉 왼편의 문은 영정처럼 흰색 바탕에 검은 테두리를 하고 있어 초상집의 음산한 기운을 띠고 있다. 이 문에는 열쇠 구멍이 하나 있는데 그 구멍의 크기와 위치는 매우 비정상이다. 이 문의 형태 또한 비정상적인 모양과 크기로 전반적으로 비현실적인 분위기를 물씬 풍긴다. 이와는 달리 오른쪽 문은 어디서든 흔히 볼 수 있는 지극히 정상적인 모습으로 왼쪽 문과는 매우 대조적이다.

이처럼 공간과 공간을 연결하기도 하고, 잠금 장치를 통해 연결된 공간을 폐쇄할 수도 있는, 즉 대립되는 공간 구조의 의미를 대표하는 문의 의미가 중요한 까닭은, 이 문의 메타포가 여주인과 손님, 손님과 보이지 않는 그녀 사이에서 각자의 성격을 뚜렷이 부각시키고 이들 사이에서 나타나는 현실과 비현실의 이분화를 명백하게 해주기 때문이다. 두 개의 문에서 드러나는 대립적인 성격은 다음과 같이 도표로 정리할 수 있다.

오른쪽 문	왼쪽 문
정상적인 형태	비정상인 형태
현실적	비현실적
삶	죽음
/	열쇠 구멍

2) 인물의 이중적 구조

이 작품에서 실제적인 등장 인물은 여주인과 손님이다. 이 두 인물의 선명한 대조는 앞의 작품과 마찬가지로 궁극적으로 비현실의 세계로 진입하기 위한 테크닉이다. 그런데 여기서는 좀더 복잡한 양상을 띠는데 손님 자신이 먼저 이중적 분열 현상을 일으키고, 이어 보이지 않는 그녀가 분열 현상을 일으킨다. 이들의 자아 분열이 결국 합일을 위한 것임을 감안할 때, 하나의 단계로서 매우 중요한 의의가 있다고 하겠다.

A) 손님과 여주인의 대조

막이 열리면 정상적인 오른쪽 문이 열리면서 손님이 여주인에 떠밀려 등장한다. 이 장면에서 알 수 있는 것은 뒷걸음질치려는 손님은 수동적인 데 반해, 그를 앞으로 나아가게 하는 여주인은 능동적이라는 것이다. 즉 두 개의 상반된 힘이 서로 힘겨루기를 하고 있는 상태이다. 이 힘겨루기는 대립되는 두 인물의 상태를 분명하게 보여준다. 현실적으로 손님들이란 무엇인가를 추구한다는 점에서 능동적인 성격을 갖기 마련인데, 여기에서 손님은 수동적인 자세를 취함으로써 여주인의 앞으로 나아가는 힘의 방향과는 대립되고 있다. 이처럼 등장의 형태에서 보여주는 힘의 대립은 이후 의상·태도·동작·제스처·어조 등 모든 것에서 두드러진다. "손님은 몸에 꼭 끼는 옷을 입고 옹색한 동작을 취하는 소심하고 가련한 사람이다. 여주인은 볼륨 있는 성숙한 여인으로 머리를 염색하고 현란한 색깔이 들어 있는 야한 원피스를 입었다."(293-294) 여주인은 당당하고 자신 있는 태도와 어조를 가진 반면, 손님은 잔뜩 주눅이 들어 있고 이에 준하는 말투와 동작을 취한다.

두 인물의 양극화가 노리는 것은 무엇일까? 이들의 선명한 대조는 코믹한 효과를 이끌어 내는데, 이 효과는 일상성을 가볍게 탈출할 수 있는 하나의 방법이다. 현실을 우습게 만들어 그 틀을 해체함으로써 기존의 가치와 사고를 뒤죽박죽으로 반죽할 수 있기 때문이다. 이것은 아이러니이자 부조리한 측면이기도 하다. 그러므로 두 인물의 양극화는 초라한 손님의 모습을 우스꽝스럽게 부각시켜, 손님을 정상적인 상태에서 비정상적인 상태로 이행하게 하는 하나의 모티프를 제시한다. 또한 마치 어머니처럼 손님을 어우르는 여주인은 손님이 이곳에 온 목적을 이미 다 알고 있으며, 손님과 보이지 않는 인물, 그녀와의 장을 준비한다. 따라서 여주인과 손님의 대조는 후반에 손님과 그녀와의 대립적인 장을 예시하고, 나아가 손님이 명확한 의식에서 몽상적이고 비현실적인 무의식으로 나아가는 역할을 한다고 볼 수 있다.

B) 손님의 자아 분열

이 극작품에서 손님은 평생 동안 꿈꾸어 온, 한시도 빼놓지 않고 생각해 온 그녀를 만나기 위해 이곳에 찾아온다. 이제 여주인은 그들이 들어온 오른쪽 문을 통해 다시 퇴장하고 손님만이 무대에 남는다. 손님은 누구의 방해도 받지 않고 그녀를 보고자 한다. 창녀의 살롱을 암시하는 분위기에서 남자인 손님이 꿈에 그리던 아름다운 여인을 단지 열쇠 구멍을 통해 홀로 바라본다는 것은, 에로틱한 분위기를 물씬 풍기는 희극적인 상황이다. 무대에 남겨진 손님은 6시를 기다리면서 모노드라마의 장을 연출한다. 이 장에서 특기할 만한 사실은, 그녀와의 만남을 위해 손님이 스스로 양극화한다는 것이다. 그것은 자아 분열의 현상으로 나타난다.

이순간은 자신의 평생 소원이 실행되려는 찰나인데, 손님은 그 사실은 믿을 수가 없다. 꿈인지 생시인지 구분할 수 없을 만큼 기쁜 일이 벌어졌을 때 볼을 꼬집어 보는 것처럼, 지금 이 자리에 존재하는 것이 과연 자기 자신인지 의심이 들어 손님은 팔과 다리를 만져본다.

말해보게, 자네에게 어떤 일이 있어났는지 믿을 수 있겠나…? 정말 믿을 수 있겠어…? 지금 질문을 하는 자네가 진정 자네란 말인가…? 그 날이 바로 오늘이란 말인가? (손님은 주머니에서 수첩을 꺼내 본다.) 그래, 그런 것 같군……. 내가 바로 여기에 있는 건가? (웃는다.) 어리석은 질문이지…! 여기는 여기잖아, 적어도 그런 것 같군……. 이봐, 자네, 자네가 진짜 자넨가? (팔과 다리를 만져 본다.)(302)

위의 인용문을 살펴볼 때, 자신 스스로에게 'tu' 'toi' 등의 이인칭 단수 대명사를 사용함으로써 자아 분열의 징후가 나타남을 알 수 있다. 이 징후는 잠시 후 일인칭 복수 대명사를 사용할 때 더욱 명백해진다. 이 자아 분열은 현재까지 있어 왔던 자신과, 지금부터의 자신과의 분리를 유도해 낸다. 이를 위해 손님은 두 가지 방법을 취한다.

첫째는 지갑 던지기이다. 지갑 속에는 현재 자신의 모든 삶의 흔적, 예컨대 출생 증명서, 가족 수첩, 군대 수첩, 사진, 지문 등이 들어 있다. 따라서 이제는 더 이상 필요없다는 뜻으로 지갑을 던져 버리는 행위는 지금까지의 자기는 더 이상 아무것도 아니라는 의미와 현재와의 절연을 통해 완전히 새롭게 변신하고자 하는 소망을 담은 행위이다. 지갑을 던져 버림으로써 손님은 무명인이 된다. 아무런 증명서가 없으므로 구더기처럼 적나라하게 벗은 모습이다. 그는 이름도 없으며, 그 어느 누구도 아니다.

자네 이름이 뭔가? 조셉…? 엘로이…? 세자르…? 후후!! 아무도 아니 잖아! 벌레처럼 벌거벗고…! 얼굴도 없고, 엉?(303)

손님이 자아 분열을 위해 취하는 두번째 행동은 거울 바라보기, 그리고 거울에 담겨진 자신의 상던지기이다. 주머니에서 거울을 꺼낸 손님은 거울을 보면서 얼굴을 찡그린다. 거울에 반영되는 찡그린 모습은 현재의 손님이다. 따라서 찡그린 상이 그대로 담겨져 있는 거울을 던져 버리는 것은 지갑 던지기와 마찬가지로 지금까지의 자신과 분리되고자 하는 행위이다. 현재의 모습은 거울과 더불어 떠나고, 손님은 새롭게 혹은 아무것도 아닌 것으로 변화한다. 무의 상태 또는 백지

상태가 되는 것이다. 아무것도 쓰인 것이 없는 순수한 백지가 되어야만 세상에서 가장 아름다운 여인을 그려넣을 수 있지 않을까? 이처럼 손님이 지갑 던지기와 거울 던지기를 통해 자아 분열을 행하는 까닭은 현실과 절연하고픈 욕망 때문이다. 현실과의 절연은 순수 상태로의 도약을 가능하게 하며 그 상태가 되어서야 세상에서 가장 아름다운 그녀를 만날 수 있기 때문이다.

C) 그녀의 자아 분열

그녀는 누구인가? 이 질문에 대한 대답은 결국 극 전반의 주제를 파악하는 데 결정적인 역할을 할 것이다. 여기에 답하기 위해 작품에서 그녀에 대한 몇 가지 정보를 추출할 수 있다. 첫째로 그녀의 외모에 대해서인데, 손님의 묘사에 의하면 그녀는 풍만하고 통통한 육체를 지니고 있으며, 빼어난 여성스런 몸매로 육감적인 여성임을 알 수 있다. 둘째로, "나의 위대한 검은 태양" 또는 "어두운 육체"의 묘사에서 알 수 있는 것으로 그녀는 흑인이다. 이러한 그녀의 외모는 마른 딱딱한 남성과 대비되는 부드러운 곡선의 여성스러움의 강조와 백색[35]과 대비되는 검은색의 강조를 통해 보이는 손님과 보이지 않는 그녀의 대조를 더욱 두드러지게 한다. 셋째로, 'Elle'의 첫 알파벳이 대문자로 쓰여져 있음에 주목하자. 이 대문자 쓰임새는 마치 '신(Dieu)'의 단어에서 첫 알파벳의 대문자의 쓰임새와 상통하는 의미가 있기 때문이다. 넷째로, 그녀의 존재 형태를 보면 그녀는 끝까지 무대에는 그 모습을 드러내지 않는, 보이지 않는 존재이다. 《가구》에서 손님의 모습이 발명가를 통해 비춰졌듯이, 그녀의 모든 모습은 무대에 홀로 남겨진 손님을 통해서만 드러난다. 이러한 무형의 존재 형태는 상당히 의미심장하다. 다섯째로 그녀가 존재하는 곳은, 즉 여주인이 가리키는 곳은 바로 비현실적인 왼편의 문쪽이다. 그녀는 죽음의 틀을 상징하고 있는 문 저편

---

35) 작가가 백인인 만큼 손님을 백인으로 가정하는 것은 충분한 이유가 된다.

에 존재한다. 손님이 그녀를 볼 수 있는 것은 왼쪽 문의 비정상적인 위치에 뚫려 있는 커다란 열쇠 구멍을 통해서이다. 블랙홀처럼 모든 것을 흡입할 것 같은 열쇠 구멍은 손님이 그녀와 접할 수 있는 유일한 통로로서 손님의 모든 것을 한꺼번에 빨아들일 듯 강조되어 있다. 죽음을 상징하는 문 안쪽에 존재하는 그녀는 확실히 비현실적인 존재이다. 여섯째로, 그러나 그녀는 왼쪽 문 너머에 상존해 있는 것은 아니다. 여주인에 따르면 6시가 되어야 그녀는 가상의 공간에 나타난다. 6시라는 시간의 설정은 말라르메의 《이지튀르》의 자정이나 발레리의 《해변의 묘지》에서 나타난 정오의 시간이 일정한 상징적 의미를 지니고 있는 것과 마찬가지로, 어떤 의미가 있음이 분명하다. 12시 혹은 0시가 큰 바늘과 작은 바늘이 하나로 합쳐지고, 최초의 순간의 0과 마지막 순간인 12가 동시에 존재하는 절대적 시간을 의미하는 것이라면, 6이라는 숫자가 지니는 상징성[36] 이외에도, 6시는 큰바늘과 작은 바늘이 일자로 늘어서서 시간의 공간화인 시계판을 정확하게 이등분하는 완벽한 균형을 취하는 절대적 시간을 상징한다.

힌편, 외견상으로 그녀는 스트립 걸이다. 손님은 관음증 환자처럼 열쇠 구멍을 통해 그녀를 바라보고, 그녀는 스트립 걸처럼 에로틱한 동작을 취한다. 그러나 그녀는 형이상학적인 의미를 지닌 스트립 걸이다. 어떤 단계를 거쳐 그녀가 평범한 스트립 걸에서 형이상학적인 의미를 지니게 되는 걸까? 먼저 그녀는 보석 장식물을 하나하나 떼어놓는다. 귀걸이·목걸이·반지·팔지 등을 마술에 걸린 듯 풀어 놓고, 그런 다음에 그녀는 옷을 벗기 시작한다. 이러한 옷벗기 순서는 쇼걸의 동작이기보다는 첫날밤을 맞은 신부의 모습이다. 그녀가 웃옷을 벗어던지자, 열쇠 구멍으로 이를 바라보던 손님도 웃옷을 벗어던진다. 그녀가

---

36) 상징사전을 보면 6은 우선 무한의 균형 속에서 창조주와 창조물의 대립을 의미한다. 이 대립적인 세 가지 것들은 서로 완벽한 균형을 이루며, 기하학적으로 정삼각형과 역삼각형이 합해져 만들어진 솔로몬의 도장처럼 절대를 상징한다. 《상징사전 *Dictionnaire des Symboles*》, Seghers, 1980, Paris, 150-161쪽 또한 221-213쪽 참조.

빌로드 신발을 벗자 손님도 신발을 벗어던진다. 그녀가 스커트의 후크를 벗긴 후 치마를 내리자 손님도 조끼를 벗는 후 멜빵을 어깨에서 내린다. 그녀가 속치마를 벗어 갈매기처럼 날려 버리자 손님은 손수건과 넥타이를 허공에 던져 버린다. 이제 열쇠 구멍을 통해 손님의 시야에 들어온 그녀는 비밀스런 육체가 거의 다 드러나는 코르셋 차림이다. 이순간 손님은 브르통처럼[37] 그녀의 육체 안에 내재하는 이원적인 요소들, 여기와 저기, 빛과 어둠, 높음과 낮음을 말하고 이들을 통해서 진리, 인생의 목표에 도달할 수 있음을 밝히고 있다.

그러나 아직 그녀의 육체와 손님의 시선 사이에는 약간의 불순물이 남아 있다. 절대 순수의 상태는 마지막 남아 있는 속옷을 벗어던지고 감추어 놓은 비밀이 사라질 때 가능하다. 그렇긴 하지만 손님의 시선 하에 완벽하게 노출된, 전라의 그녀의 육체가 최후의 완성이라면 그녀의 옷벗기 행위는 상업적인 쇼와 크게 다를 바 없을 것이다. 따라서 그녀의 분리 양상은 진일보하게 되는데, 스트립쇼가 형이상학적인 차원으로 진입하는 마지막 단계의 징후는 떨림 혹은 '전율(frémissement)'이다. 그녀는 몸을 심하게 떨면서 벗기의 극치로 나아간다. 이 벗기는 바로 관능미를 간직하고 있는 육체, 즉 따뜻한 살을 떼어 던져 버리는 것이다. 그녀는 볼을, 입술을, 가슴을, 모든 육체를 던져 버린다. 넝마처럼 너덜너덜해진 살덩이를, 개나 새, 벌레나 자칼에게 먹이 주듯 던진다. 근육도, 핏줄도, 살도 사라지고 오직 뼈대만이 남게 되었을 때 비로소 긴장과 흥분 속에서 손님은 무엇과도 견줄 수 없는 완벽한 벗음, 완벽한 미가 이루어졌음을 외친다.

하! 히! 던진다! 머얼리! 볼! 입술, 젖가슴! 모든 살갗을! 흩어져라! 갈

---

37) 여기서는 브르통이 '초현실주의 제2차 선언'에서 밝힌 바 있는 삶과 죽음, 현실적인 것과 상상적인 것, 과거와 미래, 의사소통이 가능한 것과 불가능한 것, 높음과 낮음이 더 이상 모순적이지 않는 어떤 정신 세계의 존재에 대한 믿음을 상기할 필요가 있다. 브르통, 《초현실주의 선언》, Gallimard, 1978, Paris, 76~77쪽 참조.

라기 찢겨! 홉…! 개들! 홉! 새들! 홉! 벌레들 먹이로……. 자칼! 홉! 홉! 홉! 자! 자! 자! 자…! 아무것도 없어, 아무것도! 근육도! 핏줄도! 피부도! 오, 나의 그대, 이젠 완전히 벗었구려! 그대가 할 수 있는 최상의 완벽함과 최상의 아름다움…!(308)

뼈대는 더 이상 숨길 것이 없는 완전한 벗음의 결과이자 그녀의 탈자아의 최후의 징표이므로, 과거와의 단절 및 현실과의 절연을 통해 스스로 무화된 손님과 그녀의 합일을 위한 절대 순수의 보금자리가 마련된 셈이다. 이 보금자리가 결실을 보게 될 경우, 그녀의 스트립쇼는 진정으로 형이상학적인 의미가 있다고 볼 수 있다. 여기에서 뼈대가 스트립쇼의 완성이라고 말할 수 있는 근거는, 손님이 뼈대를 보고 혐오감을 느끼거나 무서워하지 않고, 여전히 그녀의 뼈대에 대해 성욕을 느낀다는 점이다. 이 욕구는 합일의 전제 조건인 셈인데, 손님은 그녀를 지탱하고 있는 뼈대, 새장처럼 비어 있는 뼈대를 통해 저편에 침대가, 그녀와 함께 사랑을 나누고 싶은 침대가 빛을 발하고 있음을 본다.

그대 뼈 너머, 빈 새장을 통해 보듯 그대의 빛을 발하는 **침대**를 보도다…!(308)

이 침대는 다름 아닌 형이상학의 둥지이다. 불순한 모든 것을 벗어버린 남자와 여자가 하나가 되는 곳이다. 그녀의 가장 순수한 상태인 뼈대에 강한 유혹을 느낀 손님은, 그녀와 이 둥지를 향한 열망으로 몽유병 환자처럼 두 손을 앞으로 향한 채 단단히 잠겨 있는 문을 향해 돌진한다.

이상을 종합해 볼 때, 옷과 살을 벗는 그녀의 적나라한 쇼는 손님과 더불어 완전한 합일을 준비하는 행위이다. 그 결과로 드러난 앙상한 뼈대는 시인의 글쓰기를 기다리는 순수 백지의 형상이다. 이는 지금까지 파악된 그녀의 상징, 죽음을 의미하는 존재, 비현실적인 존재,

나아가 신과 같은 절대적인 존재 혹은 형이상학적인 존재 등과 동일한 의미를 갖는다. 그러므로 절대 신의 상징성을 지닌 그녀를 손님이 삶의 최대의 목표로 삼고 평생 동안 추구하였다는 것은 지극히 당연한 것이 되며, 그가 수소처럼 닫혀 있는 문으로 뛰어들어 죽음에 이르는 마지막 장면을 통해 형이상학적인 세계로의 도달은 현실 너머 죽음을 통해서만 가능하리라는 것을 암시한다.

D) 양극화의 합일

해골 형태의 그녀에게 강한 열망을 느끼고 그녀에게 도달하기 위해 왼쪽 문으로 돌진한 손님은 강한 충격으로 그만 바닥에 쓰러진다. 이미 문의 형태와 그녀의 상징을 통해 예시된 대로 두 순수 존재의 합일을 위해 손님이 죽은 것이다. 따라서 손님과 여주인과의 대립, 손님과 보이지 않는 그녀와의 대비, 그리고 손님의 몽환적·비현실적·이상야릇한 행동 등은 결국 죽음에 도달하기 위한 하나의 과정이라고 볼 수 있다. 그런데 이러한 과정은 현실을 벗고, 육체를 벗고 죽게 될 때 영원히 살 수 있다는, 형이상학적인 세계에 도달할 수 있다는 의미를 내포하고 있다. 그렇다면 손님이 문과 충돌해서 죽은 것은, 열쇠 구멍을 통과할 수 없는 육신의 탈을 벗고 영혼만이 그 구멍을 통과해서 그녀와 결합되었음을 뜻하는 것은 아닐까? 그래서 손님이 의식을 잃었을 때 무대 전체는 어두워지고 오직 열쇠 구멍을 통한 빛이 강렬하게 무대를 쏘는 것은 어둠에 대한 빛의 대비를 통해 어둠 속에서 빛의 자국을 따라 손님의 영혼이 구멍을 통과했음을 보여주려는 것은 아닐까? 이러한 관점에서 마지막 장면의 조명 효과는, 작품의 전체적인 이원적 요소들이 결과적으로 하나로 통합되었음을 강렬하게 암시하는 것으로 볼 수 있다.

이러한 합일의 의미를 가진 극작품의 외견은 부조리한 모습이다. 한 여자를 만나러 온 손님이 단단히 잠겨 있는 문에 달린 열쇠 구멍을 통해서만 볼 수 있다는 것은 얼마나 모순인가? 또한 옷벗기 행위에서 에로틱한 느낌을 갖는 것이 보편적인 현상이라고 할 때 그렇다고 살을 벗어던지는 행위는 무엇보다도 엄청난 과장이 아니던가? 나아가 살갗을 던져 버리는 행위는 죽음의 의식, 공포의 장면이 될 수 있다. 외적 미를 의미하는 여성의 풍만한 육체가 아니라 뼈에서 성적 욕망을 느끼는 것은 일종의 아이러니가 아닌가? 극적 기교에 있어서도 그녀는 보이지 않고 모든 것들이 손님을 통해서 나타나므로 관객이 보는 것은 그녀의 쇼가 아니라 손님의 스트립쇼가 되는 것이다. 이는 관객의 입장에서 보면 주객이 전도된 것으로 매우 우스꽝스런 장면이 연출된다. 이러한 코믹 효과는 〈가구〉에서와 마찬가지로, 관객을 혼돈 속에 빠트리면서 현실적이고 논리적인 사고를 엉망으로 만들어 비현실적이고 꿈적인 세계로 빠트리게 하는 역할을 한다.

〈창구〉

역시 단막극의 형식으로 구성되어 있는 이 작품은 그 내용을 크게 두 장으로 나눌 수 있다는 점에서 전 작품들과 흡사한 구조를 가지고 있다. 여기에서는 다만 내적인 두 개의 장을 좀더 세분하여 여러 개의 작은 장으로 나눌 수 있다는 점이 흥미롭다. 내용상 크게 나누어지는 두 개의 장은 전반부의 현실적인 장과 후반부의 비현실적인 장이다. 이러한 구분은, 앞의 두 작품과 마찬가지로 이 작품의 내용이 현실적인 것에서 비현실인 것으로 변모해 가는 것을 의미한다. 또한 내용상 더 잘게 나누어지는 장들은 안내인(Le Proposé)과 손님(Le Client)과의 관계에 따라 구분되어진다. 즉 안내인은 항상 안내인으로만 머무는 것이 아니라 공무원이나 의사, 운명을 예견하는 예언가 혹은 점쟁이 등이 되기도 하는 것이다. 이처럼 이 작품은 극 구조가 자체적으로 다원화되어 있고, 극 공간 역시 대립적으로 구성되어 있으며, 인물들간의 대립도 각 장면에 따라 다양하게 변주되어 있다.

1) 공간의 구조

앞의 두 극작품의 극 공간이 보이는 공간과 보이지 않는 공간으로 나누어졌다면, 〈창구〉에서는 두 개의 보이는 공간이 쇠창살로 양분되어 있다. 이 극의 장소는 어떤 행정 안내소인데, 이분화되어 있는 공간들은 쇠창살 사이에 조그맣게 자리잡고 있는 창구를 통해 서로 연결되어 있다. 〈자물쇠〉에서 열쇠 구멍이 손님의 공간과 그녀의 공간의 이음새였듯, 여기에서 이 창구는 나누어진 두 공간의 통로가 되는 것이다. 이처럼 대립적인 의미로 양극화되어 있는 공간 구조의 표피 아래로 상호 소통이 가능한 실마리가 존재한다는 것은 양극화가 단순한 대립으로 끝나는 것이 아니라 대립을 넘어서 무엇인가를 추구할 것이라는 실마리를 제시한다. 이 공간의 오른편은 안내인의 공간으로 그는 처음부터 이 공간에 존재한다. 이와는 대조적으로 무대지시에서 "손님 쪽(côté public)"이라고 명시하고 있는 왼편의 손님의 공간은, 막이 열릴 때 빈 공간으로 제시된다.

  왼쪽 문짝 위에 '입구'라고 씌어 있고 오른쪽 문짝 위에 '출구'라고 씌어 있다.(311)

이 무대지시에 나타난 '손님 쪽' 공간은 누구나 살아가면서 경험해봄직한 장소로 흔하고 평범한 안내소이다. 그런데 이 두 공간은 각각 안내인과 손님이 존재하는 자리라는 것 이외에도, 공간에 놓여 있는 물건들을 통해 그 차이점과 특징이 드러난다. 안내인의 공간에는 안내인의 외투·모자·라디오, "참고 기다리자"라고 쓰인 벽보, 펼쳐진 우산, 난로와 더불어 안내인이 앉아 있는 책상이 있다. 책상 위에는 서류들, 책들, 여기에 준하는 다양한 물품들이 어지럽게 흩어져 있다. 따라서 오른쪽의 공간은 안내인의 사무실로 바깥에는 비가 오고 날씨가 춥다는 정보를 제공하고 있다. 반면 출입문, 벽을 따라 놓여 있는 긴 의자, "용건은 간단히"라고 씌어 있는 벽보가 있는 왼쪽 공간은 현재 비어 있는 상태로 정해지지 않은 누군가가 언제든지 들어올 수 있는 장소가 된다. 즉 오른쪽 공간은 그곳을 차지하는 인물이 정해져 있는 반면 왼쪽의 공간은 정해지지 않은 누군가가 수시로 왕래할 수 있는 공간인 것이다. 이를 종합해 볼 때 안내인의 공간은 개인의 물품들이 용도에 따라 놓여 있는 안정되고 정적인 공간이고, 손님의 공간은 유동적인 불안정한 공간이다. 이러한 공간의 대립적인 의미는, 지금까지 보아 온 세 작품에서 손님과 발명가, 손님과 여주인, 손님과 안내인의 관계를 놓고 볼 때 무엇인가 결핍된 것을 메우려고 하는 손님의 능동적이고 동적인 자세와 정적인 상태에서 손님을 받는 대립자의 입장과 동일한 맥락임을 쉽사리 알 수 있다.

2) 인물의 양극화

이미 언급한 것처럼 안내인과 손님의 대조는, 손님의 질문 내용과 안내인의 역할에 따라 다양하게 나타난다. 안내인은 맨 처음 평범한 안내인으로 설정되어 있지만, 손님의 신분을 조회하는 경찰관이나 공무원으로, 손님의 혀와 손을 검사하는 의사로, 손금을 보는 운명 감정인으로, 그러다가 다시 기차 시간을 알려 주는 안내인으로, 손님의 인생을 상담하는 카운슬러 등으로 변모한다. 지금부터는 작품에서 두 등장인물의 양극화 현상이 어떻게 나타나는지 구체적으로 살펴보고 그것이 갖는 의의와 나아가 손님의 죽음과 어떤 관계를 갖는지 파악해 보자.

막이 오르면 무대에는 안내인이 자리에 앉아 책을 읽고 있다. 잠시 후 손님은 겁먹은 표정으로 낯선 장소인 안내소에 망설이며 들어선다. 손님은 무대에 등장할 때 먼저 머리만 내민다던가, 걸음을 발끝으로 걷는다던가, 들어왔다가 다시 나간다던가 하면서 낯선 공간으로 들어오기를 주저한다. 이처럼 첫 장면은 여러 가지 측면에서 상당히 대조적이다. 예컨대 익숙해진 자신의 공간에 앉아 한가롭게 일상적인 모습을 보여주는 안내인과 낯선 공간에 들어서는 불안한 심정의 손님이 그러하다. 이를 도표화해 보면 다음과 같다.

안내인	손님
무대에 이미 존재	막이 열린 후 등장
익숙한 공간	낯선 공간
외투를 벗고 있음	외투를 입고 있음
편안한 상태	불안한 상태

그러므로 앞으로 두 인물의 관계는, 이들이 보여주는 동작과 어조는 이를 기반으로 형성될 것이다. 손님은 한없이 왜소해지고 그럴수록 안내인의 자세는 위압적이다. 안내소에는 손님 혼자밖에는 없지만, 안내인은 무뚝뚝하게 기다리라고 하면서 번호표를 준다. 번호표는 2명 이상의 손님이 순서를 정할 때 필요한 것이다. 그러므로 한 사람의 손님에게 번호표를 준다는 것은 어처구니없는 상황이다. 그런데 더욱 어처구니없는 것은 이러한 안내인의 태도에 대해 손님이 변변찮은 항변도 못한다는 것이다. 이 부조리한 상황, 이들의 부조리한 관계는 극이 진행되면서 모든 것들이 부조리할 것이라는 하나의 암시이다. 안내소에 손님이 들어오면 안내인은 먼저 손님이 무엇 때문에 왔는지 물어보는 것이 정상이다. 그러나 작품에서 손님은 안내소에 온 목적을 쉽사리 말할 수가 없다. 그가 안내소에 온 목적을 말하기도 전에 안내인은 손님의 이름 · 생년월일 · 직업 · 주민등록번호 · 나이 등에 대해 묻는다. 이 상황을 〈자물쇠〉에서 손님이 지갑을 던져 버릴 때 그 안에 들어있던 신분증과 더불어 현실적인 자신, 사회 조직 속에서 자신과 유리된 상황과 견주어 볼 때, 안내인이 손님에게 질문하는 것은 손님이 현실적으로 누구인가를 밝히는 부분이다. 한마디로 안내인은 손님이 이곳에 찾아온 본질적인 이유에 대해서는 관심이 없고, 오직 사회적 지위 · 직업 · 나이 등 외적인 현실에만 관심이 있을 뿐이다. 이름대기를 강요당한 손님이 예기치 않은 상황에 빠져 당혹해 하면서 "그런데 저는……"이라고 말을 더듬자, 안내인은 단호하게 "'저는……'은 없다"라고 말한다.

손　님　저, 제가 여기 온 것은…….

안내인　(말을 가로막으며) 이름?

손　님　예? 이름요? 저는…….

안내인　저는이란 이름은 없어요. 이름이 뭐요?(314)

본질적 자아인 '나(Je)'는 없고 외형적 현실인 이름만 있는 것이다. 이름이란 사회 구성원으로 존재하는 현실의 모습이다. 작품에서 이러한 현실의 모습은 희극적이며 아울러 모순적이고 부조리하게 드러난다. 이름을 물어봤을 때 이름대신 신분증을 제시하자 지금 신분증을 제시하라고 하는 것이 아니라 당신 이름을 대라고 하는 것이나, 결국 손님이 이름을 말했을 때 나타난 이름의 낯선 형태,[38] 주민등록번호의 이상야릇함, 나이를 알기 위한 코믹한 계산 방법 등이 바로 이러한 장면이다. 이처럼 안내인과 손님의 양극화를 통해 나타나는 불합리한 장면은 현실의 모순을 확대시켜 희극적인 분위기를 돋우고, 나아가 현실이 얼마나 부조리한 것인지를 보여주기 위한 하나의 방법이라 할 수 있겠다.

손님이 자신이 안내소에 온 목적을 밝히는 것은 결국 극이 3분의 1이나 지나서이다. 사실 그는 기차 시간을 알아보기 위해 이곳에 왔다. 그러니까 손님이 단순히 기차 시간을 알기 위해 직업, 결혼 여부, 아이들에 대해 자세히 설명할 수밖에 없었던 것은 일종의 해프닝이라 하지 않을 수 없다. 손님은 두 방향의 기차 중 하나를 택해서 타야 하지만 결정을 못하고 있다. 그런데 어느 순간 기차의 방향은 인생의 방향으로 전이된다. 그러므로 손님이 일생의 여인을 찾는 것이나 삶의 방법에 대해 문의하는 것 혹은 안내인이 밀턴의 《실락원》을 읽을 것을 권하는 것이나, 출퇴근길을 바꿔 보라고 권하는 것은 안내인이 손님의 인생에

---

38) "M…… U…… Z…… S…… P…… N…… Z…… J…… A tréma…… K…… Deux E…… S…… G…… U…… R…… W…… P…… O…… N…… 뒤퐁할 때 T 말이예요……." 《창구》, 315쪽.

대해 카운슬링하는 것이 된다. 안내인이 카운슬러로 변신한 것이다. 물론 이 변신은 극의 내용을 변화시킨다. 그것은 극의 내용에 따라 임의로 나눈 두번째 장에 해당하는 것으로 비현실적인 꿈같은 세계로의 진입이다. 여기서부터는 전반부와는 확연히 다르게 비논리적이고 몽상적인 장면으로 이루어진다. 이들의 대화 또한 논리적인 언어 고리의 연결에서 벗어나 비논리적이고 시적인 형태를 띠며, 대화의 내용도 관념적으로, 나아가 형이상학적인 성격으로 화한다. "영원한 삶이란 무엇이냐"라는 손님의 질문에 안내인은 "정신으로 정신에 의해 정신을 위해 사는 것, 그리고 현실의 우발적인 사건들이나 살아가는 동안 일어난 사건들을 무화하는 것"(327)이라고 대답한다. 이는 현상적인 것들이 비현상적인 것들로, 물질적인 것에서 비물질적인 것으로, 즉 형이상학의 세계로의 이행을 의미한다. 이 세계에 들어오면 형상들은 관념이 되고, 존재들은 본질이 되며, 움직이지 않는 빛이 이미 지나 버린 미래와 다가오는 과거 사이에서 균형을 이루며 군림한다. 이 세계는 〈자물쇠〉에서 손님과 그녀가 합일된 세계와 상통한다. 이 세계에서 과거와 미래, 보이는 것과 보이지 않는 것 사이의 대립·모순·갈등은 사라진다. 손님과 안내자 사이의 선문답 같은 대사는 더 이상 손님이 이곳 현실(ici)에 존재하지 않고 비현실적 존재로 무화되는 양상을 보여준다.

손 님   (넋을 잃고) 오, 그렇군요······. 별들의 소나기!

안내인   (정정하며) 별들은 없도다!

손 님   (복종하며) 별들이 부재하는 소나기!

안내인   (눈을 허옇게 뜨고) 부재! 부재라니! 그대는 어디에 있는고!

손 님   (길 잃은 어린애같이 막연한 소리로) 여기···! 여기요!

안내인   (멀리서 울려퍼지는 웅장한 소리로) 아니로다. 그대는 여기에
         도 저기에도 없고! 그대는 그 어느곳에도 없도다!(327)

결국 손님의 존재는 육체라는 형태에서 비형상적으로 변화하게 되는데, 이의 과정과 결과는 전 작품의 순서와 지교를 그대로 재현한 것이다. 즉 현실을 벗어던지기, 육체의 무형화 그리고 최후의 단계에서 합일을 통한 형이상학의 완성이 그것이다. 손님의 죽음은 이러한 것들과 필연적으로 연관을 맺고 있다.

이제 안내인은 점쟁이 혹은 예언가가 된다. 그는 손님의 생년월일을 가지고 점성술로서 손님의 운명을 예견한다. 그리고는 손님이 이 사무실을 나가자마자 죽을 것이라고 말한다. 그러자 손님이 죽을 장소가 왜 '여기(ici)'가 아니라 꼭 밖이어야 하느냐고 반문한다. 여기란, 사무실이자 관객이 볼 수 있는 무대이자 현실적인 장소이다. 그런데 죽음이 탈현실화를 위한 방편이라면 현실인 여기가 아니라 비현실인 그곳에서 이루어져야 한다. 그곳이란 사무실 밖으로 보이지 않는 곳, 달리 말하면 그녀가 존재하는 장소이다. 따라서 이러한 예언을 알고서도 밖으로 나서는 손님은 죽을 것을 알고도 문과 충돌하는 바로 그 손님의 모습이다. 죽음을 통해 탈육체화되었을 때 형이상학은 완성되기 때문이다.

이제 〈창구〉에서 손님이 죽음에 이르는 단계를 정리하면서 그의 죽음이 상징하는 바를 밝혀 보자. 먼저 손님은 안내인과의 대립에서 드러나는 희극적인 상황을 통해 현실이 부조리하다는 것을 보여준다. 이어서 이러한 부조리한 상황에서, 손님은 탈자아·비존재화 혹은 탈육체화 단계로 넘어간다. 그런데 이 단계의 끝은 곧 죽음을 뜻한다. 이렇듯 육체의 소멸을 동반하는 죽음의 메타포는 더 이상 분열이나 대립이 없는 숭고점을 향하는 일종의 형이상학적인 제스처가 되는 것이다.

나오며

세 작품은 죽음이라는 무거운 결말에 비해 매우 가벼운 터치로 이루어져 있다. 〈가구〉에서 보이지 않는 손님과 보이지 않는 기계 사이에서 발명가는 우스꽝스런 어조와 몸짓으로 자신의 기계를 열심히 설명한다. 〈자물쇠〉에서 이상한 문에 뚫려 있는 열쇠 구멍을 바라보며 에로틱한 분위기를 연출하는 손님의 모습은 매우 희극적이다. 〈창구〉에서도 손님과 안내자의 행동은 관객의 웃음을 자아내게 한다. 지금까지의 분석을 통해 이러한 코믹한 상황이 손님과 대립자 사이의 불합리적이고 부당한 이중적 관계, 공간 구조 그리고 작품의 이중적 짜임새를 명확하게 드러내기 위한 하나의 수법임을 알 수 있었다.

그렇다면 이러한 구조의 한 축을 이루고 있는 손님은 과연 누구일까? 첫째로, 손님은 사회의 구성원으로 일상의 나날을 살아가는 우리 모두의 모습을 대변한다. 현실의 삶 속에서 우리는 언제나 손님이 아니던가? 작품에 등장하는 손님들이 겪는 사건과 상황은 누구든지 흔히 경험할 수 있는 것들이다. 기계에 관심을 갖는다던가, 창녀촌을 찾는다던가, 역에서 안내소를 들르는 일은 가장 일상적인 것이면서 본능적인 것이다. 세 작품에서 똑같이 극중 인물을 고유 명사가 아닌 일반 명사 '손님'으로 명명한 것도 이러한 손님의 일반성을 강조하기 위한 것으로 보인다. 둘째로, 손님이 죽음을 통해 형이상학을 추구한다는 점에서 그는 예언자이자 순교자이다. 그런데 그의 순교에는 현실이 부조리하다는 전언이 담겨 있다. 이러한 점에서 손님은, 기다렸으나 결국 오지 않은 베케트의 고도나 오기는 왔으나 벙어리인 이오네스코의 연사와 대단히 흡사하며, 오늘도 여전히 무거운 바위와 씨름하며 부조리한 삶을 살아가고 있을 또 한 명의 시시포스(Sisyphe)에 다름 아니다.

이러한 의미 통합체인 손님의 죽음은, 첫 작품에서 단순히 현실의 부조리를 드러내는 데 만족하는 듯했으나, 〈자물쇠〉에서 손님이 평생 동안 만나기를 꿈꾸었던 그녀와 합일을 위한 전제가 되고, 〈창구〉에서도 영원을 향한 최후의 몸짓이 된다. 이것은 작가가 세계의 존재 양식을 이중적 구조로 파악하고, 이를 극복하기 위한 하나의 방법으로 죽음을 통한 합일의 형이상학, 다시 말해서 변증법적 형이상학을 제시한 것으로 결론지을 수 있다.

제11장

베르나르 마리 콜테스

《목화밭에서의 고독》《서쪽 부두》《로베르토 쥬코》 등 불과 몇 편의 작품만을 남기고 41세의 젊은 나이에 에이즈로 세상을 떠난 베르나르 마리 콜테스는 현재 유럽에서 가장 주목받는 작가이다. 특히 〈여왕 마고〉 〈정사〉 등의 영화를 감독한 연출가 파트리스 셰로와의 인간적 관계와 연극적 관계는 흥미로운 연구 대상이다. 그의 작품에는 문명성과 인간성에 대한 원초적이고 제식적인 성찰이 스며 있다.

1. 콜테스 연보

1948년   4월 9일 메츠 출생. 지방의 소부르주아의 가톨릭 집안이었다. 장교였던 아버지는 전쟁(인도차이나 전쟁, 알제리 전쟁 등)으로 인해 자주 집을 비웠다. 아버지의 부재는 그로 하여금 책에 익숙하게 만들었고 이를 통해 문학 세계를 넓혀 갔다. "아버지와 아들의 관계는 그리고 모든 가족 관계는 심리적인 뿌리와는 무관한 운명적인 것이었다."(알랭 프리크와의 인터뷰, 1983) 콜테스는 매우 잘생긴 어린이였다. 가톨릭 어린이 신문을 읽었다. 알제리 전쟁은 그의 삶 속에 강하게 작용한다.

1958년   메츠의 생클레망 학교의 기숙사에 들어간다. 이곳 예수회에 의해 받은 사상과 수사학 교육은 훗날 극작품에 그대로 나타난다.

1960년 피아노 교육을 시작하지만 금방 그만둔다.

1961년 몰리에르 희곡집을 선물받아 자세히 읽는다. 극작품 하나를 무대에 올린다.

1963년 〈벤허〉〈십계〉〈스팔타커스〉〈로빈 훗의 모험〉 등의 영화를 탐닉한다. 성인이 되어서는 매일 극장에 간다. 70년대에 그는 극작품 중 하나를 바흐의 음악을 배경으로 하여 16밀리 필름으로 만들기도 한다. 탐정 소설을 읽기 시작한다.

1964년 랭보를 읽고 그의 사진을 방에 걸어 놓는다. 데카르트의 《형이상학적 사고》를 읽는다. 데카르트는 디드로와 더불어 콜테스가 좋아하는 철학자이다. 《목화밭에서의 고독》을 쓸 때는 디드로의 소설 《운명론자 자크》와 《라모의 조카》을 읽었다.

호메로스 · 셰익스피어 · 클로델 및 특히 러시아 작가들 도스토예프스키 · 고리키 · 투르게네프 · 톨스토이 등을 즐겨 읽는다. 또한 프리츠 랑 · 오슨 웰스 · 앨프레드 히치콕 · 엘리아 카잔 등을 섭렵하고 특히 이탈리아 감독들 페데리코 펠리니 · 미켈란젤로 안토니오니 등에 관심을 보인다. 음악의 경우 70년대까지 쇼팽 · 바흐 · 스카를라티 같은 고전 음악에 심취한다.

1967년 신문 방송과 에콜 등록. 수업은 거의 듣지 않았다.

1968년 캐나다와 미국(뉴욕) 여행. 뉴욕에 대한 편지 "나는 센트럴 파크에 누워 일광욕을 즐긴다. 어두운 생각이 하나도 없거나 어두운 생각으로 가득 찬 채. 그러다가 브로드웨이로 내려와 내가 좋아하는 '피터 레빗'이라는 바(bar)로 간다. 이 바는 내 침대보다도 내 어머니의 자궁보다도 더 좋다. 여기에 있으면 발바닥에서 뿌리가 내리는 것 같다.

(…) 그것은 허드슨 강가에 있다. 난 코카와 위스키와 웃음과 잭 런던의 소설 이미지에 취한다. 나는 물가로 내려간다. (…) 지금 나는 내 안에서 필요성과 면역을 만들어 내는 중이다. 나는 뉴욕 맨해튼의 맨 서쪽 끝에 자리한 '피터 레빗' 위층에 방을 하나 얻어 살라고 태어난 것일 수도 있겠다. 셰익스피어를 탐독한다. "나는 18세 때에 폭발을 했습니다. 스트라스부르 · 파리 · 뉴욕 모든 것이 빠르게 지나갔습니다. 그러다 1968년 뉴욕에서 갑자기 삶이 주둥이에서 튀어나왔습니다. 어떤 단계도 없었어요. 파리에서는 꿈꿀 시간이 없었는데 갑자기 뉴욕에서 꿈을 꾸게 된 거죠. 68년 뉴욕은 정말 다른 세상이었습니다."(클로즈네르와 살리노와의 인터뷰)

1970년 스트라스부르 거주. 《도시에서 멀리 말 타고 도망가기》의 배경이 됨. 스트라스부르 국립극장 소속 국립연극학교에 연출 전공으로 입학. 고리키의 《유년 시대》를 스스로 개작한 《고통》 연출.

1971년 도스토예프스키의 소설 《죄와 벌》을 각색한 《취한 소송》 연출.

1972년 프랑스 문화방송(France Culture)에서 《유산》 방영.

1973년 파리에서 자동차를 몰고 소련 여행. 러시아 및 소련 작가들에 열광. 마르크스 · 레닌 읽음.

1974년 공산당에 가입하여 군사 훈련을 받는다. 가르시아 마르케스의 《백년 동안의 고독》을 읽고 충격을 받음. 남아메리카 작가들에게 관심을 갖기 시작. 글을 쓰지 않은 시기.

1975년 우울 증세로 자살을 시도.

1976년 마약 중독. 사부아의 외딴 농장에서 소설 《도시에서 멀리 말 타고 도망가기》를 쓴다. 마약에 대하여 "난 마약에 대해 말하고 싶지 않다. 마약의 경험과 다른 경험 사이에 크게 다를 바가 없다고 생각하기 때문이다. 마약은 사람을 흥분시키고 아주 개인적이 되도록 하며, 마약 없이도 가질 수 있는 것과 이상하게 비슷하다. 바로 이러한 이유 때문에 마약을 했을 때 충격적이었다."(남자 동성애에 관한 잡지 《마스크》에서 알랭 프리크와의 대담) 브루스 리를 좋아함. 그는 《서쪽 부두》의 아시아 청년 팍의 모델이다.

1977년   미국 작가 살랑제의 편지에 영감을 받아 극작품 《살랑제》를 쓰다. 리옹의 엘도라도극단의 부뤼노 보에그랭 연출로 상연. "음악과 문학 사이에 근원적인 차이점은 존재하지 않는다. 인간은 누구나 글로 표현할 수 있는 것을 음악으로 표현할 수 있다. (…) 나는 내가 좋아하는 작가들에게서 받는 미학적 가치를 레게에서 동등하게 발견한다."(알랭 프리케와의 대담. 1983년) 러시아 영화감독 안드레이 타르코프스키를 존경함. 프라하 여행. 아비뇽 연극제 오프에서 모노드라마인 《숲 바로 앞의 어둠》 공연. 이 작품에 대하여: "만약 자네의 천재적인 숨결이 내 숨결을 초월하고 쓸어가고 변화를 준다면, 사람들은 이 작품의 마지막에 대해 연습을 하면서 바뀐 것까지 포함해서 많은 말을 하겠지. 내 생각으론 이것이야말로 죽음에 이르게 하는 진짜 재빠르게 머릿속에서 일어나는 흥분 상태야. 안녕(…)."

1978년   아프리카의 나이지리아 여행.

1979년   정세의 불안으로 위험이 도사리던 과테말라·니카라과 등을 여행한다. 아프리카 여행. 조지프 콘래드 읽음. 파트리스 셰로와의 만남. 파리에서 살게 됨. 과테말라에서 《검둥이와 개들의 싸움》을 쓴다. "난 이 작품을 스페인어도 통하지 않는 작은 마을에서 썼다. 그곳에 두 달 머물렀다."

1980년	음악적 취향. 마이클 잭슨 · 그레고리 이삭 · 페라 등, 제3세계와 흑인들의 음악을 들음.
1981년	뉴욕 여행(4개월).
1983년	낭테르의 아망디에극장에서 《검둥이와 개들의 싸움》 공연. 셰로와의 협력을 시작함. 장 주네 · 지미 볼드윈 · 하이너 뮐러(《서쪽 부두》 번역) 등을 만남. 병의 흔적.

동성애에 대하여: "나의 동성애는 내가 기대고자 하는 고독한 지주가 아니다. 난 나의 욕망에 기댈 뿐이지 동성애가 갖는 특이함에 기대는 것이 아니다. 그런 이유 때문에 난 내 작품에서 동성애를 직접적으로 언급하지 않는다. 이 주제를 언급할 수도 있겠지만 그렇다고 특별한 드라마가 된다고 생각하지 않는다. 동성애에 관한 문제에 대해 난 갈수록 할 말이 없다."

1984년	세네갈 여행. 페터 한트케 읽음. 《도시에서 멀리 말 타고 도망가기》 출판이 거부되었지만 알랭 로브그리예가 출판 결정.
1986년	셰로 연출로 《서쪽 부두》 공연.
1987년	셰로 연출로 《목화밭에서의 고독》 공연. 브누아 카코는 이를 영화로 만들어 1991년 텔레비전으로 방영. 클린트 이스트우드 · 장 뤽 고다르 · 스티븐 프리어즈 · 프랜시스 포드 코폴라 · 난니 모레티 · 마이클 치미노 · 스티븐 스필버그 등의 영화에 심취.
1988년	셰로 《사막으로의 귀환》 연출. 로베르토 쥬코 사건에 심취.
1989년	건강이 매우 악화되어 귀국. 4월 15일 41세의 일기로 에이즈로 사망하다.
1990년	페터 슈타인이 샤유뷔네에서 〈로베르토 쥬코〉 연출.

짧은 생을 살다 간 콜테스의 전체 작품은 다음과 같다.

— 《도시에서 말 타고 멀리 도망가기》(1976), 1984.
— 《살랑제》(1977), 1995.
— 《숲 바로 앞의 어둠》(1977), 1988.
— 《검둥이와 개들의 싸움》(1979), 1983.
— 《서쪽 부두》, 1985.
— 《목화밭에서의 고독》(1985), 1986.
— 《프롤로그》(1986).
— 《겨울 이야기》(셰익스피어 극작품 번역), 1988.
— 《사막으로의 귀환》, 1988.
— 《로베르토 쥬코》(1988)와 《타바타바》(1986), 1990.

2. 《검둥이와 개들의 싸움》 작품 설명

《검둥이와 개들의 싸움》의 무대는 아프리카이다. 이곳은 아프리카이긴 하지만 백인이 공사를 하면서 거주하는 외부와 단절된 폐쇄된 장소이기 때문에 아프리카 속의 유럽의 공간이라 할 수 있다. 매우 특수한 상황을 지닌 이곳은 작가가 실제로 경험한 공간이기도 한다. 작가 콜테스는 작품의 배경인 공사장과 거의 유사한 곳에 근무하는 친구를 만나기 위해 한 달간 실제로 아프리카를 방문한 적이 있다고 실토하고 있다.

이 방문에서 경험한 것을 작가가 극화시켜야겠다는 생각을 갖게 된 이유는 두 가지 정도가 있다. 첫째, 그는 이 장소에서 이상하고 색다른 느낌을 받았다고 고백한다. 당시는 아프리카 내전 상태였으므로 강도가 곳곳에서 횡행하면서 치안에 많은 문제점을 드러내던 시기였다. 이러한 터에 긴장을 늦출 수 없는 상태에서 밤이 되면 흑인 경비원들은 서로의 졸음을 쫓아내기 위해 목젖에서 나는 매우 이상한 소리를 냈다. 이 소리는 콜테스 본인에게 묘한 기분을 느끼게 했다고 말한다. 낯선 이국의 냄새와 기후, 약간은 불안한 분위기에서 끊이지 않고 들려오는 이상야릇한 소리 등 이러한 것들이 복합체가 되어 작가로 하여금 불현듯 작품 구상의 영감을 불러일으켰던 것이다. 이 장소는 영국의 해양 소설가 콘래드의 《암흑의 핵심》[1]에 나오는 콩고 강과 유사하다고 할 수 있다. 특정한 장소는 사람들을 이상한 마력으로 빠져들게 한다는 것이다. 작가는 이렇게 말한다. "우리는 이따금 일종의 은유적인 장소, 삶의 장소 혹은 나에게 엄중하고 분명한 것으로 보이는 어떤 장소를 만난다."

둘째, 그러나 불안한 분위기에도 불구하고 "이 원 안에는 마치 파리의 제16구역에서나 일어날 수 있는 일들, 소시민적인 드라마들이 펼쳐"지는 현장을 콜테스는 목격한다. 이곳은 한마디로 일상과는 다른 색다른 장소였지만 인간들의 모인 이 장소에서 인간들간의 관계는 오지든 문명지든 관계없이 본능적인 행위들이 일어나고 있었던 것이다. 예컨대 "공사장 우두머리가 반장의 아내와 잠을 잔다던가 하는 것 말이다……." 그곳은 낯선 곳이지만 인간들이 살아가는 장소였던 것이다.

작가 콜테스는 이곳의 경험을 통해 작품을 구상하였다고 밝히면서 장소에 대한 관객들의 선입견을 우려한다. 관객이나 독자는 제목에서 혹은 작품에서 백인들과 아프리카인들의 갈등에서 기인된 주제를 다루는 것은 아닌가 하는 생각을 할 위험이 있다는 것이다. 작가는 이 작품이 아프리카나 원주민에 대한 이야기가 아님을 분명히 밝히고 있다. "《검둥이》는 아프리카나 흑인에 대한 이야기가 아니다. 난 아프리카 작가도 아니다. 이 작품은 네오식민지주의라든지 인종 문제에 대해 전혀 언급하고 있지 않다. 어떤 견해도 표명하지 않는다." 아프리카

---

1) 원제는 《Heart of Darkness》이다. 이 작품은 1979년 칸영화제에서 황금종려상을 수상한 코폴라 감독의 영화 《지옥의 묵시록》의 원전이기도 하다. 이 영화는 20년 후에 다시 디렉터스컷으로 새롭게 개봉된 바 있다.

가 무대라는 점은 매우 특징적인 사실이며 이를 간과해서도 안 된다. 그러나 그곳이 아프리카이기보다는 범상치 않은 장소, 그럼에도 불구하고 인간적인 갈등이 유발되는 곳으로 판단하는 것이 적절하다. 따라서 《검둥이》에서 중요하게 다루어야 할 것은 아프리카가 주는 마법적인 분위기, 제한된 장소에서 "고독과 불안의 공포"에 휩싸인 채 벌어지는 인간들 사이의 갈등과 본능적인 욕구가 어떻게 작용하는가 하는 점일 것이다.

3. 《검둥이와 개들의 싸움》 인물 분석

들어가며

베르나르 마리 콜테스의 커다란 첫번째 특징은 그의 성향이 반문명적 · 무정부주의적 · 제의적 · 원시적이라는 점이다. 일대기에서도 잘 나타나지만 그는 레게음악을 즐겨 듣고 아프리카와 아메리카를 여행하는 등 무질서와 혼돈의 장소를 즐겨 찾는다.[2] 때문에 작품의 주제는 죽음이나 인간의 까닭 모를 불안에 집착하고 있으며 공간은 소외되어 어둡고 덥고 질퍽하다. 두번째 특징은 그의 연극이 시적[3]이고 주술적인 언어로 축조되어 있다는 점이다. 41세의 짧은 생애를 살다 간 콜테스가 현재 유럽을 비롯한 세계 각지에서 각광을 받고 있는 것은 새로운 극적 형식이나 연출적 방법론보다는 언어 자체의 깊이와 투쟁을 통

---

2) 콜테스는 1978년 나이지리아, 1979년 멕시코와 라틴아메리카, 1984년 세네갈을 여행한 바 있고, 구소련과 미국 등도 여행하였다. 그는 특히 뉴욕에 대한 깊은 인상을 토로하고 있는데, 그곳에서 흑인 문화와 음악을 발견했기 때문이다.

3) "프랑스 현대 희곡을 대표하는 콜테스의 희곡들은 고전 희곡의 특성인 운문이 중심을 이루고, 근대 연극의 특성인 대중연극적 요소들 그리고 현대 희곡이 지닌 산문이 적절하게 조화를 이루고 있다." 안치운, 《프랑스 현대 운문희곡 연구》《한국연극학》 21호(한국연극학회, 2003), 379쪽.

해 과거의 대가들과 동등한 반열에 들어섰다고 평가받고 있기 때문이다. 《검둥이와 개들의 싸움》⁴⁾을 연출한 파트리스 셰로는 참으로 낯설고 이상한 작품으로 평가하면서 작품에서 가장 중요한 것이 언어라고 말한다. "등장 인물들은 무기보다 더 강한 것을 지니는 것으로 보이는데 그건 바로 파롤(parole)이다. (…) 이 작품에서 극행동은 파롤이다."⁵⁾ 또한 미셸 비나베르는 콜테스를 극작가의 대가들과 비교하고 그의 극작품이 우선은 문학 작품임을 강조하고 있다. "콜테스의 극작품은 셰익스피어 · 마리보 · 뮈세 · 뷔히너 · 클라이스트와 마찬가지로 절충적이다. 공연적인 오브제들이 존재하는가 하면 글읽기로부터 포착할 수있는 문학 작품이기도 하다."⁶⁾ 이렇게 깊이 있는 언어의 연극으로 콜테스의 작품을 높이 평가한 비나베르는 콜테스를 잘 알지 못한 상태에서 그의 작품 《검둥이》를 읽고는 단번에 그가 위대한 극작가의 반열에 들어설 수 있음을 알아차렸다고 고백한다. 과연 이 작품에서 무엇을 보았기에 비나베르는 놀라워했을까?

작품의 줄거리는 단순하다. 시간과 장소의 일치가 제법 잘 지켜지고 있고 극행위에 통일성이 부여되어 그 짜임새가 매우 공고하다. 사건은 황혼부터 날이 밝기 전까지 어둠과 밝음이 교차하는 하룻밤 사이에 일어난다. 관객의 눈앞에 극적인 사건이 진행되기 위해서는 시작 전에 이미 개시된 사건이 있어야 하는데 《검둥이》에서 중요하게 다루어져야 할 사전의 사건은 두 가지 정도이다. 하나는 어린 흑인 노동자의 죽음이다. 그가 무슨 이유로 죽었는지 누가 죽였는지는 극이 진행되면서 특히 오른과 칼의 대화에서 서서히 드러난다. 흑인의 죽음은 줄거리를

---

4) 이후 《검둥이》로 약칭함.

5) 파트리스 셰로, 〈언어의 대사건에 대하여 De grands événements de langage〉 in 《Alternatives théâtrales》, 35-36, 1995. 9, 19쪽.

6) 나아가 비나베르는 이렇게 덧붙인다. "콜테스의 극작품들은 문학 작품이기도 하지만 매우 연극적이기도 하다. 독자들이 받는 인상은 참으로 연극적이라는 것이다. 독자는 대사를 받아들였다가 가상의 연극의 세계로 되돌려 준다. 독자가 연출가가 되는 것이다." 비나베르, 《콜테스에 대하여 Sur Koltès》, 같은 책, 11쪽.

이끌어 나가는 핵심적인 역할을 한다. 그런데 정작 중요한 문제는 그가 죽었다는 사실보다도 시체의 중요성에 대한, 죽음에 대한 이곳의 사상에서 기인된다. 시체를 꼭 찾아야 하는 이곳의 문화는 삶과 죽음의 경계가 유럽의 전통 사상만큼이나 메울 수 없는 골짜기로 이루어진 것은 아니다. 시체를 찾아 신비스런 사나이 알부리가 마을에서 이곳 거주지로 들어오면서 드라마의 서막은 시작된다. 사방이 막혀 있고 무장을 한 경비원들이 24시간 지키고 있는 거주지는 아무나 들어올 수 없음에도 그가 이 공간 안에 존재하게 된 사실은 그의 신비로움을 더욱 증폭시켜 준다. 죽음에 대한 원인 규명이나 책임, 보상 혹은 복수가 아니라 시체를 돌려받고자 하는 알부리와 기타 인물들 사이의 갈등 및 논쟁이 극의 줄거리를 이룬다. 다른 하나의 사건은 은퇴를 앞둔 공사장의 소장 오른이 젊은 여자 파리지앵 레온을 파리에서 만나 공사장으로 데려왔다는 사실이다. 남자들만이 존재하는 이곳에 젊은 여자의 등장은 매우 커다란 사건이 아닐 수 없다. 그녀는 알부리를 보는 순간 원초적이고 본능적인 예감에 빠져든다. 레온과 남자들과의 관계, 레온의 성격 등은 알부리의 등장과 맞물리면서 언어들은 충돌하고 커다란 회오리를 불러일으킨다.

《검둥이》의 구조를 보면 막의 구분은 없고 장으로만 이루어져 있다. 장소는 거주지 내를 벗어나지 않지만 실내와 실외 등으로 구분된다. 흥미로운 사실은 막바지의 경우를 제외하고 각각의 장이 두 인물간의 대화로 구성되어 있다는 점이다. 이같은 구조는 두 인물의 대화를 통해 극행동이 전개되고 이들의 대립과 융화에 따라 각각의 성격이 구체적으로 드러난다는 특징이 있다. 이렇게 짜여진 작품에서 인물의 행동은 거의 드러나지 않으며 네 사람의 관계 속에서 단어들의 유희가, 시체를 두고 벌어지는 언어의 싸움이 작품의 근간을 이룬다. 그런 만큼 이들의 대사는 중요하다. 대사는 어떻게 만들어지는가라는 질문에 작가는 《검둥이》 이전의 작품은 전적으로 독백으로 이루어졌다고 대답하면서 《검둥이》에서는 두 사람을 대면시켜 자신을 표출하는 독백의 방식으로 대사를 썼다고 대답한다.

내 초기 작품들은 오로지 독백만 있을 뿐이죠. 시간이 지나면서 잘려 나간 독백을 썼어요. 대사는 자연스럽지가 않죠. 난 의도적으로 두 사람을 대면시켰어요. 한 사람이 일을 보고 다른 한 사람이 교대를 하죠. 첫 번째 인물이 자극하면 두번째 인물이 나오는 것이죠. 철학자들이 하는 것처럼 진실한 대사는 논증이라고 봐요. 우회적인 논증. 각자는 나란히 대답하죠. 그렇게 텍스트는 흘러갑니다. 상황이 대화를 요구할 때는 동거하기를 추구하는 두 독백이 대면할 때죠.[7]

이 작품에서 주로 두 인물이 등장하여 상황을 설정해 나가는 것은 이러한 의도의 결과이다. 제1장 오른과 알부리, 제2장 오른과 레온, 제3장 칼과 오른, 제4장 오른과 알부리, 제5장 베란다 아래, 칼과 레온, 제6장 레온과 알부리, 제7장 칼과 레온, 제8장 테이블, 주사위 게임판, 오른과 칼, 제9장 부겐빌리아 알부리와 레온, 제10장 테이블, 칼과 오른, 제11장 교각 아래, 레온과 알부리, 제12장 오른과 칼, 제13장 알부리와 오른, 제14장 오른과 레온, 제15장 레온, 알부리, 오른, 제16장 오른과 레온(말이 없다), 제17장 칼과 오른, 제18장 방갈로 앞, 오른과 레온(말이 없다), 오른 퇴장 후 칼 등장, 제19장 칼과 레온(말이 없다), 제20장 마지막 장면, 칼의 죽음, 알부리(말이 없다), 레온, 오른(말이 없다)으로 이루어져, 장의 구성이 주로 두 인물의 대립과 화합

---

7) 인터뷰는 에르베 기베르에 의해 이루어진 것으로 1983년 2월 《르몽드》지에 〈자신의 형벌을 어떻게 나타내는가 Comment porter sa condamnation〉라는 제목으로 실렸다. 같은 책, 18쪽. 한편 콜테스가 보인 독백에 대한 관심은 다음의 글에서 다시 확인할 수 있다. "평범한 프랑스인의 자연스러운 일상적인 말투를 사용하는 일상극의 담화와는 달리 마리 콜테스의 극에서 등장 인물들이 행하는 담화는 다분히 인위적이고 시적이다. 콜테스 극의 등장 인물들은 무대 위에서 긴 독백을 우리에게 자주 들려준다." 유효숙, 《베르나르 마리 콜테스》 《우리 시대의 프랑스 연극》(한국연극학회, 2001), 253쪽.

260 현대 프랑스 연극의 이론과 실제

으로 이루어져 있음을 손쉽게 알 수 있다.

한편 《검둥이》에 나오는 인물들은 대개 자신의 욕망의 추구에 실패하고 만다. 고대 그리스 비극의 인물들과 마찬가지로 인간의 본능적인 정념을 추구하다가 비극적인 결말로 끝나는 것이다. 공사장을 떠나고 싶어하는 오른은 그러나 공사장을 떠나지 못하며, 아프리카에 남고자 했던 레온은 아프리카를 떠나며, 알부리를 죽이려 하던 칼은 오히려 자신이 죽고 만다. 다만 시체를 찾으러 온 알부리는 그 시체 대신에 칼의 시체를 목격하게 된다. 이처럼 제각기 비극적인 인물이 읊조리는 독백이 만나 두 인물의 대화의 장이 되는 콜테스의 언어를 제대로 파악하기 위해서는 인물들간의 관계를 파악하는 것이 급선무이다.

파리에서 온 레온

아프리카를 처음으로 밟은 백인 여자 레온은 본능적으로 알부리를 알아보고 아프리카에 빠져든다. 콜테스는 기베르와의 인터뷰에서 작품의 주제와 인물의 성격에 대해 중요한 단서를 제공하고 있는데, 그 가운데서 특히 눈을 끄는 것은 작품의 핵심이라 할 수 있는 레온의 성향과 마지막에 알부리를 흉내내어 얼굴을 자해하는 장면이다. 이 상처는 작가에 따르면 인간이 스스로 자신의 죄를 인정하는 징표이다. 죄를 인정한다는 것은 무엇을 의미하는가? 콜테스는 연극에 발을 들였던 초창기에 이미 《죄와 벌》을 각색하여 연출을 할 만큼 인간의 죄에 대해 깊은 사고가 있었던 것으로 보이는데, 죄를 진다 혹은 죄를 인정한다는 표현은 단적으로 원죄에 대한 깊은 이해, 다시 말해 원시성 및 본능과 연결되어 있다고 할 수 있다. 태초부터 인간은 단죄되어 있다. 이 죄를 깨닫고 있는 자가 바로 알부리 같은 인물이다. 이러한 흑인의 인식에 대해 레온은 매우 부러워하였고 질투심마저 느낀 것이라고 저자는 말한다.[8] 따라서 극 마지막에 레온이 비록 이곳을 떠나지만 얼굴에 상처를 안고 있는 한 원시 종족과 마찬가지로 죄의 징표를 간직하게 되고, 문명을 벗어난 원시성을 획득하게 된 것이다.

레온의 성격을 알 수 있는 또 다른 중요한 것으로는 언어가 있다. 대부분의 인물들은 혼돈의 장소에서 서로 갈등을 일으키고 상대방으로부터 소외되면서 의사소통의 부재로 이어진다. 콜테스는 이 작품을 쓸 때 외부의 누구와도 말이 통하지 않는 남아메리카 오지에서 작품을 썼다고 고백하고 있다.[9] 언어가 단절된 상황은 인물들을 구현하기에 매우 적절한 환경이라는 생각이다. 나아가 언어의 단절은 아프리카와 단절되어 고립된 공사장이라는 배경과 연결되기도 한다. 그런데 레온이 알부리를 처음으로 만났을 때 모국어인 프랑스어가 아닌 독일어를 사용하는 것과 알부리의 아프리카 토속어는 피차간에 낱말의 뜻을 이해할 수 없음에도 오히려 직접적인 의사소통이 가능한 건 무엇을 의미하는 것일까? 앞에서 말한 얼굴의 흉터와 마찬가지로 논리적 세계인 언어 이전의 아득한 원시 세계를 지향하는 징표는 아닐까.

레온의 존재는 알부리 못지않게 신비스럽다. 파리의 호텔에서 저급한 일을 하던 레온이 우연한 오른을 만나 머나먼 아프리카로 같이 떠나자는 그의 제안을 별 생각없이 동의한 것은 납득하기 어려운 일이거니와 아프리카에 대한 인식 및 갈망도 예사롭지가 않다. 오른은 레온이 막 이곳에 도착했기 때문에 아프리카를 모른다고 말하지만 결코 그런 것 같지 않다. 한 여자가 남자와 결혼을 위해 머나먼 이국으로 떠나올 때에는 분명히 수긍할 만한 이유가 필요하지만 그녀에게 분명한

---

8) "레온은 흑인이 죄의 흔적을 소유하는 방법을 이해한 거죠. 나는 모호하지만 분명하게 사람들을 두 부류로 나누었는데, 죄지은 자들과 그렇지 않은 자들이죠. 레온이 보기에 흑인은 순수한 의미로 자신의 얼굴에 죄의 흔적을 지니고 다니는 종족이죠. 그런데 이 죄가 그들만의 것은 아니죠. (…) 그녀는 흑인의 죄에 대해 질투가 났던 것이죠." 기베르와의 인터뷰, 앞의 책, 18쪽.

9) 1979년의 그의 행적은 다음과 같다. 정세의 불안으로 위험이 도사리던 과테말라·니카라과 등을 여행한다. 아프리카 여행. 조지프 콘래드 읽음. 파트리스 셰로와의 만남. 파리에서 거주. 과테말라에서 《검둥이와 개들의 싸움》을 쓴다. "난 이 작품을 스페인어도 통하지 않는 작은 마을에서 썼다. 그곳에 두 달 머물렀다." 《오늘의 연극 Théâtre d'Aujourd'hui》, 5호, 197쪽.

이유는 없어 보인다. 이 점에서 벌써 레온의 비논리적이고 비문명적인 성향이 드러난다. 그녀가 밝음에서 어둠으로 넘어가는 황혼을 기다려 밖으로 나오는 첫 장면[10]이라든지 간밤에 도착하자마자 백인 남자들조차 까닭 없는 불안감에 휩싸이는 공사장을 혼자서 둘러 본 것은 그녀의 성격을 드러내 준다. 그녀가 아프리카로 출발하면서 준비했던 것은 전통적인 흑인 댄스뮤직을 근간으로 하며, 흑인의 영혼이 깃들어 있는 레게음악을 듣는 것이었다. 그리하여 그녀가 아프리카에 첫 발을 디뎠을 때 다음과 같은 행복감을 표현한다.

어젯밤에 막 도착해서 건설중인 다리를 산책했어요. 무슨 일이 있었는지 알아요? 갑자기 기분이 좋아졌어요. 아무런 이유도 없이 한번도 느껴 본 적이 없었던 행복감이 밀려왔어요.(17)

이와 같은 레온의 성격을 좀더 구체적으로 살펴보면 다음과 같다. 첫째, 자신이 평생 살았던 파리에 대한 생각이다. 그녀는 파리지앵들에게서 나는 냄새를 역겨워한다. 호텔에서 청소부를 했던 그녀의 파리 생활은 궁핍했을 것이므로 레온이 오른의 청혼을 승낙한 것은 오른의 돈 때문이라고 칼이 의심하는 것도 무리가 아니다. 그런데 그녀가 파리에 대해 부정적으로 생각하는 것은 자신의 하층민적인 생활 때문이 아니라 파리의 냄새 때문이라고 말한다. 거주지에 도착해 짐을 풀면서 레온은 이렇게 말한다.

내가 가방을 열고 무얼 발견했는지 알아요? 파리 사람들은 냄새가 심해요. 알고 있었죠. 지하철이랑 거리에서 스치는 사람들한테서 냄새

---

10) 레온은 밖에 나오기 위해 어둠을 기다린다. "가라앉기를 기다려요. 어두워지면 좀 나아질 거예요. 파리에서도 저녁마다 그랬죠. 한 시간 정도는 심장이 아파요. 낮에서 밤으로 바뀌는 시간 말예요." 콜테스, 《검둥이와 개들의 싸움》, 미뉘 출판사, 1996, 15쪽.

가 난다고요. 내가 냄새를 끌고 다니면서 구석구석 썩게 만드는 것 같아요. 그 냄새가 가방 속에서 지금도 난단 말예요. 참을 수가 없어요. 스웨터, 블라우스, 죄다 생선 냄새, 튀김 냄새, 병원 냄새가 나요. 냄새 좀 없애 줘요. 냄새 정말 끈질겨요.(16)

레온이 언급한 소리와 냄새는 그녀가 이성보다는 감성 혹은 감각과 훨씬 밀접하다는 사실을 보여준다. 이 감각은 원시성과 연결되는 것으로 그녀가 문명을 대변하는 파리에서 느꼈던 불행과 이곳 아프리카에 도착했을 때의 행복감은 매우 분명하게 대비된다. 둘째, 항상 목말라 하는 모습은 자연과 원시를 향하는 그녀의 성격을 강화시켜 준다. 계속해서 마실 것을 찾는 레온의 행동은 아프리카에 대한 갈증으로 해석할 수 있다. 이와 같은 레온의 뚜렷한 성향은 남편 오른, 젊은 프랑스 남자 칼과 알부리 사이에 각자 독특한 관계를 형성하고, 남자들의 갈등을 야기시키면서 은연중 주제를 부각시키고 있다.

공사장 소장, 오른

그렇다면 이번에는 그녀를 이곳으로 인도한 프랑스인이자 공사장 소장인 오른은 어떠한가? 60세의 나이로 인생의 황혼을 맞은 오른은 아프리카에서 산전수전 다 겪은 백전노장이다. 그는 보잘것없는 학력으로 공사장의 소장이라는 지위까지 올랐기 때문에 능력과 처세에 능하다는 것을 알 수 있다. 맨 처음 알부리를 만난 자리에서 공사장에서 사람이 죽었을 때 이를 재빨리 해결하려는 의지와 다각도의 해결 방안은 그의 성향과 능력을 잘 보여준다. 나아가 "여기 공사장에서 우리는 경찰이나 지방 기관과 아주 좋은 관계를 유지하고 있어요"(10)라는 언술은 오른이 타협적인 인물임을 보여준다. 오른의 신체적 특징 중 하나는 전쟁통에 부상을 입어 성불구자가 되었다는 사실이다. 이처럼 전쟁은 그에게 심각한 고통을 안겨 주었지만 결국은 살아남았고 보상도 받게 되어 제법 부자가 되었다. 성 불능과 재산이 있다는 사실은 아내인 레온과의 관계 및 공사장의 젊은 남자 칼과의 역학 관계에서 중요한 역할을 담당한다. 인생의 황혼에 접어든 그가 개인적으로 즐기는 일이 하나 있는데 그것은 바로 불꽃놀이이다. 1년에 한번씩 벌이는 이 불꽃 축제는 밝음과 어둠의 이항적 대항에서 밝음 쪽에 해당할 것이다.

공사장에서 살인 사건이 발생하였다는 사실은 공사장의 책임자인 오른에게 있어 커다란 문제가 아닐 수 없다. 이 중대한 문제를 오른은 어떤 방식으로 해결하려 할까? 이 해결 방안을 통해 우리는 오른의 성격을 규명할 수 있다. 그는 맨 처음 칼과 알부리의 사이에서 중재하기로 마음먹는다. 그러나 문제는 간단하지 않다. 칼이 시체를 영영 찾을 수 없도록 하수구에 던져 버렸기 때문에 알부리가 요구하는 시체 인도를 들어 줄 수 없는 상황에 빠졌기 때문이다. 이러한 상황에서 오른은 알부리의 마음을 바꾸기 위해 갖가지 방법을 동원한다. 이 방법에는 당근과 채찍이 들어 있다. 죽은 자의 가족들에게 충분히 보상할 것을 약속하기도 하고 위스키를 제공하기도 하며 한편으로 죽은 아이가 헬멧을 써야 한다는 공사장의 규정을 어겼다고 말한다.[11] 그러나 이러한 노력에도 알부리를 설득하는 데 실패하자 마지막 수단으로 칼을 이용해 알부리를 죽이려고 한다.

"난 그자를 두고 하는 말이야. 마을로 돌아가게 내버려두면 두세 명을 데리고 다시 올 거야. 그럼 자네는 두세 명을 상대해야 돼! 그렇게 하지 않으려면 내일 그자를 시체로 만들어 보내야 해. 마을 사람들에게는 어제 공사장에서 번개를 맞은 겁니다. 그리곤 트럭이 위로 지나간 것이죠. 이렇게 말하면 돼. 그럼 만사 오케이지."(100)

---

11) "선생은 처음 보는데 위스키 한잔 합시다" 같은 책, 10쪽. "가족은 보상을 요구할 거고, 지나치지 않다면 우린 권리가 있는 사람에게 보상을 할 겁니다" 같은 책, 11쪽. "그 사람 헬멧을 쓰지 않았더군요. (…) 헬멧을 쓰지 않았다면 우린 책임이 없는 겁니다" 같은 책, 26쪽.

그는 젊은 아내 앞에서 마지막 불꽃놀이를 멋지게 장식하고 아프리카를 떠나고자 하나 목적을 이루지 못한다. 아프리카의 영혼을 알아차린 아내는 알부리와 교감을 나눈 뒤 떠나고 부하 직원은 죽음을 당함으로써, 아프리카에 홀로 남게 된 그는 쓸쓸하고 고독하고 불행한 인간의 전형을 보여준다. 요컨대 그는 오랜 시절을 검은 대륙에서 보냈지만 그곳의 비밀을 깨닫지 못하고 술수로 무장한 서구적 성향을 떨쳐 버리지 못한 채 소외되어 버린 늙은 유럽 대륙을 상징한다고 할 수 있다.

신비한 존재, 알부리

항상 어둠 속에 존재하는 흑인 남자 알부리는 누구인가? 그의 정체는 모호하다. 마을을 대표해서 시체를 찾으러 온 알부리의 언어는 시적이며 비문명적이다. 어둠에 익숙해져 강한 빛을 바라보기를 주저하는 알부리는 단순히 "거주지에 신비스럽게 들어온 흑인"[12]으로 소개되고 있다. 알부리라는 이름은 사실 두이로프족의 왕으로 그는 19세기 백인들의 침입에 저항했던 인물이기도 하다. 그렇다면 작가가 백인과 흑인의 대립 구도로 보지 말라고 당부를 했음에도 이들의 갈등 국면은 피할 수 없어 보인다. 《검둥이와 개들의 싸움》이라는 제목에서 검둥이는 단수로 개는 복수로 표현된 것을 보면 흑인은 알부리로 대표되고 개들은 실제 칼의 개를 비롯한 백인을 의미하는 것이다. 알부리는 아프리카를 상징한다. 그가 시체에 집착하는 것은 아프리카 인들이 "삶과 죽음에 부여하는 가치가 부재"(31)하기 때문이다. 알부리와 레온의 첫 만남은 예사롭지 않다. 이 만남은 일상적이거나 논리적인 것과는 거리가 멀다.

"바람이 불자 붉은 먼지가 일어난다. 레온은 부겐빌레아 나무 아래 누

---

12) "Alboury, un Noir mystérieusement introduit dans la cité," 같은 책, 7쪽.

군가가 있음을 알아차린다. 그녀 주위 날개들의 부딪힘, 숨결, 속삭임으로 레온은 그의 이름을 알게 된다. 그의 뺨에 새겨진 부족의 흔적에서 그녀는 두려움을 느낀다."(41-42)

아무 말이 없었지만 감각으로 레온이 알부리의 이름과 부족에 대해 알았다는 것으로 두 사람의 커뮤니케이션이 비문명적이고 비논리적이기 때문일 것이다. 이들의 첫 만남에서 알 수 있는 것은 대체로 세 가지 정도로 요약된다.

첫째는 물에 대한 메타포이다. 레온은 칼이 권하는 음료(술)는 거부하지만 알부리에게는 적극적으로 물을 요구한다.

"물 주세요.(Wasser, bitte.)"(42)

둘째, 외국어에 대한 문제이다. 이 작품에 등장하는 외국어는 독어와 아프리카 토착어인 우오로프어이다. 독어는 레온의 어머니가 사용하던 언어이다. 나아가 레온은 궁극적으로 알부리의 토착어를 이해하게 된다. 외국어의 사용 내지는 전혀 들어본 적이 없는 아프리카어에 대한 이해는 모태로의 귀환이자 원시성으로의 회귀와 직결된다. 바벨탑 이전의 시대, 인간들 사이에 알지 못하는 언어란 존재하지 않는 머나먼 과거로의 복귀일 것이기 때문이다. 따라서 레온과 알부리의 만남은 과거와 원시성을 향한 통로이다. 외국어에 대한 취향은 한편으로 자국에 대한 경멸과 연결된다. 알부리가 레온의 마음에 들었던 이유 중 하나는 그가 프랑스인이 아니기 때문인 것이다.

셋째는 외국어와 관련된 것으로 레온의 전생에 관한 것이다. 원시성이 논리적 언어의 해체에 있다면 과거는 레온의 전생의 발언에서 구체화된다. 그녀가 아프리카를 접하자마자 행복감이 밀려왔던 것은 전생의 것들과 접하게 된 까닭이다. 부겐빌레아가 낯설지 않았고, 호수를 산책하면서 감미로운 순간이 떠올랐던 것은 바로 이곳이 그녀의 전생과 연결되어 있기 때문이다.

　"꽃을 보았을 때 단번에 알아챘어요. 이름도 모르지만 꽃을 알아본 거죠. 내 머릿속에 가지처럼 이렇게 달려 있었던 거예요. 이 색 전체가 이미 내 머릿속에 있었어요. 당신은 전생을 믿으세요?"(42)

　《검둥이》에서 괴테의 시에 슈베르트가 곡을 부친 《마왕》과의 관계는 명백하다. 과연 작가는 어떤 이유로 작품에 《마왕》을 삽입했을까? 또한 《마왕》은 어떤 역할을 하는 것인가? 악마와 관계되는 말은 레온이 알부리에게 하는 독일어가 주를 이룬다. 그것은 레온의 출신과 관계가 있을 것이며 괴테의 시에 부친 슈베르트의 《마왕》이 독일어이기 때문일 것이다. 제11장은 레온과 알부리의 장이다. 두 사람의 대화 가운데 악마의 이야기가 구체적으로 드러난다. 검은색 피부, 입술, 말려 있는 머리카락 등 레온의 눈에는 알부리의 모든 것이 멋져 보인다. 그러자 알부리는 흑인의 머리카락이 왜 이런 형태를 띠게 되었는지 설명한다.

　"우리 머리카락은 검은색이고 말려 있어요. 이유는 흑인 조상이 신에게 그리고 인간들에게 버림을 받았기 때문이죠. 그래서 역시 모두에게 버림받은 악마와 단 둘이 있게 되었답니다. 악마는 우정의 표시로 우리 조상의 머리를 쓰다듬었고, 그리하여 우리 머리가 불타 버렸답니다."(69)

　여기서 알 수 있는 것은 흑인과 악마와의 우정으로 흑인이 곧 악마에 대한 이미지라는 사실이다. 이는 다음 레온의 선언에서 뚜렷해진다.

　"당신이 바로 악마군요, 요 장난꾸러기!(Du bist der Teufel selbst, schlemn!)"(71)

알부리는 바로 《마왕》의 악마였던 것이다. 레온이 대뜸 아프리카를 좋아하게 되고 알부리에게 빠져든 이유는 작품에서 명백하지 않다. 그러나 악마를 대입하면 어느 정도 이 문제가 해결된다. 알부리에게 자신의 심정을 고백하면서 레온은 이렇게 말한다.

"당신과 같이 있고 싶어요. (…) (레온은 눈을 감는다.) 알부리, 내 마음속에 분명히 악마가 있어요. 악마를 어떻게 붙잡죠. 모르겠어요. 분명 악마가 있어요. 그걸 느껴요. 내 안에서 날 애무해요. 난 벌써 뜨거워졌고 속이 온통 검게 되었어요."(70)

결국 악마의 이미지를 지니는 신비한 존재 알부리는 근원성 혹은 원시성을 상징하는 인물이다. 레온은 직관을 통해 이를 알아본 유일한 인물인 까닭에 두 인물 사이의 불가해하고 비이성적인 커뮤니케이션의 성립이 가능한 것이다.

젊은 엔지니어, 칼

이번에는 칼의 성격과 레온과의 관계를 살펴보자. 30대의 엔지니어인 젊은 칼은 오른에 비해 훨씬 높은 교육을 받았으면서도 오른 밑에 있다는 자괴감과 방랑 생활에 찌든 탓에 알코올에 중독되어 있고 이성적이지 못하며 판단력도 약하다. 알코올은 작품의 처음부터 중요한 요인으로 작용하고 있는데 전체를 놓고 볼 때 부정적인 측면을 지니고 있다. 오른이 위스키로 알부리를 매수하려 하기 때문에, 레온은 절대로 술을 마시지 않기 때문에, 칼이 술에 취해 있기 때문이다. 작품에서 '액체'와 '마신다'는 의미는 매우 중요한 것이지만 알코올은 여기에서 제외되어야 할 성질의 것이고 차라리 자제력을 상실하게 하고 소외감을 부추기는 물질로 보는 것이 타당하다. 아무튼 이러한 술의 작용이 가미되어 칼은 이성을 상실하고 감정의 노예가 된다. 그 증거는 예를 들어, 첫째 레온과의 관계이다. 오른은 늙었기도 하지만 성 불능이다. 이러한 상황에서 여자라고는 구경도 못했던 혈기 넘치는 칼은 레온을 유혹하기에 이른다. 아프리카의 끈끈한 열기와 원시림이 제공하는 환경은 칼로 하여금 자제력을 잃게 하고 본능의 힘에 이끌리도록 했던 것이다. 그러나 이러한 시도는 레온의 단호한 태도에 의해 실패하고 만다. 둘째, 감정 조절이 안 되는 또 다른 증거는 시체에 손을 댔다는 사실이다. 자신을 거역하고 모욕을 준 대가로 그는 흑인 노동자를 살해한다. 그러나 그것만으로는 칼의 분이 풀리지 않는다. 그래서 시체에 손을 대고 만다. 이 부분은 아프리카에서는 중요한 의미가 있다. 오른의 말을 들어보자.

"어쩌자고 시체에 손을 댄거야, 어? 땅바닥에 있는 시체에 손을 대면 책임을 피할 길이 없어. 이 빌어먹을 나라에서는 그렇단 말야. 아무도 안 만졌으면 책임질 사람은 없어."(24-25)

이처럼 문명인의 전형이면서 오로지 돈 때문에 이곳에 존재하는 칼은 호전적이며 아프리카에 대한 적대자, 레온과 화합할 수 없는 인물로, 나아가 돈과 서열에 관심을 두며 술과 노름에 찌들어 있는 인물로 나타난다. 좀더 구체적으로 살펴보면 다음과 같다. 첫째, 아프리카에 대한 적대자로서 칼은 흑인만 보면 덤벼드는 개 투밥의 주인이자 개 자체를 상징하는 인물이다. 한마디로 문명의 대리인인 셈인데 말을 듣지 않는 흑인 노동자의 살해와 알부리에 대한 증오심, 그리고 레온과의 대립이 이에 해당한다. 칼은 아프리카 자체에 대해 부정적이다. 이러한 까닭에 자신의 명령을 듣지 않고 침까지 뱉은 원주민을 용서할 수 없었던 것이다.

둘째, 칼은 레온과 조화를 이룰 수 없는 인물이다. 이들의 만남은 동일 언어를 사용함에도 불구하고 대화 사이에 골이 깊게 파여 있음이 드러난다. 레온과 알부리의 관계와 비교해 볼 때 매우 대조적이다. 레온은 알부리가 권하는 위스키에 질색을 하며 목이 마르지 않다고 말한다. 그녀가 목이 마른 것이 사람에 따라 다른 것은 목마름이 주는 의미를 간접적으로 암시하고 있다. 그것은 레온의 성향을 보면 당연한데 그녀에게 한 잔을 권한다던가, 신발을 빌려주겠다고 하는 등 호의를 보이지만 거절당한다. 이들의 첫 대화는 다음과 같다.

칼   (레온을 발견하고 소리친다.) 소장님! (술을 마신다.)
레온   (손에 꽃을 들고 있다.) 이 꽃 이름이 뭐예요?
칼   소장님!
레온   마실 게 어디 있죠?
칼   소장님! (마신다.) 뭐하는 거야?
레온   그이를 부르지 마세요. 놔둬요. 나 혼자서도 괜찮아요. (멀어진다.)
칼   (그녀를 불러 세우며) 그 신발로 여기 걸을 수 있을 것 같아요?(36~37)

이들의 대화는 맥을 잇지 못하고 단절되어 있다. 레온을 발견한 칼은 오른을 부르고 레온의 질문에 동문서답을 하는데, 이러한 대화 방식은 레온과 칼 사이의 불협화음을 나타낸다.

셋째, 칼은 돈과 서열, 다시 말해서 문명인의 인습이 뿌리박혀 있다. 그는 세계 곳곳을 여행하다가 어쩌다 이곳에 정착하게 되었는데 아마도 돈을 좇아서 어디든 헤매고 다녔을 것이다. 남에 대한 판단 기준은 자신의 생각에 의거한다. 칼은 레온이 아프리카가 좋아서 왔다는 말을 믿을 수 없고 오른의 돈을 노리고 왔을 것으로 생각한다. 또한 파리의 대학에 다니면서 음악을 듣고 철학을 논하던 자신이 이곳에서 생각할 수조차 없게 된 상황에 빠지면서 자아 상실로 나타난다. 문명이 통하지 않는 세계, 지식이 통하지 않는 세계에서 칼의 갈등은 커져만 간다.

만일 인물을 밝음과 어둠, 이성과 감성으로 이분화시킨다면 칼과 오른은 전자에 해당하고 알부리와 레온은 후자에 해당할 것이다. 이들 대립은 다시 유럽과 아프리카, 백인과 흑인, 문명과 비문명 등으로 확대할 수 있다. 아이러니한 것은 동일한 성향의 두 백인 남자가 한 여자에 의해 다시금 갈등의 나락으로 빠져든다는 점인데, 이를 통해 서양 문명에 대한 작가의 부정적 관점을 엿볼 수 있다.

나오며

지금까지 살펴본 인물들의 관계, 서로 말을 주고받지만 독백에 다름 아닌 인물들의 언어가 가능한 것은 무엇보다도 바로 이곳에 그들이 존재하기 때문이며 이곳 아프리카라는 장소가 갖는 검은 유혹 때문이다. 《검둥이》의 무대는 아프리카이다. 텍스트에 명시된 바에 따르면 "세네갈에서 나이지리아에 이르는 서아프리카"(7)이다. 그런데 이곳이 아프리카이긴 하지만 백인이 공사를 하면서 거주하는 외부와 단절된 폐쇄된 장소이기 때문에 아프리카 속의 유럽의 공간이라 할 수 있다. 매우 특수한 상황을 지닌 이곳은 작가가 실제로 경험한 공간이기도 한다. 작가 콜테스는 작품의 배경인 공사장과 거의 유사한 곳에 근무하는 친구를 만나기 위해 한 달간 실제로 아프리카를 방문한 적이 있다고 실토하고 있다.

"한번은 아프리카의 공공 작업장에서 일하는 친구를 보기 위해 한 달간 아프리카에 머문 적이 있었다. 상상해 보라. 덤불이 덮여 있고, 망루가 있는 철조망으로 둘러쳐진 조그만 대여섯 채의 거주지를. 주위 전체를 무장한 흑인들이 지키고 있었고 그 안에는 10명 정도의 백인들이 거주하고 있었다. 그들은 조금은 바깥 세상에 대해 두려움을 가지고 있었다."[13]

---

13) 이 인용은 극작품 뒤표지에 실려 있는 작가의 글이다.

결론적으로 《검둥이》에서 중요하게 다루어야 할 것은 아프리카가 주는 마법적인 분위기, 제한된 장소에서 고독과 불안의 공포에 휩싸인 채 벌어지는 인간들 사이의 갈등과 본능적인 욕구가 어떻게 작용하는가 하는 점일 것이다.

4. 국내 초연의 〈로베르토 쥬코〉

프랑스 극작가인 베르나르 마리 콜테스는 프랑스 북동부 로렌 지방의 수도인 메츠에서 태어났다. 그는 청소년기에 벌써 연극적인 글쓰기를 시도했지만 알아 주지 않아 자존심이 상한 까닭에 일정 기간 동안 연극 쪽에는 얼씬거리지도 않았다. 그러다가 1970년 조르주 라벨리가 연출한 《메데》에 참여하였는데 그는 이때 심한 충격을 받는다. 이후 콜테스는 다시 연극에 관심을 갖기 시작한다. 1977년 긴 모놀로그로 이루어진 《숲 바로 앞의 어둠》을 발표하였고, 이 작품은 그해 아비뇽 오프 연극제에서 공연된다. 이어 발표된 그의 대부분의 극작품들은 낭테르에 자리잡고 있는 극단 아망디에에서 파트리스 셰로의 연출로 무대에 올랐다. 예컨대 《서쪽 부두》《목화밭에서의 고독》《사막으로의 귀환》《검둥이와 개들의 싸움》이 그러한 작품인데 셰로의 공연은 성공을 거두었고 세인의 관심을 불러일으켰다. 이들 작품은 콜테스가 살아 생전에 공연되었다는 공통점이 있다. 1990년에 출간된 그의 마지막 작품 《로베르토 쥬코》는 가장 주목을 받은 작품이면서 논란의 여지를 많이 남긴 작품이다. 이들 작품 이외에 사후 《타바타바》《살랑제》《씁쓸함》《유산》 등이 출판되어 콜테스의 연극은 총 9권의 단행본으로 나와 있다. 현재 그의 극작품은 여러 나라의 언어로 번역되어 전 세계에서 지속적으로 공연되고 있으며 그 관심도는 갈수록 증폭되고 있다.

1989년 작가의 성숙기에 이르는 41세의 나이로 세상을 떠난 콜테스의 병명은 에이즈였다. 따라서 작가가 공포와 저주스런 죽음과 대면

현실속에 잠자는 미치광이 살인마

로베르토 쥬코

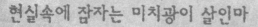

연출 기 국 서 | 원작. 베르나르 마리 콜테스 | 번역 드라마터지 유 효 숙

2002. 7. 12. ~ 8. 4.

화, 수, 목 7시 30분 | 금, 토 4시 30분/7시 30분 | 일요일 3시, 6시 | 첫날 낮공연 없음 | 월요일 쉼

76단 연극

하면서 쓴 《로베르토 쥬코》는 그의 전기와 무관할 수만은 없어 보인다. 이 작품은 총 15장으로 구성되어 있다. 각 장은 각기 제목이 붙어 있는데 이를 살펴보면 다음과 같다. 제1장 탈출, 제2장 어머니 살해, 제3장 식탁 밑, 제4장 형사의 우울, 제5장 오빠, 제6장 지하철, 제7장 언니와 동생, 제8장 죽기 직전, 제9장 데릴라(밀고), 제10장 인질, 제11장 협상, 제12장 기차역, 제13장 오필리어, 제14장 체포, 제15장 태양 앞에 선 쥬코가 그것이다. 이 제목들은 주로 쥬코의 행적을 보여준다. 제1장의 탈출은 아버지 살인범으로 체포되어 수감되었던 쥬코가 감옥을 탈출하는 장이다. 이 감옥의 공간은 맨 끝장에서 다시 나타난다. 처음과 끝이 창살로 닫힌 공간이라는 점과 쥬코가 탈옥을 시도한다는 것은 의미가 있는 설정이다. 결국 쥬코의 이해할 수 없는 행적들, 이성과 도덕의 잣대로 재단할 수 없는 그의 행적이 자유를 향한 몸짓이라는 코드로 해석을 해야 한다면 말이다. 제2장은 탈주에 성공한 쥬코가 작업복을 찾으러 집으로 돌아온다. 집에는 쥬코의 출현에 불안해하는 어머니가 있다. 그러나 혼자 남은 어머니의 불행을 견딜 수 없는 아들은 어머니마저 살해하고 만다. 이제 그는 세상에서 혼자가 되었다. 고아인가 자유인인가! 제3장은 소녀의 집이다. 가난한 아랍인인 소녀의 아버지는 주정뱅이고 어머니는 생활고에 찌든 여자이며 노처녀 언니는 남자들을 증오하고 오빠는 소녀를 보호한다는 미명하에 소녀를 감시한다. 어느 날 소녀는 이 공간을 탈출하여 쥬코를 만나 그를 통해 순결을 버린다. 순결을 버림으로써 소녀는 자유를 얻었다고 말한다. 순결은 인간들이, 남성들이 만들어 낸 수갑과 같은 구속의 이념이 아니던가! 쥬코는 그녀에게 있어 숨 막히는 이곳을 떠날 수 있게 해준 구세주가 된 것이다. 소녀는 평생을 쥬코에게 헌신하기로 결심한다. 집안의 폭력으로부터 벗어날 수 있는 유일한 장소 식탁 밑은 좁은 공간이지만 가장 자유로운 공간이다. 식탁 밑에 쥬코와 소녀는 나란히 앉아 있다. 제4장은 프티 시카고라는 창녀촌이 배경이다. 이곳을 순찰하는 형사는 웬일인지 우울하고 창녀촌에 숨어 있던 쥬코는 그를 뒤 따라가 까닭 없이 살해하고 만다. 제5장에서 소녀의 오빠는 순결을 상실한 소녀에게 분풀이를 한다. 소녀는 말문이 막힌 듯 침묵을 지키고 오빠는 무엇인가 중대한 결심을 한다. 제6장은 지하철이 끊어진 시간에 쥬코의 수배 사진이 붙어 있는 지하철역에서 어느 노신사와 쥬코의 대화로 이루어져 있다. 노신사의 긴 독백은 삶의 불안과 공포에 대한 철학적 메시지이다. 제7장은 떠나려는 소녀와 이를 말리는 언니의 장이다. 소녀는 쥬코를 찾아 집을 떠나려 하고 언니는 필사적으로 동생을 잡지만 실패한다. 불행해진 언니는 참담한 심정이 된다. 소녀와 언니의 갈등은 간과해서는 안 될 작지만 의미 있는 축이다. 남성을 증오하는 언니는 그들로부터 자유롭지 못한 반면 못생기고 뚱뚱한 동생은 깃털처럼 가볍게 벽을 뛰어넘는다. 소녀는 미련없이 짐을 싸들고 집을 떠난다. 제8장에서 쥬코는 건장한 건달들에게 시비를 걸어 일부러 얻어맞으며 자학을 한다. 고장난 전화기에 대고 그는 아프리카로 가겠다고 말한다. 아프리카는 매우 의미가 있는 장소이다. 아프리카는 일단 소녀의 고향이다. 또한 그곳은 카뮈의 뫼르소, 《오해》의 인물들 나아가 랭보가 추구했던 것처럼 태양의 고장이기도 하다. 마지막 장의 제목 태양 앞에 선 쥬코를 보면 그 의미가 더욱 뚜렷해진다. 아프리카는 쥬코가 추구하는 공간, 완전한 해방의 공간인 것이다. 제9장에서 오빠의 강요에 의해 소녀는 쥬코를 경찰에 밀고한다. 무기력한 경찰들은 사회 체계의 하수인일 뿐이다. 제10장은 인질극을 벌이는 장이다. 차가 필요한 쥬코는 귀부인을 인질로 차를 구하려 한다. 행인들과 경찰이 관객이 되어 관망하는 가운데 쥬코는 건방진 귀부인의 아들을 쏘아 죽이고 귀부인을 끌고 기차를 타러 간다. 겉으로는 우아한 귀부인이지만 속으로는 주위 사람들에게 업신여김을 받고 사는 불쌍한 여자임이 드러난다. 이 장에서는 극중극의 효과가 두드러진다. 제11장에서 소녀의 오빠는 소녀를 포주에 넘긴다. 소녀는 쥬코를 만날 일념으로 창녀가 된다. 가장 순수한 소녀와 창녀의 이미지는 대립적이면서도 상통하는 바가 있다. 순결을 버리고 자신의 집을 떠나는 소녀는 권력을 쥐고 있는 자본주의가 멋대로 만들어 놓은 제도의 창살을 뚫고 나서는 자유로운 행동이다. 제12장에서 쥬코는 연쇄살인으로 정신분열에 시달린다. 그는 모든 것을 잃어 불행에 빠진 귀부인을 놔주고 도망가기를 포기한다. 거리를 어슬렁거리는 쥬코에게 이제 더 이상 불안도 동요도 없다. 제13장에서 소녀의 언니는 비를 맞으며 소녀를 찾아 거리를 헤맨다. 소녀를 찾지 못한 언니는 실성한 오필리어가 되어 수컷들의 폭력성과 사회의 더러움을 토로한다. 제14장은 다시 창녀촌이다. 경찰들은 잠복근무를 하고 있고 그 사이 쥬코가 나타난다. 쥬코는 창녀가 된 소녀를 다시 만나게 되고 소녀는 그에게 사랑을 고백한다. 순수한 사랑으로 이제 쥬코는 구원되었다. 그는 순순히 체포된다. 제15장에서 감옥에 수감된 쥬코는 다시 탈옥을 시도한다. 그는 감옥의 지붕 위로 올라가 강렬한 태양을 맞으며 하늘을 향해 날갯짓을 한다. 그러나 그는 감옥의 지붕에서 떨어져 죽는다.

이 작품의 중심축은 쥬코이며 그 옆 한 축은 소녀가 담당한다. 쥬코가 살해한 인물은 부모·경찰·귀부인의 아들이다. 부모는 가정을 경찰은 제도를 귀부인의 아들은 부르주아를 대변한다는 점에서 이들의 파괴는 가정과 경찰, 나아가 부르주아 사회의 거부를 의미한다. 또한 이방인의 가정과 노인을 등장시켜 현대 사회가 빗어낸 정체성의 문제와 소외의 문제에 질문을 던지고 있다. 작가가 죽음을 앞둔 시점에서 프랑스에서 실제로 있었던 연쇄살인 사건을 접하고 이를 모델로 하여 쓴 《로베르토 쥬코》는 독일 연출가 페터 슈타인에 의해 1990년 베를린에서 초연된 이후 많은 유명한 연출가들에 의해 새롭게 해석되고 있다. 부모 살해, 연쇄 살인, 탈옥, 창녀, 알코올 중독이 여과없이 드러나는 무대는 매우 잔인하며 섬뜩해 보인다. 그럼에도 콜테스의 서정적이기까지 한 현대적인 언어 감각과 끊임없이 탈출을 시도하는 쥬코가 무기력한 현대인을 대리만족시켜 주고 있다는 점에서 이 작품은 매우 현대적이고 관객들은 흥미를 느끼는 것이다.

이처럼 여러 의미를 안고 있는 《로베르토 쥬코》가 동숭아트센터 소극장에서 한국 최초로 공연되었다.(2002년 7월 12일-8월 4일) 과연 이번 공연이 그 작품이 지니는 다층위의 의미를 마음껏 발산하고 있는지는 좀더 두고 볼 일이지만 어쨌든 공연 성사 자체만으로도 매우 의의가 있는 일로 여겨진다. 1980년대 초반에 〈관객모독〉으로 무대와 관객의 관계를 재정립하려 했던 기국서 연출가가 이번에 대담한 카드 〈로베르토 쥬코〉를 들고 나온 것이다. 그와 함께 1976년 신촌에서 출발한 극단 〈76단〉은 전위 연극을 주로 공연하였으므로 이번 공연의 어조는 이 극단에 새삼스러운 것이 아니다. 여기에 작품을 직접 번역한 유효숙 교수가 드라마투르크로 참여하여 일단 외적으로 매우 잘 짜인 모습을 보여준다. 또한 회색빛의 어두운 벽을 통해 답답한 감옥이라는 현실이 유효하게 처리되고 있으며 조명의 기술적인 사용이 두드러진다. 다만 전체 15장을 장면 전환해야 하는 상황에서 조명의 역할에는 약간의 의문점이 남는다. 미등을 남겨 놓은 채 무대를 바꿈으로써 불필요한 부분들이 고스란히 노출되었기 때문이다. 그런데 더 커다란 문제는 쥬코 역을 맡은 배우 양영조에게 있다. 증오와 폭력과 살인, 사랑의 이중적 성격을 드러내야 하고 모든 인물들을 압도하는 카리스마를 보여야 하는 쥬코를 표현하기에 에너지가 미흡한 것으로 보인다. 그럼에도 그의 외적 조건은 상당히 잘 갖추어져 있어 앞으로 노력 여하에 따라 긍정적인 가능성을 점쳐 볼 수 있다. 부모의 교살이 한 개인의 완전한 자유를 위한 행위라는 은유적 주제가 뚜렷한 〈로베르토 쥬코〉가 한국 관객에게 어떤 이미지로 다가설지 자못 궁금하다.

제12장

재해석된 몰리에르

1. 몰리에르 연보

1622년	본명이 장 바티스트 포클랭인 몰리에르가 파리에서 출생한다. 아버지는 부유한 양탄자 상인으로 곧 왕실에 근무하게 되었으나 어머니는 아들이 10세 되던 해에 사망한다. '태양극단'의 므누슈킨이 제작한 영화 〈몰리에르〉를 보면 어머니의 병을 불성실하게 돌본 의사들에 대한 반감이 잘 드러난다. 아울러 그 역시 항상 병을 지니고 있었던 까닭에 의사에 대한 불신과 증오가 대단하였으며 이 점은 그의 여러 희극에서 잘 나타난다.
1663년	당시 상류층 자제들의 학교이자 예수교인 클레르몽 학교에서 수학한다.
1637년	아버지의 강권으로 오를레앙대학에서 법학을 공부한다. 그러나 법률 공부와 아버지의 뒤를 이은 것을 거부하였기 때문에 연극에 입문이 늦어진다.
1642년	철학자이자 천문학자인 가상디의 영향을 받는다. 가상디는 쾌락주의와 기독교를 타협시키고자 시도한 인물이다.
1643년	이때부터 자신의 이름을 몰리에르로 개명하고 연기자인 베자르 일가와 관계를 맺는다.
1644년	그는 베자르 가족과 함께 '유명 극단'을 만든다.
1645년	극단이 파산하고 만다.

1646년	극단의 파산 이후 몰리에르와 베자르 일가는 파리를 떠난다. 마들렌 베자르는 에페르농 공작의 후원을 받고 있었으므로 그는 몰리에르의 새 극단에 자신의 이름을 넣을 것을 허락하였다. 에페르농 공작(duc d'Épernon) 극단은 보르도에서 출발을 하여 랑그도크·프로방스·리옹 등을 순회 공연한다.
1653년	이 극단은 리옹에 둥지를 튼다. 이 시기에 몰리에르는 희극 작품을 처음 쓴다. 《바르부이에의 질투》《날아다니는 의사》가 이때 쓰인 희극이다. 리옹에서 콩티 왕자가 후원자가 된다.
1657년	콩티가 개종을 함으로써 그는 후원자를 잃는다. 이후 콩티는 연극에 가장 적대적인 사람이 된다.
1658년	12년간 유랑 생활을 청산하고 돈과 명성을 안고 파리로 돌아와 멋진 데뷔를 한다. 몰리에르극단(Troupe de Molière)은 왕 동생의 후원을 받아 무슈극단(Théâtre de Monsieur)으로 거듭나며 프티 부르봉(Petit-Bourbon)에 자리를 잡아 당시 유명했던 이탈리아극단과 함께 공동으로 이곳을 사용할 권한을 부여받는다. 이탈리아극단은 당시 유행이던 코메디아 델라르테를 공연하는 극단이었다.
1659년	《재치를 뽐내는 여인들》이 크게 히트하여 유명인사가 되었고 루이 14세의 총애를 받는다. 이후 왕의 지지로 자유로운 것을 희극의 소재로 삼게 되고 이에 따라 몰리에르에 반대하는 인사들이 많아졌다. 그의 적들 가운데는 특히 연기의 컨셉트에 이견이 있었고, 몰리에르 희극의 조롱 대상이었던 당시의 유명한 연기자들이 많았다.
1660년	몰리에르의 무슈극단은 프티 부르봉을 떠나 왕립궁으로 자리를 옮긴다. 《스가나렐》《아내 외도를 의심하는 남자》를 발표한다.

1661년	매우 대중적인 작품 《남편들의 학교》를 발표하고 자신은 주인공인 스가나렐 역을 맡는다. 이 작품은 《인간혐오자》의 전조가 된다. 몰리에르는 배우들을 이끌고 루브르 궁의 왕 앞에서 《불쾌한 사람들》을 공연하게 된다.
1662년	《아내들의 학교》를 초연한다. 20세 연하의 아르망드 베자르와 결혼한다. 아르망드는 마들렌의 막내여동생으로 알려져 있다. 또한 그녀의 아버지가 몰리에르라는 주장도 제기되고 있지만 진실이 규명된 바 없다.
1663년	《아내들의 학교》에 대해 많은 적들이 들고 일어나자 이에 대한 답변으로 소위 '희극 전쟁'이란 불리는 짤막한 두 편의 희극을 완성한다. 《아내들의 학교에 대한 비판》과 《베르사유 즉흥극》이 그것이다. 하지만 왕은 여전히 그의 편이었다. 그해부터 몰리에르에게 연금을 지불하도록 명령하였다.
1664년	왕은 그의 희극 보기를 좋아했으므로 몰리에르는 일반에게 초연하기 전에 왕에게 자신의 희극을 직접 공연하는 횟수가 많아졌다. 《강제 결혼》 《마법 섬의 쾌락》 《타르튀프》 등이 그것이다. 그러나 종교적 위선을 다룬 《타르튀프》는 공연이 금지되었고 몰리에르는 어려움에 처하게 된다. 그런 중에도 왕의 신임은 두터워만 간다.
1665년	《타르튀프》의 공연 금지는 적들의 승리로 끝난 것 같았지만 몰리에르는 이에 굴하지 않고 새로운 희극 《동 주앙 또는 석상의 향연》을 초연한다. 왕은 몰리에르의 후원자임을 선언하고 '왕립극단'이란 명칭을 부여한다. 이 극단의 이름으로 《사랑에 빠진 의사》를 공연한다.
	젊은 비극 시인 장 라신과 갈등을 겪는다. 라신은 자신의 비극 《위대한 알렉산더》를 몰리에르에게 헌정했지만 불분명한 이유로 몰리에르와 라이벌 관계에 있던 부르고뉴

극단이 공연을 하게 되어 몰리에르는 라신을 배은망덕한 자로 간주하기에 이른다.

1666년   아첨꾼의 위선을 그린 《인감혐오자》를 공연하지만 관중의 반응은 시원치 않다. 주인공 알세스트의 모델이 부알로라는 설이 설득력을 얻고 있다. 《억지 의사》가 큰 성공을 거둔다.

1667년   《타르튀프》를 《사기꾼》으로 개작하여 공연하지만 관객들이 외면한다. 중병에 시달린다. 의사는 그에게 오직 우유만 마실 것을 처방한다. 《시칠리아인》과 《사랑에 빠진 화가》를 발표한다.

1668년   투병 끝에 새로운 작품 《앙피트리옹》《조르주 당댕》《수전노》를 연이어 발표한다.

1969년   《타르튀프》 완결판이 공연된다. 새로운 발레-코미디인 《푸르소냐크 씨》를 발표한다.

1670년   루이 14세는 몰리에르에게 음악, 발레가 곁들여 사랑 이야기가 담긴 전원적인 희극을 주문하며 왕 자신이 연기를 해보고 싶다고 말한다. 8개월 후 왕립극단은 《부르주아 장티욤》을 공연한다.

1671년   비극 발레인 〈프시케〉를 공연한다. 하지만 관객의 썰렁한 반응을 통해 몰리에르는 자신을 깨닫고 코메디아 델라르테 형식으로 되돌아온다. 이때 공연된 것이 《스카팽의 간계》이다.

1672년   코미디 발레인 풍자적 희극 《유식한 여자들》을 초연한다.

1673년   《기분으로 앓는 사나이》에서 몰리에르는 우울증에 걸린 아이러니한 주인공을 연기한다. 네번째 공연에서 그는 무대에서 쓰러진다. 사람들이 그를 집으로 데려오지만 몇 시간 뒤 숨을 거둔다. 부인 아르망드는 신성한 대지에 몰리에르를 매장할 수 없다는 파리 대주교에게 압력을 행사해 줄 것을 왕에게 청원한다.

  배우이자 극작가 · 연출가 · 극단주의 역할을 동시에 수행한 몰리에르의 삶은 결코 평탄한 것이 아니었다. 비록 그는 커다란 실패도 맛보았고 많은 적들을 두었지만, 비극의 시대에 희극도 위대한 장르가 될 수 있음을 실천한 연극인이다. 현재에도 프랑스의 연극인들에게 수여하는 상 가운데 가장 명예로운 것은 '몰리에르상'이며 그의 작품은 전 세계에서 연중 공연되고 있으니, 그의 명성과 위상은 거의 4세기나 지난 오늘날에도 식을 줄을 모른다.

  몰리에르 연극에 대한 연구는 깊고 넓다. 그는 단순한 사회 풍자나 성격 묘사를 통한 인물 풍자로부터 철학적인 깊이를 지닌 분석 등 매우 다양한 관점에서 접근되고 있다. 그의 인물들도 어리석은 인간의 전형에서부터 삶을 이해하고 관조하는 인간까지 매우 다양하다. 현대에 들어 셰익스피어 못지않게 몰리에르의 연극이 더욱 각광을 받고 현대적으로 공연될 수 있는 것은 이러한 해석의 다양성과 인간의 원형적 성격을 밝히는 깊이 있는 작품성에 있다고 하겠다. 바로 이런 점이 현대 프랑스 연극의 목록에 몰리에르를 과감하게 끼워넣은 이유이다.

  국내에서는 극단 수레무대(대표 김태용)가 특히 몰리에르를 적극적으로 개발하여 주요 레퍼토리로 삼고 있다. 여기에 소개하는 세 편의 공연 가운데 두 편은 김태용 연출에 의한 공연이다. 〈파워 스카펭〉은 《스카펭의 간계》를 현대적으로 해석한 것이며 〈아를르캥, 의사가 되다〉는 《억지 의사》를 기본 토대로 한 것이다. 세번째 작품인 〈귀족놀이〉는 국립극단의 정기 공연 레퍼토리로 선정되어 프랑스의 촉망받는 젊은 연출가 에릭 레니에가 연출한 작품이다. 앞서 말한 대로 많은 장르가 혼합되어 있는 이 작품은 한국전통예술과의 혼용으로 기대를 모았던 까닭에 그와의 대담은 몰리에르 연구에 유익하리라는 생각이다.

2. 〈파워 스카펭〉의 파워

"희극은 동시대 인간들의 모든 결점을 제시하여야 한다."
《베르사유 즉흥극》, 제4막.

관객을 웃게 하기란 쉬운 일이 아니다. 더구나 인간의 성격과 사회의 풍습을 적나라하게 드러내면서 희극성을 돋우는 것은 어찌 보면 비극보다 더한 인간의 비극일 수 있다. 절대 왕정과 고전주의가 꽃피운 17세기 프랑스에서 희극작가 · 배우 · 연출가 · 극단주로 활약한 몰리에르는 동시대의 인간과 사회에 대한 정확하고 날카로운 관찰자였다. 관객을 즐겁게 하는 것을 최고의 목적으로 삼고 "본성에 따라 묘사해야 한다"는 신념으로 작품을 무대에 올렸던 그는 창조적인 모방이 문학 창조의 근간이 된다는 사고가 널리 통용되던 당시에 주제 · 사상 · 극작법 등에 있어 전통적인 희극을 고차원으로 통합시켰다.

1671년 5월 24일 왕립극단에 의해 초연된 《스카펭이 간계》는 3막 소극으로 몰리에르 말년의 작품이다. 이 작품은 〈프시케〉의 공연을 위해 극장을 개조하는 동안 급하게 쓰인 것으로 테렌티우스 · 타바랭 · 로트루 · 로지몽 · 시라노 드 베르주라크의 작품들이 한꺼번에 혼재해 있다. 그러나 이러한 혼합이 작품을 어지럽게 하기보다는 질서 있는 구조와 적절한 리듬으로 일관성을 획득함으로써 작가의 장점을 잘 드러낸다. 이탈리아 희극에서 차용된 인물들은 한결같은 희극성을 드러낸다. 꾀많고 약삭빠른 하인 스카펭, 사랑에 빠진 철없는 두 젊은이, 이를 방해하는 욕심 많은 늙은 아버지가 그들이다. 여기에 희극의 전형인 오해 · 착각 · 음모 · 변장이 적절히 결합되어 재미를 더해 주고 있다. 아버지의 반대로 사랑을 이루지 못하는 젊은 연인들이 꾀많은 하인의 도움으로 사랑을 성취한다는 줄거리는 몰리에르 고유의 것이 아니다. 그는 이러한 희극의 전통적인 줄거리에 저속한 언어나 몽둥이

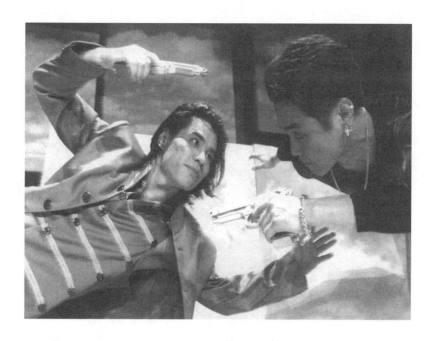

질이라는 프랑스 소극을 합하여 자신의 독창성을 만들어 내고 있다. 특히 사회의 계급이나 부모의 권위가 갖는 모순을 극대화시키고, 젊고 도덕적인 인물들이 아닌 늙고 추악한 훼방꾼이나 하인에 초점을 맞춘 것은 몰리에르 희극의 고유한 특징이라 할 수 있다.

　이러한 점들을 주목하면서 현대적 감각으로 재해석되어 《스카팽의 간계》가 파워로 변이된 김태용 연출의 〈파워 스카팽〉에서 몰리에르의 희극적 특성이 어떻게 나타나는지 살펴보기로 하자. 첫번째 희극적 요소는 언어의 희극성이다. 여기에는 천박하고 우스꽝스런 언어, 은어나 가스코뉴 방언의 사용, 말장난, 대사의 반복 등이 있는데 번역극에서 이러한 맛을 제대로 살리기는 쉽지 않다. 〈파워 스카팽〉의 경우 말장난, 반복적인 대사, 경쾌한 대사의 주고받기는 상당 부분 구사되었으나 맛깔스런 몰리에르 고유의 리듬이나 은어, 사투리가 적절하게 사용되었다고 보기는 어렵다. 이는 우선 번역에서 제기되는 문제로 예컨대 옥타브의 대사 "호기심은 무슨 일이 일어났는지를 보기 위해 레앙드르를 재촉하게 만들었지"는 완전한 프랑스식 표현이다. 이러한 직역은 현재 한국에서 펼쳐지고 있는 파워 있는 스카팽을 충분히 구현하기에는 역부족인 것으로 보인다. 고전 번역극은 작품성이 검증되었다는 장점이 있으나 시간과 공간을 넘어 현재의 관객에게 접근해야 한다는 부담이 있다. 특히 희극의 경우 작품 배경이나 문화에 대한 관객의 인식이 희극성을 더욱 높여 줄 수 있다는 점에서 그러하다. 〈파워 스카팽〉에서 인색하고 옹졸하며 신분 상승의 열망에 가득 찬 부르주아에 대한 17세기의 부정적 인식이나 터키인들과 유럽인들 간의 역사적 관계에 대한 사전 지식은 작품을 훨씬 깊이 있게 이해할 수 있는 토대들이다. 번역을 일종의 창작으로 간주한다면 또한 기왕 영상 세대에 걸맞는 새로운 감각으로 연출을 시도한 이상, 원작을 과감하게 변형시켜 현대화에 좀더 신경을 썼더라면 하는 아쉬움이 남는다.

두번째 요소는 희극의 전용물인 과장되거나 우스꽝스런 제스처를 들수 있다. 요란하고 현란한 스카팽의 움직임, 매트릭스로 해석된 레앙드르의 힘찬 동작, 하인에게 거금을 빼앗길 수밖에 없는 구두쇠 아버지 제롱트의 절망적인 몸짓과 외침, 간계에 속아 하인에게 어쩔 수 없이 몽둥이질을 당하는 주인의 모습은 웃음을 넘어서 통쾌하기까지 하다. 그러나 억지 웃음을 유발시키기 위해 몸짓이나 표정들이 지나쳐 전체적인 맥락을 혼란에 빠트린다면 오히려 작품의 질이 저하될 위험이 있다. 제롱트 역을 맡은 김정호는 구부정한 자세, 헤어스타일 그리고 화법에 이르기까지 아집이 가득 찬 수전노 성격을 훌륭하게 창조해 내고 있다.

세번째는 극의 중심축을 형성하는 스카팽의 변신이다. 스카팽은 술책에 능하고 약삭빠르며 창의적인, 코메디아 델라르테의 전형적인 하인의 모습이다. 다른 하인 실베스트르의 어수룩한 모습은 재기에 넘치는 스카팽을 더욱 빛내 주며, 스카팽이 모든 사건을 주도적으로 맡아 해결함으로써 극 전체를 이끌어 간다. 이는 바로 〈파워 스카팽〉의 특징이기도 하다. 즉 젊은 연인들이 사랑의 장애물을 극복하는 문제가 중심을 이루는 작품들과는 달리 스카팽의 계교와 술책이 작품의 연속적인 흥미를 유발시키는 것이다. 스카팽이 계략을 꾸미는 것은 자신의 이익이나 젊은 주인을 위해서가 아니다. 그는 다만 일을 꾸미고 이를 즐긴다. "제 머리는 보복으로 가득 차 있어요. 저는 그 즐거움을 맛봐야 겠어요." "나는 대담한 일을 꾀하길 좋아하는 사람이거든."(제3막 1장) 이처럼 스카팽은 낙천적이며 하인의 약점을 재치로 상쇄시키고 삶을 유쾌하게 즐기는 성격을 지녔다. 이러한 성격과 역할을 담당하는 스카팽의 변신은 작품 시종일관 이루어진다.

　우선 스카팽의 변신이 가져오는 희극적 요소는 주인 레앙드르와의 관계에서 나타난다. 제2막 3장에서 레앙드르는 스카팽이 배신한 것으로 오해하고 그를 죽이려 하지만 다음장에서 스카팽 앞에 무릎을 꿇고 도와주기를 간청한다. "레앙드르: 오! 가련한 스카팽, 제발 나를 도와주게. 스카팽: '옹, 가련한 스카팽.' 저는 사람들이 필요할 때만 '가련한 스카팽'이군요."(제2막 4장) 이같은 스카팽의 변신은 '간계'가 '파워'로 전이될 수 있는 요인이며 이러한 해석으로 1973년 코메디 프랑세즈에서 자크 에샹티옹에 의해 연출된 작품에서 스카팽은 용감무쌍한 서부의 카우보이가 되었다. 한편 작품 곳곳에서 나타나는 스카팽의 위장 내지 변신은 바로 그의 간계를 완성하기 위한 중요한 동인이다. 제1막 3장에서 스카팽은 아르강트가 되어 옥타브의 심장을 단련시키며, 제3막 2장에서 거짓 계략으로 제롱트로 하여금 자루에 들어가게 한 후 스카팽이 검객으로 변신하여 복수하는 장면, 그리고 제3막 12장에서 죽어가는 환자로 위장하여 주인의 분노를 교묘하게 삭이는 장면이 이에 해당한다. 이러한 변신은 목소리뿐 아니라 동작이나 태도에 있어서도 숨가쁜 전개를 요구한다. 이처럼 작품 전반을 리드하는 스카팽은 프랑스의 역대 대배우들이 탐내던 역이다. 순간순간 변신해야 하는 스카팽 역을 맡은 윤희균은 탄력적인 몸매와 역동적인 동작, 강조된 표정 연기를 통해 이러한 변신을 무난히 소화해 내고 있어 희극배우의 자질을 훌륭히 보여주고 있다. 다만 발성에 있어 강약을 통한 볼륨의 확장과 리듬감의 결여는 앞으로 보완해야 할 과제로 여겨진다.

네번째 희극적 요소는 오해와 착각 또는 간계를 들 수 있다. 몰리에르 연극에서 흔히 오해나 착각은 오히려 진실을 드러내게 하는 순기능을 하며 이것이 웃음을 자아내게 한다. 〈파워 스카펭〉에서 오해는 아르강트와 제롱트가 스카펭에게 속는 것이 그 주류를 이루며 제2막 3장에서 레앙드르의 무력에 의해 어쩔 수 없이 자신의 과오를 고백하는 스카펭의 모습은 오해의 산물이다. 또한 제3막 3장에서 제르비네트가 말한 바보 노인이 바로 자신의 얘기를 들어주는 제롱트임을 알지 못하고 맘껏 비웃는 장면은 오해가 가져오는 희극의 진수이다.

간계는 이 작품에서 가장 중요한 희극적 요소이다. 하인의 거짓 계략이 정당성을 갖기 위해서는 노인의 어리석음 · 위선 · 인색 · 독선이 필요하다. 따라서 스카펭의 간계는 사랑에 빠져 있는 젊은 연인들과 이들을 방해하는 욕심쟁이 두 아버지의 대립 구조에서 젊은이들이 승리를 하기 위한 필수적인 요소이다. 완고하며 눈앞의 이익을 추구하기에 급급한 노인들이 부패하고 권위에 차 있는 사회를 대변한다면 뛰어난 수완으로 주인을 우롱하는 스카펭의 파워는, 희극이 지배층을 신랄하게 풍자하는 서민극이라는 공식과 일맥상통한다. 작품에서 거짓 간계는 오히려 잃었던 딸을 되찾고 애초에 목적했던 정략 결혼과 똑같은 결혼을 성사시킴으로써 누구에게나 만족스럽고 행복한 결론을 이끌어 신분 · 재산 · 사회의 편견이 극복되고 계층이나 세대 간의 화해를 꾀하고 있다.

줄거리는 두 집안의 사건으로 중첩되어 있다. 부유한 집안의 어른인 아르강트와 제롱트는 서로 이익이 맞아떨어지자 아들의 의견과 애정을 무시하고 사돈을 맺으려 한다. 이들은 라이벌 의식을 가지고 있으며 경우에 따라 상대방을 비꼬기도 하고 서로를 비교하지만, 둘 다 스카펭에게 속은 것을 알고는 동병상련의 상황에 처한다. 두 아들은 각각 아버지 허락없이 출신이 분명하지 않은 여자를 사랑한다. 그러나 여자들은 끌려갈 위기에 처하고 이 난관은 돈으로 해결할 수 있지만 그들에겐 돈이 없다. 이같이 똑같은 문제를 안고 있는 이들은 스카펭의 도움을 받아 동시에 궁지에서 벗어난다. 두 노인의 성격이 유사하고 두 아들의 상황이 비슷한 것이다. 따라서 이중적 사건은 대립적이기 보다는 상호 보조적인 역할을 한다고 볼 수 있다. 이 이중성은 복잡한 줄거리를 통해 상황을 더욱 코믹하게 만들며, 대단원에서 두 집안의 얽힌 문제들을 한꺼번에 해결함으로써 스카펭의 능력을 돋보이게 하는 장치이다. 이중적 구조를 이처럼 이해했을 때 아르강트 · 옥타브 · 제르비네트의 축과 제롱트 · 레앙드르 · 아아상트의 축 사이에 특별한 차이점을 둘 이유는 없어 보인다. 〈파워 스카펭〉에서 이러한 측면은 무난하게 지켜졌는데 다만 옥타브와 레앙드르의 경우 의상 · 발성 · 동작 등에서 상당한 차이점을 보이고, 레앙드르가 지나치게 강조되어 스카펭의 파워가 약화된 감이 있다.

〈파워 스카펭〉의 공간 구조는 논란거리를 제공할 수 있는 재미있는 구조이다. 몰리에르 작품에서 장소는 광장에 국한된 경우가 많은데 이 작품도 크게 이 범주를 벗어나지 않는다. 배경이 되는 나폴리는 〈파워 스카펭〉이 이탈리아 희극과 유관하며 무대가 바다에 인접해 있다는 점을 시사한다. 바닷가는 작품의 내용과 밀접한 관계를 맺으며 중요한 역할을 하지만 실제로 무대가 바닷가라는 점은 크게 부각되지 않는다. 다만 문 너머 뭉게구름이 피어나는 파란 하늘은 태양이 작열하는 이탈리아의 항구 도시를 희미하게 암시할 뿐이다. 〈파워 스카펭〉의 무대 공간은 절제되어 있다. 허한 무대는 좁은 공간에 여러 명을 수시로 등장시켜야 하는 어려움을 해소하며 순간적인 장소 변경에도 유리하다. 무대 안쪽에 설치되어 있는 흰색의 다섯 개의 현대식 문은 공간 구조의 기본 틀을 이루는데, 출연자 10명은 문의 배수여서 이들의 등 · 퇴장은 세밀하게 계산되어 있는 듯하다. 나란히 놓여 있는 똑같은 모습의 문은 비현실적이어서 안과 밖의 단순한 구도를 넘어선다. 문 뒤의 공간은 연기자들이 자유롭게 왕래할 수 있는 현실적인 공간이자 무대의 연장 공간이 되기도 한다.

몰리에르는 엄격한 장르의 규제에 순응했던 당시 극작가들의 취향을 거부하고 자신의 연극에 음악과 춤을 끼워넣어 발레-희극을 창시했다. 《부르주아 장티욤》《기분으로 앓는 사나이》 등의 작품에서 혼합 장르는 더욱 유쾌하고 희극적인 효과를 주면서 몰리에르식의 총체적 희극이 완성되었다. 이러한 작가 정신은 〈파워 스카펭〉에서도 그대로 계승된다. 테크노와 랩, 춤, 전자악기가 동원되어 한 편의 뮤지컬-희극이 탄생한 것이다. 이러한 시도는 극의 단일성을 산만하게 하고 가사 전달의 문제점을 야기시킬 수 있지만 연극 장르의 폭을 확대시키고 젊은 관객들에게 어필할 수 있다는 점에서 고무적이다. 다만 배우들의 의상과 헤어스타일에 있어 지나친 다양성은 자제해야 할 부분으로 보여진다. 또한 몰리에르는 기존 극단의 배우들이 과장된 발성과 연기를 한다고 비난하였는데, 자연스런 발성과 연기가 최상의 희극적 효과를 낼 수 있다고 생각했기 때문이다. 이러한 작가의 의도를 존중한다면 〈파워 스카펭〉의 배우들은 일상 생활에서 우러나오는 자연스럽고 진실한 발성과 연기를 통해 저절로 웃음을 유발시키는 노력이 필요한 것으로 보인다.

이상에서 본 바와 같이 〈파워 스카펭〉은 몇몇 문제점에도 불구하고 보기 드물게 독창성과 현대적 감각을 유지하면서 고전 희극을 의미 있게 해석해 냈다. 몰리에르는 웃음을 통해 삶을 성찰하고자 하였다. 스카펭의 대사 "인생에는 기복이 있어야 해요. 모든 이에 섞여 있는 어려움은 정열과 기쁨의 증대를 가져오지요"(제3막1장)에는 작가의 인생관이 잘 드러나 있다. 이러한 점들이 〈파워 스카펭〉에서 잘 드러나 웃음을 터뜨리는 가운데 자신의 삶에 대해 한번쯤 진지하게 성찰할 수 있는 기회를 가질 수 있다면 스카펭의 힘은 충분히 보여준 것으로 생각한다.

3. '코메디아 델라르테'로 부활된
   〈아를르깽, 의사가 되다〉

인터넷을 비롯한 통신 수단의 비약적인 발전과 영상매체의 폭발적인 팽창으로 우리 사회는 포스트모던의 특징 가운데 하나인 다양성으로의 지평을 넓혀 가고 있다. 다양성은 개인화 현상을 부추기는 밑거름이기도 한데 여하튼 다양성은 퓨전 문화를 양산하고 있고 예술 분야는 이 점에서 거의 선두권에 위치해 있다. 서울 대학로에서 성황리에 공연되고 있는 〈아를르깽, 의사가 되다〉(이후 〈아를르깽〉으로 약칭함. 극단 수레무대, 김태용 연출, 인켈아트홀 2관, 2004년 11월 12일–28일)는 여러 면에서 퓨전의 특징을 지니면서 현대인과 공연 예술에 관해 많은 점을 시사한다. "몰리에르의 코메디아에 대한 향수와 그리스 연극의 코러스, 여기에 극단 수레무대만의 독특한 코메디아 델라르테(이후 코메디아로 약칭함) 해석이 만나서 탄생한 유쾌한 코러스 뮤지컬"이라고 적혀 있는 공연 팸플릿을 보면 참으로 많은 것들이 비빔밥처럼 섞여 있음을 알 수 있는 것이다. 이 인용문에 또 다른 중세 서민극인 소극(笑劇, farce)을 곁들여 무대를 자세히 살펴본다면 자연스럽게 이번 공연에 대한 분석의 장이 될 것이다.

앞의 인용문에서 맨 처음 나오는 인물 몰리에르는 누구인가? 프랑스 역사상 가장 강력한 군주였던 루이 14세의 시대를 증언하며 당시를 고스란히 살다간 몰리에르는 한마디로 시대의 반항아라 할 수 있다. 비극의 시대에 코미디로 승부를 걸었기 때문이다. 17세기 고전주의 시대로 불리는 이 시기는 정치·경제·문화·사상 등 다각적인 측면에서 본격적으로 중세를 벗어나 왕권의 강화를 통한 중앙집권과 고대 그리스를 부활시키려는 움직임이 활발하던 때이다. 이러한 흐름과 맞닿아 있는 장르는 삼일치 법칙에 의거하는 비극이었고 당시의 예술

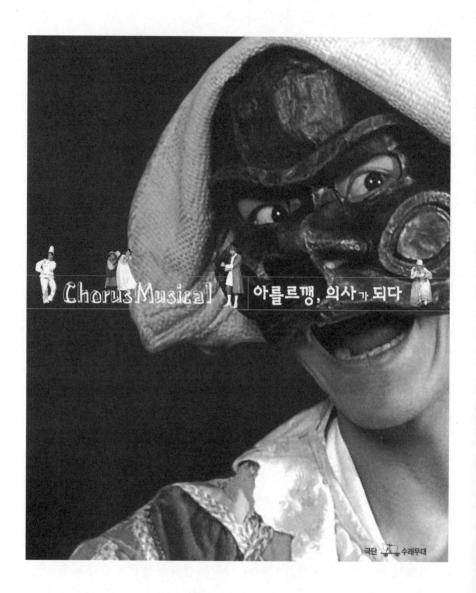

ChorusMusical 아를르깽, 의사가 되다

극단 수레무대

인들은 너도나도 비극을 쓰기에 이른다. 몰리에르도 시대에 편승하여 몇 편의 비극을 써보지만 참담한 실패를 맛보고 자신의 극단마저 파산하고 만다. 빚을 갚지 못한 그는 결국 파리에서 추방당하고 지방을 전전긍긍하며 12년간의 긴긴 유랑 생활을 시작한다. 이처럼 실패한 인간, 몰리에르가 파리에 화려하게 부활을 하는 것은 바로 코미디를 통해서이다. 인생의 쓴맛을 경험한 몰리에르는 현실에 대해 정확하고 예리한 관찰력으로 개인의 성격과 사회를 날카롭게 분석하는 천부적인 재능을 갈고 닦았던 것이다. 그는 작품을 통해 시대를 풍자하고(《재치를 뽐내는 여인들》), 신앙가의 위선을 꼬집고(《타르튀프》), 종교, 가부장, 도덕성의 문제(《동 주앙》), 결혼 문제(《아내들의 학교》) 등 당시의 사회 문제를 여실히 드러냈으며, 나아가 인간의 보편적인 문제를 충실히 재현했다. 그런데 이러한 사회 고발과 현실 풍자 및 성격 창조를 통해서 몰리에르가 본질적으로 추구한 중요한 인자는 관객을 즐겁게 해주어야 한다는 신념이었다. "가장 커다란 규칙은 즐거움을 주는 것이다"라고 그는 힘주어 강조한 바 있다. 관객을 즐겁게 한다는 것은 수레무대의 연출이 언급하고 있듯이 fun보다는 **pleasure**의 개념일 것이다. 시간을 때우는 단순한 오락과 흥밋거리가 아니라 윤리와 이념의 측면에서 깊은 만족감을 주며 웃음을 통해 인간의 진실성을 탐구한다는 의미인 것이다. 때문에 당시의 파리지앵들은 몰리에르의 연극에 즐거워하였고 서민들은 지배층의 위선을 통렬하게 꼬집는 그의 작품에 환호하였다.

이러한 몰리에르의 코미디에 수레무대는 뭔가 새로운 물감을 탄 것이 분명하다. 사실 〈아를르깽〉은 몰리에르의 수작 가운데 하나인 《억지 의사》를 기본 토대로 하고 있다. 무식하고 허풍만 떠는 의사에 관한 이야기는 소극에서 흔히 다루어지는 것으로 몰리에르는 여러 작품, 《날아다니는 의사》《사랑에 빠진 의사》《기분으로 앓는 사나이》 등에서 잘 나타난다. 몰리에르는 개인적으로 의사에 대한 원한이 깊기도 하다. 일찍 어머니를 여읜 그는 그 탓을 의사에게로 돌렸으며 자신의 고질병도 제대로 치료하지 못하는 의사를 믿을 수가 없었으니 무대에서 아를르캥이 던지는 의사에 대한 풍자는 우연이 아닐 것이다.

앞의 인용문에서 나오는 또 다른 중요한 용어는 "그리스 연극의 코러스"와 "뮤지컬 코러스"라는 말이다. 전 국민의 축제였던 고대 그리스의 비극 경연대회는 서양 연극의 시원으로 자리매김하고 있는데 이 비극의 특징 가운데 하나는 바로 코러스의 존재이다. 코러스의 기능은 첫째, 배우의 역할을 하면서 주인공에서 충고를 하거나 관객에게 줄거리의 흐름을 알려 준다. 둘째, 관객의 역할을 하면서 주인공의 행동과 사건에 대해 즉각적인 반응을 보인다. 셋째, 줄거리의 전개와 주인공의 행동에 따라 일정한 형태의 춤을 추거나 이에 덧붙여 노래를 부름으로써 분위기를 고조시킨다. 넷째, 극의 리듬을 이끄는 기능을 지닌다. 즉 연극 전체를 관통하는 율동미를 시기적절하게 삽입하여 전체적인 리듬감이 유지되도록 하는 것이다. 마지막으로 코러스는 무대장치 기능을 하며 무대장치를 바꿀 때에도 도움을 준다. 이러한 코러스는 현재 각광을 받고 있는 뮤지컬이나 오페라에서도 비슷한 역할을 하면서 약방의 감초처럼 빼놓을 수 없는 존재로 부각되고 있어 고대 그리스 연극이 여전히 우리 곁에 살아 있다는 생각이다. 어찌 되었건 〈아를르깽〉에서 4명의 여자 코러스는 비록 고대 그리스의 50여 명의 코러스에 비해 단출하긴 하지만 순간적인 변형으로 배우도 되고 관객도 되고 도우미가 되면서 주어진 역할을 알차고 훌륭하게 소화해 내고 있다. 또한 무대 뒤에서 실제로 연주되는 피아노 반주에 맞추어 라이브 음악을 선사함으로써 이들의 생생한 음감은 공간 전체에 커다란 활력을 불어넣고 있다. 리듬감 있는 코러스의 안무와 합창을 접하면서 10개월 동안의 준비와 연습 기간을 거쳐 공연이 완성되었다고 큰소리를 칠만 하겠구나라는 생각이 든다. 특히 우리에게 낯설지 않은 이탈리아 가곡은 몰리에르 작품을 중세 이탈리아에서 발생한 코메디아와 섞어 놓았음을 은연중에 암시한다. 몰리에르와 코메디아와의 만남은 우연에 의한 것은 아니고 사적인 자료를 근거로 하고 있다. 몰리에르의 많은 작품은 코메디아의 냄새를 물씬 풍기기 때문이다.

서민들의 연극으로 즉흥성이 그 특징인 코메디아는 고유하고 전문적인 성격을 가진 유형적인 인물들로 구성되어 있다. 인물은 과장된 성격과 그렇지 않은 성격으로 양분할 수 있으며, 이들의 역할은 주인과 하인으로 크게 구분할 수 있다. 이번 공연의 제목이자 주인공인 아를르캥의 이탈리아 이름은 아를레키노인데 코메디아의 인물들 가운데서 가장 개성이 강하며, 훗날 《피가로의 결혼》에서 맹활약을 하는 영특하고 꾀많은 하인 피가로의 근원이기도 하다. 이야기의 중심에 존재하는 그는 어리석거나 교활한 성격을 지녔으며 곡예사나 체조 선수와 같은 날렵한 몸짓을 할 수 있어야 한다. 무대에서 넘어지고 구르고 불쑥 나타나 객석을 웃음바다로 만드는 역할을 담당했기 때문이다. 이번 공연에서 아를르캥 역을 맡은 김동곤은 수레무대의 간판 배우로 오랫동안 단련된 신체 훈련 덕택에 가볍고 경쾌한 몸놀림을 마음껏 선보이며 관객을 사로잡았다. 한편 아를르캥의 의상은 많은 변화를 겪었는데, 원래는 누더기 천을 기운 옷이었지만 점차적으로 다이아몬드 형태의 빨간색·파란색·녹색이 조합된 현재의 의상이 되었다. 이 의상은 〈아를르깽〉에서 그대로 발견되며 펠트 모자와 검은색 마스크, 사마귀가 난 이마 등도 코메디아의 아를르캥을 차용한 것이다. 그런데 이 공연에서 특기할 만한 것은 주인공 아를르캥이 아내의 복수로 인해 본의 아니게 의사가 되면서 코메디아의 또 다른 인물 도토레의 역할까지 수행한다는 사실이다. 도토레는 어리석긴 하지만 해박한 인물이다. 의사·법률가·학자·점성가의 해박함으로 기나긴 장광설을 늘어놓는 도토레는 자신의 해박함이 조롱의 대상이 되지 않을까 노심초사하는 인물이다. 대학로 무대에서 아를르캥이 의학적 용어를 희한한 라틴어로 나열하면서 의사의 권위를 하찮게 만들어 버리는 장면은, 잘 알지도 못하는 의학 용어나 희귀한 남의 이름을 막힘없이 내뿜고 정확하지 못한 라틴어를 거리낌없이 구사하며 사실을 왜곡하는 도토레의 전형인 것이다. 이처럼 두 유형의 인물이 복합된 주인공의 형상은 몰리에르와 코메디아가 절묘하게 조합되어 이루어진 것인데 이 점은 다른 등장 인물들에서도 확인된다. 예컨대 판탈로네는 젊은 여자를 탐하는 늙은 남자이거나, 아내가 바람난 남편이거나, 사랑에 빠진 자식에게 속아넘어가는 아버지 등으로 등장해 속임수에 빠지는 등 수모를 겪는 인물로서 본 공연에서는 딸을 가난한 청년 레앙드르에게 주지 않으려다 아를르캥의 웃음거리가 되고 마는 늙은 부르주아 판탈로네로 재현된다. 이 외에 무대에서 만날 수 있는 특징적인 인물로는 비양심적이며 정직하지 못하고 극에서는 자신의 아내가 아를르캥과 바람을 피우는 바람에 아를르캥의 가짜 의료 행위를 고자질하는 브리겔라가 있으며 떠버리이자 허풍쟁이인 스카라무슈가 있다.

코메디아 인물들이 유형적이라는 사실은, 배우가 한 역에 고정되어 손쉽게 즉흥적으로 연기를 할 수 있고 관객은 가면과 의상만 보아도 그 인물이 누구인지 알 수 있다는 장점이 있다. 코메디아의 등장 인물은 젊은 연인들을 제외하고 대개는 가면을 썼는데 〈아를르깽〉 역시 이 점을 충실하게 따르고 있다. 아를르캥 · 판탈로네 · 브리겔라 · 스카라무슈는 각기 고유한 의상에 개성을 담은 가면을 착용하고 있는 것이다. 그러므로 만일 관객이 코메디아의 유형적 인물의 의상과 가면을 사전에 충분히 숙지한다면 관극의 재미는 훨씬 증폭될 것이다.

이쯤해서 소극의 세계를 잠시 살펴볼 필요가 있다. 몰리에르의 코미디는 소극의 영향을 직접 받았으며, 중세기에 수레 위에 장치를 싣고 민중 속으로 파고들었던 패전트(pageant) 무대는 대학로에서 만날 수 있는 수레무대의 정신이기 때문이다. 소극의 프랑스어 표현인 파르스(farce)의 어원은 fars 혹은 fart이다. 그런데 fars는 닭 혹은 옷 안에 집어넣은 물건을 의미하고 fart는 분장 혹은 화장을 의미한다. 그러니까 옷 속에 무엇인가를 집어넣어 체형을 왜곡시키거나 분장이나 화장을 통해 얼굴을 변화시킨다는 것으로, 파르스는 속임수라는 근원적인 의미를 지니고 있다. 간략하게 소극의 플롯은 속이는 자와 속아넘어가는 자의 대립으로 이루어져 있다. 〈아를르깽〉 역시 속고 속이는 인물들의 이분법적 대립 구조로 짜여 있다. 남편에게 몽둥이찜질을 당해 화가 난 아내 콜롬비나는 복수하기 위해 브리겔라와 스카라무슈를 속여 남편을 의사로 둔갑시키고, 어쩔 수 없이 의사가 된 아를르캉은 판탈로네를 속여 정말 의사인 것처럼 행세하며, 이사벨라를 사랑하는 레앙드르는 약사로 변장하여 판탈로네를 속인다. 속임수는 긴장감을 유발시키고 요절복통의 상황을 만들어 관객이 배꼽을 쥐도록 한다. 그런데 대개 속는 자는 남편, 가게 주인, 아버지, 지주 같은 권위를 지닌 자이거나 지배자이다. 이들은 아랫사람의 속임수라는 덫에 걸려 아내를 학대하던 남편이 아내로부터 얻어맞고, 주인이 하인에게 당하고, 신성해야 할 가톨릭 신부가 음탕한 지경에 빠진다는 식인데 이러한 계층의 반전에서 서민들은 통쾌한 복수감을 느꼈던 것이다. 점잔을 빼고 똑똑한 체하던 인물들이 웃음거리로 전락하고 마는 소극은 "뛰는 놈 위에 나는 놈 있다"라는 속담이 가장 잘 어울리는 코미디인 것이다. 몰리에르는 이처럼 소극에서 심리적인 요소를 차용하여 자신만의 고유한 성격 희극 혹은 풍습 희극을 만들었던 것인데, 하지만 저급한 욕설, 음탕한 행동, 지나친 육체 학대 등의 장면은 몰리에르 코미디에서는 크게 약화되었고 이 점을 수레무대는 존중하고 있다.

　나무꾼인 아를르캉이 졸지에 의사가 되는 장면은 그 좋은 예이다. 명의를 찾는 두 사나이 앞에서 콜롬비나는 자기가 아는 어떤 사람(실은 자기 남편)이 있는데 그는 세상에서 가장 훌륭한 의술을 지닌 의사라고 칭찬하면서 한 가지 염두에 두어야 할 것은 그가 절대로 의사가 아니라고 잡아뗀다는 것이다. 그는 몽둥이로 실컷 얻어맞기 전에는 자신이 의사임을 고백하지 않을 것이라고 이들에게 귀띔한다. 칼을 찬 두 사나이는 숲 속에서 아를르캉을 만나 콜롬비나의 조언을 확인하게 되고 아를르캉을 위협하기에 이르는데 이 장면은 심한 몽둥이질보다는 단도가 허공을 지르는 간단한 액션으로 이루어져 있다. 기발한 상상력으로 코러스의 도움을 받아 공중에서 묘기를 부리는 단도 장면은 관객들에게 많은 환심을 산 부분이다.

어찌됐건 아내의 복수심으로 인해 위기에 몰리게 된 아를르캥은 특유의 말솜씨와 기지를 발휘하여 정말 의사가 되어 간다. 갑자기 벙어리가 된 이사벨라의 병은 자신이 사랑하는 레앙드르와의 결혼을 아버지가 반대했기 때문에 생긴 것이다. 이 점을 잘 알고 있는 아를르캥은 레앙드르와 공모하여 젊은 연인들이 사랑의 도피 행각을 벌이도록 도와준다. 이러한 와중에 그는 하녀 프란세스키나를 유혹하다 그녀의 남편 브리겔라에게 발각되어 궁지에 몰린다. 그리하여 모든 것이 사기임이 밝혀지고 판탈로네의 분노가 폭발하면서 주인공은 죽음의 위협에 처하게 된다. 종극을 치닫는 순간 수레무대의 기지가 다시 한번 발휘되는데 장막을 이용한 그림자 연극을 통해 가난했던 레앙드르가 갑자기 예기치 않았던 막대한 상속을 물려받게 되고 이에 고무된 이사벨라의 아버지가 그들의 결혼을 승낙하면서 아를르캥은 위기를 모면하게 된다는 유쾌한 줄거리가 이어진다. 이와 같이 〈아를르깽〉은 갖가지 연극적 요소가 적재적소에 가미되어 관객은 마치 중세의 수레무대를 보는 듯 마음껏 웃을 수 있는 것이다.

현대인은 개인화되면서 점차 고립되어 가고 있다. 휴대전화의 울림이 도시의 소음과 기계음에 찌든 현대인에게 정겹게 느껴지는 것은 그 울림의 협화음 덕택이기보다는 기다림을 달래줄 수 있는 신호이기 때문일 것이다. 아이러니한 것은 개인화되어 갈수록 저잣거리에서 인파에 휩쓸려 부대끼며 살던 시대를 그리워한다는 점이다. 때문에 2002년 한일 월드컵 때 확인한 것이지만 여럿이 모이는 이벤트가 많아지고 라이브에 열광하는 젊은이들이 많아지는 현상은 일면 당연해 보인다. 이러한 때에 공연 예술 특히 연극은 예술가와 관객이 동시에 살을 맞대고 숨쉰다는 점에서 의의가 있으며, 서민들의 애환을 달래주며 그들을 웃고 울렸던 중세의 코미디를 오늘날 퓨전의 형태로 만날 수 있음은 커다란 행운이 아닐 수 없다. 심신이 지치고 스트레스에 시달리는 현대인이여, 만일 모든 것을 잊고 맘껏 웃고 싶다면, 원초적인 생명력과 만나고 싶다면 짬을 내어 당장 대학로의 연극판으로 달려가 보는 것은 어떨까?

4. 연출가가 말하는 〈귀족놀이〉

국립극단의 제202회 정기 공연, 세계명작무대의 레퍼토리로 선정된 몰리에르의 《부르주아 장티욤》은 프랑스의 젊은 연출가 에릭 레니에와 그의 사단의 가세로 주목을 받고 있다. 비가 몹시도 세차게 내리는 2004년 9월 17일 오후 연습이 끝난 뒤 약간 피곤한 모습의 레니에와 대담을 나누었다. 그와의 대담을 바탕으로 그의 연극 세계와 〈귀족놀이〉를 풀어보기로 하자.

짧은 머리, 흰 바탕에 가로줄무늬의 선원복 셔츠를 입은 레니에의 첫 인상은 장난스럽고 유쾌하다. 1960년생으로, 잘 알려진 프랑스 연출가치고 비교적 젊은 축에 속하는 까닭인지 엄격함이라든지 권위적인 모습은 찾을 길이 없다. 그가 한국을 찾은 것은 이번이 네번째로 그것은 순전히 국립극단에서 제안한 〈귀족놀이〉를 연출하기 위해서이다. 겉모습과는 달리 자신에게 주어진 일에 철저하게 임하는 진지한 모습이 엿보인다. 그는 현재 프랑스 브르타뉴 국립연극센터 책임자이자 부설 로리앙 극장의 극장장으로 35세의 나이에 국립연극센터의 책임자로 임명된 최연소의 기록을 갖고 있다. 브르타뉴 지방의 맨 끝자락, 바다를 향해 있는 작은 마을 케르브레스트가 고향인 그는 연기와 연출의 정통 코스를 밟은 엘리트로 과감하고 창의적인 작품 해석으로 널리 알려져 있다. 그의 경력 가운데 유의해야 할 것은 그가 시각 예술을 공부했고 미술학교에서 수학한 적이 있다는 점이다. 이는 소위 이미지 연극을 추구하는 젊고 실험적인 연출가들에게 종종 발견되는 경력이기도 한데, 하지만 그는 적극적으로 이미지 연극을 추구하지는 않

Le Bourgeois
Gentilhomme

귀족놀이

국립극장
The National Theater of Korea   달오름극장

는다. 공간 · 색 · 음향 및 조형 예술을 중시하되 다만 시작의 단계에서
일 뿐이고, 어느 정도 진행되면 다시 연극 자체의 언어로 되돌아간다
는 것이다.

그는 프랑스 국내의 유수한 오페라 프로젝트의 제의를 뿌리치고 국
립극단의 초청에 기꺼이 응했는데 그 이유가 궁금하다. 그의 대답은
단순 명료하다. 잘 알지 못하는 나라의 문화와 연극에 접할 수 있는 기
회는 당연히 매력적이라는 것이다. 이러한 모험적 생각은 〈귀족놀이〉
주인공인 무슈 주르댕에 대한 그만의 새로운 해석과 상통하는데 뒤에
서 다시 언급하기로 하자. 네 번의 방한을 통해 그는 이유는 모르겠
지만 한국의 매력에 듬뿍 빠졌으며 한국의 모든 것——심지어 김치,
소주까지도——을 사랑하게 되었다고 한다. 일정이 빡빡하여 한국
연극은 거의 보지 못했고 극단 목화의 〈웃어라 무덤아, 앞서라 오금
아〉를 보았는데 사회 참여적 성향이 진했다고 회상한다. 우리의 시
골 · 자연 · 역사를 경험시키고 전통극도 두루 보여주었으면 좋겠다는
생각이 든다.

그가 연출한 작품은 상당히 다양하다. 코르네유 · 라신 · 몰리에르
같은 17세기 비극과 희극은 물론이고 위고 · 주네 · 뒤라스 등의 작품
을 섭렵하였는데 만일 이 작품들을 전체적으로 분석한다면 분명 일관
성이 있을 것이며, 〈귀족놀이〉에 대한 그의 시각도 상당 부분 드러날
것이다. 특히 뒤라스와의 개인적인 만남은 그의 경력에서 중요한데
〈여름비〉 공연에 대해 까다롭기로 유명한 원작가의 감동적인 찬사는
연출가의 재능을 파악할 수 있는 에피소드이다. 무슈 주르댕이 후작부
인에 사랑에 빠져 한 말, "죽도록 사랑한다(mourir d'amour)"는 뒤라스
에게 그대로 적용된다고 레니에는 힘주어 말한다. 죽도록 사랑한다
……. 심장을 후비는 듯한 이 표현은 뒤라스 문학의 진수이며 레니에
역시 이에 깊이 공감하는 것이다. 그는 2002년 뒤라스의 〈사바나 만
(灣)〉을 코메디 프랑세즈에서 공연하였고, 앞으로 뒤라스 원작 영화
〈히로시마 내 사랑〉을 무대에 옮길 계획이다. 한편 《햄릿》에 대한 새

로운 아이디어가 이미 구체화되어 있어 머지않아 공연할 예정이다.

본격적으로 〈귀족놀이〉로 대화를 옮겼다. 몰리에르의 작품으로는 1999년에 코메디 프랑세즈에서 《아내들의 학교》를 이미 연출한 바 있어 몰리에르에 대한 연구와 신념은 확고하다. 레니에가 보는 몰리에르는 상류층 인사나 사회의 모순을 꼬집고 풍자하여 웃음을 유발시키는 단순한 희극작가가 아니다. 몰리에르는 하이클래스의 자식들이 다니던 예수교 소속의 클레르몽 학교에서 엄격한 수학을 했고 천문학자이자 철학자인 가상디의 영향을 크게 받았다. 하지만 지금까지 몰리에르의 해석은 이 점을 간과하고 있으며, 몰리에르 작품을 연기할 때 몰리에르는 어떤 식이어야 한다는 강박관념이 자리잡고 있다. 그러므로 레니에는 해석의 첫걸음으로 일단 몰리에르를 잊자고 권한다. 물론 17세기 작가의 희극에는 풍자적인 요소가 중요한 위치를 차지하고는 있지만 이것이 전체는 아니며, 희극과 인간의 진실이라는 양면성이 존재하는 것이다. 간단하고 쉬워 보이는 그의 언어에는 실은 심오한 철학이 담겨 있다. 따라서 〈귀족놀이〉에서 일견 우스꽝스럽고 어리석게 보이는 무슈 주르댕은 사실 허풍쟁이거나 속임수에 빠지는 인물이 결코 아니다. 보라, 그의 상술이 얼마나 빼어났기에 그토록 많은 부를 성공적으로 축적했단 말인가? 어디 상술만 가지고 부자가 될 수 있는가. 신뢰를 바탕으로 한 인간 관계, 철저한 자기 관리, 정확한 판단력 등도 필요하지 않는가. 무슈 주르댕은 오랫동안 한 세계에 몰두하여 상업적으로 크게 성공한 인물이란 점을 잊어서는 안 된다. 그러다가 어느덧 나이가 들고 여유가 생기자 이제는 또 다른 세계를 그리워하고 미지의 세계를 동경하게 된 것이다. 레니에 자신이 한국을 택한 것도 바로 이 점에서 무슈 주르댕과 통한다고 미소 지으며 말한다. 주인공에게 있어 새로운 세계란 다름 아닌 귀족의 세계이며 학문의 세계이다. 돈을 아낌없이 써대며, 전문가에게 음악·무용·검술·철학 과외를 받고 백작에게 귀족의 예절을 익히고 그 행동을 모방하며 아름다운 귀족 여인과 사랑에 빠지는 일련의 에피소드를 이러한 맥락에서 이해해야 한다. 한마디로 무슈 주르댕은 한곳에 안주하지 않고 모험의 세계에 도전하는 인물이다. 이와 같은 주르댕의 성격 해석은 지금까지의 해석과는 판이한 것으로 레니에 연출의 핵심 중 핵심이다. 이러한 시선이 연극의 모든 것들을 달라지게 하기 때문이다.

연출가는 이번 연극의 의의를 여러 가지 측면에서 한국과 프랑스 연극 사이의 진정한 퓨전에서 찾을 수 있을 것이라고 말한다. 단순히 프랑스 연출가가 한국 국립극단에 와서 배우들과 작품을 만드는 것이 아니다. 프랑스에서 제작해 온 무대와 의상을 한국의 디자이너들이 한국 색으로 덧칠하고 음악 역시 바로크 음악을 국립국악관현악단에서 편곡하여 한국의 정서를 가미한다. 안무의 경우에도 국립무용단과 프랑스 안무가의 공동 작업으로 새롭게 단장하고 이에 국립오페라단이 가세하니 말 그대로 한국과 프랑스의 총체적인 퓨전이 이루어지는 것이다. 사실 〈귀족놀이〉의 극형식이 '코메디-발레'라고 몰리에르가 직접 밝히고 있을 만큼 음악과 무용은 매우 중요한 요소이다. 그러므로 작가가 원하는 대로 모든 무대 언어를 사용한다면 대규모의 화려한 스펙터클이 될 것이다. 또한 통상 〈귀족 수업〉이나 〈평민 귀족〉으로 번역되는 것을 〈귀족놀이〉로 바꾼 것은 신나는 놀이로 꾸며보고자 하는 의도일 것이다. 한편 이 작품은 9월 11일-24일까지 국립극장 달오름 극장에서 공연을 한 후 10월에 로리앙 극장에 그대로 옮겨 프랑스 관객을 맞이한다. 그렇다면 이쯤에서 문화의 차이에 의해 발생되는 문제를 생각하지 않을 수 없다. 첫째, 언어가 통하지 않는 배우와 연출가들 사이에 커뮤니케이션의 문제는 없을까? 없다고 레니에는 잘라 말한다. 한 공간에서 일정한 목표를 위해 많은 시간을 공유한다면 이들 사이에는 언어로 이룩할 수 없는 내적인 커뮤니케이션이 가능하다는 것이다. 한 예로 아테네 올림픽에서 한국에 금메달을 처음으로 안겨준 이원희 선수의 텔레비전 중계를 보면서, 그는 아나운서에 주목을 했다. 자신은 한국말을 전혀 모르지만 아나운서의 표정·어조·제스처를 듣고 보면서 모든 것은 이해할 수 있었다. 상황이 이해되고 감정의 교류가 생기기 시작하면 의사소통의 문제는 저절로 사라진다. 그렇다면 둘째, 무대와 객석의 커뮤니케이션은 어떨까? 이 연극을 맞이하는 한국 관객과 프랑스 관객의 반응은 분명히 차이가 있을 것인데 그것이 무엇인지 진정 궁금하다.

바다가 너무 좋아 아예 뱃사람의 옷을 입고 다니는 레니에는 한국산 백포도주 맛이 아주 좋단다. 고향 얘기를 하는 그의 눈빛은 후작부인을 바라보는 무슈 주르댕의 몽롱한 눈빛과 닮아 간다. 피곤함을 달래려는 듯 약간의 술기운이 퍼지자 다시 몰리에르에 대한 화제로 돌아간다. 누구나 공감할 수 있는 몸짓으로 인간의 진실한 모습을 담아냈기에 그의 연극은 살아남았으며 현대에도 가치가 있다. 몰리에르는 한 인물을 창출하면 자신이 그 역을 연기했는데, 극중 인물은 매번 연기자의 실제 나이와 같았다. 무슈 주르댕 역시 40대로 몰리에르의 나이가 바로 그때였다고 말하는 레니에의 얼굴을 보는 순간, 그 역시 현재 비슷한 또래로 어느덧 그가 자신을 몰리에르, 나아가 무슈 주르댕과 융합시키고 있는 것은 아닌가 하는 생각이 퍼뜩 머리를 스쳤다.

제2부

프랑스 공연 예술 교육과 정책

제1장

프랑스 공연 예술 현황

　역사와 전통을 자랑하는 프랑스의 공연 예술은 지방마다 고유한 성격을 지니면서 나라 전체의 대단위 축제의 형태로부터 조그만 소극장 공연에 이르기까지 규모·형식·내용 및 장르의 다양성을 자랑하며 사시사철 선보이고 있다. 물론 계절에 따라 공연 예술의 성격은 조금씩 달라진다. 예컨대 날씨가 야외 공연에 적합한 봄, 특히 여름 그리고 가을에는 야외 축제가 성행하는 것이 일반적이다. 프랑스의 공연 예술은 세계적으로 매우 잘 알려진 것이 많지만 그것이 프랑스 공연 예술을 대표한다고 할 수는 없다. 오히려 규모가 작은 예술 행사에서 고유의 지방색과 프랑스다운 면모가 물씬 드러나는 것들이 허다하다. 사소한 것이라 하더라도 소홀히 하지 않는 프랑스인들은 작지만 전통성과 실험성이 깃들어 있는 것이면 무엇이든 중히 여기고 자기 고장의 자랑거리로 삼는다. 예술의 장르나 공연의 성격 및 기간이 다양한 것은 바로 이러한 프랑스의 풍토 덕분이 아닌가 한다.

　본글은 공연 예술의 선진국으로 자타가 공인하고 있는 프랑스에서 2000년 현재 어떠한 공연 예술이 펼쳐지고 있으며, 이러한 공연 예술의 성격과 특징이 무엇인지를 전반적으로 개괄하고자 한다.

　루이 14세 시대의 파리 상류층의 사치스럽고 호화스런 생활을 보여주는 베르사유 궁에서는 4월에 시작하여 10월초까지 '베르사유 대음악 축제'가 열린다. 이 축제는 매주 토요일과 일요일에 열리는데 베르사유 정원에 있는 여러 분수대에서 음악과 곁들여 공연되는 야외 축제이다. 또한 관광객이 많아지는 7월, 8월 그리고 9월초까지 넵투누스 호수를 배경으로 '밤의 축제'를 공연함으로써 관광객을 유도하고 있다.

대서양 생말로 만 부근의 작은 섬에 자리잡고 있는 프랑스의 유명한 관광 명소인 몽생미셸 수도원에서는 4월 중순부터 9월말까지 수도원의 회랑과 계단을 배경으로 빛과 소리의 축제인 '몽생미셸 영상 축제'가 벌어진다. 루아르 강변에 위치한 쇼몽쉬르루아르 성 또한 성의 정원에서 6월 중순부터 10월말까지 '국제 정원 축제'가 열린다. 이 축제는 올해로 아홉번째를 맞고 있다. 베르사유 궁이나 몽생미셸 수도원, 그리고 루아르 강변의 성들은 다같이 역사적인 유적지로 훌륭한 관광 명소이다. 그러므로 이들 공연은 저마다 독특한 무대 배경을 갖고 있는 셈이며, 여행객들의 관심을 한층 고조시킬 수 있을 것이다.

음악과 무용은 공연 축제에서 매우 중요한 부분을 차지한다. 6월 중순부터 9월말까지 파리 근교의 아스니에르쉬르센에서 '2000 음악시즌'이 열리는데, 이 도시의 명물인 레이몽 수도원에서 중세 음악에서부터 현대 음악에 이르는 다양한 음악을 선보인다. 이러한 음악 축제는 프랑스 도처에서 찾아볼 수 있다. 랭스 노트르담 수도원이 유명한 샹파뉴 지방의 고도 랭스에서 6월 30일-8월 27일까지 '여름 음악산책'이 열린다. 이 음악 축제에는 랭스의 유명한 성당과 궁 혹은 정원이나 역사적 기념물들을 바탕으로 약 1백50여 개의 음악회가 개최된다. 입장료는 대부분 무료여서 시민이나 관광객을 위한 진정한 민중 음악 축제로 자리매김하고 있다. 한편 랭스의 유명한 생레미바지릴카 성당은 2000년 새롭게 그랜드 오르간을 설치하였는데 그 축하 공연이 9월 14일-17일까지 개최된다. 갈리아 시대의 수도였고, 역대 유명한 왕들의 대관식이 열렸던 프랑스 대표적인 고딕 양식 건물 가운데 하나인 샤르트르 대성당에서는 6월말부터 8월 27일까지 '국제 오르간 축제'가 열린다. 매 일요일, 샤르트르 대성당의 그랜드 오르간이 연주되고 마지막 일요일에는 국제 오르간 경연대회를 개최함으로써 축제의 대미를 장식한다. 파리에서도 7월과 9월까지 생트샤펠 성당, 생루이아닐 성당 그리고 생제르멩데프레 성당에서 '섬음악 축제'가 열린다. 이 축제에서 고전 음악 · 오라토리오 · 채임버 뮤직을 들을 수 있는 것은 음악 애호가들에게 커다란 즐거움이다. 루아르 강변에 자리잡고 있는 작은 마을 라셰즈디유에서는 라셰즈디유 성당에서 8월 24일-9월 3일 까지 '셰즈디유 국제 음악 축제'가 열리며, 프랑스 동북부에 위치한 알자스 지방의 고도 콜마르에서는 8월말부터 9월초까지 '국제 음악 축제'가 개최된다. 리옹에서는 8월말부터 9월까지 '베를리오즈 축제' 가 개최되며 특히 9월 8일-30일까지 '무용 비엔날레'가 열린다. 이 무용 비엔날레는 국제적 행사로서 세계적으로 유명한 무용가들이 대 거 참가하는 무용 축제이다. 또한 부르고뉴 포도주와 겨자로 유명한 디종에서는 8월말부터 9월초에 걸쳐 5대륙에서 참가하는 음악과 전 통 무용 축제가 열리며 지역 특성에 걸맞게 포도주 축제가 동반된다. 갸론 상부와 피레네 중부 사이에 위치한 툴루즈는 빼어난 경관이 자 랑거리이며 역사적인 유물을 손쉽게 찾아볼 수 있는데 장미가 유명하 여 '장미 도시'로 불리기도 한다. 이 도시에서 9월초에 시작하여 2주 간 '자코뱅 피아노' 축제가 열린다. 순수한 피아노 연주 축제로 2000 년 17회를 맞이한다. 디종과 멀지않은 브장송에서는 '브장송/프랑쉬 콩테 국제 음악 축제'가 개최되는데 이는 고전 음악 축제이다. 주로 심포니 오케스트라가 연주되며 축제 마지막 날에 젊은 지휘자들을 위 한 경연대회로 축제의 하이라이트를 수놓는다. 알자스의 수도인 스트 라스부르에서는 2000년을 맞이하여 '뮤지카 99'를 개최하는데 주로 현대 음악을 연주한다.

　양적인 측면에 있어서 음악이나 무용과 비교할 수는 없지만, 회화 및 전시회 또한 빼놓을 수 없는 행사이다. 2000년 주요 행사로는 5월 30일-9월 11일까지 파리의 조르주 퐁피두센터에 자리잡고 있는 국립 현대미술관에서 '피카소 조각전'이 열리며, 세레와 랑그도크에서는 6 월 25일-10월 15일까지 초상화 · 정물화 · 풍경화 등이 장기간 전시 된다.

본글은 9월이라는 특정 시기를 관심의 중심에 놓았기 때문에 9월을 포함하는 장기 공연과 9월에 시작하는 공연에 초점을 맞추고, 7월, 8월에만 단기적으로 이루어지는 행사는 가급적 언급하지 않으려는 입장이다. 그러나 연중 행사표에 소개되어 있는 프로그램을 보면 여름 바캉스 시즌을 맞이하여 고전 예술은 물론 대중 예술에 이르기까지 다양한 공연 예술이 저마다 독특한 개성을 지닌 채 선보이고 있음을 알 수 있다. 국제적으로 널리 알려진 '아비뇽 연극제' 역시 7월에 개최되지 않는가? 그렇긴 하지만 이런 부분은 다음 기회에 소개하기로 하자. 한편 9월 행사의 백미는 뭐니뭐니 해도 가을의 문턱에서 파리에서 펼쳐지는 '가을 축제'라고 할 수 있다.

바캉스 시즌이 끝나고 산산한 바람이 불기 시작하면 파리는 '가을 축제'의 열기가 가득하다. 비록 '가을 축제'라는 이름이 붙었지만 이 축제 기간은 9월 20일-12월 30일까지 길게 걸쳐 있다. 2000년으로 29회가 되는 이 축제는 파리의 유명한 예술인들은 물론 국제적으로 명성이 있는 예술가들의 잔치로 예술 언어와 표현매체의 다양성을 맘껏 뽐내고 있다. 2000년에는 동화 낭송이 각국의 언어로 화려하게 프로그램을 장식하고 있는데, 장르별로 살펴보면 음악·연극 그리고 무용이 가장 많은 양을 차지하고 있으며, 아울러 전시회, 영화가 다양한 형태로 펼쳐지고 있다. 이번 축제에서는 특히 이란 예술이 집중적으로 소개되고 있다.

1972년부터 시작된 '가을 축제'는 기본적인 취지가 유럽의 일반적인 축제와는 달리, 인도·중국·호주·일본 등 각 대륙의 다양한 공연예술을 초청하여 세계의 여러 표현 양식을 널리 알리는 데 목적이 있다. 이러한 이념을 존중하면서 2000년의 '가을 축제' 역시 세계에서 유일하게 이슬람교 세계의 전통적 비극을 선보이고 있는 이란 공연예술단을 초청하여 비극적 주인공 아이만 후세인의 정념을 보여주고 있다. 이 공연은 세 파트로 나누어져 있는데 페르시아 문명의 요람이자 대시인인 오마르 카얌의 고향이기도 한 코라산 출신의 뮤지션들이 벌이는 음악연주가 있고, 아직까지 프랑스에서 상영되지 않은 30여 편의 현대 이란 영화가 카이에 뒤 시네마 주최로 파노라마처럼 펼쳐지며, 이란에 살고 있는 작가들 및 각지에 흩어져 살고 있는 작가들이 모여 독자와 만남의 장을 마련하고 있다.

조형 예술 분야에서도 세 가지 이벤트를 계획하고 있다. 암슬렘 키에퍼의 작품이 생루이 성당을 가로 5미터 세로 10미터의 거대한 다섯 개의 그림으로 장식하고 있는데, 이 그림은 원시 기독교의 영감을 전하고 있다. 또한 빌 비올라의 작품 〈성모방문축일〉은 가로 3미터 세로 3미터나 되는 세 대의 대형 화면에 비디오 영상을 띄워 놓고 있다. 마지막 이벤트는 역시 이란의 쉬린 네트의 작품인데 두 대의 비디오 영상으로 이루어져 있다.

연극과 무용은 벨기에와 이탈리아 등 유럽 각국의 작품과 미국 작품 등이 초청되었는데, 몇몇 작품을 간단히 소개해 보자면 다음과 같다. 볼로냐 연극학교에서 수학한 이탈리아 배우들이 1990년에 설립한 클란데스티노 극단은 〈이상주의자, 마지코〉를 공연한다. 미국인 리처드 맥스웰이 음악과 연출을 맡은 〈하우스〉는 연출가가 기존의 극적인 관습을 타파하면서 꾸준히 추구해 온 실험 연극을 접할 수 있는 좋은 기회이다. 벨기에 극단의 Tg STAN은 입센 작품인 《민중의 적》을 각색하여 〈JDX 민중의 적〉을 공연한다. 앙베르에서 1989년 창설된 이 극단의 특징은 배우들이 자체적으로 연출한다는 점이다. 이들의 연출은 연극적 환상의 타파, 벌거벗은 연기, 연기에 있어 모순과 대립의 명확성 그리고 등장 인물과 인물의 대사의 엄격한 맞물림 등에 관심을 보이고 있다. 로사 극단은 Tg STAN극단과 공동으로 라클로의 소설 《위험한 관계》를 독일 극작가 하이너 뮐러가 각색한 〈4중주〉를 영어로 공연한다. 프랑스 관객을 위해 프랑스어 자막이 사용되는 이 작품의 원작자인 뮐러는 끝까지 라클로의 소설을 읽지 않았다고 한다. 어쨌든 두 극단은 이 작품을 자유롭게 각색하여 한 명의 여자 무용수와 남자 배우를 무대에 등장시켜 사랑과 증오를 거친 톤으로 보여주고 있다. 여자 연기자의 운율적인 걸음걸이와 남자 연기자의 증오심을 유발시키는 힘찬 연기가 빈 공간을 가득 채운다. 또한 셰익스피어의 《햄릿》이 국적이 다른 두 연출가에 의해 동시에 공연되고 있음은 눈여겨볼 만하다. 한편에선 프랑스에서 많은 활약을 하고 있는 영국 출신의 연출가 피터 브룩이 자국 배우들과 함께 영어로 무대를 꾸미고 있으며, 또 다른 한편에선 독일인 페터 자덱이 독일어로 무대를 만들고 있다. 우리 역시 셰익스피어의 작품이 꾸준히 공연되는 시점에서 이러한 현상은 범상치가 않다. 《햄릿》의 공연은 12월에 축제의 대미를 장식하게 될텐데 벌써부터 많은 연극 전문가들과 애호가들의 가슴을 설레게 하고 있다.

무용 분야에서는 〈하이웨이 101〉이 눈길을 끈다. 이는 1980년대 뉴욕에서 작품을 시작하여 벨기에서 주로 활동하고 있는 매그 스튜어트의 작품이다. 이 작품은 고정되어 있지 않고 장시간에 걸쳐 공연을 거치면서 점차 구체화되는 특징이 있다. 1999년 브뤼셀에서 초연된 이 작품은 당시 공연하는 동안 수시로 장소를 바꾼 경력이 있다. 프랑스인 피에르 드루레르의 작품인 〈마〉도 주목할 만하다. 드루레르는 여러 규율을 서로 접합시키려는 경향이 있는데, 무용 · 언어 · 음악 같은 다양한 장르를 중첩시킨다. 작품 〈마〉는 공간과 시간의 개념, 두 몸과 두 순간 사이의 간격, 정의되지 않은 연속성에 열려 있는 빈 공간을 보여주려 한다. 일상 생활에서 특히 일본 예술에서 발견되는 이러한 개념이 이 무용의 출발점이다.

이번 '가을 축제'는 특히 젊은 예술가들의 참여를 적극적으로 유도함으로써 그들의 창작 의욕을 높여 주고 예술의 성취감을 이룰 수 있도록 배려하고 있다. 2백50여 일 동안 지속되는 이 축제에서 40여 개의 작품이 제작되어 공연되는데, 이 작품들은 국가와 자치단체 혹은 개인적 후원자에 의해 재정을 후원받고 있어 이를 바라보는 외국인들의 시샘을 사고 있다.

새천년을 맞이하여 조직위에서도 의욕적이고 새로운 프로그램을 선보이고 있는데, 동화나 신화를 다양한 나라의 언어로 엮어 나가는 〈바벨 이야기〉가 그 중 하나이다. 코르들리에의 고풍스런 수도원에서 개최되는 이 행사는 14개국에서 15명의 이야기꾼들이 5주 동안 신화와 옛 이야기를 엮어 나가며, 또한 세 일신교가 간직하고 있는 신비스런 시를 연기자들이 〈빛과 사랑의 이야기〉로 재현해 내고 있다.

이들 프로그램 가운데 9월에 시작하는 공연을 살펴보면, 〈바벨 이야기〉가 9월 20일-10월 22일까지이고, 〈빛과 사랑의 이야기〉가 같은 장소에서 12월 12일까지 이어진다. 빌레트 공원과 에스파스 샤피토에서는 〈타지에〉가 9월 22일-10월초까지 공연되고, 퐁피두센터에서는 9월 25일-10월 1일까지 무용 〈하이웨이〉가 공연된다. 부프 뒤 노르극장에서는 9월 26일-10월 7일까지 〈뮤직 이란〉이 공연되고, 오페라 코믹에서는 〈헝클어진 머리 피터〉가 9월 28일에 시작하여 10월 8일 막을 내린다. 시테 드라 뮤직에서는 9월 29일 30일 양일간에 걸쳐 〈프로메테오〉를 공연한다.

올해의 '가을 축제'를 개시하는 〈바벨 이야기〉를 좀더 상세하게 살펴보자. 여기에 참가하는 14개국은 각자 자신들의 언어와 고유한 방식으로 신화나 서사시 혹은 일상적인 삶을 이야기로 엮어 나간다. 이야기와 더불어 뒤 배경을 장식하는 스크린은 간간이 영상을 통해 이야기의 내용을 설명해 준다. 9월 20일-24일까지는 이란인 오스타드 토라디가 페스시아 언어로 무대를 장식하고, 콜롬비아 출신의 롤리아 포마레가 영어권의 크레올어로 이야기를 엮으며, 그리스인 만야 마라투는 그리스어를 선보인다. 이어서 27일-10월 1일까지는 이스라엘에서 온 멘디 카한이 이디시어로, 영국인 캣 웨스릴이 영어로, 일본인 야나기아 샨쿄가 일본어로 각각 이야기를 진행시킨다. 계속해서 4일-8일까지 닷새간 마르티니 출신의 세르즈 바자스가 크레올어와 프랑스어로, 남아프리카인 놈사 므들라로즈가 줄루어와 영어로, 네델란드인 안타 미켈 곱은 사미어로 무대에 오른다. 11일-15일까지는 뉴질랜드의 렌지모아나 테일러가 마우리어로, 페루의 제수스 우르바노는 케츄

아어로 마크 매츄는 크레올어와 영어로 이야기를 꾸미며, 마지막 10월 18일-22일까지는 카메룬의 빈다 느가죠라가 베티어와 프랑스어로, 모로코인 모하메드 바리즈는 아랍어로, 중국인 우정위는 슈후의 방언과 중국 표준어로 이야기를 엮어 나가는 것으로 이루어져 있다.

우리에게 낯선 언어들이 대거 등장하는 언어의 다양함에 혀를 내두르지 않을 수 없다. 내용은 차치하더라도 예술 언어와 표현매체를 중시 여기는 '가을 축제'의 기본 이념에 따라 알아들을 수 없는 이상야릇한 언어의 울림과 영상의 조화는, 논리적인 언어의 벽을 뛰어넘어 새로운 커뮤니케이션의 지평을 여는 가능성을 제시할 수 있으리라 생각된다. 다만 극동권에서 한국어가 빠져 있는 것은 아쉬움으로 남는다.

지금까지 프랑스의 공연 예술 현황을 간단히 살펴보았다. 든든한 재정적 후원하에 프랑스 전역에서 공연이 연중 이루어지고 있는 것을 감안하면 가히 프랑스는 공연 예술의 천국이라 할 만하다. 이들 공연의 특징을 요약해 보자면 첫째로 이들 축제는 대체로 민중과 하나가 되는 형식을 취한다는 것이다. 공연 기간, 공연 장소, 장르의 다양성은 누구나 자신의 상황과 취향에 맞게 선택해서 관람할 수 있는 기회를 제공한다. 둘째로 지역의 특성이나 문화 유산과 연계되어 축제마다 독창적인 성격 및 지방색이 나타난다는 점이다. 지방색을 없애려는 것이 아니라 이를 강조하여 상호 궁극적인 발전의 도모하고 있는 것이다. 이러한 개성적 특징은 진정한 시민 축제로 발돋움하여 국민의 삶의 질을 향상시켜 줌은 물론 관광객을 증대시켜 경제적 측면에 유리하게 작용하고 있음을 간과해서는 안 될 것이다.

제2장
아비뇽 연극제와 장 빌라르의 민중극

들어가며

2003년 아비뇽 연극제는 예술가들의 파업으로 말미암아 몇몇 오프 (OFF)를 제외하고 많은 공연이 취소되고 말았다. 2003년 6월 27일 실업수당 감축을 골자로 하는 "앵테르미탕(intermittent)[1] 근로협약 개정안"의 발표로 촉발된 파업으로 인해 많은 공연 애호가들이 기대하던 유수한 공연 예술제가 반쪽이 된 것은 유감이 아닐 수 없다. 그러나 아쉬운 가운데 역설적으로 올해 프랑스 문화 예술계의 사태는 프랑스가 전체의 논리에 개인의 희생을 강요하는 사회가 아니라는 사실과, 예술가의 개인적인 의견이 아직은 존중받고 있다는 것을 보여준다. 사실 아비뇽 연극제가 시련을 겪은 것은 이번이 처음이 아니다. 1968년 데모의 물결이 프랑스 전역을 휩쓸었을 때 아비뇽도 예외가 아니어서 장 빌라르가 곤욕을 치른 바 있다. 젊은이들은 아비뇽 거리를 점령했고 한 가톨릭 신부는 연극제를 방해하기 위해 교황청 앞뜰에서 종교 의식을 거행하였다. 이러한 행위들로 인해 빌라르는 연극제를 제대로 진행할 수 없었지만 화를 내기는커녕 "이것이 통합이며 화해이다. 평화적인 것이든 투쟁적인 것이든 공동체를 위한 추구이다"[2]라고 말했다. 그는 프랑스 혁명의 기치인 자유·평등·박애를 언급하면서 아비뇽

---

1) 문화 예술계의 비정규직 근로자를 일컫는다.
2) 앨프레드 시몽, 《장 빌리르 *Jean Vilar*》, 86쪽.

연극제에서 움직일 수 없는 원칙은 합일이지 분열이 아니라고 강조했던 것이다. 이 합일은 빌라르 자신과 타인, 개인과 개인, 배우와 관객 사이로 확대된다. 그러니까 연극을 통해 시대적인 모순을 뛰어넘고 개인뿐 아니라 계층간의 화합이 가능하다고 생각했던 것이다. 이러한 빌라르의 합일 정신은 그가 평생 추구한 민중극(Théâtre populaire)의 개념과 직접적으로 연결된다.

빌라르의 연극 인생은 1947년에 시작한 아비뇽 연극제와 1951년부터 극장장을 맡은 국립민중극장(Théâtre National Populaire; TNP)을 빼놓고는 생각할 수 없다. 그가 이 두 곳에서 실천한 연극 이념은 탈중심화, 민중극 등으로 크게 구분할 수 있는데 실상 이들은 동전의 양면과 같은 양상이다. 파리가 아닌 지방 도시 아비뇽에서 본격적으로 선보인 민중극의 실험은 곧 탈중심화의 실천에 다름 아니기 때문이다. 에든버러 축제와 더불어 세계 공연 예술 축제의 양대 산맥을 형성하고 있는 아비뇽 연극제는 현재 규모와 내용 면에서 엄청나게 발전하고 있는 가운데 창립자 빌라르의 민중극이라는 연극 정신이 여전히 계승되고 있다. 이 점을 주목하면서 아비뇽 연극제 및 TNP에서 펼쳤던 빌라르의 연극론을 통해 그의 민중극의 개념[3]을 밝히려는 것이 이 글의 목적이다.

빌라르와 동시대

빌라르는 제1차 세계대전이 시작되기 2년 전인 1912년 남프랑스의

---

3) 롤랑 바르트도 《오늘날의 민중극 Le Théâtre populaire d'aujourd'hui》이라는 글에서 빌라르의 민중극의 개념을 밝히고 있다. 바르트는 민중극이야말로 전체 국민의 문제이므로 국가가 앞장서야 하고, 또 쉽게 정의 내릴 수 없는 문제라고 언급하면서도 민중극의 세 가지 경향을 언급한다. "첫째 많은 수의 민중들과 정기적으로 만날 것, 둘째 고품격의 레퍼토리를 선보일 것, 셋째 아방가르드 연극을 실천할 것"이 그것이다. 이것은 빌라르가 수시로 언급하고 있는 민중극의 정신과 상통하며 아비뇽 연극제에서 목표로 삼았던 이념과도 유사하다. 《레른, 장 빌라르 L'Herne, Jean Vilar》, 30-33쪽 참조.

작은 도시 세트에서 태어났다. 남프랑스 태생인 까닭에 태양이 강하게 작열하는 아비뇽에 모태적인 애착을 느꼈던 것처럼 보인다. 그는 어려서 바이올린을 연주하는 등 음악에 흥미를 보였고 성인이 된 후에도 연극보다는 영화에 대해 몰두한다. 빌라르가 훗날 배우로서 연극 무대뿐 아니라 영화에도 출연했던 것은 이러한 영향 때문일 것이다. 그는 뒬랭을 만나면서부터 본격적으로 연극 공부를 시작하는데 배우로, 특히 희극배우로 출발했고 뒤에 연출의 영역에까지 발을 넓힌다.

빌라르의 젊은 시절은 1939년 독일의 폴란드 침공으로 시작된 제2차 세계대전의 발발로 수도가 독일군에게 점령당해 프랑스인의 자존심이 크게 상처를 입었던 시기이다. 친독파와 레지스탕스 사이에서 그는 비시 정권에 반대하는 일단의 젊은 연극인들과 자유 프랑스를 위해 노력한다. 파리가 독일군에게 유린되자 자유로운 연극 활동은 제약받게 되고 이들 젊은 연극인들은 연극의 본거지를 지방에 마련할 수밖에 없게 된다. 이처럼 시대적 상황에 편승하여 연극의 탈중심화가 어느 정도 자연스럽게 이루어졌다. 독일의 항복으로 전쟁은 끝이 났지만 프랑스는 상처뿐인 영광을 안게 되었고 사회적 혼란이 가속화된다. 독일군에 협력한 프랑스인들을 단죄하려는 살벌한 분위기는 상호 불신을 조장하였고 분열은 극에 달했다. 빌라르는 이 분열을 연극을 통해 극복하고자 시도한다. 예컨대 TNP를 찾은 관객들이 무대에서 고민하는 주인공들, 로드리그(코르네유 《르 시드》의 주인공), 리처드(셰익스피어의 《리처드 2세》의 주인공), 로렌차초(뮈세의 《로렌차초》의 주인공) 등을 통해 전쟁 이전의 화합 정신과 나아가 삶에 대한 갈망을 되찾는 계기가 되기를 바랐던 것이다. 연극이 끝나면 관객들은 나름대로의 해석을 통해 주인공의 신념을 옹호하거나 비판하는 토론의 장을 마련했고 뜨겁고 뿌듯한 가슴을 간직한 채 공연장을 떠났던 것이다.

한편 빌라르는 연극과 사회와의 관계에 비상한 관심을 가졌다. 그는 고대 그리스 사회가 지니고 있었던 정치와 이념이 불후의 비극을 위한 토양이 되었던 것처럼, 사회란 의미 있는 연극이 탄생될 수 있는 기본이라고 생각했다. 또한 빌라르는 아비뇽 연극제를 시작할 때부터 레지스탕스의 정신을 계승한다. 레지스탕스 정신이란 간략하게 자유 정신, 대중 중심, 사회적 민주주의, 새로운 대중 문화 형성(문화를 대중에게 되돌려 주어야 한다는 운동)을 일컫는다. 이처럼 사회에 대한 관심, 레지스탕스 정신의 계승 이외에도 빌라르의 이념은 정부에 의한 뒷받침에 힘입은 바 크다. 드골 정부는 비록 우파이긴 했지만 정책의 측면에서 좌파를 아우르려 노력했고 문화부 장관이었던 앙드레 말로의 적극적인 정책에 힘입어 철학과 정치색이 다른 사람들과의 공통적인 문화라는 기본적인 이념을 형성하고자 하였다. 이러한 정부의 대중화 문화 정책에 힘입어 빌라르의 민중극 운동은 탄력을 받게 된다.

1947년 이래로 미국의 마셜 플랜(Marshall plan)과 더불어 냉전 시대가 도래한다. 세계는 동서로 양분되고 의식과 신념 역시 분리된다. 프랑스에서도 196,70년대 좌파와 우파, 흑과 백의 분열이 심각하게 부각되며 이 파장이 연극계에게 밀려들어 진보와 보수, 과거와 모던으로 분리되어 첨예하게 대립한다. 코포처럼 탈중심화를 주장하는 연출가가 출현하는가 하면 세로가 소속된 10월 그룹같이 혁명적 유산을 주장하는 아방가르드도 생겨났다. 사실 위의 두 연출가는 빌라르와 밀접한 관계가 있는데 아비뇽 연극제를 통해 탈중심화에 접근했고, 또한 아다모프와 포시 극단(théâtre de Poche)에서 작업하면서 아방가르드에 접근했기 때문이다.

빌라르에게 커다란 영향력을 행사한 사람으로는 민중극 개념의 경우, 피르맹 제미에를 들 수 있다. 연극을 통해 민중을 교육시키고 연극을 민중의 축제로 만든다는 기본적인 발상은 민중극의 선구자라고 할 수 있는 제미에로부터 시작되었다. 또한 실제 연극 작업에 있어서는 될랭과 코포의 영향을 언급할 수 있는데, 될랭의 연극학교에서 연극을 시작했던 빌라르가 훗날 연극론에 있어서 코포의 후계자라는 평을 받았던 것이다. 다시 언급하겠지만 이들 연출가들은 볼거리, 상징적 행위, 오직 예술을 위한 예술식의 표현 등에 반대하고, 꾸밈없이 단순한 무대를 목표로 했다는 점에서 일치한다.

 이상과 같이 빌라르의 시대적 상황과 연극에로의 접근, 탈중심화와 민중극의 이념을 바탕으로 빌라르의 대표적인 연극적 경향을 다음과 같이 세 가지로 요약할 수 있다. 첫째, 사회주의 경향의 휴머니즘, 둘째, 동시대인에 대한 배려, 셋째, 연극과 민중 관객과의 만남이 그것이다. 이 세 경향은 온갖 계층의 민중들을 연극 관객으로 이끌고, 연극 공간에서 공연을 통해 민중들이 반목하지 아니하고 진정한 화합을 이룰 수 있었으면 하는 빌라르의 소망이 담겨 있다. 하지만 그의 성향이 민중극으로 대변된다고 해서, 그의 연극이 사회와 밀접한 관계를 맺고 있다고 해서, 사회주의적 성격을 지닌다고 해서 빌라르의 연극이 정치색을 띠는 것은 아니다. 그의 민중극은 연극을 접해 보지 못한 노동자나 무산 계급도 유산 계급과 동등하게 연극을 관람하기를 원했던 소박함에서 출발한다. 그가 아비뇽 연극제나 TNP에서 선보인 레퍼토리는 이런 점에서 의미심장하다. 이들 레퍼토리는 좌파적 색채를 지닌 연극이 아니라 미학적 · 연극적으로 우수성이 입증된 연극들이었던 것이다. 그는 아비뇽 연극제에 참가한 사람들에게 좌파 교육을 강요하거나 사회를 바로잡아야 한다고 주장하는 대신 무엇보다도 아비뇽이 휴식과 즐거움의 장소가 되기를 바랐다.[4]

 이상을 기반으로 지금부터 시대적 상황으로 분리된 민중을 연극을 통해 화합시키고자 하는 빌라르의 민중극 개념을 직접적으로 살펴보기로 하자.

민중극의 개념

 빌라르의 민중극이란 무엇인가? 빌라르는 민중극을 실천하기 위해

---

 4) 연극제가 펼쳐지는 동안 그가 목표로 했던 아비뇽의 특별성은 예컨대 민중이 여유를 누릴 수 있는 장소이자, 이곳이 피서지 및 연극제 장소이며, 민중들이 지방에서 하룻밤을 보낼 수 있는 장소로 요약된다. 《장 빌라르》, 18쪽.

구체적으로 어떠한 연극 작업을 수행했는가? 이러한 질문들에 대해 간략하게 대답해 보고자 한다. 헤겔은 이렇게 말하고 있다. "객석의 관객이 무대의 배우와 같은 언어를 중얼거리게 될 때, 동시에 관객이 배우와 동일한 가슴을 가질 수 있을 때 비로소 새로운 연극이 될 것이다." 헤겔의 이 연극적 일체주의는 빌라르의 "영원한 예술 공연을 통한 계층의 화합"과 "보편적일 수 있다고 꿈꾸는 최후의 연극"[5]으로서의 TNP와 상통하며 빌라르의 민중극을 이해할 수 있는 소중한 자산이 된다. 바르트 역시 민중극을 다음과 같이 정의한다. "민중극은 인간을 신뢰하는 연극이다. 민중극은 관객 스스로에게 의지하는 연극이다. 민중극은 기술자의 연극이 아니라 인간에 의한 연극이다."[6] 원래 TNP는 1920년 샤이오 궁의 전신인 트로카데로 궁에 세워졌고 배우 출신의 제미에가 초대 극장장으로 취임한다. 그는 연극이 먼저 대중에게 다가가야 한다고 주장하면서 트로카데로 궁의 공간에서 무대와 객석을 가로막는 장애물을 없애 버렸다. 이러한 제미에의 이념은 후계자 빌라르에게 그대로 계승된다. 빌라르는 TNP의 극장장에 취임하면서 다음의 세 가지 원칙을 밝힌다. 첫째, 집단적 대중(넓은 의미로 대중이며, 협소한 의미로는 노동자, 좀더 좁은 마르크스적인 의미로는 프롤레타리아), 둘째, 높은 수준의 레퍼토리(위대한 작품들, 유산으로 물려받은 걸작품들, 고전이나 새로운 작품들), 셋째, 작품을 세속화시키거나 왜곡시키지 않는 연출(근본적으로 벌거벗은 무대)이 바로 그것이다.[7] 앞의 두 개는 바르트의 민중극 이념과 일치하며 세번째 연출에 관해서는 아방가르드를 주장한 바르트와 약간 다르다. 빌라르가 세번째에서 밝힌 연출 부분은 고전의 걸작품이 자칫 잘못 해석하다가는 지나치게 경박하게 되지 않을까 하는 우려와 화려한 무대 장식으로 작품이 왜곡되지 않을까 하는 염려로 보인다. 어쨌거나 이 세 가지 원칙은 민중극의 기본 이

---

5) 같은 책, 82-83쪽.
6) 같은 책, 87쪽.
7) 같은 책, 77-78쪽.

넘이기도 한데 이를 전제로 구체적으로 민중극을 살펴보면 화합의 연극, 축제의 연극, 열린 연극, 사회적 기능을 지닌 연극 등으로 세분할 수 있다. 이들은 동일한 목표를 향하고 있으므로 서로 불가분의 관계로 얽혀 있다.

첫째, 화합의 연극이란 빌라르의 현실로부터 태동한 것으로 보아도 무방하다. 인간이란 대개 자신의 관점에서 타인을 파악하고 판단하기 때문에 편견이 해소되지 않은 상태에서 깊어진 갈등의 골이 쉽사리 극복되지 않는다. 빌라르는 직접 교류가 가능한 연극 예술을 통해 이러한 갈등이 해소되고 화합의 장이 마련될 수 있다고 보았다. 달리 말하면 연극의 근본적인 역할이 인간들을 화해시키는 데 있다고 생각한 것이다. 이를 위해 제일 중요한 것으로 부각되는 것이 레퍼토리의 선정이다. 그의 레퍼토리 주제가 편파적이지 않고 인간의 본성을 자극할 수 있는 것으로 결정된 것은 이러한 이유에서이다. 이에 덧붙여 연극적 양식의 단순화 역시 민중을 관객으로 변화시키기 위해 빼놓을 수 없는 방법이다. 지나치게 난해하거나 인간을 왜곡하는 연극은 오히려 민중을 혼란에 빠트릴 염려가 있다. 이러한 생각을 기반으로 빌라르는 저소득층이나 하층민을 연극의 장으로 이끌고자 한다. 당시 연극은 대체로 중류층 이상의 전유물이었으며 노동자나 저소득층은 평생 연극을 접하지 못하는 경우도 허다했다. 빌라르는 이들을 연극 관객으로 만들고자 노력했으며 그 결과 상당량의 관객을 노동자로 채울 수 있었다. 그는 이들을 '민중적 대중(public populaire)'으로 명명하고 신선한 관객, 폭넓고 다양한 관객이라고 규정했다. 그들의 참여로 객석의 분위기가 달라졌으니 이렇게 불러도 무방하리라. 이들의 참여로 공연장은 과거 고대 그리스나 엘리자베스 시대의 극장처럼 계층에 따른 분리가 아닌 누구나 공평하게 참여할 수 있는 장소가 될 가능성이 커졌다. 사회적 이념과 성향에 따라 갈등을 일으켰던 사람들도 민중극의 공간에서는 휴식과 이완을 얻고 상호 화합의 기틀을 마련할 것으로 연출가는 기대했던 것이다.

둘째, 민중의 합일은 축제와 연결된다. 고대 그리스에서처럼 민중극은 온 국민의 축제가 되어야 한다는 것이 빌라르의 생각이다. 연극은 축제여야 한다. 축제는 집단적이며, 모두를 위한 것이며 민중적이어야 한다. 그가 아비뇽과 TNP에서 보여준 것은 바로 축제의 정신을 근간으로 하고 있다. 연극이 축제가 되기 위해서는 화합과 통합의 장이 되어야 하고 이를 위해서는 계층간의 갈라진 틈이 메워져야 한다. 반목과 분열은 진정한 의미의 축제를 생산하지 못한다. 축제의 장소는 카니발의 의의를 지닌 곳으로 누구나 참여하여 탈일상화와 가치 전도를 통해 일종의 해방감을 맛보고 나와 타인과의 공감대를 형성하는 곳이다. 그러므로 민중을 축제의 드라마에 참여시켜 그들에게 고달픈 현실을 잊게 하고, 나아가 삶에 대한 새로운 용기를 가질 수 있도록 하여야 한다. 그러므로 이 축제의 첫걸음은 바로 민중의 적극적인 참여이다.

셋째, 민중극은 모든 사람에게 열려 있는 연극을 말한다. 민중극을 가장 단순하게 표현한다면 가능한 많은 사람들이 참여하는 연극이다. 특정 계층을 대상으로 하는 연극이 아니라 모든 계층을 대상으로 하는 연극이다. "연극을 하는 이유는 가능한 많은 사람에게 공연을 보여주기 위한 것이다. 그들에게 지식의 소금과 빵을 주기 위한 것이다."[8] 빌라르가 생각하기에 현재의 연극은 귀족의 전유물이었던 17세기 연극과는 다르다. 현대에 이르러 계층이 분리되어 있는 연극은 불가능하며 노동자 관객을 창출해야 한다. 극장은 소수의 부르주아나 엘리트보다는 대중에게 열려 있어야 한다. 그렇다고 빌라르의 민중극이 노동자 연극을 의미하는 것은 아니다. 민중극에 대해 비판적인 시각을 지닌 사람들은 '민중'이 노동자를 의미하는 것으로 파악하면서 민중극을 노동자 연극, 프롤레타리아 연극, 소위 전투적인 연극으로 이해하였다. 사르트르 역시 민중극을 노동자 연극으로 파악한 바 있다.

---

8) 같은 책, 191쪽.

그러나 민중극의 진정한 정신은 연극이 민중에게 다가가고 부르주아의 편협한 경계를 배제하면서 계층 전체를 아우르는 민주주의 정신 속에서 상호 의사소통이 가능하도록 하는 것이다. 하지만 시간과 경제의 측면에서 여유가 없는 노동자들이 스스로 공연장을 찾기를 기대하는 것은 힘든 것이 현실이다. 빌라르의 동시대에도 여전히 연극은 특권층의 전유물이란 생각이 주류를 이루고 있었기 때문이다.[9] 그러므로 그가 아비뇽과 TNP에서 행하고자 했던 것은 연극의 특권적인 성격을 없애고 극장문을 활짝 열어 놓음으로써 노동자들에게 연극의 문턱을 낮추려는 데 있었다. "연극은 모두에게 열려야 한다. 연극은 민중의 것이 되어야 한다."[10]

넷째, 민중극은 사회적 기능을 지닌 연극이다. 민중극은 오락으로서뿐 아니라 민중이 지식과 문화를 인지할 수 있도록 교육적인 역할을 해야 한다. 예컨대 18세기 사회적·정치적 상황에서 보마르셰가 보여준 것이 그것이다. 《피가로의 결혼》은 민중에게 커다란 반향을 불러일으켜 정치적으로 커다란 영향력을 행사하였던 것이다. 훗날 이 공연을 보고 나폴레옹은 이미 혁명은 시작되었다고 말하지 않았던가. 그리하여 TNP의 레퍼토리 가운데는 고품질의 고전 작품(《리처드 2세》《당통의 죽음》《르 시드》《억척 어멈과 그 아이들》)뿐 아니라 민중에게 정치적 인식을 불어넣을 수 있는 작품, 소포클레스의 《안티고네》, 칼데론 데라바르카의 《살라메아의 시장》, 아리스토파네스의 《평화》의 각색 등이 들어 있다. 빌라르를 인용해 보자. "내일 우리는 《안티고네》를 무대에 올릴 것이다. 이 공연은 프롤레타리아 관객을 극장으로 끌고 올 수 있을 것이다. 이는 그람시[11]가 바랐던 바와 같이 여유를 즐기기 위

---

9) 예컨대 국내에서 현재에도 연극은 영화와 비교해 본다면 특정한 사람이 가는 것이란 선입견이 팽배해 있다. 고학력을 소지한 사람도 평생 연극을 한번도 관람하지 않는 경우가 허다하지 않는가.

10) 같은 책, 84쪽.

11) 이탈리아의 공산당을 창설한 사회주의 사상가이자 정치가.

해서 뿐만 아니라 가장 직접적인 방법으로 즉각적으로 문화를 인지할 수 있도록 하기 위한 것이다."[12] 이렇게 빌라르는 민중을 위한 특정한 목적을 지닌 공연을 연출하면서 연극의 사회적인 기능을 주목하였다.

이는 다시 민중 관객을 고전 레퍼토리로 끌어들이고 부르주아 의식을 거부하며, 민중을 문화와 단단하게 연결시킬 수 있는 중재자 발굴로 종합할 수 있다. 관객의 층을 확대시켜 누구나 연극을 접하게 하겠다는 의지와 수준 높은 고전 작품을 통해 민중이 저급한 문화가 아닌 진정한 문화와 접할 수 있도록 하고 이를 구체적으로 실천할 수 있는 예술가의 발굴이라는 빌라르의 꾸준한 의지를 읽을 수 있다.

민중극의 실천

빌라르는 민중극을 실천하는 길목에서 여러 장애물을 만난다. 예를 들면 가능한 많은 관객을 수용하고자 했으므로 거대한 공간이 필요했지만 이에 적응하려는 배우들의 신체적 노력은 상상을 초월하는 어려움에 직면하였다. 아비뇽의 교황청 앞뜰의 거대한 공간, 하늘이 완전히 열려 있는 무대에서 공연을 했을 때 연기자들은 악을 쓰듯 소리를 질러야 했고 당연히 목에 문제가 생겼다. 배우들은 금방 지쳐 버렸고 보수가 보잘것없었기 때문에 배역이 수시로 교체되었다. 또한 빌라르는 매번 새로운 레퍼토리로 새로운 관객에게 새로운 리듬을 제시하고자 하였다. 하지만 많은 관객 앞에서 대형 무대에 올릴 만한 작품을 고르는 작업도 쉽지 않았다. 역시 민중극단이라 할 수 있는 베를린 앙상블과 비교해 볼 때 7백 석의 베를린 앙상블이 10년 동안 26작품을 공연한 것에 비해 TNP는 9년 동안 88작품을 공연했다. 이것은 새로움을 갈망하는 민중들에게 빠른 리듬으로 연극을 보여주고자 하는 연출가의 강한 의지를 읽을 수 있으며, 이를 실천하기 위해 빌라르가 얼마

---

12) 같은 책, 191쪽.

나 각고의 노력을 했을 것인지 짐작이 간다. 이러한 난관에 직면하면서도 민중극은 열린 공간과 함께 벗은 연극으로 나아간다.

1) 민중극과 무대

20세기초는 앙투안 이래 연출이 강조되던 시대였다. 빌라르 역시 연출의 중요성을 인식하고 이렇게 말한다. "1930년대의 진정한 연극 창조자는 극작가가 아니라 연출가이다."[13] 이러한 인식은 민중극의 벗은 무대의 개념으로 이어진다.

빌라르는 1953년 7-8월호로 발행된 잡지 《민중극》에서 '연극의 백년'을 반추하며 현재의 연극을 진단하고 자신의 연극론을 밝힌다. 그는 우선 파리의 주요 극장에서 공연되고 있는 무대를 비판한다. "전기의 발명 및 기계의 발달 등으로 인해 무대는 더욱 복잡해졌지만 예술 연극은 더 이상의 진전이 없다" 혹은 "돌이나 나무로 된 무대가 아니라 시멘트로 구축된 무대는 영혼도 지니지 못할 뿐더러 외적으로 발산되는 아름다움도 없다"[14]고 혹평한다. 부르주아의 진보주의와 극적 테크닉은 형편없던 세트를 풍부하게 만들었지만 예술 정신을 근본적으로 깊이 있게 하지는 못했다. 당시의 무대는 사실성에 집착하여 눈속임이 많았는데 이러한 행위는 연극 정신에 위배된다는 것이 빌라르의 생각이다. 이것은 정치적인 측면에서 프랑스는 나폴레옹 3세의 제2제정과 더불어 더욱 두드러졌다. 권력 집중을 의미하는 황제의 등장은 파리가 모든 것의 중심이 되었음을 의미한다. 물론 제2제정 때 지방에 거대한 극장들이 건립되긴 했지만 거의 무용지물되다시피 했고, 대형 극장과 대형 공연의 거대함 혹은 웅장함의 담론에 연극의 진실성이 크게 훼손되었다는 것이다. 이처럼 동시대의 연극에 부정적인 견해를 취하면서 빌라르는 "제미에·뤼녜 포·코포, 연출가 4인방,[15] 앙

---

13) 같은 책, 17쪽.
14) 《레른, 장 빌리르》, 17쪽.

투안이 새로운 연극을 창조하고자 하였다"[16]고 주장한다. 이들이 관심을 가졌던 것은 "언어의 아름다움, 언어의 보호, 희곡 구성 및 고전 걸작품과 외국 걸작품의 재발견"[17]이다. 이 점은 원작을 훼손시키지 않고 고전을 레퍼토리로 고집한 빌라르의 이념과 어깨를 나란히 한다.

사실 빌라르의 벗은 무대는 선배 연출가인 코포에 의해 전수받은 것이다. 코포는 이렇게 말한다. "무대가 헐벗을수록 행위를 한층 더 풍요롭게 한다. 무대가 간결하고 검소할수록 상상력은 더욱 발휘될 수 있다. (⋯) 이 건조한 무대 위에서 배우는 모든 것을 창조할, 스스로에게서 모든 것을 끌어낼 책임이 있다."[18] 비외 콜롱비에 극장을 이끌었던 코포는 무대에 새로운 것을 첨가하지 않고 빈 무대를 그대로 사용하고자 한다. 이같이 벗은 무대에서 중요하게 부각되는 것은 배우들의 신체와 움직임이다. "코포는 헐벗은 간이무대를 통해 모든 것이 배우의 연기로, 배우의 연기를 통해서 관객의 상상력과 화기애애한 반응으로 응축되는 민중극의 진수를 꿈꾼다."[19] 그도 그럴 것이 "장치 없는 간소한 무대, 헐벗은 무대는 허구에 따라 자유롭게 변화될 수 있고, 관객들의 상상력이 활보할 수 있는 여지를 남기기 때문이다."[20] 이렇게 본다면 벗은 무대는 관객의 흡입력을 극대화시킨 무대라고 할 수 있고, 이 공간에서 관객은 혼연일체가 될 수 있는 여지를 지니는 것이다⋯⋯.

코포의 연극을 모델로 하는 빌라르의 민중극은 따라서 현란한 조명과 무거운 무대를 배제하는가 하면, 파리의 거대한 대형 극장에서 자행되는 값싼 레퍼토리로 부르주아 관객을 웃기는 연극에 대한 적대감

---

15) 이들은 주베 · 피토에프 · 뒬랭 · 바티로서 언론의 횡포로부터 관객을 보호하기 위해 1927년 4인방을 결성하였다. 이들은 극작품을 존중한다는 커다란 공통점이 있다.

16) 앞의 책, 19쪽.

17) 같은 책, 19쪽.

18) 코포, 《특징 1: 소환 *Registre I: Appels*》, p.220, 재인용 in 권현정, 《연출에 있어서 '비어 있음'의 미학(1)》, 《한국연극학》 16집, 305쪽.

19) 같은 책, 316쪽.

20) 신현숙, 《20세기 프랑스 연극》, 313쪽.

으로 이어진다. 상업주의 연극을 보면서 빌라르는 차라리 과거의 연극으로 눈길을 돌린다. 콘크리트 무대를 반대하는 그는 중세기에 이루어졌던 "우의적이거나 자연스런 무대, 코르이유 · 몰리에르 · 라신이 만들어 낸 자연스럽고 단순하고 도식적인 무대, 이탈리아 극단이나 마리보 연극에서 선보인 단순한 무대, 18세기 오페라 무대장치에서 볼 수 있는 우스꽝스런 곡예"[21]를 선호하게 되었고 지나치게 강한 조명이라든지, 장치의 현란한 변화가 있긴 하지만 과도하게 현실적이고 무거운 느낌으로 다가오는 무대장치는 배격하였다. 한마디로 무대의 기교를 가능한 없애고 "배우들의 연기로 이루어진 가장 단순하고 고된 표현 형태로 바꾸어 놓고자 했던 것이다." 무대의 순수하고 엄격한 법칙들과는 무관한 표현 방법들을 일단 제거해 버리면 스펙터클은 배우의 영혼과 신체의 표현이 될 것이고, 그러한 상태를 일컬을 수 있는 말은 시(詩)라는 표현밖에 없을 것이다."[22]

벗은 무대는 민중극의 특징 가운데 하나로 언급한 열린 무대로 이어진다. 이 점에 있어 바르트의 언술은 시사적이다. "민중극은 가능한 무대와 객석 사이에서 물질적 커뮤니케이션을 이루기 위해 확실하게 열린 연출이 되고자 했다."[23] 열린 무대란 제미에가 이미 주장했던 것으로 연출가 아피아를 통해 빌라르로 계승되는데 거짓과 환각의 무대가 아니라 "무대를 트고, 커튼을 제거하고, 물감으로 그린 배경을 없애는" 것이다. 이것은 TNP의 수많은 관객을 앞에서 빌라르가 실천했던 것이며, 칸막이가 제거되어 관중과 직접적인 교류가 이루어질 때 소위 민중들의 '공감(l'audience)'을 얻을 수 있다고 생각했던 것이다. 무대의 열려 있음을 통해 수사학적인 과장이 없는 민중극은 관객에게

---

21) 《레른, 장 빌라르》, 20쪽.

22) 바르들리, 《동시대의 프랑스 연극 Le théâtre français contemporain》, 136-142쪽: 코르뱅, 《새로운 프랑스 연극 Le Théâtre nouveau en France》, 868쪽, 신현숙, 《20세기 프랑스 연극》 재인용, 351쪽.

23) 이후 인용문은 《레른, 장 빌리르》에 실린 바르트의 민중극에 대한 글이다. 31-32쪽.

신뢰감을 주고 관객 스스로가 공연에 참여할 수 있게끔 하는 진정한 의미의 열린 연극으로 나아간다.

2) 민중극과 레퍼토리

레퍼토리는 민중을 연극으로 이끌 수 있는 매우 중요한 요소이다. 흔히 민중극이라 하면 쉽고 재미를 강조하는 오락거리의 연극을 말하는 것으로 오해할 위험이 있다. 바르트에 의하면 민중극을 "소란스런 연출과 단순히 심리적인 극작품으로 이루어진 싸구려 레퍼토리"로 귀착시키는 것은 참으로 어리석은 일이다. 대중과 완전히 조화를 이룰 수 있는 것은 바로 "고전 레퍼토리(le répertoire classique)"라고 바르트는 힘주어 강조한다. "코르네유 · 몰리에르 · 셰익스피어 · 클라이스트 · 뷔히너를 무대에 올린다면 민중 집단은 이로부터 감동과 즐거움을 얻게 될 것이다. 그 이유는 이 연극은 풍요롭고 섬세한 이데올로기가 극예술의 절대 법칙과 언어의 문학성과 정열의 외재성 법칙에 따르기 때문이다." "그러므로 민중극은 수준 높은 연극이다." 다만 이러한 예술적인 레퍼토리를 무대에서 어떻게 구현하는가 하는 연출 컨셉트가 중요하다. 바르트는 빌라르가 TNP를 이끌고 1953년 아비뇽에서 공연하였던 몰리에르의 《동 주앙》의 예로 설명을 한다. 사실 몰리에르의 이 작품은 바르트가 보기에 민중들에게 거의 알려져 있지 않았고 그들의 시선을 확실하게 끌 만한 것도 없었다. 사랑 이야기가 크게 부각되는 것도 아니고, 아름다운 여성이 주인공으로 등장하거나 유명한 여배우가 참여하는 것도 아니었기 때문이다. 그럼에도 단 하나 작품성이 뛰어나다는 이유로 몰리에르의 희극이 레퍼토리에 선정되었다. 공연에 참여한 관객의 직업은 다양하였다. 이들은 대략 '목수 견습생, 숙련공, 우체국 직원, 대학생' 같은 사람들로, 소위 지배층이나 권력층의 인사는 아니었다. 이들은 빌라르가 연출한 《동 주앙》에 열광한다. 그 까닭은 독특한 무대장치나 배우의 강조된 억양 등 소위 사실주의적인 연극에서는 찾아볼 수 없는 새로운 연출기법 덕택이었는데, 빌라르의 연출이 벗은 무대, 열린 무대를 전제로 하고 있으리라는 사실을 짐작할 수 있다. "민중극은 공식적인 무대에서 자주 접할 수 있는 과장되고 어리석은 연출을 요구하지 않는다. 반대로 관객이 스스로 환상을 창출해 낼 수 있도록 그들에게 상상력을 부여하는 암시적이고, 헐벗은 단순한 무대 예술을 요구한다."

이처럼 빌라르가 아비뇽을 통해 얻은 것은 엄격하고 분명한 양식에 대한 경험과 이를 통해 대중을 자극하여 연극에 참여시킬 수 있는 일련의 구조화에 대한 경험이었다. 그리하여 민중극의 양식은 시대를 초월하여 모두에게 속하는 고전 작품의 공연을 통해서만이 생겨날 수 있다고 확신하기에 이른다. 고전의 걸작품은 시공을 초월하는 원형적 요소를 지니고 있다. 그 요소는 인간 누구에게나 보편 타당한 것이므로 굳이 지식을 기반으로 하지 않더라도 가슴으로 이해할 수 있는 단초를 제공한다. 따라서 품격 있는 고전 작품을 공연했을 때 대중들이 이해할 수 있겠느냐는 의문은 사라지고 오히려 고전 작품을 맛본 민중들이 진정한 연극의 영역에 들어설 수 있다는 것이다. 이렇게 본다면 고전 작품이야말로 민중에 속하는 것이며 계층에 관계없이 접할 수 있는 순수하고 품위 있는 레퍼토리인 것이다.

제1회 아비뇽 연극제 때의 레퍼토리는 전적으로 문학성에 바탕을 둔 작품 선정이었다. 이때의 레퍼토리와 그 결과를 구체적으로 살펴보면 다음과 같다. 1947년 9월 4일-10일 동안 벌어진 축제 기간에, 3회 공연된 셰익스피어의 《리처드 2세》는 프랑스에서 첫 공연이었고, 2회 공연된 《토비와 사라》는 상징주의 거장 클로델의 작품이며, 역시 2회 공연된 《정오의 테라스》는 젊은 작가 모리스 클라벨의 작품이다. 《토비와 사라》는 막 각광을 받기 시작한 젊은 연출가 모리스 카즈뇌브가 연출을 했고 나머지 두 작품은 빌라르가 직접 연출을 담당하였다. 그러니까 레퍼토리를 놓고 볼 때 고전과 현대가 조화를 이루고, 새로운 작품을 소개하고, 젊은 연극인에게 기회의 장을 마련해 준다는 점에서 아비뇽 연극제는 시작부터 민중극의 정신이 고스란히 담겨 있음을 알 수 있다.

이듬해 7월 15일-25일까지 있었던 제2회에는 뷔히너의 《당통의 죽음》이 아다모프의 각색으로 4회 공연되었고, 쥘 쉬페르비엘의 《셰라자드》가 3회, 《리처드 2세》 재공연이 2회 있었으며 모든 연출을 빌라르가 담당하였다. 한 비평가는 연극제가 끝난 뒤 다음의 글을 신문사에 송고하였다. "이제부터 연극을 사랑하는 사람을 포함하여 단순히 아름다움에 관심이 있는 사람이라면 누구나 1년에 한번은 아비뇽을 방문할 것이다. (…) 가난한 자들은 걸어서 아니면 히치하이크로 방문할 것이다. 그들은 피곤하고 배고프고 불안한 상태로 아비뇽에 도착하겠지만 아비뇽은 그들을 포근하게 감싸 줄 것이다."[24]

1949년 7월 8일-19일까지 제3회 아비뇽 연극제는 코르네유 《르 시드》 4회, 앙드레 지드 《오이디푸스》 3회, 앙리 드 몽테를랑 《파지파에》 3회, 《리처드 2세》가 다시 2회 공연되었다. 1950년 7월 11일-25일까지 제4회의 레퍼토리는 셰익스피어 《헨리 4세》 5회 공연, 재공연된 《르 시드》 3회 공연, 티에리 몰리니에 《신성모독자》 4회 공연이 펼쳐졌고 빌라르가 전 공연을 연출하였다. 벌거벗은 무대가 특징이었던 빌라르의 연출에서 《헨리 4세》의 경우 음향과 조명 등을 통해, 연출과 무대장치에 도움을 받은 것은 그의 민중극 개념에 비추어 볼 때 이례적인 현상이다. 1951년 7월 15일-25일까지 펼쳐진 제5회 연극제에서는 클라이스트 《프리드리히 폰 홈부르크 왕자》 4회 공연, 《르 시드》 2회 공연, 베르나르도 디 비비에나 《라 칼랑드리아》 3회 공연이 펼쳐졌다. 이렇게 빌라르가 관여한 다섯 번의 아비뇽 연극제는 성공적이었고 언론의 찬사가 이어졌다.

이상 빌라르가 아비뇽 연극제에서 공연한 작품들은 어느것 하나 가볍지 않으며 새롭고 참신한 작가를 발굴과 엄선된 고전의 소개라는 일관된 노력과 의지를 읽을 수 있다. 민중극의 레퍼토리가 어떤 것이어

---

24) 같은 책, 195쪽.

야 하는 것을 아비뇽에서 분명하게 확인할 수 있는 것이다.

3) 민중극과 경제

TNP는 재정적인 면에서 상당한 모순을 지니고 있었다. 정부 보조금은 얼마 되지 않았고 입장료 역시 저렴했기 때문에 만성적인 적자에 시달렸다. 빌라르가 TNP에서 실천한 적극적인 입장료 인하 정책은 연극을 찾는 민중들의 저변 확대를 위해 매우 중요한 부분이다. 적자를 해소하기 위해 가능하면 TNP는 많은 수의 관객을 확보하기 위해 노력을 기울였고, 그 결과 공연당 평균 2,3천 명의 관객을 수용하였다. 이처럼 많은 수의 관객은 가능한 많은 민중들이 연극에 접하게 해야 한다는 기본적인 이념 이외에 극장의 경제적인 문제를 해결하기 위한 중요한 요소이기도 하다. 그러나 민중을 연극의 관객으로 끌어들이기에는 예나 지금이나 얼마나 어려운 노릇인가. 민중은 스포츠나 영화 등에는 쉽사리 열광하지만 연극 공연에는 그렇지 못한 것이 현실이다. 따라서 민중이 편하고 쉽게 연극과 만나기 위해서는 개인적인 노력보다는 국가가 체계적으로 관여하여 교육 등을 통해 이루어져야 하고, 입장료 인하와 같은 정책적인 측면도 고려되어야 한다고 빌라르는 생각했다. 그는 이렇게 힘주어 주장한다. "오직 국가만이 연극의 관객을 넓힐 수 있다."[25]

당시 대부분의 민중들은 문화의 혜택을 누릴 만한 경제적 여유도 없었고 문화 환경도 열악했으며, 제미에와 쿠포 등의 노력에도 불구하고 연극을 통한 민중 문화에 관심을 갖는 사람이 드물었다. 이러한 상황에서 대부분의 극장은 부르주아의 전유물이 되었다. 아비뇽의 경우도 예외는 아니었다. 한 예로 1949년 제3회 연극제 때 있었던 일이다. 빌라르는 상등석의 가격이 60프랑으로 책정되어야 한다고 주장했지만 그의 주장과는 달리 1백 프랑으로 결정되었다. 이것은 저렴한 입장료

---

25) 같은 책, 31쪽.

를 고수하는 민중극 개념과는 지극히 상치되는 일이다. 또한 야외의 즉흥극인데도 불구하고 가격에 따라 분리대가 설치되었는데 이 역시 빌라르의 관점에서 용납할 수 없는 일이었다. 그는 끈질기게 설득하여 결국 1954년에 입장료가 60프랑으로 낮춰졌다. 또 다른 예로 당시 대부분의 공연 프로그램은 많은 광고로 채워져 공연이 끝남과 동시에 쓰레기통에 버려지고 마는 것이 보통이었지만 가격은 15프랑 내지 20프랑의 고가였다. 이에 비해 빌라르의 프로그램은 일단 대본과 공연 사진이 실려 있고 80여 쪽이 넘어 자료의 가치를 높였다. 그럼에도 가격은 12프랑으로 저렴하게 책정되었다. 이러한 예들을 통해 볼 때 빌라르는 가능한 많은 사람들이 연극에 접할 수 있게 하기 위해 저렴한 가격 정책[26]을 주장했고, 상등석과 일반석을 크게 구분하려고 하지 않았다. 이러한 행위들이 민중을 위한 민중극의 이념과 정면으로 대립된다고 믿었기 때문이다.

나오며

민중극의 실천은 두 곳에서 이루어졌다. 연극제의 장소가 아비뇽이라면 가스·수도·전기처럼 공공 서비스 차원에서 대중에게 연극을 제공하려 한 곳은 TNP였다. 그런데 빌라르는 한 걸음 더 나아가 아비뇽의 연극을 가스나 수도가 아닌 빵과 포도주의 개념으로 생각하려 했다. 그는 연극을 인간의 욕구와 필요성, 축제와 대중 서비스를 떼어 생각할 수 없다고 본 것이다. 이런 실험의 장이 바로 아비뇽이었고 이를 통해 민중극에 더욱 확신을 갖게 된다. "연극의 유일한 미래는 민중극에 있다는 확신을 준 것은 아비뇽이다." 아비뇽 연극제를 처음 시작하면서 내걸은 기치는 "저렴한 입장료, 공연 장소의 선택, 많은 군중, 젊은 관객, 세속적인 공연 거부, 창작 공연, 잘못 평가받았거나 잊

---

26) 빌라르는, 적자는 중앙정부나 지방자치단체에서 해결해야 한다고 생각했다.

혔겼거나 명예가 훼손된 걸작품의 공연"[27] 등인데, 의심할 여지없이 이 원칙은 민중극의 원칙이기도 하다.

빌라르가 원했던 대로 아비뇽 연극제는 휴식과 축제의 공간이 되었다. 파리의 관객과는 달리 대학생이나 교사들이 훨씬 많은 비율을 차지하고 있는 아비뇽 관객은 젊음과 휴식과 개방성의 특징을 지니고 있다. 아비뇽 연극제에서는 계층에 상관없이 누구나 행복감을 느낄 수 있다. 연극인들 · 주민들 · 친구들이 한데 어울리는 공간은 마치 학교의 강의실 같다. 연극이 없을 때면 사람들은 떼지어 광장에서 커피나 맥주를 마시며 즉석 토론이 이어진다. 이 축제 형식의 연극제에서 정치적 · 계층적 분열과 반목은 사라지고 모두가 하나가 되어 연극이 삶이 되고 삶이 연극이 된다. 이처럼 인간의 합일을 목표로 하는 아비뇽 연극제는 오로지 연극만을 위한 것이 아니라 진정한 삶과 인간을 위한 것으로 나아간다.

사실 빌라르는 자신의 연극관에 있어 탈중심화(décentralisation)에 대해 강하게 주장한 적은 없다.[28] 오히려 빌라르는 지방 상주 극단의 설치에 반대했던 것으로 나타난다. 그럼 왜 그는 공연 환경이 유리한 파리를 떠나 아비뇽으로 간 것일까? 단정적으로 말하자면 그가 파리를 떠난 것은 파리에서 벌어지고 있는 연극의 상업주의와 결별하기 위해서였다. 상업성만을 따지는 혼탁한 연극판을 떠나 진정한 연극을 일구고, 연극을 통해 축제를 활성화시키고, 대중과 연극의 합일을 이루기 위한 것이었다. 그렇기 때문에 빌라르의 탈중심화가 수도인 파리에 반대하는 것으로 보아서는 안 된다. 아비뇽 이전에 빌라르가 파리 교외를 순회하면서 깨달은 바는 파리의 관객이 자신의 연극 관객이 될 수 있다는 것이 아니었던가. 따라서 빌라르의 민중극은 지역의 분할이나 계층간의 반목을 조장하는 것이 아니라 순수하게 연극의 기능

---

27) 《아비뇽 연극제 20년 Avignon 20 ans de Festival》, 5쪽.
28) 이 점은 연극의 탈중심화로 박사학위를 준비하던 드니 공타르와의 대담에서 분명하게 드러난다. 《장 빌라르 Jean Vilar》, 82쪽.

을 되찾는 것, 그리하여 축제 형식을 통해 민중과 더불어 호흡하는 것으로 해석해야 한다.

타예술 분야에서와 마찬가지로 연극에서도 예술성과 대중성은 오랫동안 분리된 채 대립된 개념이다. 대략 소수의 지식인을 관객으로 난해하고 실험적이며 이념적 미학을 추구하는 연극을 예술극이라고 한다면, 경박하고 소위 상업성을 지향하는 연극을 대중극이라고 표현해 왔다. 부르주아 연극을 배격하고 대중을 연극의 장으로 끌어들이려고 했던 빌라르의 민중극은 언뜻 대중성을 지향한 듯 보이지만 레퍼토리에서 알 수 있듯이 고급스럽고 예술적인 공연을 선보이고자 노력했다는 점에서 또한 예술적 연극이다. 포스트모더니즘의 바람과 함께 예술적인 것이 대중적인 것이라는 현대적 구호를 50여 년 전에 빌라르가 이미 실천했다고 보아도 무방하다. 그러므로 카니발의 형식과 나아가 민중을 교육시켜 생활 속에서 품격 있는 연극을 즐기도록 하고자 했던 빌라르의 민중극은 연극의 현재와 미래에 대해서 하나의 지침을 제공한다.

제3장

스트라스부르 국립극장의
성립과 특징

들어가며

프랑스를 여행할 때 스트라스부르 역에 내리면 프랑스의 다른 지방
과는 상당히 낯선 풍경과 냄새를 직감적으로 느끼게 된다. 무슨 이유
때문일까? 거리를 거닐거나 이곳 주민들을 만나 대화를 하게 되어 어
느 정도 익숙해지면 그 이유가 쉽게 다가온다. 이 지방이 낯설게 다가
오는 것은 무엇보다도 독일과 국경을 이루면서 독일의 지배를 받은 역
사로 인해 게르만 문화가 상당 부분 혼재되어 있기 때문이다. 스트라
스부르에 접근하면 '유럽의 사거리(Carrefour de l'Europe)'라는 팻말이
보인다. 그만큼 교통의 중심지이자, 유럽의 중심지라는 뜻이다. 도시
명 자체가 독일어로 Straße(길)와 Bourg(읍 · 마을)의 합성어가 아닌가.
유럽 지도를 펼쳐 놓고 보면 동유럽을 빼놓고 서유럽의 중심이 스트라
스부르인 것은 틀림없다. 이곳은 역사적으로 독일과 프랑스가 영토 점
령을 위해 엄청난 노력을 기울였던 곳인 만큼 양국 사이에 끼어 희생
이 많았던 탓에 그리 밝지만은 않은 역사를 지니고 있다. 현재는 라인
강을 연결하는 다리 한가운데 흰선을 그어 이쪽이 프랑스 땅이고 저
쪽이 독일 땅이어서 국경의 개념도 희박하지만, 라인 강변으로 눈을
돌려보면 곳곳에 검은 토치카가 그대로 방치되어 있어 두 대국간의 치
열했던 영토 점령의 역사를 생생하게 전해 준다. 잘 알려진 알퐁스 도
데의 《마지막 수업》 역시 이러한 역사를 배경으로 하고 있지 않은가.

어쨌거나 이처럼 국경[1]일수록 자국의 문화를 굳건히 하는 것이 인지상정인지라 전쟁이 종식되자마자 스트라스부르에는 프랑스 문화를 이식시키고자 하는 노력이 펼쳐졌다. 알자스 지방에 국립극장이 존재하고 연극이 활성화되어 있는 것도 이러한 맥락의 일환으로 보면 무리가 없을 것이다.

연극 및 연극의 교육 환경이 좋은 탓도 있겠지만 스트라스부르는 전반적으로 연극이 굉장히 활성화되어 있다.[2] 대학에서도 연극 강의가 넓고 깊게 이루어지고, 다른 지역의 연극 전문가들을 수시로 초빙해 세미나를 개최하며, 동아리 학생들이 만든 연극 공연도 상당히 활성화되고 있다. 흥미로운 점은 아마추어 연극이라도 소홀히 취급되지 않고 입장료를 지불해야 함에도 불구하고 많은 학생과 일반인들, 나아가 전문가들의 아낌없는 사랑을 받는다는 것이다. 때문에 스트라스부르의 연극 현황을 통해 나아가 스트라스부르 국립극장(Théâtre national de Strasbourg, TNS)에 대한 이해를 통해 연극에 대한 진정한 사랑이 어떤 것인지, 연극의 산교육이 어떻게 이루어지는지, 지방 연극이 살아남을 수 있는 방안이 무엇인지를 생각해 볼 수 있을 것이다.

TNS는 알자스의 수도 스트라스부르에 자리한 프랑스 유일의 지방국립극장이다. 괴테나 슈바이처의 흔적이 남아 있는 도시, 독일의 천재 극작가 뷔히너가 대학을 다녔던 곳, 문제 작가로 각광을 받으며 서서히 중심부로 떠오르고 있는 프랑스 극작가 베르나르 마리 콜테스가 다녔던 국립연극학교가 있는 스트라스부르는 국립극장과의 시너지 효과를 발휘하며 현재 프랑스 내에서도 독특한 연극적 위상을 차지하고

---

1) 국경의 문화는 그래서 강하다는 생각이다. 북아프리카 국가들의 이슬람교에 맞서 유럽의 가톨릭의 국경이라 할 수 있는 스페인의 경우 유난히도 가톨릭 문화가 강한 것도 그러한 한 예가 될 것이다.

2) 스트라스부르대학교의 커리큘럼에는 유난히 연극이 많고 또한 현대 프랑스 연극의 거장들이 강의를 하고 있다. 여기에 국립극장과 국립연극학교(l'Ecole supérieure d'Art dramatique)까지 다 갖추어진 도시라는 점 때문에 전반적으로 연극이 활성화되어 있다.

있다. 이 글을 통해 무슨 이유로 다른 곳이 아닌 바로 이곳에 국립극장이 들어섰는지, 파리의 기타 국립극장에 비해 TNS의 특징이 무엇인지 등을 살펴본다면 자연스럽게 TNS에 대한 이해의 폭을 넓힐 수 있을 것이다.

국립극장

약간은 차갑고 냉정한 듯한 인상을 주는 알자스 사람들이 자랑하는 것 가운데 하나는 지방의 유일한 국립극장이 이곳에 존재한다는 사실이다. 그도 그럴 것이 프랑스 전체에 국립극장이 다섯 개가 있는데 그 가운데 파리에 네 개의 국립극장이 있고, 나머지 하나가 바로 이곳에 자리하고 있기 때문이다. 파리에 위치한 국립극장은 코메디 프랑세즈 · 유럽 오데옹극장 · 콜린 국립극장 · 샤이오 국립극장이다. TNS를 포함하여 이들 다섯 개의 국립극장은 나름대로 독특한 성격을 지니면서 폭넓은 연극 예술의 어느 한 부분도 소홀함이 없도록 노력한다.[3] 전통과 역사를 자랑하는 코메디 프랑세즈는 명실상부한 제1의 국립극장으로 17세기 루이 14세 치하의 고전주의 시대에 희극작가 · 배우 · 연출가로 활동하던 몰리에르가 이끈 '몰리에르 극단'(1680년)이 그 전신이므로 일명 몰리에르 집으로도 불린다. 몰리에르 극단은 몰리에르가 죽은 뒤 마레 극장과 통합되었는데 그때 마침 왕립극단인 부르고뉴 극장이 분열되자 1680년 루이 14세는 칙령으로 이 두 극장을 합쳐 코메디 프랑세즈라 명하고 공연 독점권 및 연금 수여 등의 특혜를 주었다. 이 극장은 프랑스 대혁명 때에 해산되는 등 박해를 받기도 하였으나 현재는 정부로부터 막대한 보조금을 지원받으며 프랑스 연극의 전통을 잇고 있다. 전통에 걸맞게 주로 고전 작품을 중심으로 공연하는 것

---

3) 서명수, 《국립극단과 외국의 국립극단 운영 사례 비교―프랑스 사례를 중심으로》 《국립극단 재도약을 위한 대토론회》, 2003, 50–59.

을 원칙으로 하지만 검증을 거친 현대 대가들의 작품을 레퍼토리로 선정하기도 한다. 현재 정회원과 극단을 중심으로 운영되고 있다.

제2국립극장인 유럽 오데옹 극장의 창설은 1782년까지 거슬러 올라간다. 1799년과 1818년 두 차례의 화재로 건물은 막대한 손실을 입었으나 1819년 국립극장으로 승격되어 제2국립극장으로 거듭난다. 초기에는 음악적 요소가 가미된 오페라가 많이 공연되었으나 현재는 시대적 구분 없이 고전극과 근대극 및 신작 레퍼토리 등을 두루 소개한다. 유럽 오데옹 극장은 코메디 프랑세즈에 비해 레퍼토리 선정이 한결 자유롭다. 시대적 구분이나 국경에 개의치 않고 컨셉트에 맞는 유럽의 명작들을 소개하고 있는 것이다. 제일 늦게 생겨난 콜린 국립극장은 태동의 성격에 맞게 주로 현재 활동중인 작가의 작품을 무대에 올린다. 샤이오 국립극장의 전신은, 피르맹 제미에와 아비뇽 연극제로 유명한 장 빌라르 등이 이끌었던 국립민중극장이다. 그 명칭답게 다양하고 대중적인 레퍼토리를 통해 가능한 많은 대중을 관객으로 이끌고자 하는 특징이 있다. 마지막으로 TNS는 이들 국립극장과 차별성을 지니고 지방에 소재한 국립극장으로, 또한 국립연극학교와 함께 운영되는 국립극장이라는 정체성이 있다. 전반적으로 이들 다섯 국립극장은 별다른 옵션이나 간섭없이 국가로부터 막대한 재정 지원을 받으며, 강력한 권한의 극장장을 연출가로 임명함으로써 말 그대로 예술가들이 주어진 임기 동안 자신의 예술 세계를 맘껏 펼쳐 보일 수 있도록 배려한다.[4]

TNS의 역사

TNS는 1946년에 설립된 동부드라마센터(Centre Dramatique de l'Est, CDE)가 그 전신이다. 동부드라마센터는 제2차 세계대전이 끝난 뒤 알자스·로렌 지방에 연극 중심센터가 필요하다는 당위성이 제기되면서 설립되었다. 전쟁이 개시되어 프랑스 수비대를 무너뜨린 독일의 히틀러는 비옥한 토지와 세계적인 백포도주 산지인 알자스 지방에 입성한 뒤 이곳을 영구적으로 소유하고자 계획을 수립한다. 가장 핵심적인 계획 가운데 하나는 스트라스부르를 게르만의 정신적 지주 도시인 베를린이나 빈과 견줄 만한 게르만 문화의 중심지로 만들고자 하는 것이었다. 유럽인들이 문화의 위력과 중요성을 일찍이 깨달았다는 증거이기도 한데, 그리하여 독일인들은 건물을 세우는 등 기반 시설을 다지기 위한 갖가지 노력을 경주한다. 이러한 작업의 와중에 독일이 패망하고 프랑스가 주권을 회복했을 때 프랑스인들은 독일의 게르만화 작업에 상당히 자극을 받았음에 틀림없다. 프랑스 정부는 이미 어느 정도 체계화되어 버린 게르만의 프로그램을 프랑스의 이념으로 바꿀 필요성을 절실하게 느끼고 최우선적으로 강력한 프랑스어와 프랑스 문화 교육이 필요하다고 절감한다.[5]

이러한 분위기 이외에 프랑스에는 각 분야에서 탈중심화의 요구가 강하게 대두되었다는 점도 TNS의 설립에 중요한 역할을 담당한다. 프

---

4) 지금까지 간략히 프랑스 국립극장을 살펴보았는데 우리나라의 사정을 잠깐 언급해 본다면 상당한 비교가 될 것 같다. 우리의 단 하나뿐인 국립극장 체계는 상당히 낯설어서 이쪽에 관심이 없으면 파악하기가 꽤나 어렵다. 영어의 Theatre는 극장 혹은 극단으로 번역이 되는데 이것은 극단이 극장을 소유하기 때문이다. 극단이 곧 극장이고 극장이 곧 극단의 개념인 것이다. 그런데 이와는 달리 우리의 경우는 극장과 극단이 분리되어 있다. 상위 개념이 극장이고 그 아래에 극단이 존재하는 것이다. 남산의 국립극장 산하에는 국립극단·국립무용단·국립창극단·국립관현악단의 네 개의 단체가 있다. 국립발레단·국립오페라단·국립합창단도 같이 있었으나 예술의 전당으로 이전했고 현재 네 개로 압축되어 있는데 이들 성격도 애매해서 공연예술 개념으로 통합된 것인지 전통 예술 개념으로 통합된 것인지 아리송하다. 국립극장은 해오름 극장(대극장), 달오름 극장, 별오름 극장(소극장), 하늘 극장(야외 극장)의 네 극장을 소유하고 있으며 각 단체는 겹치지 않게 일정을 조정하여 극장을 대관하고 있는 실정이다. 그나마 2000년부터 책임 운영 기관으로 시행하면서 관료적인 냄새를 지우고 있고 극장장도 과거 군사 정권에서 퇴역 장군들의 보직에서 예술인으로 임명되게 된 것은 어느 정도 위안이 되고 있지만, 국립극단의 입장에서 보면 셋방살이를 한다는 인상을 지울 수 없다. 또한 유일의 국립극단으로 고전 레퍼토리도 계승해야 하고 신작도 활성화시켜야 하며 외국의 대작들도 소개해야 하는 막중한 부담을 안고 있는 것이 사실이다. 어느 정도는 이러한 부담감에서 기인되었다고 보는데, 2003년 9월에 있었던 '국립극단의 재도약을 위한 대토론회'에서 필자는 프랑스의 경우를 예를 들면서 우리도 더 많은 국립극단을 가지든가 아예 없애는 것도 국립극단 발전을 위한 하나의 방안이 될 수 있을 것이라고 언급한 바 있다.

랑스가 비록 제2차 세계대전의 승전국이었다고는 하지만 전쟁을 통해 상처뿐인 영광을 안게 되었고 전쟁의 와중에 점령지인 파리에 비해 자유롭게 활동이 가능한 지방의 역할이 중요하게 부각되어, 절대왕정의 태양 왕 루이 14세 이래로 꾸준히 유지되어 온 파리 중심 문화가 자연스럽게 약화되었다. 이런 상황에서 **CDE**의 설립은 프랑스의 연극에 있어 최초로 탈중심화[6]가 이루어졌다는 매우 중요한 의의가 있다. 1946년 일단의 연극인들과 연극단체들이 모여 프랑스 동부에 연극을 활성화시키고자 노력한다.[7] 이후 같은 해 10월 알자스 지방에 자리한 콜마르 · 뮐루즈 · 스트라스부르 같은 여러 도시들이 모여 극단 경영을 위한 조직을 세우고 지역 극단을 창단하기로 결정한다. **CDE**의 창립 취지는 프랑스 동부 지역에 향상된 품질의 공연 예술과 안정된 극단 창단을 위해 또한 훌륭한 연기자들의 배출을 위해 인접 도시들이 상호 협력하는 것으로 이루어져 있다. 당시 예술협의회 부회장으로서 공연

---

5) 현재에도 알자스 문화는 기타 프랑스 지역의 문화와는 여러 가지 점에서 비교가 된다. 예를 들어 인종적으로도 라틴계의 일반 프랑스인들보다 몸집도 크고 피부색도 희고 머리색도 금발이며, 저 유명한 알자스 방언은 오히려 독일어 쪽에 가깝고 건물이나 거리 역시 게르만풍의 냄새를 물씬 풍긴다. 그러므로 제2차 세계대전이 끝난 뒤 프랑스인들은 교육 · 문화 · 예술 등에 대한 정책의 필요성을 당연히 느꼈을 것이다.

6) 연극에서 이러한 탈중심화 현상은 결국 장 빌라르의 아비뇽 연극제까지 이어진다. 사실 공연 예술에서 탈중심화는 매우 의의가 있다. 장소를 이동하여 공연하기 위해서는 많은 비용이 소요되므로 공연 예술이 근거지 내지는 중심지를 떠나는 것은 상당한 부담을 안고 있는 것이 사실이다. 영화가 영사기와 필름과 스크린만 있으면 아무리 오지라 해도 상영할 수 있는 것과는 크게 대조가 된다. 지금에 이르러 공연 예술의 기동력 약화는 오히려 문화 약소국에게는 하나의 활로의 가능성이기도 하다. 예컨대 미국의 영화가 봇물처럼 쏟아져 들어오는 이때에 자국의 문화를 방어하기 위한 수단으로 공연 예술을 내세울 수 있다는 것이다. 미국 영화에 익숙해지다 보니 아카데미 시상식 광경을 보면 모두 다 아는 얼굴이어서 친밀한 느낌을 준다. 하지만 뉴욕의 브로드웨이에서 현재 어떤 공연들이 진행되는지는 대부분 알지 못한다. 여하튼 이와 같은 공연 예술의 특징을 감안할 때 이의 탈중심화는 말 그대로 전 국민이 문화의 수혜를 받는 진정한 장이 될 수 있는 것이다.

7) 이들 가운데는 극단 '회색 막(Rideau gris)'의 대표 루이 뒤크뢰, '극단 트레일러(Roulotte)'의 앙드레 클라베, 코포의 비외 콜롱비에에서 작업을 하였던 레옹 샹스렐' 등이 포함되어 있었다.

을 담당하였던 잔 로랑의 주도하에 CDE는 창설되었는데, 스트라스부르에는 입주할 만한 건물이 없었던 관계로 콜마르 시립 극장에 우선은 본부를 두기로 결정하였다.

이듬해 1947년 CDE는 국립드라마센터로 승격되며 드라마센터장으로는 롤랑 페트리가 임명된다. 실상 프랑스 전역을 통틀어 이러한 형태의 국립센터는 이곳이 최초이다.[8] 이렇게 CDE는 수도가 아닌 곳에 처음으로 국립극장으로 자리매김하게 되며 그 소명으로 지방 문화 예술의 육성을 부여받고, 나아가 어린 학생들을 훌륭한 배우로 키우는 데 일익을 담당하게 된다. 그해 1월 CDE는 로렌 지방 출신의 작가 장 프랑수아 노엘의 《살아남은 자》를 창단 공연으로 무대에 올리고 계속해서 피에트리 연출로 몰리에르의 《인간혐오자》와 《소송광들》을 공연한다.

극장장들

TNS를 거쳐 간 연출가들은 현대 프랑스 연극과 연출의 산증인들이다. 이들 가운데 대개는 파리의 국립극장장으로 전보된 사실에서 이들이 공적으로 실력을 인정받았음을 알 수 있다. 다시 말해서 TNS의 연극적 위상과 이곳 출신 연출가들의 최상의 수준을 가늠할 수 있는 것이다. 이들은 비록 파리와 5백 킬로미터나 떨어진 지방의 국립극장을 책임지고 있지만 커다란 자긍심을 가지고 깊이 있는 철학적 성찰과 연극적 개념을 바탕으로 자신의 고유한 예술관을 마음껏 펼치며[9] TNS

---

8) 같은 해 생테티엔 그리고 1949년 툴루즈에서 같은 형태의 센터가 생긴다.
9) 프랑스 연극이 발전할 수 있었던 강점 가운데 하나는 연극 정책이 철저하게 예술가 위주라는 점이다. 정부는 지원은 하되 관여하지 않는다는 방침 아래 예술가들의 활동에 방해가 되지 않도록 신경을 쓴다. 지원하는 쪽에서 자신의 영향력을 행사하고 싶은 유혹이 이는 것은 당연할 듯한데, 이를 체계적으로 원천 봉쇄하고 있기 때문에 예술가들은 누구의 눈치도 보지 않고 주어진 임기 내에 자신의 예술 세계를 맘껏 펴 보일 수 있는 것이다. 이러한 풍토는 결국 오늘날 프랑스를 문화 예술의 강국으로 부

와 접목하여 독특하고 개성적인 연극을 선보이고자 최선을 다했던 것이다. 그 결과 오늘날 파리의 어느 국립극장에도 뒤지지 않는 TNS만의 위상을 획득하게 된다. 이를 구체화하기 위해 TNS 출신의 연출가들과 그들의 작업 및 프로그램을 간단하게 살펴보자.[10]

주지하다시피 현대의 연극에서 연출가는 가장 핵심적인 위치에 있는 예술가이다. TNS 역시 연출가가 극장장이 되면서 레퍼토리 선정에

상시키는 데 결정적인 역할을 했다는 생각이다. 이 점은 우리가 주의 깊게 살펴보아야 할 부분인데, 국내에 지방자치제가 정착되면서 지방자치단체장은 앞다투어 문화예술의 기치를 내건 대규모 축제 행사를 벌이고 있다. 연극제 역시 우후죽순으로 생겨나고 있는 형국인데 국제 규모나 전국 규모의 연극 행사만 하더라도 몇 개나 되는지 모른다. 서울공연예술제 · 과천한마당축제 · 수원화성국제연극제 · 거창국제연극제 · 춘천국제연극제 · 마산국제연극제 · 김천전국가족연극제 등 언뜻 헤아려 보아도 두 손으로 모자라는 형편이다. 필자는 이 중 한곳에서 연극제를 총괄 기획한 바 있는데, 이때의 경험은 우리 사회가 아직은 연극제를 순수하게 개최하기에는 미흡하다는 강한 인상을 받았다. 가장 큰 문제는 지역단체장들이 문화 행사를 장기적인 안목에서 시행하지 않고 유권자를 의식한다는 데서 출발한다. 문화 · 예술 행사를 공장을 세우는 것과 비교할 수 없다는 것은 자명한 일이다. 공장을 세우면 금방 손익 계산서를 뽑을 수 있지만 문화의 영역은 어디 그런가. 계속해서 투자를 해대지만 경제적 이익이 현실적으로 피부로 와닿지 않는 것이 문화의 속성이다. 공연의 역사를 보더라도 처음부터 지금까지 재정적으로 자급자족한 공연은 거의 없었다. 국가나 지방 정부 아니면 메세나 등의 지원금 없이는 생존이 불가능한 것이 바로 공연 예술인 것이다. 이러한 속성 때문에 현대에도 극소수의 몇몇 공연을 제외하고는 대부분 지원을 받고 있는 실정이다. 더구나 선심성의 단기적인 지원은 오히려 공연 예술의 수준을 훼손한다는 역효과의 경향이 명백히 증명되고 있는 현실에서 체계적이고 장기적인 안목을 수반한 지원 정책은 필수적이다. 이런 성격의 문화 · 예술 행사에 대해 깊이 있는 인식 없이 그저 단기의 이익에 급급한 단체장이 서두른 나머지 졸속 정책을 남발한다면 연극제는 그야말로 허울뿐일 위험이 있다. 비교적 지원금이 풍부하다고 알려진 과천 연극제만 하더라도 계속 명칭이 바뀌고 예술감독이 경질되는 현상에서 무엇을 읽을 수 있을까? 이러한 행사에 참여하는 예술인들이 '공무원들'이라고 말할 때는 약간은 경멸의 의미가 담겨 있는 것이 사실이다. 공무원들은 일정에 맞춰 일은 깔끔하게 처리하지만 가능한 일을 크게 벌이려 하지 않고 예술가들의 예술적 성과를 이해하지 않으려는 경향이 있기 때문이다. 이러한 이유 때문에 적극적으로 도와주되 관여하지 않는 프랑스의 공무원과 예술가들의 관계 풍토가 우리에게도 절실한 것이다.

10) 사실 프로그램의 경우 1946년부터 오늘에 이르기까지 전체를 살펴본다면 그 특징이 좀더 분명하게 드러나겠지만 지나치게 방대한 양이므로 이들 시즌 가운데는 특히 뱅상이 극장장으로 임명되었던 1975/1976 시즌과 라살이 임명된 1983/1984 시즌 그리고 최근의 프로그램으로 국한시키고자 한다.

서부터 행정적인 측면에 이르기까지 예술성을 향상시키는 모든 조처를 취할 수 있는 막강한 권력을 행사하고 있다. 그동안 TNS를 거쳐 간 연출가들은 대략 다음과 같다.

1) 초기의 극장장들

롤랑 페트리의 뒤를 이어 1947년 앙드레 클라베가 CDE의 책임자로 임명된다. 그는 극장 이전을 추진하고 정부와 스트라스부르 시가 재정을 공동으로 부담하여 스트라스부르 예술학교 건물을 보수하기 시작한다. 클라베 뒤를 이어 미셸 생드니가 1954년 센터장으로 취임하게 되는데 그 역시 극장의 이전에 더욱 박차를 가한다. 연극의 발달사를 보면 연극의 성장은 도시의 발달과 상당히 관련이 있음을 알 수 있다. 그만큼 연극과 도시와 집단 관객이 중요한 까닭이다. 초기의 극장장들이 꾸준하게 추진했던 스트라스부르로의 국립극장 이전은, 보다 비약적으로 발전을 위해서는 교통의 요지이자 인구가 더 많은 스트라스부르로 이사를 하는 것이 급선무라고 생각했음에 틀림없다. 코포의 조카인 생드니는 1947-1951년까지 영국에서 올드 빅 시어터(Old Vic Theatre) 학교를 창설하고 운영한 바 있다. 이러한 풍부한 경험을 바탕으로 그는 국립연극학교를 전면적으로 개혁하여 오늘날 연극 인재의 산실인 국립연극학교를 만드는 데 중요한 일익을 담당한다. 그는 외국 학생들에게도 문호를 개방하여 명실상부한 국제화를 꾀했고 러시아 연극론과 코포의 연극론을 동시에 접목시켜, 개혁적이면서도 엄격한 연극 교육에 박차를 가하였다. 3년제의 국립연극학교 학생들은 검증된 수준에 따라 곧바로 국립극장이라는 현장에 투입되었으므로 이론과 실기를 동시에 경험할 수 있는 좋은 여건에서 교육을 받게 되었다. 드디어 1954년 콜마르에서 진정한 전문 교육을 받은 제1기 졸업생이 배출되었으며 1956년에는 첫 공연을 하게 된다. 몰리에르의 《강제 결혼》과 장 클로드 마레의 《거짓말하는 거울》은 이들이 선정한 공연 목록이다.

2) 위베르 지누

1957년 미셸 생드니의 뒤를 이어 위베르 지누가 **CDE**의 장이 된다. 1968/1969 시즌을 끝으로 지누는 당시 문화부 장관이던 앙드레 말로에게 국립극장의 승격을 건의하자 정부가 이를 받아들여 **CDE**는 국립극장으로 승격이 된다. 이제부터 **TNS**로 불리게 된 것이다. 말로는 전쟁 당시 공군 장교로 콜마르에 있는 공군 기지에서 근무를 한 적이 있다. 때문에 누구보다도 알자스의 분위기와 문화에 대해 소상하게 알고 있었고, 그 역시 이 변방 지역에 국립극장의 필요성을 느끼고 있었을 것이다. 이처럼 1969년은 **TNS**에게 매우 중요한 의미가 있는 해인데, 문화부의 결정에 따라 알자스-로렌 의회 건물을 극장으로 사용할 수 있게 되었다. 스트라스부르 시청 옆 공화국 광장에 도서관과 나란히 자리하고 있는 현재의 **TNS**의 건물은 아담하면서도 엄격한 위용을 뽐내고 있다.[11] 건물 안에는 세 개의 공연장·작업실·연습실·행정실·의상 제작실 및 무대장치 제작실 등 연극 작업을 하는 데 크게 부족함이 없는 시설을 갖추고 있으며, 연극 학교를 위한 공간이 따로 마련되어 있다. 세 공연장은 베르나르 마리 콜테스극장, 위베르 지누극장, 카블레 극장이란 이름이 붙어 있다. 금세기 문제의 극작자로 최근에 각광을 받고 있으며 스트라스부르 연극학교 출신이기도 한 베르나르 마리 콜테스를 기념하기 위한 것이며, 1996-97년까지 새롭게 단장하면서 문을 연 두번째 극장은 **TNS** 초대 극장장인 지누의 이름을 따서 위베르 지누 극장으로 명명하고 있다. 한마디로 넓지는 않지만 연극적으로 공연장과 교육의 산실인 이 건물은 알찬 실속이 있는 공간이 된 것이다.

3) 장 피에르 뱅상

---

11) 국립극장 하면 우리의 남산 국립극장을 생각해서 넓은 부지와 여러 건물들로 이루어진 것을 연상할 수도 있겠지만 한 채의 건물에 자리잡고 있는 **TNS**는 지속적으로 개축 작업을 하여 크지 않은 공간을 알뜰하게 사용한다.

위베르 지누에 이어 자크 포르니에, 1974년 샤이오 국립극장장이 되어 사임한 앙드레 루이 페리네티·장 피에르 뱅상 같은 연출가들이 연이어 TNS의 극장장을 맡게 된다. 뱅상은 연출가 또는 배우로서 상당한 무대적 경험을 쌓은 인물이다. 특히 파트리스 셰로의 초기 작품에 배우로 참여하면서 연극의 새로운 세계와 접하게 된다. 1975년 1월 뱅상이 극장장에 취임하게 되었을 때 그는 이제껏 자신과 함께 작업을 하였던 배우·작가·연출가·드라마투르기를 그대로 대동하여 TNS에 입성함으로써 집단 체제를 구축한다.[12] 뱅상은 공연을 준비함에 있어 드라마투르기와 배우들과 함께 극텍스트를 꼼꼼하게 읽고 자료를 찾고 해석하는 데 여러 달을 소모하는 것으로 유명하다. 필요하다면 사람도 만나고 현지도 직접 방문하는 것이다. 탄광촌과 갱도가 배경인 졸라 소설 《제르미날》을 각색·연출하면서 광산의 갱도까지 내려간 일화는 유명하다. 이러한 연출 정신은 훌륭한 작품을 도출해 내는 데 필수적이라고 생각한다.[13] 여하튼 뱅상은 스트라스부르 이외의 곳에서도 활발한 공연 활동을 벌였다. 예를 들어 1982년 엑상프로방스 축제에서 모차르트의 《돈 조반니》를 무대에 올렸고 1983년 코메디 프랑세즈에서 자연주의의 대표적인 극작가 앙리 베크의 《까마귀》를 선보였는데 이를 기회로 코메디 프랑세즈는 아예 뱅상을 자신의 수장으로 초빙하기에 이른다. 이렇게 해서 1983년 뱅상은 코메디 프랑세즈로 자리를 옮기고 그 자리를 자크 라살이 이어받는다.

4) 자크 라살과 그 이후

1983년 8월 TNS의 극장장으로 임명되기 전 자크 라살은 1976년부

---

12) 이들은 베르나르 샤르트뢰·미셸 도이취·앙드레 앙젤·도미니크 뮐레·실비 뮐레 등이다.

13) 태양극단의 아리안 므누슈킨 역시 《캄보디아 왕, 노로돔 시아누크의 미완의 무서운 역사》의 공연을 준비하면서 목숨을 담보로 캄보디아의 인민 반군 캠프를 직접 탐방했던 일화는 두고두고 회자되고 있다.

터 비트리 극단을 이끌면서 15년 이상을 고전 레퍼토리 공연에 관심을 기울였다. 그의 관심 대상의 작가들은 예컨대 몰리에르 · 마리보 · 골도니 · 셰익스피어 · 보카치오 등이며 나중에는 스스로 작품을 쓰기도 하고, 현대 작가인 비나베르 · 쿤데라 · 크뢰츠 같은 작가를 공연하기도 한다. 그가 TNS에 와서 한 주요 공연을 살펴보면, 첫해 몰리에르의 《타르튀프》가 있다. 이 공연에는 현재 프랑스의 국민배우로 각광을 받고 있는 제라르 드파르디외와 프랑수아 페리에가 출연한다. 1984년에는 마리보의 《행복한 술책》과 뷔히너의 《보이체크》를 연출한다. 1985년 라살은 위베르 지누 소극장의 증축공사가 완성되자 그 개관 기념 공연으로 아다모프의 《타란 교수》를 무대에 올린다. 시설과 환경이 한결 나아진 소극장을 구비하게 된 TNS는 이제부터 현대의 젊은 작가들 혹은 가능성이 있는 작가들을 무대에 올릴 수 있게 되었다. 라살은 계속해서 1985년 레싱[14]의 《에밀리아 갈로티》, 1986년 라비슈의 《들판의 열쇠》, 1987년 입센의 《로스메르스홀름》, 1988년 다시 몰리에르의 《앙피트리옹》, 1989년 골도니의 《착한 어머니》, 1990년 라신의 《베레니스》, 1991년 몰리에르의 《강제 결혼》과 《아내 외도를 의심하는 남자》를 공연한다. 작품 목록에서 알 수 있듯이 라살은 고전극에 주된 관심을 보이는데 그렇다고 현대 작품을 소홀히 하지도 않는다. 고전의 연출을 통해 탄탄한 기초를 설립하고 이를 바탕으로 가능성 있는 현대 작가를 탐구하는 것이다. 나아가 프랑스에 제대로 소개되지 않은 외국 작품을 소개하려는 경향도 엿보인다.

1989년/1990년 시즌에서 라살은 전임자와 마찬가지로 코메디 프랑세즈의 극장장으로 자리를 옮기고 후임으로 장 마리 빌레기에가 임명되어 전임자의 극장 증축 작업을 지속적으로 추진한다. 빌레기에는 자

---

14) 독일의 극작가 · 평론가. 독일 계몽주의의 대표작가. 카멘츠 출생. 목사의 아들로서 1746년 라이프치히대학에 신학 공부를 목적으로 입학하였으나 언어학 · 철학 · 시학에 주력하였다. 1748년 첫 희곡 작품 《젊은 학자 Der junge Gelehrte》를 발표하고 노이베린 극단에서 상연되어 호평을 받았다.

신의 극단인 일뤼스트르 극단을 TNS에 참여시켜 고전 레퍼토리와 현재 유럽의 사상적 흐름과 움직임을 대변하는 작품들을 무대에 올린다. 그의 공연 가운데 의미가 있는 작품은 라신의 《페드르》인데 이 공연에서 그는 언어와 음악 그리고 텍스트의 역사적인 뿌리에 주안점을 둔다. 그의 후임으로 1993년 장 루이 마르티넬리가 극장장으로 임명된다. 그는 배우를 정규직으로 승격시키고 작가들을 직접 참여시켜 현대극을 공연한다. 마르티넬리는 고전 작품인 경우에도 20세기의 작가의 텍스트 안에서 재생할 수 있도록 혼신의 힘을 기울였다. 그는 무엇보다도 20세기의 작품들을 활성화시켜야겠다고 생각한다. 베르나르 마리 콜테스 · 하이너 뮐러, 독일 영화의 영원한 거장으로 남아 있는 감독 라이너 베르너 파스빈더[15] 등의 작품이 이 시기에 공연된 작품들이다. 극장 증축은 계속되어 1997년 10월 베르나르 마리 콜테스 극장이 확장되고 위베르 지누 극장은 더욱 새롭게 개축되어 다양한 무대술이 사용될 수 있는 다용도의 공간이 된다.[16] 계속해서 2000년 1월 1일 스테판 브론슈베크가 임기 5년의 극장장에 취임한다. 그는 취임사에서 세 가지의 기본적인 예술적 견해를 다음과 같이 밝히고 있다. 첫째, TNS를 국제화시키고 둘째, 상설 극단을 설치하며 셋째, 연극학교를 극장의 활동 중심에 놓아 극장을 강화시키겠다는 것이다.

---

15) 독일의 영화감독 · 연극연출가 · 작가 · 배우. 바트뵈리스호펜 출생. 전후 서독 영화에 큰 영향력을 미쳤다. 사회적 · 정치적 의식이 담긴 그의 영화에서는 종종 억압과 절망이라는 주제가 등장한다. 파스빈더는 16세에 학교를 그만두고 뮌헨의 아방가르드 연극에 몰두하기 시작한다. 1967년 동료들과 함께 안티테아터 극단을 설립하여 창작극과 괴테 · 소포클레스 같은 작가들이 쓴 생소한 희곡을 공연한다. 안티테아터 극단에서 활약한 대다수의 남녀 배우들은 뒤에 그의 영화에서 주연을 맡는다. 파스빈더는 1969년 첫 장편 영화를 만들었으며, 총 41편의 장편 영화와 상당수의 연극 작품을 만든 다작 예술가이다. 주로 중산층의 가치관과 관습을 비판한 그의 영화로는 그리스인 노동자 계급에 관한 〈카첼마허 Katzelmacher〉(1969: 바이에른 속어로 '외국인 노동자'라는 뜻), 인간 관계에서의 권력 투쟁을 그린 〈페트라 폰 칸트의 비통한 슬픔 Die bitteren Tränen der Petra von Kant〉(1972), 성전환 수술을 받고 후회하는 성전환자에 관한 정치적 비유 〈13개월의 해 In einem Jahr mit 13 Monden〉(1979) 등이 있다.

결론적으로 개성이 강한 연출가들을 섭렵한 TNS는 그 자체만으로
한 파트의 연극사가 될 정도이다. 새 연출가를 계속적으로 맞이함으
로써 정체되지 않고 새로움을 추구하고자 하는 TNS의 분위기를 확인
할 수 있다.

21세기 새로운 도약을 위하여

국경인 동시에 유럽의 심장부에 위치하고 있는 TNS는 21세기를 맞
이하여 프랑스라는 지엽적인 차원을 벗어나 유럽 전체를 아우르는 명
실상부한 유럽의 극장으로 자리매김하고자 하는 목표를 세운다. 소극
적이고 수성적인 위치에서 머물지 않고 좀더 적극적으로 프랑스 연극
을 확장시키고자 하는 것이다. 이러한 야심은 뱅상의 극장장 시절로 거
슬러 올라간다. 그는 독일의 연극을 적극적으로 수용하여, 예컨대 독
일에서 활성화되어 있는 드라마투르기를 도입하였다. 그후 라살은 한
걸음 더 나아가 프랑스에 아직까지 잘 알려지지 않은 유럽의 위대한
고전 작품들을 소개하였고, 마르티넬리는 독일어를 사용하는 관객들
을 수용하고자 하였다. 이러한 일련의 정책은 현재의 극장장인 브론슈
베크에 의해서도 그대로 계승되었다. 그는 극단을 이끌고 직접 독일ㆍ

---

16) TNS는 1997년에 새롭게 단장을 마쳤다. 서두르지 않고 일정에 맞춰 계획적이
고 체계적인 증축으로 상당한 좌석이 확보되었고 무대도 최신 시설을 갖추게 된 것
이다. 그리하여 현재 4백50석에서 6백 석까지 가능한 베르나르 마리 콜테스 극장과
2백 석 정도까지 조정할 수 있는 위베르 지누 극장 그리고 1백50석의 카블레 극장이
그 모습을 드러냈다. 전체적으로 규모가 크지는 않지만 이들은 서로 다른 크기의 세
무대로서 다양한 양식과 장르의 연극을 선보일 수 있게 된 것이다. TNS가 보유하고
있는 세 개의 극장에서 한 시즌당 대략 15개에서 20개 정도의 공연이 이루어지고 있
다. 4,5 공연은 정규직 배우들이 하는 공연이고 3,4 공연은 공동 창작이며, 그 이외
에는 외국 극단이거나 순회 극단의 공연이다. TNS는 프랑스 혹은 외국의 순회 공연
에서 약 50 내지 1백 회 공연을 하는데, 평균 약 2만 명에서 5만 명의 관객이 든다. 그
러므로 최대로 넓게 잡아서 시즌당 10만 명의 관객이 TNS의 공연을 접한다고 할 수
있다. 참고로 스트라스부르에서 1년의 전체 공연 횟수는 1백50회에서 2백 회 정도
이며 약 5만 명의 관객이 연극을 즐긴다는 통계 자료가 나와 있다.

영국·이탈리아 등 유럽 순회 공연에 나섰고, 이를 통해 TNS의 위상을 유럽에 널리 알리는 계기를 마련하게 된다. 동시에 그는 외국의 저명한 연출가들을 정기적으로 초빙하여 국립연극학교 강단에 세우거나 직접 연출 기회를 주어 국제적인 교류를 활발하게 촉진시키고 있다.

TNS는 유럽연극연합(L'Union des Théâtres de l'Europe, UTE)의 일원이다.[17] UTE의 목적은 문화와 연극을 통해 유럽연합의 통합에 공헌하기 위한 것이다. 연극 예술이야말로 유럽인들 사이에 공감대를 형성시키는 도구가 될 수 있다고 보고, 이로부터 언어의 장벽을 뛰어넘어 상호간에 공통적인 문화적 행위를 발전시키고자 하는 것이다. UTE는 서로의 차이점을 인정하고 문화적 전통과 자신의 고유한 정체성을 간직하면서 극단 고유의 기술과 경험을 널리 알릴 수 있도록 상호간의 협력 공연이나 교류를 적극적으로 활성화시키는 데 주력한다. 이들은 현재 19개 극단으로 이루어져 있는데 대부분 유럽의 유명한 극단들이다. UTE는 매년 돌아가면서 한 극단을 주축으로 축제를 기획하여 연극을 선보이면서 젊은 배우들, 연출가, 무대 예술가들을 발굴하고 국제적 세미나를 개최하여 종합적인 연극 발전을 모색하고 있다. 1999년은 TNS에게 있어 매우 중요한 해인데 그해 유럽연합(EU)은 1999년까지 경제 정책의 조화 및 3단계 통화 동맹을 추진하고, 공동 외교, 안보 정책 추진 및 사법, 내무 분야의 공동 정책을 수립하게 됨에 따라 유럽 의회가 있는 스트라스부르는 국립극장으로서의 위상을 다시 한번 정리하고 확립해야 할 필요성이 생긴다. 국경과 유럽의 심장부에 위치하고 있는 TNS는 이제 거대한 야심을 품고 예술 정책에 있어 프랑스 무대와 유럽 연극의 거대한 모험 사이에서 풍요로운 교류를 펼치고자 하는 것이다. 그리하여 1999년 TNS는 UTE의 제8회 연극제를 개최하게 됨에 따라 유럽 전역의 극단들이 대거 스트라스부르에 몰려든다.[18] 그러니까 1999년에 알자스인들은 교통비에 신경 쓰지 않고 유럽의 저명한 연출

---

17) UTE는 조르지오 스트렐레의 주도로 1990년에 생겨났다.

가와 극단들이 만들어 낸 환상적인 무대를 경험할 수 있었던 것이다.

TNS의 조직 및 활동

오로지 훌륭한 공연을 목표로 가장 효율적인 운영을 위해 TNS는 예술 · 기술 및 행정을 체계적으로 양분시켜 이를 운영하고 있다. 이들의 세부적인 목표는 양질의 연극 창작, 연극 교육 및 관객의 확대이다. 현재 TNS는 10명으로 구성된 극단과 기술 및 행정 요원 96명으로 이루어져 있다. 극장장과 행정 책임자 아래 다음 네 개의 부서로 나누어진다.

첫째, 사무국장의 책임하에 있는 사무부로, 전반적인 프로그램을 책임진다. 이곳은 주로 관객과 접촉을 하는 부서로 티켓 판매 등에 관여한다. 둘째, 기술부로 이곳은 무대 · 기계 · 조명 · 음향 · 액세서리 · 무대 제작실 · 의상 제작실 · 안전 · 유지 및 보수 등을 책임진다. 기술부장은 공연에 필요한 모든 기술적인 측면들 내부 공연은 물론 외부로 순회 공연을 나갈 때, 다른 극단과 공동 작업할 때, 초청 공연을 할 때에 기술적인 측면을 담당한다. 셋째, 행정부가 있는데 여기에서는 회계 업무 및 비서 업무를 수행하며, 극장의 연간 수 · 출입 예산을 산정

---

18) 당시에 참여했던 극단은 특히 베를린 앙상블(Berliner Ensemble), 베를린의 폴크스뷔네(Volksbühne de Berlin, 민중무대), 뮌헨의 바이에른 샤유슈필(Bayerisches Schauspiel de Munich), 함부르크의 탈리아극단(Thalia Theater)과 도이체스 샤우슈필하우스(Deutsches Schauspielhaus), 보쿰의 샤우슈필하우스(Schauspielhaus) 같은 독일 극단들과 부타페스트의 칸토나 조셉극단(Théâtre Katona Joszef de Budapest), 러시아의 성-페테르스부르크의 말리극단(Théâtre Maly de Saint-Petersburg) 등이 참여하였고 영국의 로열 셰익스피어극단(Royal Shakespeare Company), 바로셀로나의 리우루레극단(Théâtre Lliure), 나폴리의 유니티극단(Teatri Uniti de Naples)을 비롯 폴란드 · 노르웨이 · 스웨덴 등의 극단이 참여하였다. 유럽의 저명한 연출가들의 참여도 돋보였는데, 특히 클라우스 미카엘 그뤼버 · 크리스토프 마르탈러 · 페터 차덱 · 프랑크 카스토르프 · 루카 론코니 · 조르조 바르베리오 · 로버트 윌슨 등을 비롯하여 잉마르 베리만 · 아르파드 실링 · 토마스 오스터마이어 · 마티아스 랑호프도 얼굴을 드러내어 유럽의 연극제를 축하해 주었다.

하는 재정적인 업무도 주관한다. 넷째, 연극학교 부서이다. 3년 과정의 국립연극학교는 배우·연출·드라마투르기·무대 예술·음향 및 조명의 분야로 나누어 교육을 담당한다.

TNS의 예산은 세 부분으로 구성된다. 첫번째는 극장이 원활하게 유지될 수 있도록 하는 예산으로, 근본적으로 극장과 연극학교에 대한 예산이다. 여기에는 정규직원 급여, 건물 관리비, 자재비, 통신비 등이 포함된다. 두번째는 예술 행위에 드는 비용이다. 공연에 대한 지출, 즉 공연 제작이라든가 관객을 유도하기 위한 비용이 포함된다. 관객 유도를 홍보 비용으로 생각하면 안 되고, 여기서 말하는 관객 유도 비용이란 예컨대 시각이나 청각 등의 장애를 안고 있는 관객을 위한 부대 시설 비용이라든가 지역적으로 멀리 떨어진 관객을 위한 버스 운송 비용 등을 의미한다. 지방의 국립극장답게 원하는 사람이면 누구나 동등하게 연극을 관람할 권리를 부여하려는 의도를 읽을 수 있다. 세번째는 연극 교육을 위한 예산으로, 일반인들에게 연극의 맛을 보여줌으로써 궁극적으로 연극 마니아의 양성과 관객 확보를 목표로 한다.

이미 언급한 것처럼 유일하게 지방에 존재하는 이 국립극장 고유의 특징이 바로 국립연극학교가 국립극장과 한 지붕에 둥지를 틀고 있다는 점이다.[19] 연극학교 역시 1947년 동부드라마센터 시절로 거슬러 올라간다. 당시 배우들을 교육시키기 위한 교육 기반 설비의 일환으로 설립되었던 것으로 CDE와 TNS로 이어지는 계보에서 매우 독창적인 것이다. 앞서 말한 대로 한 건물 안에 세 개의 공연장이 있고 여러 개의 연습장과 다양한 분야의 연극학교 그리고 무대 제작실, 의상 제작실이 있어 상호 유기적인 관계 속에서 예술적인 기능이 최고로 발휘될 수 있도록 구조되어 있다. 1954년 이후 연극학교는 극장에 소속되었으며 장소 및 인프라를 극장과 공유한다. 해마다 연극학교는 20여 명의 학생들을 선발하여 배우, 무대예술가, 음향 및 조명 전문가를 양

---

19) 독립된 국립고등예술연극학교는 오직 파리에 유일하게 존재할 뿐이다.

성하여 왔는데, 2001년부터는 연출가와 드라마투르기 양성을 위한 교육 프로그램을 신설하였다. 나아가 TNS는 우물 안 개구리가 되지 않기 위해 파리의 국립고등예술연극학교와 연계 교육함으로써 학생들이 지엽적인 수준에 머물지 않도록 다양한 프로그램을 실천하고자 노력한다. 연극학교에 지급되는 예산은 순수하게 학생들을 위한 것이며, 졸업 이후 배우의 길을 걷는 졸업생들, 외부에서 연극 교육을 받고 싶어하는 학생들 및 연극학교 시험을 준비하는 학생들을 위해서도 집행된다.

나오며

TNS는 근자에 들어 공연에 대한 실제와 기술 발전에도 관심을 가져 상당한 분야에서 비약적인 진전이 이루어졌다. 음향·조명·기계·비디오 등 여러 분야에서 새로운 첨단 테크놀로지의 활용이 두드러졌는데, 이는 새로운 기계들을 완벽하게 이용할 줄 알아야 하는 당위성과 전통적인 인식을 새롭게 한다는 의미가 포함되어 있다. 실상 현대의 연극은 넌버벌·신체극·퍼포먼스 등의 방향으로 나아가려는 경향이 상당히 강하다. 특히 영상 예술 및 하이 테크놀로지와 접목은 캐나다·미국·독일·영국 등에서 매우 활발하다. 최근에 국내에 선보인 외국 공연 가운데 캐나다의 극단 양세계(Les Deux Mondes)의 〈라이트모티프〉나 로베르 르파주의 〈달의 저편〉, 2003 서울공연예술제에 초청된 스페인의 〈에피주, 아파시아〉 등은 이러한 현상을 극단적으로 반영하고 있다. 무대 예술에 대한 TNS도 관심도 이것과 무관하지 않다.

그럼에도 불구하고 프로그램에서 확인할 수 있듯이 TNS의 주 경향은 여전히 텍스트에 대한 존중이다. 사실 이 현상은 현재 프랑스의 전체적인 분위기이기도 하다. 프랑스의 17세기 고전주의는 하도 강력하여 다른 인접국에 비해 낭만주의를 한참이나 늦게 받아들였다는 사실은 이 점에서 시사하는 바가 크다. 언어를 아름답게 조탁하고 인간의 심리를 이성적이고 논리적으로 꿰뚫는 고전주의의 연극적 전통이 아직까지 고스란히 살아 있다는 느낌이다. 워낙 프랑스 자체가 사변적이고 자신들의 언어에 대한 자부심이 크다 보니 이런 일이 벌어질 수도 있겠는데, 어쨌거나 프랑스에서 잠깐 비언어 연극이 득세를 하는가 싶더니 슬그머니 텍스트 연극이 제자리로 돌아온 것 같은 인상이다. 얼마 전에 국내에 소개되어 큰 재미는 보지 못했지만 프랑스에서는 인기 절정을 누렸던 야스미나 레자의 《아트》[20]만 하더라도 세 남자가 연일 수다를 벌이는 것으로 시작해서 끝을 맺고 있으며 콜테스에 대한 관심도 시적 언어와 서정성과 무관하지 않은 것이다.

나아가 TNS의 2002/2003 시즌 프로그램을 보면 18세기 독일 작가인 하인리히 폰 클라이스트의 두 작품이 무대에 올랐고 톨스토이 원작의 《전쟁과 평화》(피오트르 포멘코 연출)가 각색되어 공연되었으며, 입센의 《유령》(브론슈베크 연출), 클로델의 《비단구두》(올리비에 피 연출), 몰리에르의 《동 주앙》을 각색한 《석상의 향연》(조르조 바르베리오 코르세티 연출) 등이 공연되었다. 이들을 살펴보면 고전이면서 잘 알려지지 않은 작품들, 외국 작가이면서 프랑스에 알려지지 않은 작품들이 상당 포함되어 있으며 고전과 현대극이 적절하게 안배되어 있는 동시에 고전을 현대적 감각으로 해석하려는 노력을 읽을 수 있다. 아무튼 TNS의 역대 연출가들은 유사한 노선을 걷고 있으며 현재의 연출가도 이를 존중하고 있음이 분명하다. 이들이 새롭게 추구하는 것은 연극 양식에 대한 모험이기보다는 고전에 대한 새로운 해석 내지는 새로운 작품의 발굴에 관심을 가지고 있다고 봐야 한다.

---

23) 《아트》는 프랑스의 잘나가는 여류배우이자 작가인 야스미나 레자의 출세작이다. 1994년 프랑스에서 초연되어 그해 최고 연극상인 몰리에르상을 탔다.

제4장

최고의 배우를 길러내는
프랑스 국립고등연극예술원

들어가며

연극은 사회와 밀접한 관계를 맺으면서 사회의 성장과 발전에 따라 다양하게 변화되어 왔고, 연극 교육도 이러한 맥락 속에서 많은 변화를 겪으면서 발전되어 왔다. 그러므로 연극 교육의 방법과 도구는 매우 다양하다고 하겠다. 프랑스 연극이 발달할 수 있었던 요인은 많을 듯한데, 그 가운데 교육은 빼놓을 수 없다. 본글은 과연 프랑스에서 연극 교육이 학교에서 실제로 어떻게 이루어지고 있는지를 파악해 보려는 것이 목적이다. 그러나 유년, 초등, 중·고등, 대학 나아가 직업학교 등 연령층에 따라 폭넓게 형성되어 있는 교육 전반을 다루기는 지면상 문제가 있을 듯하고 백화점식의 개괄적인 전개는 독자들에게 직접적인 도움이 되지 않을 것 같다. 따라서 무대와 직결되어 있는 가장 실질적이고 현장 중심의 대표적인 학교를 선정하여 이를 심도 있게 살펴보는 것이 좋은 방안이라고 여겨진다.

프랑스 교육의 특징 가운데 하나는 기초 학문 과정인 고등학교를 졸업한 후, 실기 중심의 에콜과 이론 중심의 대학으로 크게 분류할 수 있다는 점인데 연극 교육도 예외는 아니다. 프랑스의 대표적인 연극 에콜은 파리에 있는 국립고등연극예술원·국립고등연극기술학교와 스트라스부르에 있는 국립고등연극학교가 있다. 여기에서는 3년 과정으로 되어 있는 파리 국립고등연극예술원(이하 연극원으로 약칭함)의 경우를 살펴보도록 하겠다.

이 연극원의 정신과 교육 방식은 이곳에서 오랫동안 교육을 담당했던 앙투안 비테즈의 말을 빌려 이해할 수 있다. "연극원 교육은 영원한 시험의 장이다. 나는 연극원에서 내가 할 수 있었던 것을 다해 보았다. 연극원은 세계에서 가장 아름다운 연극 자체이다. 연극원은 공연 제작의 제약에서 자유로우며 특히 시대적 흐름으로부터 자유로운 일종의 연극인 것이다. 연극원은 대중의 취향과 수용 여부에는 관심이 없다. 무대는 벗겨져 있고 선생과 학생이 있으며 조명은 노골적이고 벽들과 낡아빠진 테이블과 의자들뿐이다. 매력이라고는 하나도 없는 이 장소에서 허구의 삶이 구성된다. 내 기억에 연극 장소는 항상 이렇듯 비천하고 불편했다. 하기야 연극원에서 주베 기념 강의실 빼고는 멋진 장소를 본 적이 없다. 하지만 이는 하나의 법칙 같은 것이다. 연습실과 강의실은 지저분하지만 꿈의 공장이다. 가끔씩 이 장소는 포화 상태가 되지만 이를 운용할 줄 알아야 한다. 이 포화 상태가 전설적인 무대장치가 될 수 있기 때문이다." 이처럼 비테즈는 연극원을 하나의 연극으로 생각하고 비록 깨끗하지 못한 공간이지만 이를 연극적으로 훌륭하게 사용할 줄 알아야 진정한 연극인이 될 수 있음을 피력하고 있다. 나아가 연극원이 사회의 전반적인 의견이나 흐름을 고려하지 않고 자발적이고 실험적인 정신으로 충만해 있음을 잘 보여준다고 하겠다.

연극원은 크게 1학년과 2학년을 위한 연기 과정과 3학년의 제작 실습 과정, 또한 네 개의 분과로 나누어져 있다. 네 분과는 연극사 및 언어의 실제와 연구 분과, 음악과 음성 분과, 몸과 공간 분과, 영화 분과이다. 여기에 영화 분과가 들어 있음은 특기할 만한 사실인데 연극과 영화와의 관계 및 현대 사회에서 영상 예술의 위상을 생각하면 수긍이 가는 부분이다. 학생들은 네 분과를 통해 다양한 연극적 경험을 쌓고 테크닉을 익히게 되는데 이들 분과는 독단적이지 않고 상호 긴밀한 연계를 취한다. 이들 분과의 교수들은 세미나와 실습 시간에 외부에서 교수를 초빙하기도 한다. 지금부터 이들 과정과 분과를 자세히 살펴보자.

2학년 연기 과정

이 과정은 연극원 교육의 중심을 이루며 레퍼토리를 연구하는 장이다. 2년 동안 일주일에 3일 반을 꼬박 매달려야 하는 힘겨운 과정으로 여기서는 주로 모든 시대와 각 나라의 극텍스트를 연구한다. 학생들은 한 명의 파트너 혹은 여러 명과 공동으로 작업하면서 지도교수의 지도하에 무대, 극행동 혹은 극작품에 대한 연구를 한다. 학생들이 제작한 공연 작품은 수업중에 6월에 무대에 올려진다. 연기 과정을 담당하는 교수들은 현장에 활발하게 참여하고 있는 예술가들, 연기자들 혹은 연출가들이다. 이들 교수들의 다양하고 기이한 교수법과 연극적인 경험은 연극원의 커다란 특징이자 장점이 되고 있다. 학생들은 이들을 통해 다양한 연극미학을 접하게 될 것이다. 현재 이 과정에는 5명의 교수가 있는데 이들은 모두 현장에서 왕성한 활동을 하고 있으며 명성이 자자한 인물들이다. 연출가인 필리프 아드리앙, 연출가이자 연기자인 카트린 이에젤, 역시 연기자이자 연출가인 다니엘 메기시, 연기자인 도미니크 발라디에, 연출가인 조엘 주아노가 그들이다.

아드리앙의 강의는 과연 배우술을 가르칠 수 있는 방법이 있을까라는 물음에서 출발한다. 이 질문은 애매하지만, 이는 연극을 통해 전달하고자 시도하는 것이 가장과 기교너머 진실 곁에 위치한다는 의미를 담고 있다. 진정성·그럴듯함·현실성·확실성은 그의 강의에서 계속적으로 언급되는 단어들로 이 개념에 대한 연구는 20세기 연극의 이론과 실제에서 가장 중요하고 기본적인 연구이기도 하다. 브레히트와 스타니슬라프스키가 좋은 예인데, 스타니슬라프스키는 배우가 자기중심적인 욕망의 이성을 제거하기 위해 어떻게 해야 하는가를 연구하였던 것이다. 또한 아드리앙은 하나의 역할 혹은 한 인물에 도달하기 위해서는 극작품과 언어와 운율학과 작시법 등에 접근해야 한다고 강조한다. 모든 것은 텍스트 안에 있기 때문에 매번, 매 극작품, 각각의 인물들을 이해하고 파악하기 위한 길은 오직 하나밖에 없다. 그 유일한 길은 극작품과 아마도 극작가와의 진실한 내면적 교감일 것이다. 따라서 아드리앵은 극작품의 철저한 분석을 제일 원칙으로 삼는다.

이에젤은 부조리, 어리석음, 고대 그리스 비극, 청춘과 같은 테마를 중심으로 강의를 한다. 그는 배우가 윤리적이고 정치적인 자세를 견지하지 않고는 훌륭한 배우가 될 수 없다고 믿는다. 배우는 단순히 어릿광대가 아니라 시인들과 그 사회를 연결하는 메신저이다. 이에젤은 배우들이 자기 중심적인 면에서 탈피하기 위한 테마찾기에 고심한다. 이에 대한 해결책 중 하나는 집단 창작이다. 이 창작 방식은 자신의 소리보다는 타인의 소리에 더욱 귀기울일 수 있는 장점이 있다. 이에젤은 연극원의 역할은 학생들이 극텍스트를 읽을 줄 알고, 자신을 잘 이해하고, 극중 인물을 이해하도록 도와주는 데 있다는 신념을 견지한다. 학교의 3년 과정에서 완성된 배우가 만들어질 수 없다고 생각하는 이에젤은, 발전하는 배우는 스스로 자신의 신체와 목소리에 접근하는 배우라고 강조한다. 배우는 언제나 공부해야 하는 학생인 것이다.

메기시는 연극 예술을 정신 치료를 위한 도서관으로 간주한다. 인간은 누구나 약간씩은 자폐증 환자이다. 연극 교육은 우리가 점점 귀머거리가 되고 과민해진다는 사실을 이해시키는 데 있다. 한편, 텍스트 읽기는 그것이 뜻하는 바를 읽어내는 것이 아니라 그것으로부터 해석할 수 있는 것을 포착해야 한다. 텍스트 읽기에서 제일 중요한 것은 의미인데, 의미는 주어진 것이 아니라 어떤 방향을 향하는 역동적인 움직임을 지니고 있다는 것이다.

발라디에는 연극 교육이란 다른 사람들과 내적인 관계를 갖는 것이라고 말한다. 연기자이기도 한 그녀는 텍스트에 집착하여 심도 있고 세밀한 텍스트 분석을 한다. 또한 학생들이 무대에서 말하기 전에 이해하고 듣기를 강조한다. 그래야 의미 속에 침잠할 수 있고 모방에서 벗어나며 내적인 울림을 발견할 수 있다고 생각한다. 이 4명의 교수 외에도 텍스트를 일종의 토템으로 생각하는 주아노 교수가 있다. 이처럼 연기의 기초와 방법론을 배우는 1, 2학년의 연기 과정은 현장 경험이 풍부하면서도 텍스트를 중시하는 여러 경향의 교수들의 지도하에 배우가 되는 최상의 길을 탐색할 것이다.

3학년 실습 과정

이 과정은 연극원 최고 과정으로 학생들은 국립고등무대예술학교의 무대 예술 과정 학생들과 공동 작업을 하기도 한다. 실습 과정은 크게 둘로 나누어지는데 하나는 연극원 교수들이 담당하고 다른 하나는 초빙교수들이 담당한다. 실습 과정은 누구에게나 개방되어 있어 참관할 수 있는 기회가 많다. 낯선 참관자 앞에서 연기를 실습하는 것 또한 젊은 배우들의 무대 훈련법인 것이다. 1997년 봄의 경우에는 명성이 자자한 연출가들의 연출로 연극원 3학년 학생들이 조르주 라보당과 폴 클로델의 작품을 공연하기도 하였다. 공연 실습 과정은 자크 라살·카트린 마르나·조르주 아페르쥐·올리비에 피의 4명의 교수가 담당한다. 이들의 경력과 성격을 보면 실습 과정의 내용을 어느 정도 파악할 수 있으리라 생각한다.

라살은 프랑스에서 가장 유명한 연출가 가운데 한 사람이다. 그 역시 파리 연극원 출신으로 소르본대학에서 역사와 문학을 공부하고 파리 근교에 극단을 설립하였다. 그는 여기에서 고전을 주로 공연하면서 기초를 닦았고 스스로 창작품을 쓰기도 하였다. 1983년에 스트라스부르 극립극장장에 취임하여서는 유럽의 현대 극작가들을 주 레퍼토리로 삼았다. 필자가 스트라스부르대학 재학 당시 관극한 그의 연극은 다양한 유럽의 현대 극작가들의 작품이었는데 실험적인 무대 방식이 매우 인상적이었다. 그는 연극원에 취임하여 《보이체크》《로렌차초》혹은 코르네유의 작품을 연출하면서 연극원에 새로움을 불러일으켰다.

연출가인 마르나는 1999년 가을부터 연극원에 재직하고 있다. 마르나는 연극원이 연극 제작에 있어 모든 구속과 조급함에서 해방된 연구소가 되기를 꿈꾸었다고 고백한 바 있다. 이는 미분화된 수업과 학교에 모인 이상적인 집단에서 가능할 것이다. 그녀는 현대 문학을 전공한 후, 박사과정에서 연극기호학을 전공하였다. 앙투안 비테즈와 조르주 라보당 밑에서 조연출의 경력을 쌓은 마르나는 1995년 이후 극작가 베르나르 마리 콜테스의 작품과 조우하게 된다. 콜테스 연극의 독창적인 해석으로 명성이 자자한 마르나는 멕시코 연극에도 정통하다.

아페르쥐는 그리스계의 작곡가로서 오케스트라를 지휘하며 타악기에 대해 강의를 하고 있다. 누구나 인정하듯 연극에서 음악은 매우 중요하다. 이를 뒷받침하듯 직접 작곡가가 연극 실습 과정의 교수로 재직하는 것은 매우 눈여겨 봐야 할 사항이다. 마지막으로 올리비에 피는 작가 겸 연출가 겸 연기자이다. 그는 이미 1988년 극단을 창립하고 20여 개의 창작품을 무대에 올렸으며 극창작 활동도 매우 활발하다.

이처럼 3학년 학생들의 실습을 담당하는 교수들은 연극의 각 방면의 전문적인 연출가 · 배우 · 작가 · 작곡가로 구성되어 있어 에콜의 성격답게 산교육이 중심을 이루고 있음을 알 수 있다. 초빙된 교수들의 면모를 대략 살펴보면 연극 이론가 · 연출가 · 번역가 · 대학교수 등이 눈에 띈다. 아쉽지만 이에 대한 자세한 설명은 생략하기로 하고 지금부터는 앞에서 언급한 네 분과를 살펴보겠다.

1) 연극사 및 언어의 실제와 연구 분과

이 분과는 시학과 시를 전공한 프랑수아 르뇨, 연극사를 전공한 베아트리스 피콩 발랭, 그리고 극문학사를 전공한 유타카 와다가 담당하고 있다. 르뇨는, 프랑스 연극이 르네상스 시대부터 낭만주의 시대에 이르러 대부분의 극작품이 운문으로 씌었고, 또 그후에도 많은 극작품들이 운문으로 씌었기 때문에 연극원에서 12음절의 시구(알렉상드랭)에 대한 발성법이 꼭 필요하다고 생각한다. 그러나 연극원에는 외국인 학생도 있으므로 과거의 전통적인 발성법을 고수하지는 않는다. 피콩 발랭의 연극사 수업에서는 예술 교과목에 입문하기 위해 필요한 자료들이 제공된다. 그러기 위해 연극사적으로 가장 풍요로운 시대를 선택하고 유럽의 전통과 비유럽의 전통에 관심을 기울인다. 그렇다고 이 수업이 항상 연대기적인 여정을 따르는 것은 아니다. 많은 전문가들을 초빙하여 시대별에 따른 연기 형태, 공간 형태, 연출 형태, 관객과 사회와의 관계, 미학, 공연의 의미 등을 강의하도록 한다. 이 수업에서 영상은 중요한 매체인데, 영상을 통해 배우의 지식이 넓어지고 상상력이 자극될 수 있다고 생각하므로 교수는 사진이나 비디오를 많이 활용한다. 또한 배우는 무엇보다도 한 사회의 시민이므로 자신이 작업하고 있는 연극 구조에 영향을 미치는 최근의 역사를 알아야 함을 강조한다. 연극사는 단지 과거의 연극을 저장하는 곳이 아니라 한편으로 새로운 것을 보관하는 곳이기도 하다. 1999-2000년도 학기에 피콩 발랭이 초청한 연사 가운데는 이론가·연출가·번역가·대학교수가 눈에 띈다. 이해에 초청된 외국 인사로는 러시아의 아나톨리 스메리안스키와 이탈리아의 시로 페로네·프란체스코 타비아니·프랑코 루피니, 그리고 체코의 카렐 크라우스 등이 있다.

2) 음악과 음성 분과

이 분과에는 6명의 교수가 재직하고 있다. 학과장이자 성악 전공인 알랭 자펠, 역시 성악이 전공인 베로니크 디스티시와 니콜 팔리앙, 작곡가 겸 연주가인 브루노 질레, 그리고 역시 연주가인 뱅상 르테름·오즈월도 칼로가 그들이다. 1, 2, 3학년 학생들은 공히 일주일에 6시간씩 음성 수업을 들어야 하며, 개인적이거나 집단적으로 소리 훈련을 해야 한다. 이 수업에서는 호흡법·분절법·공명·리듬·음악사 서설 등이 소개되며 목적은 배우가 무대에서 말하고 노래할 때 다양한 소리를 낼 수 있도록 하는 것이다. 성악가인 자펠은 연기자들의 목소리는 마차의 뒷바퀴와 같다고 말하면서 목소리의 중요성을 강조한다. 학생들은 자신의 노래를 녹음하여 음악적 표현과 음색에 대해 연구한다. 파리 국립고등학교에서 성악을 전공한 디스티시는 피터 브룩의 무대에서 《카르멘》을 열창한 실력 있는 성악가이다. 뿐만 아니라 바로크 음악에도 정통하다. 팔리앙은 타인이 말하는 소리를 듣는 것은 인격에 대한 귀중한 지시라고 생각한다. 따라서 청각 훈련과 파트너의 소리를 듣는 훈련이 중요하며 이를 통해 상황에 적합한 연기자를 길러낼 수 있다고 본다. 디스티시는 또한 강한 음성 테크닉을 강조하면서 연기자의 악기라고 할 수 있는 온몸을 사용하여 소리쳐대는 훈련을 반복시킨다. 고함지르기, 낭랑하게 말하기, 웃기 등이 수업에서 강조된다. 한편 음악적인 텍스트를 말로 표현하는 훈련도 있다. 텍스트를 노래로 말하는 것, 이것이 궁극적으로 그의 강의의 목표이다. 질레는 영화 음악, 라디오 음악, 연극 음악을 담당하고 있는데 오페라·뮤지컬 등을 작곡한 화려한 경력의 소유자이다. 마지막으로 부에노스아이레스 태생인 칼로는 피아니스트인데 고전 음악과 록·재즈와 같은 대중 음악을 섭렵한 실력이 널리 인정된 연주가이다.

이처럼 이 분과의 교수는 성악가·작곡가·연주가 들이 음악 장르를 넘나들어 포진하고 있으므로 학생들은 발성법은 물론, 음악 이론과 연주까지 폭넓게 공부할 수 있어 정통 연극 배우의 자질뿐만 아니라 뮤지컬 배우로서의 기술도 연마한다.

3) 신체와 공간 분과

이 분과에는 무용 전공인 카롤린 마르카데, 펜싱 전공인 프랑수아 로스탱, 곡예 전공인 알렉상드르 델 페뤼지아, 가면 전공인 마리오 곤잘레즈 등이 재직하고 있다. 마르카데는 무용 시간에 주입식 교육보다는 연기자가 스스로 내적인 움직임을 들을 수 있기를 바란다. 그럴 때 연기자가 자신의 몸을 자유자재로 컨트롤할 수 있기 때문이다. 따라서 몸을 관통하는 에너지 라인을 인식하고 이를 이용할 줄 알아야 한다. 여기에서 중요한 것은 호흡법과 호흡의 에너지이다. 호흡은 몸의 중심부에서 출발하여 신경, 근육, 온몸으로 발산하므로 호흡을 통해 자유로운 움직임을 이끌어 낼 수 있다. 동양적 방법에 따라 학생들은 교수가 암시한 이미지를 떠올리는 훈련을 한다. 이 훈련은 텅 빔·침묵·부동성을 이중화시키는 작업이며, 침묵과 부동성을 자유자재로 다루는 것을 목적으로 한다.

로스탱의 펜싱 수업은 어떻게 이루어져 있을까 궁금하지 않을 수 없다. 아마 몸의 감각과 균형을 단련시키는 수업은 아닐까? 그러나 이는 오해이다. 서양 연극에서 칼싸움 장면은 매우 중요하다. 그래서 무대에서 칼싸움 장면이 연극적인 효과를 지니려면 진짜다워야 한다. 이런 필요성에서 학생들은 펜싱술을 배운다. 수업은 특수한 수법·리듬·게임의 즐거움을 익히는 데 중점을 둔다. 펜싱은 자기 자신과 혹은 타인과의 싸움에 있어 전혀 적대적이지 않으면서 총체적이고 직관적이기를 요구한다. 펜싱 수업에 대한 느낌은, 우리 역시 우리 무대에서 가장 자주 등장하며 중요한 장면에 대한 세밀한 분석과 이를 토대로 전문적인 강의의 도입이 필요하다는 것이다.

델 페뤼지아의 곡예 수업 방식은 학생들이 스스로 자신의 창조자를 찾도록 하며 스스로 교육자가 되도록 유도한다. 유희적인 놀이에서 학생들은 각자 연기자·무용수·곡예사가 된다. 서커스를 통해 아찔한 공포를 체험하고 가면과 코미디를 연결시키기도 한다. 이 강의에서는 또한 부동성과 움직임 사이의 시간 문제도 다룬다. 점들의 연속이 선이 되듯이, 침묵이 음악의 기본이듯 가장 아름다운 움직임은 부동성과 연결된다고 교수는 힘주어 강조한다.

가면 교수인 곤잘레즈는 인간에 관한 문제에서 출발한다. 그리하여 대사, 남을 존중해서 듣기·균형·책임·연대감 같은 진실한 탐구 작업을 통해 학생들의 사고가 성숙되도록 도와준다. 그의 강의는 가면의 관점에 따른 매우 엄격한 연기 수업이라고 할 수 있다. 수업은 극도의 정밀한 규칙과 자유로운 연기가 동시에 병행된다. 곤잘레즈는 이미 3세 때부터 인형을 다루었고 15세 때에는 과테말라에서 무용과 연극을 공부하면서 마을을 순회하였다니 참으로 놀라지 않을 수 없다. 한편 영화 분과는 따로 교수를 두지 않고 프랑스 영화학교인 FEMIS

(Ecole national supérieure des métiers de l'image et du son)와 협동 과정으로 교육을 병행하고 있다.

지금까지 살펴본 파리의 연극원에서 연극 교육의 특징은 다양한 분야에서 현장 중심의 경력을 지닌 여러 명의 교수가 학생들을 배우로 육성시킨다는 사실이다. 이들 교육은 연기 및 연출 교육, 신체 교육, 발성 교육, 문학 교육으로 크게 나누어 볼 수 있다. 한편 이미 언급한 대로 대학교의 연극 교육 또한 나름대로의 독특한 방식을 가지고 있다. 간략하게 니스대학교의 인문학부에 소속되어 있는 연극 전공을 살펴보자. 1, 2학년에는 대략 공연 예술의 미학과 역사, 실습, 글쓰기와 비평 등이 있으며, 3학년 과정에서 공연 예술 사회학과 역사, 실습, 심화 연구 과정 등이 있다. 커리큘럼을 구체적으로 나열하면 예술사, 배우술, 윤리, 실제 언어, 표현 테크닉, 정보학, 공연분석, 희곡작법, 조형 창조술, 예술분석과 기호학, 무대 제작, 문화법, 교수법, 미학과 철학, 공연 예술의 인류학, 공연 경계, 문화 정책 등 다양한 분야가 있으며 여기에 실습이 병행된다. 따라서 에콜과 대학 간의 커리큘럼은 상당한 차이를 보이고 있다고 할 수 있겠다.

제5장

유럽권의 공연 예술 자료관의 운영 실태—프랑스 국립도서관의 경우

들어가며

유럽을 여행하다 보면 어디서든 규모와 주제가 다양한 도서관 및 박물관을 쉽게 만날 수 있다. 이들을 보면서 자료 수집과 보관에 심혈을 기울이는 선진국 유럽에서 공연 예술 자료관에 대한 기본적인 컨셉트는 무엇이며 그 운영은 어떻게 이루어지고 있는지 궁금하지 않을 수 없다. 이 글은 유럽 전반을 다루기보다 프랑스의 경우를 집중할 것이다. 프랑스 하면 문화 예술에 대한 관심이 유독 높은 나라이고 자료도 풍부하게 소장하고 있는 만큼 그 운영 실태는 좋은 본보기가 될 것이다. 프랑스의 대표적인 자료관은 루브르박물관, 퐁피두센터 그리고 프랑스 국립도서관을 떠올릴 수 있다.

루브르박물관은 영국의 대영박물관, 로마의 바티칸박물관과 더불어 세계 3대 박물관에 속한다. 루브르박물관은 그 소장품이 약 40만 점으로써 만일 작품당 1분을 할애한다면 4개월이 소요되는 거대한 박물관이다. 고대 이집트 파라오의 무덤에서 찾아낸 미라에서부터 레오나르도 다빈치의 〈모나리자〉에 이르기까지 세계의 수많은 보물들이 전시되어 있다. 한편 1971년 퐁피두 대통령 재임중에 구상되어 77년 1월 개관된 퐁피두센터는 지하 2층, 지상 6층, 건평 10.3000제곱미터이며, 원색의 전기·수도 배관을 외부로 노출시키고 실내 공간을 자유로이 바꿀 수 있도록 하여 건물 자체가 전시관인 동시에 하나의 예술품이다. 건물 안에는 1905년부터 현대에 이르는 미술품들을 전시하는 국립근대미술관, 자료도서관, 음악 및 음향 연구센터, 공업 창작센터가 있다. 부속으로 설치된 화랑에서는 다양한 기획전이 열리기도 하여 파리를 여행하는 관광객의 필수 코스로 꼽힌다. 퐁피두센터는 기획과 운영의 측면에서 또는 미술과 음악 부분에서 좋은 예로 제시될 수 있지만 공연 예술 분야와는 약간 거리가 있고, 루브르박물관 역시 프랑스를 대표하는 박물관으로 전체적이며 종합적인 까닭에 이 글에서는 특별히 공연 예술 분야에 엄청난 자료가 체계적으로 보관되어 있는 프랑스 국립도서관을 집중적으로 탐색하는 장을 마련하고자 한다.

프랑스 국립도서관의 역사

유럽에서 가장 훌륭한 도서관 중 하나로 명성이 자자한 프랑스 국립도서관은, 현왕으로 알려진 샤를 5세까지 거슬러 올라간다. 그는 1368년 루브르에 정착하여 개인 도서관을 세웠지만 사후 생전에 모았던 중요한 자료들이 흩어져 버렸다. 100여 년이 지난 후 1480년 루이 6세는 왕실도서관을 창립함으로써 국립도서관의 진정한 창시자가 된다. 이어 1537년 12월 28일 판매 목적으로 인쇄된 모든 도서를 국립도서관에 기증하도록 칙령이 발표됨으로써 명실상부한 도서관으로 확립된다. 정치 변화에 따라 지방을 전전하던 국립도서관은 16세기 후반 드디어 파리에 정착한다. 국립도서관이 현재의 위용을 갖추게 된 것은 프랑스가 전성기를 구가하던 17세기 태양왕 루이 14세 때이다. 당시의 제상이었던 콜베르는 국립도서관을 통해 왕의 영광을 드높일 수 있다고 확신하고 막대한 국고를 투자하여 개인 도서관으로부터 값비싸고 희귀한 자료를 구입하는 등 자료 확충에 전력을 기울인 결과 불과 수십 년이 지난 뒤 국립도서관은 유럽에서 가장 풍부한 소장품을 갖춘 도서관으로 자리매김하게 된다.

그러나 풍부한 소장품만으로는 진정한 도서관이 될 수 없다. 체계적인 분류와 보관으로 일반인이 얼마나 쉽고 편리하게 접근할 수 있는가는 도서관이라는 성격상 매우 중요하다. 이 점을 인식한 프랑스인들은 일찍이 소장품의 체계적인 분류에 심혈을 기울인다. 1670년 왕의 사서를 임명된 니콜라 클레망은, 인쇄본은 알파벳에 따라 분류하고 필사본은 언어와 주제에 따라 분류하였다. 1719년 왕의 사서가 된 비뇽 신부는 소장 서적을 필사본, 인쇄본, 제목 및 계보, 목판화, 메달과 석판의 다섯 부문으로 분류하였다.

국립도서관이 위기가 없었던 것은 아니다. 그 사이 종교 전쟁과 같은 끔찍한 전쟁이 파리를 휩쓸었고 또 프랑스 혁명이 발발하자 3년 동안 국고의 지원금이 끊기게 됨으로써 재정적인 어려움에 봉착하기도 한다. 그러나 국립도서관은 이러한 역사의 소용돌이 속에서 기적적으로 거의 손상을 입지 않았는데 이는 우연이 결코 아니다. 국립도서관을 지키기 위한 이름 없는 수많은 사람들의 엄청난 노력과 희생의 대가이자 프랑스인들의 도서관에 대한 인식의 결과인 것이다. 프랑스 혁명은 국립도서관이 내적으로 더욱 충실해질 수 있는 기회가 되었다. 명칭이 왕실도서관에서 국립도서관으로 바뀐 것도 이때이다. 이 기간에 왕족·귀족·고급 성직자들의 개인 도서관에 소장되었던 귀중한 자료들이 국립도서관으로 이전되었다. 혁명 당시 단두대에서 사라진 루이 16세나 왕비 마리 앙투아네트의 개인 도서관 등에서 얻은 자료들, 25만 권의 장서, 1만 4천 권의 필사본, 1만 4천 점의 목판화도 국립도서관으로 이전되었다. 또한 1795년 소르본대학교가 폐쇄되면서 대학 도서관에 보관되어 있던 희귀한 필사본 2천 권을 국립도서관으로 옮기게 되면서 명실상부 프랑스 제일의 도서관으로 부상하게 된다. 1925년 정부는 새로운 법령을 발표하여 출간되는 서적 2권씩을 제출하도록 의무 규정시킴으로써 해마다 장서의 양이 엄청나게 증가한다. 인쇄된 책자로는 1780년 한 해에 3백90권 들어오던 것이 1880년에는 1만 2천4백14권, 1993년 4만 5천 권이 들어오게 되어 공간 확충이 심각한 문제로 제기된다. 20세기의 국립도서관은 공간과의 전쟁이라고 해도 과언이 아니다.

도서관의 성격은 안정적인 보관과 끊임없는 일반인과의 접촉이라는 모순적인 문제가 있다. 도서관 혹은 박물관은 그저 보관만 하는 장소가 되어서는 안 되고 가능한 한 전체 국민들이 맘껏 이용할 수 있어야 한다. 프랑스 국립도서관은 보관 소장품과 일반인에게 공개하는 소장품을 엄격하게 분류하여 이를 시행하고 있다. 또한 시대의 변화와 과학 기술의 진보에 따라 도서관의 개념도 변화되어야 한다. 예컨대 단행본 출판의 증가와 문화적 수요의 증가를 염두에 두어야 하며 새로운 과학 기술을 도입하여 소장품의 과학적인 보관과 일반인의 접근을 용이하게 하는 새로운 시스템 개발, 영상 예술 및 시청각 같은 새로운 예술품의 탄생에 따른 변화, 컴퓨터와 인터넷의 발달에 의한 상호 정보 교환의 체계 확충 등이 필요하게 된 것이다.

공간의 확충

나날이 증가하는 자료는 도서관을 더욱 풍요롭게 하지만 이를 감당할 공간의 문제를 제기한다. 시민 사회가 형성된 19세기 전반기에 공간 확충의 문제는 더욱 크게 대두되었고 도서관 건물이 연이어 증축된다. 파리 교외의 베르사유 궁에 세 동의 부속 건물이 1934, 1954, 1971년에 연이어 건립되었다. 그러던 중 1988년 프랑스 혁명 기념일을 맞이하여 미테랑 대통령은 국운을 걸고 세계에서 가장 규모가 크고 현대화된 새로운 개념의 도서관 건립을 결정하기에 이른다. 그리하여 새 건물이 들어서고 이전의 국립도서관과 합해져 분야별로 관을 만들어 현재 프랑스 국립도서관의 위용이 드러나게 된다. 각각 독립된 건물을 소유하고 있는 가장 주요한 도서관은 다음과 같다.

1. 프랑수아 미테랑관: 인쇄물, 정기 간행물, 시청각 자료, 정보 처리 자료.

2. 리슐리외관: 필사본, 목판화, 사진, 지도, 동전, 메달, 고미술품, 음악 자료.

3. 오페라 음악관: 음악 자료.

4. 아르스날관: 공연 예술 자료.

5. 장 빌리르관: 연극 자료.

이 가운데 1번에서 4번까지는 파리에 있고 장 빌라르관은 아비뇽에 있다.

국립도서관 분류

I. 프랑수아 미테랑관

1. 철학 · 역사 · 인문과학관

이곳에는 철학 · 심리학 · 정신분석학 · 교육학 · 종교학 · 역사학 · 선사학 · 고고학 · 지리학 · 인류학 · 민족학 · 사회학에 관한 자료가 망라되어 있다. 소장 자료는 소중한 가치가 있는 유물들과 일반인이 자유롭게 접할 수 있는 서적들로 구성되어 있다. 일반인에게 열려 있는 장서에는 대략 6만 5천 권의 장서와 4백여 종의 정기 간행물이 있다.

2. 법률 · 경제 · 정치관

1994년 개관. 과거에 약간은 소홀했던 법률 · 경제 · 정치를 강조함으로써 프랑스 국립도서관의 새로운 방향을 설정했다는 평을 받고 있다. 프랑스 국내외의 자료들, 19, 20세기의 신문들을 소장하고 있다. 일반인들에게 개방되는 열람실에는 5만 권의 전문서적과 정기 간행물 6백여 종이 비치되어 있다.

3. 과학 · 기술관

이 관은 국립도서관이 20세기 전반부까지 꾸준히 추구했던 백과주의와 상통한다. 이곳에는 과학 영역의 전 분야가 포함되어 있다. 과학사 · 기술사 · 기초과학 · 의학 등. 이곳 자료 역시 중요 유산과 일반인들에게 개방되는 두 부분으로 나누어져 있다. 열람실에는 3만 4천 권의 장서와 4백80여 종의 정기 간행물이 소장되어 있다.

4. 문학·예술관

공식적으로 프랑스 국립도서관의 창립과 더불어 1994년 개관하였다. 언어학·프랑스 문학·외국 문학·예술·서적의 역사·정보과학에 관한 자료를 소장하고 있다. 유물관과 일반관으로 나누어져 있으며, 열람실에는 20만여 권 2천5백여 종(1천5백 종은 외국 잡지)의 정기 간행물이 비치되어 있다. 매년 5만여 권이 증가하고 있어 마이크로필름이나 CD, 시청각 자료, 전산 자료 등으로 보충하고 있다.

5. 시청각 자료관

시청각 자료는 소르본대학교의 언어학자였던 페르디낭 브뤼노가 수집을 시작한 1911년으로 거슬러 올라간다. 1928년 음성과 몸짓 박물관이 되었다가 1938년 국립음성박물관이 되어 녹음된 자료들도 수집하게 된다. 국립음성관은 국립도서관에 편입되어 1994년 시청각관으로 독립한다. 유물관에는 90만 점의 음성 자료와 9만 점의 비디오 자료, 6만 점의 멀티미디어 및 컴퓨터 자료가 있으며 일반관에는 1만 점의 CD, 3천 점의 비디오, 2만 2천 점의 디지털 영상, 7천5백 점의 전문 서적, 2천5백 점의 악보, 2백80점의 잡지가 비치되어 있다.

6. 희귀본관

이 관이 처음 생긴 것은 1794과 1795년이다. 1995년 미테랑관으로 이전되어 현재 20만 점의 장서가 있다. 이들 장서는 특별히 관리되고 있으며 동기가 명확한 경우 엄중한 감시하에서 열람이 가능하다.

7. 참고 자료관

카탈로그실로 출발한 이 관은 일반인들이 자료에 접근하는 것을 도와주는 곳이다. 어느곳에 자신이 원하는 자료가 있는지 이곳에서 찾아볼 수 있다.

II. 리슐리외 관

1. 지도관

1828년 생긴 이 관은 마을 지도·해안 지도·건물 지도 등이 포함되어 있다. 16-18세기 지도 1만 5백 점을 소장하고 있으며 지리학회의 소장품 9만 점을 1942년 국립도서관으로 이전하였다. 또한 사진들, 지도학, 지리학, 사진의 역사, 탐사의 역사, 해양의 역사, 지질의 역사, 삼림의 역사에 관한 자료를 소장하고 있다.

2. 목판화 및 사진관

목판화의 경우는 역사가 매우 길어 1667년까지 거슬러 올라간다. 왕립도서관에 12만 점의 목판화가 이미 존재했었고, 현재 매우 풍부한 자료가 준비되어 있어 1천5백만여 점 데생·목판화·사진·포스터·라벨·우편엽서·옷감 견본·트럼프 등을 소장하고 있다.

3. 서양문예관

이 관 역시 상당한 역사를 지닌다. 역대 왕들이 개인적인 수집을 지속적으로 수행하였지만 왕이 죽으면 자료가 사라지는 악순환을 반복하다가 루이 12세에 이르러 왕립도서관에 자료를 비치하기 시작한 이래 오늘날의 모습을 갖추게 되었다. 고대 시대, 중세 시대는 물론 현대에 이르기까지 필사본을 소장하고 있다. 전체 12만 점의 필사본으로 고대 그리스어로 된 필사본 5천 점, 라틴어 2만 4천 점, 프랑스어 6만 점, 기타 유럽 언어권의 필사본이 4천5백 점에 이른다. 인쇄된 기타 자료들, 팩스 자료들, 사진 자료들도 포함하고 있다.

4. 동양문예관

그리스 라틴 문화권이 아닌 동양권 필사본이 수집되어 있다. 1백여 개 이상의 언어 필사본이다. 아랍어·중국어·히브리어·페르시아어·산스크리트어·터키어·티베트어 등 이들 재료들 역시 다양하다. 종이·양가죽·파피루스·가죽·명주·나무 등. 또한 한국·중국·일본의 정기 간행물이 소장되어 있다. 중요한 것으로 분류된 것은 약 1백만여 종이며 일반인들의 접근이 허용되는 것은 1만 5천 권 정도이다. 바로 이곳에 우리의 소중한 문화 유산인 '직지'가 보관되어 있다.

5. 동전·메달·골동품관

이 관은 프랑스 역대 왕들이 관심을 가지고 컬렉션을 했던 것으로 루이 14세 때 엄청난 발전을 하였다. 현재 52만 점의 동전과 메달은 세계 최고를 자랑하는데, 대개 그리스 · 로마 · 프랑스의 동전 및 메달들이다. 여기에는 이들에 관한 6만 5천 점의 장서가 있다.

6. 음악관

17세기 이래로 왕립도서관은 음악에 관한 자료를 수집하기 시작하였고 1942년 프랑스 국립도서관으로 이전하게 된다. 여기에 파리국립음악원과 오페라박물관이 합해져서 전체적으로 음악관을 형성하고 있다. 리슐리외관에 소속된 음악관은 약 2백만 점의 자료가 있다. 필사본, 음악가들의 편지, 오페라 악보, 초상화, 인쇄된 악보, 신문 스크랩, 음악회 프로그램, 카탈로그 등이 망라되어 있고 마이크로폰 · CD 등도 포함되어 있다. 8천여 점은 일반인들의 접근이 허용되어 있다.

1725년 왕립도서관장이었던 제롬 비뇽은 음악 자료들, 예컨대 작곡가인 마르크 앙투안 샤르팡티에의 자필 원고 등을 수집한다. 또한 18세기에 이르러 이탈리아 오페라, 장 자크 루소의 음악 원고 등을 소장하게 된다. 프랑스 혁명 이래 인쇄된 악보를 제출하라는 법령이 발표되어 1795년 창립된 음악원 도서관과 더불어 음악 관련 자료는 풍부해진다. 19세기에는 장 필리프 라모의 작품과 작곡가인 루이 페르디낭 에롤의 자필 원고를 수집하게 되고 1875년에는 인쇄된 악보, 필사본과 이론서들이 분류된다. 1910년부터 14년 사이에 음악관 최초의 카탈로그가 8권의 책으로 출판된다.

이곳에는 모차르트의 《돈 조반니》의 필사본과 드뷔시 · 라벨 · 포레 등의 필사본 악보가 보관되어 있다. 또한 최근에 사망한 음악가들의 자료들, 음성 자료들 그리고 음악의 삶을 살았던 오페라 가수들에 대한 자료들——나자 불랑제 · 조르주 미고 · 루이 사게르 · 클로드 아리외 · 폴 아르마 · 피에르 수브친스키 · 카사데우스 · 앙드레 카플레 · 앙리 바로——이 망라되어 있다. 1964년 음악관이 새 건물로 이주하면서 음악원 보관 자료들이 이곳으로 합해져 소장품은 더욱 다양해진다.

대중가요의 역사에 관한 두 컬렉션은 파트리스 콰로 및 장 바티스트 베케를랭과 빅토르 쇨셰르에 관한 것이 있으며, 서양 음악의 자필 원고는 다음과 같은 것들이 있다. 모차르트의 《돈 조반니》, 베토벤의 《열정소나타》, 베를리오즈의 《환상교향곡》, 구노의 《파우스트》, 비제의 《카르멘》, 드뷔시의 《목신의 오후전주곡》, 라벨의 《볼레로》, 포레의 《레퀴엠》. 이 외에도 마르크 앙투안 샤르팡티에 · 쇼팽 · 슈베르트 · 슈만 · 리스트 · 생상스 · 사티 · 샤브리에 · 오네게르 · 메시앙 · 크세나키스 등. 아울러 인쇄된 악보로는 세계적으로 유명한 고전 음악 선집으로 페트루치가 1501-1504년 베니스에서 발행한 것이 있으며, 요한 세바스찬 바흐의 《골트베르크 변주곡》이 있다.

III. 오페라관—음악 및 오페라관

1669년에 창설되어 19세기까지는 공식적으로 음악왕립아카데미(파리 오페라 전신)에서 오페라에 관한 모든 자료를 소장하고 있었는 바, 오늘날에는 가르니에 궁에 자리를 잡고 오페라 음악도서관이라고 불리고 있다. 이곳은 크게 도서관과 고문서 보관이라는 두 역할을 담당하고 있다. 이 관에는 음악 자료, 오페라 활동과 관련된 초상화, 기록문 등을 보관하고 있으며, 무용과 연극에 관련된 각종 자료가 소장되어 있다. 60만여 점의 문학 자료, 음악 자료, 고문서 자료 등이 있으며 1천6백80점의 정기 간행물이 있다.

1669년 창설된 이후 19세기 중엽까지 음악왕립아카데미는 일정한 거점을 찾지 못한 채 여러 곳을 옮겨다녀야 했고 자료마저 분실하는 경우도 있었다. 1861년이 되어서야 샤를 가르니에가 새로운 오페라의 프로그램을 제시하면서 전용 도서관에 정착하게 된다. 오페라 도서관 및 자료실은 공식적으로 1866년 5월 16일 법령에 의해 착공되어 1975년 완성을 보게 되었고, 1935년 국립도서관에 편입되어 1942년 음악관으로 옮긴다. 여기에 소장된 것들은 다음과 같다.

서적 10만 점, 정기 간행물 1천6백80점, 오페라 악보 3만 점, 프로그램 1만 점, 기타 자료들 1만 점, 자필 편지 25만 점, 악보 1만 6천 점, 오케스트라 장비 1만 1천 점, 사진 10만 점, 목판화 3만 점, 무대장치 모형, 의상 2만 5천 점, 데생 70미터, 포스터 1백 미터, 행정 자료들 3천 점, 무대장치 모형 2천5백 점, 소품 3천 점, 무대 보석 3천 점 등.

이 관은 오페라의 유물들을 전시하는 곳으로 자료실·도서관·박물관의 역할을 담당하고 있다. 현재 무용과 오페라와 관계되는 자료뿐 아니라 1939-1972년까지의 오페라-코믹에서 공연된 모든 자료들이 망라되어 있다.

이 관은 세부적으로 다음과 같이 구성되어 있다.

— A실, 소위 오페라 자료관: 이곳에는 시대별 분류로 캉베르(1671년)의 《사랑의 고통과 기쁨》부터 풀랭의 《케르멜리트 사람들의 대화》에 이르기까지 필사본 악보들.

— 주요 자료실: 파리 오페라에서 이전된 오케스트라의 자료들.

— F실: 오페라 코믹의 활동에 대한 악보·인쇄본·필사본 등.

— 일반 자료실: 1873년 오페라와 소르본도서관에서 부분적으로 이전된 자료들. 18세기 인쇄된 1백82점의 음악 자료들, 동일 시대 63 공연 작품에 쓰인 용품들.

자필 원고들 가운데 중요한 것들은 대략 다음과 같다.

라모의 《놀라운 사랑》(아스트레로에서 귀환 서곡), 글뤼크의 《아르미드》, 로시니의 《에르미온》, 바그너의 《탄호이저》(파리 버전의 자필본), 마스네의 《신데렐라》, 귀스타프 샤르팡티에의 《루이즈》, 레이날도 한의 《베니스의 상인》, 프랑시스 풀랭의 《카르멜리트 사람들의 대화》 등.

오페라 공연에 사용된 의상 모형은 19세기부터 현대에 이른다. 무대장치 모형은 시작이 좀 늦어져 1863년부터 시작되었지만 그 수집은 훨씬 전부터 이루어졌다.

— 루셰실

루셰는 1911-1945년까지 오페라 음악관장을 역임하였는데 오페라 코믹, 오페라, 예술 극장에 관한 모든 자료를 모았고 이 전시실에 소장되어 있다.

― 가르니에실

이곳에는 파리 오페라와 샤를 가르니에에 관한 신문·문학 필사본·초상화·편지·자료들을 모은 곳이다.

― 무용국제자료실(AID)

오페라 음악관에서 매우 중요한 자료실로 1932, 33년에 모은 무용에 관한 자료들이 소장되어 있다.

― 코노실

모스크바 발레단원이었던 보리스 코노가 러시아 발레에 대한 자료를 수집.

― 서커스와 마임실

오페라 마임, 트리스탕 레미 서커스에 대한 역사 및 자료 등을 수집하여 전시.

― 박물관실

원래는 가수·무용수·작곡가·뮤지션들에 관한 자료였는데 오늘날 확장되어 예술적이고 자료적 가치가 있는 자료들을 전시하고 있다. 무대장치 스케치, 러시아 발레와 오페라 의상에 대한 스케치 등이 전시되어 있다.

― 뮤지컬실

오페라 코믹에 관한 자료들. 오페라 작품들을 연대기로 정리. 18, 19세기 오페라에 사용된 장비. 오페라 악보. 제목, 언어, 극장에 따른 분류.

― 초상화 및 포스터실

제목·작가·인물들로 분류된 초상화. 19세기 파리 오페라 공연의 포스터. 19세기 파리 서커스 및 여러 극장들 혹은 파리 오페라 공연 포스터. 19세기 무대장치와 의상. 프랑스 공연 예술의 포스터.(1850-1950)

― 자필 편지실

발송인과 수취인에 따른 분류. 베르디와 오페라 담당관 사이의 편지.

— 신문 스크랩실

— 서커스실

오페라 음악도서관은 정기적으로 전시회를 연다. 1999년에는 바로크를 주제로, 2000은 오페라 《지젤》, 2001은 오페라 《신데렐라》를 주제로 전시회를 연 바 있다.

IV. 아르스날 도서관—공연예술관

공연 예술에 관련된 자료를 소장하고 있는 아르스날 도서관은 1920년 전 세기 전 국가를 막론하고 공연 예술에 관련된 모든 자료를 한 곳에 모아야겠다는 취지로 설립되었다. 연극도서관이라고도 불리는 이 도서관은 지속적으로 자료 확충하여 오늘날 3백만 부의 자료가 수집되어 있다. 이 자료에는 인쇄된 서적, 정기 간행물, 필사본, 프로그램, 신문 기사, 목판화 및 데생, 포스터, 무대 모형, 사진, 의상, 소품들, 시청각 자료 등 연극·무용·마임·인형극·서커스·뮤직홀·영화·축제·라디오·텔레비전에 관련된 전 자료가 망라되어 있다.

법령에 의거하여 서적·잡지·포스터를 필히 제출하게 되어 있으며, 각 연극 단체 및 관련 예술가들이 자료를 보내옴에 따라, 또한 예산을 확충하여 귀중품을 지속적으로 구입함으로써 자료가 해마다 더욱 풍부해지고 있다.

1934년 이래 국립도서관의 일부가 된 아르스날 도서관은 문학 분야에 대한 자료도 풍부하다. 인쇄된 서적이 1백만 권, 필사본이 1만 4천여 권, 목판화가 10만 점 등이 포함되어 있다. 오늘날 독립적으로 떨어져 있는 아르스날 도서관 건물은 17-18세기에 지어졌고 19세기에 새롭게 단장한 것이다.

이 관은 은행가 오귀스트 롱델의 컬렉션에서 비롯되었는데 그는 자신의 수집물을 1920년 국가에 헌납하였던 것이다. 공연 애호가이자 정통한 역사가, 애서가였던 그는 전 세계의 모든 공연 부문에서 훌륭한 자료들을 수집하여 개인 도서관에 소장하고 있었는데 1925년 아르스날 도서관으로 모든 소장품을 이전한다. 이곳에는 약 3백만 점의 자료들이 보관되어 있다.

롱델 컬렉션: 80만 점, 서적과 잡지: 약 50만 점, 프로그램 및 자료들: 3만 점 , 신문 기사: 50만 점, 필사본 · 편지 및 고문서: 30만 점, 초상화: 2만 5천 점, 목판화와 데생: 8만 점, 포스터: 5만 점, 모형: 70만 점, 의상: 4천 점, 소품 · 장치 · 인형: 1천 점, 디스크 · 테이프 · 비디오 · 연극 영화: 9천 점.

이 도서관에는 공연 예술 전반, 즉 연극 · 무용 · 서커스 · 마임 · 뮤지컬 · 인형극 · 뮤직홀 · 버라이어티 · 영화 · 라디오 · 텔레비전 · 축제 등에 관한 것들이 소장되어 있으며 인쇄된 자료, 필사본 자료, 시청각 자료, 소품, 의상 등도 소장되어 있다. 법률에 의거하여 서적, 정기 간행물, 포스터 등을 기증받거나 구입함으로써 해마다 3만 점이 증가하고 있다.

주요 컬렉션의 내용을 보면 다음과 같다.

— 연극(극장 · 극단 · 축제): 예술과 행위, 가을 축제, 아비뇽 연극제, 리빙 시어터, 앙비귀 시어터, 오데옹 극장, 국립 극장, 바리에테 극장, 팔레 루아얄 극장, 샤이오 국립극장의 자료들.

— 연극 이론가: 에드워드 고든 크레이그에 관한 자료들.

— 극작가: 마르셀 아샤르 · 니콜라 에베레노 · 시몽 강티옹 · 사샤 기트리 · 조르주 드 포르도 리시 · 장 사르망 · 베르나르 짐머의 자료들.

— 연출가: 앙드레 앙투안 · 자크 코포 · 카르텔 사인방(루이 주베 · 가스통 바티 · 샤를 뒬랭 · 조르주 피토에프), 앙드레 바르삭 · 자크 에베르토 · 장 루이 바로 · 바르셀 마레샬 · 피터 브룩 등에 관한 자료들.

— 무대예술가: 크리스티앙 베라르 · 에밀 베르탱 · 니나 브로드스키 · 올가 추만스키 · 뤼시앵 쿠토 · 마리 엘렌 다스테 · 소니아 들로네 · 도부진스키 · 장 드니 말클레 · 조르주 발케비치의 자료들.

— 사진작가: 로제 픽 · 페르디낭 미쇼 · 말 브레이에 · 세르주 리도 · 클로드 오스트로스키의 자료들.

— 마임이스트: 파리나 · 에티엔 드크루의 자료들.

— 뮤직 쇼: 이베트 길베르 · 미스탱게 · 귀스타프 프레자빌의 자료들.

— 무용: 니오타 인요카 · 니나 비루보바의 자료들.

— 영화: 파테 · 고몽 · 아벨 강스 · 르네 클레르 · 장 그레미옹 · 레옹 무시나 · 모리스 조베르의 자료들.

공연예술관은 장 빌라르 도서관과의 협력하에 프랑스 국내와 국외 등에서 정기적인 전시회를 개최한다. 또한 근래에 아르스날 도서관은 다음의 테마에 집중하고 있다.

— 16세기부터 19세기까지 프랑스 문학.

— 희귀본 수집, 책의 역사, 제본술.

— 건물의 역사.

이곳의 주요 컬렉션은 다음과 같이 시대적으로 분류되어 있다.

1880년 이전의 컬렉션: 다섯 분야로 나누어짐(신학 · 법률학 · 과학과 예술 · 문학 · 역사).

특별한 카탈로그를 보면

— 18세기말까지의 연극 카탈로그.

— 19세기 연극 카탈로그.

— 18세기말까지의 소설 카탈로그.

— 마자랭 카탈로그.

1880-1987년 컬렉션.

— 제목과 작가별로 분류된 연극(구체제로부터 1936년까지).

— 1988년 이전에 수집된 정기 간행물.

1988년 이후.

1988년부터 발간된 모든 서적들 정기 간행물은 정보처리되어 있으며 일반인들은 열람실에서 열람할 수 있다.

특별관

바스티유 자료실: 이곳에는 감옥에 갇혔던 사드와 같은 유명 인사에 대한 자료뿐 아니라 그곳의 실제를 알려 주는 많은 자료가 있다.

프로스페 앙팡탱관: 생시몽의 제자였던 프로스페 앙팡탱이 1865년 만든 곳으로 생시몽주의에 관한 자료들이 풍부하다.

랑베르관: 1969년 피에르 랑베르 출판사가 그동안 수집했던 자료들을 기증하여 생긴 관이다. 필사본, 편지, 위스망스 작품들, 원본 서적들 등이 있다.

루이 세바스티앙 메르시에관: 연극 발전, 특히 사실주의 드라마에 거대한 영향을 행사했던 메르시에의 관련 자료를 전시하는 곳. 여기에는 전기 자료 · 편지 · 기사 · 메모 · 필사본 · 극작품 · 시 · 철학서 등이 포함.

라크롸관: 리크롸는 아르스날 도서관에서 여러 해 동안 근무했던 애서가이다. 그가 죽은 후 그의 개인적인 소장품 · 작가 · 음악가 · 철학자들의 자필 편지 등을 인수받아 전시하고 있다.

펠라당관: 1936년 아르스날은 펠라당의 모든 문서를 인수하였다. 신비술에 관심이 많은 유심론 작가들의 저서들 소장.

조세 마리아 드 에레디아관: 시인인 에레디아의 딸들은 아버지가 죽은 후 시인의 사진들 · 필사본 · 작품 · 편지들을 이곳에 기증하였다.

V. 장 빌라르관

아비뇽에 위치하고 있는 장 빌라르관은 1979년에 개관하여 국립도서관 공연 예술 부문에 포함되었다. 그 목적은 아비뇽 연극제의 창시자이자 민중극단을 이끌었던 장 빌라르의 작품들을 전시하기에 유리하도록 하자는 취지로 약 2만 5천 정도의 공연 예술에 대한 자료, 1천여 개의 비디오 자료 · 모형 · 의상 · 사진들이 전시되어 있다. 장 빌라르관은 전시를 통해 만남의 장을 마련함으로써 살아 있는 공연을 통해 문화를 향수하도록 하는 장점이 있다.

1972년 장 빌라르가 사망한 후 채 몇 달이 안 되어 빌라르 재단을 위한 위원회가 구성되었다. 이 목적은 1947–1971년까지 아비뇽 연극제와 1951–1963년까지 민중극단을 이끌면서 그가 남긴 작품과 흔적들을 수집하기 위한 것이었다. 이는 단순히 추억의 차원뿐 아니라 새롭고 깊이 있는 작품을 근본적으로 제공하기 위한 것이었다. 이렇게 해서 국립도서관과 아비뇽 도시가 연합하여 '장 빌라르관'을 세우기로 하고 1979년 7월 개관하게 된다. 이곳에 전시된 품목과 수량은 대략 다음과 같다.

인쇄본 타자로 친 텍스트: 2만 점, 정기 간행물: 5백여 종, 프로그램과 신문 기사 4만 5백 점, 신문 자료: 1천2백 점, 초상화: 1만 점, 포스터: 1만 점, 사진: 2천5백 점, 의상 모형과 무대장치 액세서리 10점, 동일한 크기의 의상 모형: 10점, 의상: 2천 점, 음성 및 시청각 자료: 1천50점, 빌라르의 문서: 필사본·편지 등.

컬렉션: 이곳에는 빌라르 개인의 문서와 그가 만든 아비뇽 연극제, 민중국립극단에서 창출한 공연에 관한 자료들로 이루어져 있다. 즉 참고 서적·편지·신문 자료·사진·포스터·프로그램·음향 녹음·공연 비디오·의상, 빌라르와 함께 작업하였던 화가들에 의해 재현된 모형 의상이 소장되어 있다. 또한 이곳에는 과거와 현재의 자료가 존재하며, 연극·오페라·무용·서커스·마임·인형극·쇼·버라이어티·영화 등에 대한 자료가 존재한다. 장 빌라르관에는 아비뇽 연극제에 대한 자료들을 유일하게 소장하고 있는 곳이다. 자료·프로그램·포스터·신문·시청각 자료·사진 등이 있다.

새 시대의 새로운 기술의 도입

프랑스 국립도서관을 훑어 보면 전반기에는 소장품을 채우기 위한 노력을 경주하였다면 후반기에는 공간의 확충에 주력하였음을 알 수 있다. 이는 대다수의 도서관 및 박물관이 처하는 상황이기도 한데 소장품을 확보하기 위한 시스템이 어느 정도 정착되면 그 이후에는 공간 문제가 관건이 된다는 것이다. 이 문제는 도서관 및 박물관을 시작하는 단계에서부터 긴 안목을 가지고 논의해야 할 부분이라는 생각이 든다. 또한 국립도서관은 기술의 발달과 사회의 변화에 적극적으로 대응하면서 재빠르게 변신하는 점도 눈에 띈다. 인터넷 시대를 맞이해 프랑스 국립도서관은 자료를 DB화하여 일반인들에게 양질의 서비스를 제공하고자 심혈을 기울인다.

디지털 도서관은 현재 9만 5천 점의 디지털 자료, 25만 점의 영상 자료 등으로 구성되어 있다. 각종 분야에 폭넓은 코퍼스를 구축하여 다양한 경로를 통해 쉽게 접근할 수 있도록 한 것이다. 디지털 작업은 현재에도 계속 진행되고 있으며, 프랑스 여행, 아프리카 여행, 지식 사회의 공표는 세 가지 근본적인 프로젝트이다. 소위 갈리카(Gallica)로 불리는 디지털 도서관을 통해 다음의 자료를 이용할 수 있다.

— 이미지로 전환된 디지털 자료 7만 점.
— 텍스트 1천2백50점.
— 음성 자료 5백 점.
— 고정 이미지 8만 점.

프랑스 국립도서관 웹사이트

인터넷을 통해 소장품에 대한 정보 제공을 시작한 것은 1996년이며 인터넷이 갈수록 발전함에 따라 지속적인 업그레이드를 하고 있다. 1998년 디지털 도서관인 갈리카가 신설되었고 1999년 디지털 카탈로그가 완성되어 중세부터 현대에 이르는 각 분야의 자료를 누구나 자유롭게 접속할 수 있게 되었다. 사이트는 현재 하루에 1만 명 이상의 방문이 이루어지고 있다. 참고로 프랑스 국립도서관의 웹 사이트 주소는 http://www.bnf.fr이다.

나오며

프랑스 국립도서관은 '직지' 때문에 우리에게도 낯익은 곳이다. 유네스코 세계 문화유산으로 지정된 세계 최고의 금속활자본 '직지'가 바로 이곳 동양 문헌실에 소장되어 있기 때문이다. 초대 주한대리공사를 역임한 프랑스 콜랭 드 플랑시가 재임 기간 동안 각종 고서와 문화재를 수집하는 과정에서 '직지'가 프랑스로 가게 되었는데, 현재 많은 노력에도 불구하고 안타깝게도 우리나라에 돌아오지 못하고 있다.

도서관 및 박물관은 자료 수집, 공간 확보, 자료의 유지 및 관리, 자료의 효율적인 운영이라는 지극히 상식적인 네 단계로 이루어져 있다. 하지만 어느것도 소홀히 할 수 없는 것이고 어느것도 쉬운 것은 없다. 막대한 예산과 인력을 필요로 하는 이 분야는 어떻게 보면 과연 그만큼의 투자 가치가 있는 것인지 그 효과는 제대로 거둘 수 있을지 의구심을 가질 수도 있다. 그렇다면 프랑스인들은 왜 이렇게 질 높은 도서관 운영에 사활을 걸고 있는 것일까? 여러 가지 이유가 있겠지만 한 가지 분명한 것은 문화 예술에 대한 자료가 풍부하면 풍부할수록 그 분야의 토양은 그만큼 거름지다는 것이며, 이를 바탕으로 그 분야의 무한한 발전 가능성을 담보받을 수 있다는 것이다. 지금까지 보아온 것처럼 사실 프랑스인들은 끊임없는 자료 수집에 거의 혈안이 되어 있다고 해도 과언이 아니다. 과거에 남의 나라에서 유물을 불법적으로 약탈했던 것은 비난받아 마땅하지만 편집광적인 자료 수집은 한편으로 오늘날의 프랑스 국립도서관의 위용을 드러나게 했음이 분명하다. 문화유산에 대한 관심은 결국 국력과 직결된다는 사실을 프랑스인들은 예로부터 인식하고 있었던 것이다. 꼭 기억할 것은 자료 수집이 한번에 그치지 않고 엄청난 국고를 들여 꾸준히 지속적으로 이루어지고 있다는 점이다. 이런 식으로 해서 도서관의 장서 및 유물들이 많아지고 유명해지면 국립도서관에 대한 믿음이 생겨나고 개인이 소장했던 귀중한 자료들을 기꺼이 도서관에 기증하는 현상이 생겨났던 것인데, 개인이 소장하고 있는 소중한 자료를 어딘가에 기증하고 싶어도 믿을 수가 없어 망설이는 우리의 실정을 볼 때 참으로 부러운 현상이다. 자료를 기증받은 도서관은 기증자의 이름을 딴 특별실을 운영하여 그의 명예를 높여 줌으로써 피차간에 만족할 수 있는 시스템을 운영하고 있다.

이들의 이념과 시스템을 보면서 우리의 공연예술계가 창작에만 열을 올리는 단계에서 한번 공연하면 사라지고 마는 자료를 이제는 수집 보관하는 차원에까지 끌어올리지 못한다면 공연 예술의 발전은 한계에 부딪치고 말 것이라는 생각이 절실하다. 저장하지 않고 사라지는 공연은 하루살이 같은 덧없는 공연이 될 것이다.

유럽 문화는 도서관 및 박물관 문화라고 해도 손색이 없을 정도로 각양각색의 도서관 및 박물관이 즐비하다. 아무리 작은 시골에 가더라도 자신들만의 고유한 역사와 문화유산을 소중히 간직하는 그들의 태도는 배울 만한 점이 많다. 세계적으로 명성이 드높은 도서관 및 박물관을 소유한 나라치고 삶의 질이 높지 않은 나라는 없다. 도서관과 박물관은 그 나라의 문화 예술 수준뿐 아니라 삶의 수준을 가늠하게 하는 척도가 된다고 해도 크게 틀리지 않을 것이다. 현대에 들어와 자료의 개발과 보존은 단순히 사료적 가치로만 간주되는 것이 아니다. 기업 마인드를 도입하여 전문적인 홍보와 기획을 통해 관광객 유치 등의 효과로 지역 및 국가 경제에 커다란 역할을 할 수 있음을 문화 예술 선진국들이 충분히 보여주고 있다. 이들 도서관 및 박물관은 중요한 소장품을 단순한 전시하는 것에 그치지 아니하고 해마다 특별 전시회 및 기획전을 개최하면서 일반인에게 향수의 기회를 적극적으로 부여한다. 아울러 문화 사업을 통해 상당한 수익을 올리고 있다. 예컨대 루브르박물관은 프랑스 제일의 출판사라는 네임을 얻고 있으며, 국립도서관 역시 별도의 사업 운영 주체를 두고 루브르박물관과 연합하여 박물관 연합이라는 조직을 두고 출판 사업, 기념품 사업 등의 수익 사업을 벌이고 있는 것이다. 아울러 국내외의 기업들과도 연계하여 문화 상품을 개발하고 해외로 수출을 하기도 한다. 이렇게 해서 얻은 수익은 도서관의 유물 수집은 물론 공간 확충 및 인건비 등으로 충당된다. 현재 국립도서관의 이용자들은 주로 학생·연구원·학자 등 주로 전문분야 종사자들인데 도서관을 이용하는 모든 이용자에게 유료 패스를 적용하여 운영하고 있다.

이들과 비교할 때 공연예술도서관 및 박물관 건립이 이제 막 걸음마 단계인 우리는 부끄럽기 그지없다. 언어가 존재하는 한 그 민족은 영원하듯이 민족의 문화·역사·철학·예술이 담겨 있는 도서관 및 박물관 건립은 민족의 중흥을 위한 역사적 사명이라는 생각이 든다. 외국의 예는 벤치마킹의 대상이 될 수 있는 동시에 우리의 현실을 되돌아보게 하여 스스로를 반성하게 한다는 점에서 의의가 있다.

제6장

실험과 배반으로 진실한 무대를 꿈꾸는 태양극단

들어가며

현시대의 프랑스를 대표하는 연출가 가운데 한 명이자 세계적으로도 명성이 자자한 프랑스 연출가 아리안 므누슈킨이 2001년 태양극단(Théâtre du Soleil)을 이끌고 한국에 왔다. 공동창작이라는 독특한 연극 창작 형태와 연출 방법을 개발한 므누슈킨이 이번에 국내에 소개한 공연은 엘렌 식수 원작의 《제방의 북소리》로, 극동 아시아의 전통극에 눈을 돌려 연극에 대한 새로운 해석을 시도한 것으로 평가받고 있는 작품이다. 이런 까닭에 국내 연극인들의 관심도가 매우 커서 공연은 예상을 뛰어넘는 대성황을 이루었다.

이 글은 므누슈킨과 태양극단의 방한을 계기로 태양극단의 역사를 간략히 기술하고, 연출가와 인터뷰를 소개함과 동시에 이것들을 토대로 그들이 선보인 《제방의 북소리》를 분석하여 태양극단과 연출가 므누슈킨에 대한 전반적인 이해를 목적으로 한다. 이와 같은 종합적인 소개는 태양극단을 통해 현재 우리 연극이 처한 상황과 앞으로 나아갈 방향을 가늠해 볼 수 있는 장을 마련할 수 있을 것으로 보인다.

태양극단의 역사

므누슈킨의 어린 시절에 대한 글은 아직까지는 별로 많지 않다. 그녀가 연극계에서 주목을 받기 시작한 것이 하루아침에 이루어진 것이 아니고 마치 계단을 밟아가듯 각고의 인내와 노력 끝에 얻어진 것이며, 앞으로 또 어떻게 변신할지 주목하고 있느니만큼 오히려 사람들이 그녀의 미래에 더욱 관심을 가지고 있기 때문인지도 모르겠다. 므누슈킨은 파리의 불로뉴쉬르센에서 러시아 출신의 영화감독인 알렉산드르 므누슈킨의 장녀로 태어났다. 1939년생이니까 2001년 올해 우리 나이로는 63세가 된다. 이러한 출생적 계보는 러시아의 예술적 영감과 영상 예술이 므누슈킨과 매우 친근하리라는 가정을 가능하게 한다. 아무튼 므누슈킨이 연극계에 각인된 것은 바로 태양극단을 통해서이고 태양극단이 알려지게 된 것도 므누슈킨이 있었기에 가능한 것이므로 므누슈킨과 태양극단은 동전의 양면처럼 떼려야 뗄 수 없는 관계이다. 따라서 므누슈킨과 태양극단의 역사를 동시에 기술하는 것이 합당하리라고 본다.

태양극단은 한마디로 몰리에르 극단을 연상하게 한다. 17세기 고전주의와 비극의 물결이 도도하게 흐르던 시대에 실패와 좌절을 거듭한 끝에 12년간의 지방 유랑을 마치고 태양왕 루이 14세 앞에서 코미디를 선보이며 진정한 광대의 모습으로 우뚝 섰던 몰리에르는 아마도 그들의 우상이었을 것이다. 유럽 연출가상 수상으로 피터 브룩, 레프 도진과 어깨를 나란히 하게 된 므누슈킨은 〈몰리에르〉를 영화로 제작하지 않았던가! 오늘날의 므누슈킨과 태양극단이 있기 위해서 얼마나 많은 노력과 고통이 따랐는지──물론 운이 작용했을 수도 있다──얼마나 많은 시련과 좌절과 영광이 있었는지 이를 반추해 보는 이의 가슴을 뭉클하게 한다.

1959년 10월 파리의 라틴 가에 벽보가 나붙어 있었다. 라틴 가에 위치한 소르본대학생들이 연극반원을 모집하는 벽보였다. 이 파리 학생 연극반은 명예단장으로 유명한 로제 플랑숑을 영입할 정도로 매우 열성적이었다. 이때 소르본대학에서 작은 테이블에 앉아 벽보를 보고 찾아오는 학생들에게 안내를 해주는 작은 여학생이 있었는데 그녀가 바로 므누슈킨이었다. 이렇게 해서 므누슈킨은 몇몇의 친구들과 대학 연극반을 만들었다. 이 연극반은 기존의 연극 집단(소르본의 고전 연극, 현대 연극그룹)과는 달리 비전공 학생들을 받아들였으니, 태양극단이 폐쇄적이지 않고 누구에게나 문호를 개방하고 있으며 끊임없이 배우고 배우는 자세를 견지하는 모습은 이미 태동 때부터 그 기미를 보여주고 있는 셈이다. 학생들은 워크숍을 통해 무대와 친숙해졌는데, 연극 교육은 샤를 앙토네티(초보 및 스포츠 담당)와 제라르 로랭(배우)이 맡았다. 그들은 일반 학생 연극반과 마찬가지로 코르네유 · 마리보 · 브레히트 · 이오네스코 · 베케트 등을 연구하였다. 학생들은 사라 베른아르트 극장에서 무대술 수업을 들었으며 장 바티스트 메스트르 지도하에 무대장치 실습을 하기도 하였다. 파리 학생 연극반은 실존주의 철학자인 사르트르를 초빙하여 심포지엄을 개최한 적이 있는데 소르본 대학의 대강의실은 경찰의 삼엄한 경계(당시 알제리 전쟁이 한창이었다) 속에서 이루어졌다. 앙가주망으로 유명한 참여 작가이기도 한 사르트르는 이 강연에서 서사 연극과 드라마 연극을 대립시키면서 부르주아 연극을 맹렬히 비난하였다. 이들은 또한 과테말라 연극단을 초청하여 공연을 관람하기도 하였다. 이처럼 연극반은 다방면의 연극 이론과 실제에 대한 전문적이고 포괄적인 학문을 체계적으로 접하기 위해 무척 애를 썼다. 이 연극반에서 므누슈킨은 주로 스텝일을 맡았으며 연극 강의에도 잘 참석하지 않았다. 때문에 당시 그녀 친구들은 언젠가 그녀가 세계적인 대연출가가 되리라고 예상하는 사람은 아무도 없었다. 이 연극반은 1960년 3월과 5월에 페데리코 가르시아 로르카의 《피의 결혼식》을 무대에 올렸지만 뚜렷한 개성을 보여주지 못한 채막을 내리고 말았다.

이런 와중에 1960년 11월 므누슈킨은 자신의 지도로 앙리 보쇼의 《징기스칸》을 공연하기로 하고 배우들을 규합한다. 벨기에 작가인 보쇼는 시집으로 막스 자콥상을 받은 바 있는 므누슈킨의 오랜 친구였다. 그의 극작품은 서사극과 문학극의 중간 지점에 있었는데 제목에서 알 수 있듯이 몽고인 정복자 징기스칸의 생애에 대한 추적이다. 므누슈킨을 필두로 몇몇의 직업 배우들과 더불어 학생들은 학기 내내 정기적으로 연습을 하였다. 실상 므누슈킨은 연극에 문외한이 아니었다. 그녀는 이미 영국에서 연극 공부를 하면서 제임스 조이스의 소설을 각색한 《율리시즈》의 공연시 조연출을 한 바 있었다. 그렇긴 하더라도 〈징기스칸〉은 그녀의 첫번째 연출 작품이다. 한창 연습이 진행되던 시기에 우연히 중국의 경극단이 파리에서 공연을 하게 된다. 북경의 경극은 그녀의 가슴속에 깊은 흔적을 남겼고, 경극에서 사용된 절제된 기호들의 사용 및 군중의 이동을 자신의 공연에 직접 차용하기도 하였다. 〈징기스칸〉에서 군대의 도착을 상징하는 깃발, 횃불을 쳐들어 전투를 의미화하기, 음악에 따른 인물들의 등장은 중국 경극의 영향이며, 어떻게 보면 훗날 아시아와의 교감은 이때 우연한 경극과의 조우 덕분일 수도 있다. 〈징기스칸〉 공연 시작의 보름 전부터는 50여 명이 넘는 배우들이 거의 숙식을 같이하다시피 하면서 밤낮으로 연습을 강행하였다. 이런 연습 방식은 므누슈킨의 집단 창작을 어느 정도 예견하게 한다. 이 공연은 연극 극장이 아닌 투우장에서 이루어졌고, 파리시의 보조금을 받았지만 연극계에 별 주목을 끌지는 못했다. 그러나 이 경험은 므누슈킨에게 소중한 연극적 자산이 되었고 이를 계기로 결속하게 된 단원들이 훗날 태양극단의 창립 멤버가 된다. 므누슈킨은 이 공연을 끝으로 파리를 떠나 1년 이상 극동을 여행하면서 미래의 연극을 구상한다.

몇 년이 지난 1964년 5월 29일, 9명의 멤버로 한 연극 단체가 결성되었다. 이들 각각은 9백 프랑 정도를 갹출하여 기금으로 내놓았으며 므누슈킨은 이 단체의 대표 겸 연출가를 맡게 되었다. 이때 그들이 결정한 태양극단이라는 이름은 극단의 이름을 이니셜로 하던 당시의 유행에 반대한 것이며, 장 르누아르 · 밀레니 등 빛의 예술가들인 영화인들에 대한 존경의 표시였다. 므누슈킨은 첫 작품으로 아다모프가 각색한 고리키의 《소부르주아들》를 선정한다. 작업은 공동으로 이루어졌고 급여는 없었다. 연출가는 이 공연의 컨셉트를 정하는 데 있어 비극과 희극을 적절하게 섞어 놓은 체호프 스타일을 따랐다. 타디아나의 자살 소동은 이 점에서 매우 성공한 부분이지만 대체로 관객들은 웃어야 할지 울어야 할지 갈피를 잡을 수 없었다. 그럼에도 창단 작품인 〈소부르주아들〉은 빚을 지지 않고 무사히 공연을 마쳤으니 제법 성공을 거둔 셈이다. 이 작품은 파리의 무프타르 극장에서 연장 공연되어 매회마다 매진을 기록하였지만 비평가들로부터는 커다란 주목을 받지 못하였다. 문화부는 태양극단에 5천 프랑의 보조금을 지급하였고 이를 기반으로 지방 순회공연을 하기도 하였다. 지방 순회 공연은 몰리에르 극단의 냄새를 물씬 풍기는 부분이다.

두번째 작품으로 므누슈킨은 테오필 고티에의 소설 《대장 프라카스》을 선정하고 이를 필리프 레오타르와 각색한다. 배우들은 어렵게 빌린 청소년 교실에서 연습을 하였는데, 주로 몸굴리기, 밸런스잡기 같은 체조 동작과 결투 등을 훈련하였다. 이 작품의 의상은 코메디아 델라르테처럼 즉흥성이 담겨 있고, 다음 번 〈1789〉년에서도 그대로 사용된다. 따라서 〈대장 프라카스〉는 원작에 대한 충실한 해석이나 역사적인 재구성이기보다는 고티에와 태양극단의 만남이라 할 수 있다. 열악한 환경에서 오로지 연극에 대한 열정 하나만으로 단원들은 낮에는 아르바이트를 하고 밤에 연습실에 모여들어 연습을 반복했다. 1965년 6월, 공연은 장터 축제에서 열렸는데 소음이 하도 심해서 배우들은 금방 목이 쉬어 버렸다. 그나마 장터는 다행스런 편이었다. 며칠 뒤 장소를 옮겨 몽트뢰유의 청소년집 앞 광장에서 공연을 하게 되었는데 그날 따라 비가 오고 날씨도 상당히 추웠다. 때문에 무대에서 연기하는 배우도 관람하는 관객도 모두 꽁꽁 얼어 버렸고, 막간에는 따뜻한 차를 마시려고 음료대에 몰려드는 진풍경이 연출되기도 하였다. 이러한 장면은 지금의 태양극단을 생각하면 쉽사리 떠올릴 수 없는 광경이다. 그러나 이처럼 연극에 대한 열정과 사랑 없이는 오늘날의 므누슈킨이나 태양극단이 존재할 리 만무하다. 이 공연에 대해 비평가들의 반응은 역시 날씨만큼이나 냉담하였다. 관람석 대부분은 4분의 1 정도만 채워졌고 이들은 계속해서 추위와 싸워야 했다. 그런 악조건 속에서 〈대장 프라카스〉의 공연은 1967년 〈부엌〉의 연습이 시작되기 전까지 지속된다. 제정 상황도 열악하여 이를 견디지 못하고 떠나는 배우들이 생기게 되자 한 배우가 두세 명의 인물을 연기하기도 하고 공연 자체를 수정하기도 하였다. 어쨌든 공연 결과는 실망스러운 것이었다. 레카미에 극장에서 공연을 한 이후 극단은 더욱 무거운 부채를 짊어지게 된다. 정부 보조금은 항상 5천 프랑이 고작이었다. 정부의 문화 예산은 한정되어 있고 손을 벌리는 극단이 너무 많았던 것이다. 극단을 지탱하기 위해서 단원들은 여전히 아르바이트를 해야 했다. 그러나 이렇게 힘든 와중에서도 단원들은 쉬지 않고 공부를 하는 열의를 보였다. 그들은 서커스와 체육 수업에 등록하여 신체를 단련시켰고 전문가를 초청하여 꾸준히 노래와 발성법을 공부하였다. 어려운 상황이 계속되었지만 주저앉지 않고 지탱할 수 있었던 것은 오히려 공부에 대한 열정 덕분이었으며, 이러한 난관을 하나하나 헤쳐 나가면서 단원들은 차츰 연극에 눈을 뜨게 되었다.

이때 사진을 담당하는 마르틴 프랑이 프랑스에 막 알려지기 시작한 젊은 영국 작가 아놀드 웨스커를 극단에 소개한다. 그의 극작품은 웨스커가 오랫동안 일했던 커다란 레스토랑에서 일어난 일로 구성되어 있는데 크게 세 부분으로 나눌 수 있다. 서비스하는 부분과 서비스 이후의 휴식 그리고 다시 작업을 시작하는 부분이 그것이다. 레오타르가 각색한 〈부엌〉은 1966/1967 시즌부터 연습에 들어갔다. 연습 과정은 고난의 연속이었다. 불만을 품은 배우들은 떠나갔고 남은 배우들은 추위에 얼어 버린 콘크리트 바닥에서 잠을 자야 했다. 그들은 추위에 시달렸기 때문에 공연 장소를 물색하면서 제일 우선시한 것은 따뜻함이었다. 한번은 극작가 웨스커가 직접 방문하여 무대에서 "식사 서비스를 잘할 수 있다면 만사 오케이"라고 말하기도 하였다. 무대 세트가 몽마르트에 위치한 서커스 광장에 세워졌고 언론은 비상한 관심을 보이기 시작했다. 1967년 4월 공연이 시작되었을 때 객석은 빈틈이 없었다. 대단한 성공을 거둔 것이었다. 배우들은 얼마간 유명세를 탔고 태양극단은 빚을 청산할 수 있었으며 단원들도 자신의 직업에만 전념하면서 일을 할 수 있게 되었다. 〈부엌〉의 공연으로 1천5백 프랑의 급여가 모두에게 똑같이 지불되었고 이 작품은 비평가상·관객협회상·프리가디에상을 거머쥐었다. 공연은 4월부터 7월까지 그리고 9월에서 11월까지 지속되었다.

〈부엌〉에서 보여준 일상적이고 사실주의 연극에 이어 태양극단은 이번에는 고전극을 레퍼토리로 선정한다. 셰익스피어의 가장 유명하고 가장 많이 공연된 《한여름밤의 꿈》을 선정한 것이다. 기 클로드 프랑수아가 무대감독으로 합류한 것이 바로 이때 1968년인데, 그와 므누슈킨의 만남은 태양극단 역사의 한 페이지를 장식하는 중요한 의미가 있다. 프랑수아는 장기 공연을 위해 서커스 구조를 완전히 개조할 것을 제안한다. 드디어 공연이 시작되었고 관객은 서로 좋은 자리를 차지하려고 아우성이었으니, 〈부엌〉과 마찬가지로 셰익스피어 작품은 대단한 성공을 거두었다. 이렇게 해서 태양극단이라는 이름이 서서히 파리에 알려지게 되었다. 한편 므누슈킨은 아동극을 해보고 싶어했다. 그렇게 해서 올린 것이 〈마법의 나무, 제롬과 거북〉인데 《한여름밤의 꿈》이 공연되는 가운데 매주 토요일과 일요일 오전에만 공연하여 매우 성공적이라는 호평을 받았다.

1968년은 파리에서 학생 운동이 한창이던 때라 공연 막바지는 매우 어수선한 분위기였다. 길에는 바리케이드가 쳐져 있었고 마지막 공연이 끝나자 배우들은 서둘러서 학생들이 점령하고 있는 소르본대학으로 달려갔다. 배우들은 파업에 동참하여 전체 파업을 할 것인가 부분 파업을 할 것인가 열띤 토론을 벌였다. 결국 극단은 학생들이 점령하고 있는 공장에서 공연을 하기로 결정하였다. 그곳은 아르크에스낭에 있는 제염 공장이었는데 18세기 유토피아 건축가인 니콜라 르두가 건축한 곳으로 공연을 위해서는 이상적인 장소였다. 그리하여 태양극단은 두 달 동안 쥐라에 자리를 잡게 된다. 이해는 태양극단이 매우 왕성한 의욕을 보인 해로 장 빌라르가 므누슈킨을 아비뇽에 초청하여 다음 해 연극제에 참여해 줄 것을 부탁하는가 하면, 베니스 비엔날레에서 〈부엌〉과 〈마법의 나무, 제롬과 거북〉이 초청되어 이탈리아에서 단원들은 우쭐한 기분을 만끽하기도 한다. 그도 그럴 것이 베니스에서 맛있는 식사와 안락한 잠자리가 돈걱정 없이 제공되었으니 말이다. 그러나 파리로 돌아왔을 때 그들을 기다리고 있는 것은 연습실조차 없는 슬픈 현실이었다. 다행히 샤이오 국립극장이 연습실을 제공하고 극단은 새로운 레퍼토리인 〈광대들〉의 연습에 들어간다.

〈광대들〉은 태양극단의 역사를 이야기할 때 빼놓을 수 없는 공연인데, 바로 태양극단의 집단 창작이 본격적으로 가동되어 태동한 작품이기 때문이다. 연출가의 제안에 따라 배우들은 스스로 인물을 만들어 냈다. 이러한 창작 형식은 궁극적으로 관객과 더욱 직접적으로 교감할 수 있는 가능성을 찾는 것이다. 배우들 각각은 자신의 광대를 찾아내 코메디아 델라르테의 인물 판탈로네, 아를르캥과 같은 인물을 닮아갔다. 배우의 실루엣이 변하고 붉은 코는 얼굴에서 꽃처럼 피어났다. 얼굴은 흰색·노란색·빨간색 등으로 칠해졌다. 배우들은 움직임도 스스로 찾아냈고 임의적인 발성을 통해 깨지는 소리를 질러댔다. 그러나 스스로 창작한다는 것은 매우 어려운 작업이었고 배우들은 종종 난관에 부딪쳤다. 원래 20명이 넘는 숫자로 출발을 하였으나 마지막에 남은 것은 15명 정도였다. 따라서 이렇게 창조된 〈광대들〉은 실은 집단 창작이라기보다는 각자 개인적인 창작이라고 하는 것이 옳을 것이다. 연습은 여러 장소에서 전전긍긍하며 행해졌고, 다른 극단과 합치는 문제도 대두되었다. 상황은 점점 악화되고 1천5백 프랑의 월급은 9백 프랑으로 줄어들었으며 그나마 지급되지 않는 경우도 있었다. 《한여름 밤의 꿈》으로 10만 프랑을 벌었지만 빚을 갚는 것이 우선이었다. 무대장치 팀이 돈벌이를 위해 밖으로 나서지 않을 수 없었다.

아비뇽 무대에서 공연한 〈광대들〉은 성공적이었다. 관객은 끊임없이 웃어댔고 아이들도 연기에 동참하였다. 언론도 매우 호의적인 반응

을 보였다. 1969/1970년 시즌에 극단은 오베르빌리에에서 〈광대들〉
을 다시 공연한다. 하지만 2명의 배우가 갑자기 극단을 떠나자 므누슈
킨과 필리프 레오타르가 직접 무대에 설 수밖에 없었으니 이것이 그
들의 첫번째 무대가 된 셈이다. 그러나 극단의 시련은 여기서 끝나지
않았다. 공연 장소도 없거니와 정부의 보조금이 줄기도 하였다. 극단
이 살아남는 유일한 길은 공연을 하는 것이지만 인원이 너무 많았고 그
들의 요구 사항도 많아졌다.

　1970년 1월이 되었다. 장 루이 바로 덕분에 파리에서 한번도 공연되
지 않은 〈대장 프라카스〉를 공연할 수 있었다. 눈과 추위로 인해 객석
은 절반이 좀 넘게 찼을 뿐이었다. 어려움이 더욱 심해졌고 단원들의
얼굴은 더욱 우울해졌다. 이때 태양극단의 친구들이 극단을 위해 후원
회를 구성한 것은 매우 위안이 되는 사건이다. 이 후원회는 5년 동안
이나 태양극단을 도왔다. 덕분에 조금씩 관객이 늘어났고 두 달 공연
을 한 끝에 겨우 파산을 면할 수 있었다.

　므누슈킨은 한 작품이 끝나고 다음 작품을 구상할 때면 혼자 있는 버
릇이 있다. 그녀는 어디론가 사라졌다가 갑자기 나타나서는 새로운 제
안을 하곤 하였다. 므누슈킨은 이번에도 불쑥 나타나 글로 된 텍스트
를 거부하자고 제안하였다. 이러한 선택은 이미지의 힘을 보여준 〈광
대들〉의 공연에서 직접적인 언어를 사용해 본 경험에서 우러나온 것이
다. 므누슈킨은 처음 주제를 민담에서 차용할 것을 생각하였으나 그
것이 착각임을 깨닫고는 모든 프랑스인들이 공감할 수 있는 공통적인
유산에 집중하게 되었다. 그리하여 1789년의 프랑스 대혁명에 관한
공연을 하기로 결정하였다. 그렇다면 어떻게 포인트를 잡을 것인가?
주요 인물들간의 심리적 갈등을 그릴 것인가 아니면 사건의 와중에서
한 가족이나 노동자에 대한 이야기를 할 것인가? 결국 므누슈킨은 제
삼의 방식을 택한다. 즉 어릿광대·노점상인, 동요하는 대중들을 주된
인물로 설정한 것이다.

　엘리자베스 브리송은 매일 밤 그들을 방문하여 2시간 동안 1789년

당시의 상황을 배우들에게 강의했다. 연기자들은 미슐레 · 조레스 · 르페브르 · 소브 · 마생 등을 계속 읽어댔다. 스태프들도 움직이기 시작했다. 때가 되자 므누슈킨은 다시 새로운 형태를 제안하는데 그것은 다음과 같다. 각자는 학교에서 연극에 대해 배웠던 것을 회상한다. 모든 연극 형태, 이를테면 소극 · 알레고리 · 오페라 · 인형극 · 의회 연설 등에 접근한다. 연습은 사건의 역사적 시간에 따라 개인적으로 그리고 집단적으로 이루어진다. 영화 도서관 등을 들러 자료를 찾고 연기자들은 모이는 사람들끼리 자유롭게 주제에 대해 접근한다. 단원들은 나름대로의 상상력과 개성이 있으므로 이러한 제안과 방법론은 매우 유쾌한 것이었다. 이러한 개인적인 작업이 끝나고 나면 10-15개의 즉흥적인 상황이 주어졌다. 몇몇의 단원은 금방 포기해 버렸지만 다른 단원들은 의미 있는 장면들을 만들어 내곤 하였는데 이것들은 실제 공연시 채택되었다. 각 배우들은 장면 구성에 개입을 하고 스스로 고쳐가면서 최상의 장면들을 찾아나갔다. 이렇게 해서 연습은 진척되었지만 날이 갈수록 재정적인 압박은 심해졌다. 다행히도 1970년 국고에서 5만 프랑의 보조금과 또한 기부금으로 겨우 명맥을 이어갈 수 있었지만 가장 어려운 문제는 역시 연습 장소였다. 그러나 문제가 있으면 길이 있고 어려움이 있으면 해결책이 있는 법, 그때 파리 시청 직원인 알렉상드르 드브레 부인이 연습 장소 하나를 추천해 주었다. 그곳은 뱅센 숲에 위치한 과거의 탄약 저장고였던 허름한 창고였다. 이렇게 해서 군부대지였던 카르투슈리를 태양극단이 사용할 수 있게 되었다. 때는 8월말, 〈1789〉의 곡예사들이 바닥의 흙도 검게 변해 버린 우중충한 창고로 밀려들게 되었다. 연습 장소가 해결되자 배우들의 즉흥 연기는 계속되었다. 배우들은 역사적 시기를 1789년 1월부터 1792년 7월까지 잡아 이를 연습하기도 하고, 또는 1793년의 상황을 그려 보이기도 하였다. 연습을 하는 동안 끼워넣었다가 버렸다가 하는 장면이 수없이 되풀이되었고 토론이 2,3일간 지속되기도 하였다. 〈1789〉의 공연은 이상하게 이탈리아에서는 매 공연 2천 명의 관객이 들 정도로 선풍적인 인기를 끌었지만 정작 프랑스 지방 공연은 언론의 호평에도 불구하고 외면받았다. 이런 상황에서 극단은 이를 자신의 본거지인 카르투슈리에서 공연하기로 결정한다. 그 해의 겨울은 매우 혹독하였다. 공연장 지붕의 기와는 깨져 있었으며 벽은 금이 갔고 바닥은 심하게 훼손되어 있어 단원들은 연습에 몰두하기보다는 추위와 싸워야 했다. 금세 모두들 얼어붙어 얼굴이 창백해졌다. 마침내 3주간의 무대 작업을 마치고 12월 23일 드디어 공연을 올렸다. 관객들은 추위 때문에 발을 동동 구르면서 공연을 관람하였다.

태양극단의 10년은 대략 두 시기로 나눌 수 있다. 이는 조금씩 이름이 알려지는 시기 내지는 집단 창작의 시기, 예컨대 1969년의 〈광대들〉과 1970년의 〈1789〉의 공연 시기를 전반기로 잡는다면 카르투슈리에 정착한 것과 1973년 〈황금 시대〉의 공연을 통해 독창적인 위상을 세운 시기를 후반기로 잡을 수 있을 것이다. 아무튼 고생 끝에 무대에 올린 〈1789〉을 계기로 태양극단은 외국에서 알려지기 시작했고 독일·영국 등지에서 공연을 요청받는다.

1973년에는 〈1789〉에 이어서 〈1793〉이 연속적으로 공연되었고 관객들의 열띤 호응을 받았다. 또 정부에서 4만 5천 프랑의 적지않은 보조금을 받기도 하였다. 그러나 부채 청산과 50여 명이 넘는 단원들을 먹여 살리는 문제는 여전히 난제로 남아 있었다. 므누슈킨은 문화부에 편지를 써서 재정지원을 요청하지만 거절되어 태양극단은 다시 힘든 상황에 처하게 된다. 1972/1973 시즌에는 〈1789〉가 영화로 제작되기도 한다.

1973/1974년 므누슈킨은 코메디아 델라르테의 형식으로 자신들이 살고 있는 현재의 시대 및 현 세계를 말해보고 싶다는 계획을 발표한다. 코메디아 델라르테는 1968년 이래로 계속해서 연습을 해오던 터였다. 〈1789〉과 〈1793〉년이 과거의 역사에 대한 해석이라면 이제는 현재의 역사, 즉 프랑스 현대사인 인민전선에서 파리 해방의 시기에 관한 것을 무대에 올리고 싶었던 것이다. 므누슈킨은 역사·정치·연

극에 대해 끊임없이 질문을 제기하면서 자신들의 고유의 정체성을 찾아 나가고 싶어했다. 이렇게 해서 구상된 것이 바로 〈황금시대〉이다. 그러나 이 공연 역시 어려움 속에서 무산될 뻔한 우여곡절을 겪으면서 연습은 명맥을 이어 나갔다. 공연장은 거대한 댄스홀을 사용하기로 하고 극단의 무대 팀은 무대를 완전히 새롭게 개조해 버렸다. 연기자들은 탭댄스와 무용을 연습하면서 코메디아 델라르테의 가면을 쓰고 행복과 불행의 순간을 동시에 맛보기도 하였다. 〈황금시대〉 역시 공동 창작으로 연출가는 배우들로 하여금 그들의 상상력을 마음껏 펼칠 수 있도록 하였고 즉흥 연기가 주는 기쁨을 누릴 수 있도록 배려하였다. 연습은 매우 활기차게 이루어졌다. 〈황금시대〉는 그해 아비뇽에 초청되어 "이야기된 역사"라는 이름으로 실험되었다. 한 사람의 배우가 말로 역사를 설명한다. 그러다가 이야기는 점차 연극 놀이로 진입하면서 다른 배우들이 연기에 참여하는 식이다. 이러한 공연 형식은 배우와 관객이 함께 어울릴 수 있는 장을 자연스럽게 마련할 수 있다. 연습이 진행되는 과정에서 므누슈킨은 일률적인 코메디아 델라르테의 가면에 이의를 달았고 다른 형태의 가면의 첨가를 제안한다. 이렇게 해서 하얀색으로 검은 선을 강조하는 중국의 경극 마스크가 삽입되었다. 배우들은 스스로 분장사가 되었고 자기가 알아서 필요한 물건을 구입하였다. 재정 상태는 좀 나아진 편이었다. 배우들이 각기 음악·회화·수업·만화 등을 통해 돈을 벌었으며, 태양극단 후원회에서도 백방으로 도움을 주었다.

1975년 므누슈킨은 또다시 연극의 새로운 표현 방법을 찾아야겠다고 선언하고 그들의 우상이며, 위대한 연극인이었던 몰리에르를 영화로 만들 것을 제안한다. 불가코프의 소설을 바탕으로 므누슈킨은 깊은 사색에 잠겨 각색을 시작한다. 그녀는 몰리에르에 대한 연구를 통해 자신의 창작에 있어 분명히 그 상상력을 더욱 풍요롭게 하였을 것이다. 이 영화는 그녀가 지금까지 겪었던 모든 것이 함축되어 있는 자신의 얘기이기도 하니까 말이다.

1978년의 계획은 일종의 우화라고 할 수 있는 클라우스 만의 소설 《메피스토》를 각색하여 무대에 올리는 것이었다. 이때 태양극단은 1백 개 이상의 악기를 연주할 줄 아는 장 자크 르메트르[1]를 만나게 된다. 국내에서 〈제방의 북소리〉를 공연할 당시 관객들은 무대 왼편에 각종 재래의 · 타악기 · 현악기 관악기를 갖다 놓고 번갈아 가면서 연주하는 장 자크 르메트르를 보면서 그의 현란한 음악적 솜씨에 찬사를 보냈을 것이다. 아무튼 〈메피스토〉에서 그는 음악을 작곡하고 배우들과 오케 스트라를 구성한다. 이때부터 새로운 하나의 전통이 생겨났는데 그것 은 갓 입단한 젊은 배우들에게 실습의 기회를 주는 것이었다. 존 아르 놀드 · 쥘리앙 모렐 · 피에르 파튀스 · 베로니크 가르길로 · 릴리아나 앙드레온 같은 배우들이 집단 창작에 참여하면서 관객과의 관계를 배 우게 된 것은 이러한 전통에 따른 것이다. 〈메피스토〉는 1979년 5월 4일 카르투슈리에서 초연되었고 1980년 7월까지 이어졌다. 그런데 이 공연은 태양극단의 연극인들에게 연극적인 문제를 해결하기보다 는 오히려 많은 질문과 문제를 던진 공연이었다. 므누슈킨은 이 공연 을 통해 진실한 연극을 창조해 내기 위해서는 리얼리즘과 심리주의 연 극을 피해야 한다는 뼈저린 교훈을 얻게 되었고, 놀이 연극, 배우들의 연극이 진정한 연극이 될 수 있다는 확신을 하기에 이른다.

1980년 이후 단원들 사이에서 격론을 거듭한 끝에 므누슈킨은 다음 의 연극 방향을 정한다. 그것은 이미 전 세계적으로 다 알려진 것으로 한 국가에서 자행된 민족의 집단 학살 및 그 왕국의 비극을 연극적으 로 표현해 보자는 것이었다. 이 왕국은 그녀가 여행하면서 진정으로

---

1) 르메트르는 커다란 체구에 긴 머리와 날아갈 듯한 눈썹도 인상적이지만 자신이 '가야' 의 후손이라고 서슴없이 말하는 태도도 무척이나 재미있다. 말끝마다 유머가 묻어 있는 화술이나, 술 없는 인생이 무슨 재미가 있겠냐는 지론도 폭소를 자아내게 한다. 필자가 같이 식사를 한 자리에서 물을 권하자 전혀 안면이 없던 필자에게 자 기는 술을 마시지 못한다고 너스레를 떨던 모습을 떠올리면 지금도 웃음이 저절로 나온다. 그는 말하기를 자신의 모든 관심은 소리이며 무슨 일이든 소리와 연관시켜 생각을 한다고 하니 그의 삶은 한마디로 소리의 삶이라 하지 않을 수 없다.

사랑을 느낀 캄보디아이다. 그녀가 보기에 신뢰감이 없는 파렴치한 서양의 맹목적인 시선에 의해 한 왕국이 지구상에서 사라져 버렸다. 그 나라의 국민·추억·문화·사찰·영토·도시·언어들 모두가 사라졌다. 1981년 므누슈킨은 이제 더 이상 글을 쓰지 않겠다고 선언하고 계속해서 캄보디아의 비극을 어떻게 연극적인 메타포로 승화시킬 것인가를 구상한다. 그러나 구상은 진전을 보지 못하고 시간만 흘러갔고 배우들의 의견도 여러 갈래로 나누어졌다. 므누슈킨은 무거운 마음을 안고 작업실로, 학교로 들어가 문제 해결에 몰두한다. 그리하여 다시한번 왕이 등장하는 셰익스피어의 사부극(四部劇)과 로마의 극작품을 읽기 시작하고 스스로 셰익스피어의 텍스트를 번역하기도 한다. 그녀의 번역은 셰익스피어 언어가 포함하고 있는 이미지와 소리 리듬을 강조하고 있는데, 이런 과정을 통해 셰익스피어 연작품이 작품에 따른 다양한 요소들을 그대로 살리면서 한 장소에서 공연되도록 계획을 세운다. 므누슈킨의 기본적인 연출 컨셉트는 셰익스피어가 연대기 작가이자 시인이자 기자인 것으로 간주하면서 시작한다. 셰익스피어의 연극이 코메디아 델라르테나 일본 연극, 발리 연극 혹은 인도 연극과 같은 동양 연극처럼 일정한 거대한 형식으로 풀어 본 적이 없다는 점에 착안을 하였던 것이다. 모든 이미지는 바로 극작품 안에 있다. 리처드 2세의 통치 시대 영국은 겨우 3백만의 인구, 고립되어 있는 섬나라로 하나의 독립된 세계였다. 이러한 고도 영국에서 아이들처럼 원초적이고 환각적이고 고풍스럽고 자아 중심적인 인물들이 살았던 것이다. 그런데 이들이 바로 세계의 정복을 통해 자신들의 내적인 모습과 정열을 깨닫게 된다. 한마디로 그들의 영혼이 완전히 벗겨져 온전히 드러났던 것인데, 이처럼 예기치 않게 자신이 드러나게 되면서 내적인 모습을 깨닫는 셰익스피어의 작중 인물을 동양적인 방법을 통해 밝혀 보려는 것이 므누슈킨의 목적이었다. 그리하여 셰익스피어를 영주와 사무라이가 등장하는 일본의 중세를 작품 속에 삽입하자 틀에 박힌 서양의 중세에서 빠져나올 수 있는 하나의 길이 열렸다. 〈왕들의 밤〉은 서양

보다 더욱 여성적인 동양의 할렘에서 빌려왔고, 〈왕들의 밤〉을 이같은 맥락으로 공연하기 위해 연기자들은 남인도의 여성 춤인 바라타-나티암을 배워야 했다. 이러한 연습 과정을 통해 므누슈킨은 동양이야말로 연극의 형태를 배울 수 있는 곳이라고 확신하기에 이른다. 동양 연극은 형식에 있어서 연극적인 영감의 원천일 뿐 아니라 연극 행동에 대한 신성한 지각을 발견하도록 해준다고 생각했던 것이다. 단원들은 일정 기간 순서 없이 극작품을 연구했지만 사전에 어떤 배역도 주어지지 않았다. 배역은 가능한 늦게 주어지고 단원 각각은 인물들에 대한 나름대로의 상상력을 펼치도록 한다. 한마디로 모든 등장 인물이 모든 배우들에게 열려 있었던 것이다. 배우들은 진실한 탐구와 몸과 목소리와 시선의 기호를 통해 감동을 풀어내는 이중적인 작업에 매달렸다. 스티에펠은 공연에 사용할 노 스타일의 가면을 제작하기 시작했다.

1981년 4월부터 9월까지 계속해서 일정한 순서 없이 극작품에 대한 작업이 이루어졌다. 《리처드 2세》《헨리 4세》《헨리 5세》가 연구되었고 한편에서는 여자들끼리 《왕들의 밤》《실연의 고통》을 연구하였다. 이렇게 해서 셰익스피어 연작으로 총 8,9편이 공연될 예정이었지만 피치 못할 사정으로 인해 결국 세 작품만 공연된다. 〈리처드 2세〉가 1981년 12월 10일 카르투슈리에서 1982년 7월 10일 〈왕들의 밤〉은 아비뇽에서 〈앙리 4세〉의 제1막이 역시 카르투슈리에서 1984년 1월 18일에 각각 공연되었다. 이 작품들은 1984년 2월부터 6월까지 교대로 공연되었는데 그 사이에 많은 어려움과 문제점이 노출되었다. 그 중에서도 〈앙리 4세〉에서 팔스탭을 연기한 필리프 오티에가 떠나고, 특히 〈왕들의 밤〉에서 비올라를 연기하고 〈몰리에르〉에서 마들렌 베자르를 연기한 조세핀 드렌이 떠남으로써 태양극단의 창립 멤버는 이제 므누슈킨만 남게 된다. 그러나 이러한 시련에도 불구하고 셰익스피어 연작을 공연하면서 3년여 동안 극단은 삶에 대한 더욱 깊이 있는 성찰과 연극을 지향할 수 있었고 관객들은 더더욱 태양극단에 열광한다. 이 연작 공연에서 민중은 공연의 일부가 된다. 민중은 연극을 이해하고 이로부터 역사를 깨닫고 교훈을 얻게 될 터인데 이는 브레히트의 서사극과 매우 유사하다.

1985년 므누슈킨은 아무 일도 하지 못한 채, 동시대의 역사를 말해야 한다는 화두를 안고 캄보디아 역사와 여전히 씨름하고 있었다. 이와 같은 상황에서 므누슈킨이 엘렌 식수를 만나지 않았더라면 현 시대의 역사에 접근한다는 것은 아마도 불가능하였을 것으로 보인다. 식수와의 만남은 태양극단이 그들을 위해 극을 써줄 수는 있는 작가와 최초로 만난 경우이다. 식수는 이미 태양극단의 열렬한 팬이었으며 셰익스피어 작품을 연습할 때 직접 참여하곤 하여 태양극단 관계자들과는 매우 잘 알고 있던 터였고, 태양극단측에서도 1983년 12월에 공연된 식수의 극작품 〈맛후바이 학교의 점령〉을 주목하고 있었다. 이같은 상황에서 1984년 연출가는 식수에게 그 나라의 역사가 바로 왕의 역사, 즉 노로돔 시아누크 역사이기도 한 캄보디아의 역사를 써줄 것을 부탁한다. 식수는 므누슈킨과의 상의하에 시적인 언어와 연기가 합해진 현대의 역사극을 쓰기로 한다. 이렇게 해서 새로운 연극이 탄생하게 되었다. 이 연극에서 초점은 민족 말살이 아니라 캄보디아 민중과 왕과 왕자와 왕비들과 영웅들 그리고 배반자들의 역사에 맞추어졌다. 극작가 식수는 캄보디아의 왕 시아누크의 삶 자체가 연극적이라고 생각한다. 그녀는 캄보디아의 역사를 공부함과 동시에 프놈펜 궁전을 드나들면서 무대를 구상한다. 식수는 캄보디아의 역사를 두 시기로 나누는데 1953-1970년과 1970-1979년이 그것이다. 여기서 1953년은 마르크스주의 학생들이 캄보디아로 귀환한 해이며 1970년은 미국이 포격을 개시한 해이다. 1985년 첫번째 독회가 열렸다. 단원들 모두는 작품에 열광했고 매스컴도 셰익스피어의 인물이 다시 살아났다고 떠들어댔다. 1984년 12월 므누슈킨·식수·장 클로드 바리에라 일행은 캄보디아의 인민 반군 캠프를 향해 떠났다. 이곳은 해방 구역으로 불리는 곳으로 캄보디아 국경 안쪽에 위치하고 있었다. 이처럼 태양극단은 일단 작품을 시작하면 철저한 역사적 고증과 끊임없는 탐구를 통해 상상력을 극대화시켰다. 이렇게 해서 완성된 연극은 생명을 갖게 될 것이며 인생을 구현하며 삶을 소생시킬 것이다. 므누슈킨은 캄보디아에 대한 연극 작업을 하면서 연극과 미완성의 역사적 사실 사이에 긴밀한 관계가 있음을 느끼게 된다.

연습은 셰익스피어의 연작품과 동일한 방법으로 이루어졌다. 사전에 배역은 없고 모든 것이 열려진 상태였다. 순서가 정해지지 않은 상태에서 배우들은 무대에서 모든 극중 인물들을 연구하고 연습하였다. 이렇게 하자 배우들은 상상을 통해 동양의 세계에 진입하는 것이 아니라 진짜로 아시아 세계로 들어간다고 생각하게 되었다. 연극의 제1부는 1985년 9월 11일에, 제2부는 9월 14일에 각각 카르투슈리에서 공연되었다. 카르투슈리의 공간은 이번에도 기 클로드 프랑수아에 의해 완전히 변모되었다. 〈캄보디아 왕, 노로돔 시아누크의 미완의 무서운 역사〉 제1부와 제2부는 각각 4시간 30분이 소요되므로 이를 합하면 9시간짜리 공연이 된다. 러닝타임이 이 정도이니 그 공연의 어려움은 짐작이 가고도 남는다. 관객들은 정오에서부터 자정에 이르기까지 관람하였고 휴식 시간에는 인내심의 대가로 캄보디아의 수프와 요리를 맛볼 수 있었다. 한번은 무대의 실제 인물인 시아누크 왕자와 왕자비가 직접 공연을 관람한 적이 있다. 진짜 왕자가 자신의 역사를 참관한 것이다. 역사를 재구성하여 만든 무대와 무대를 바라보는 역사적 인물이 마주 보고 있다는 사실만으로도 이는 감동적인 장면이었다. 무대에서 펼쳐지는, 죽은 아버지와 어머니가 자신을 돕기 위해 유골단지에서 나왔다가 혼령들의 왕국으로 되돌아가는 장면을 보면서 시아누크는 어떤 생각을 했을까? 공연이 끝나고 캄보디아의 왕자는 태양극단이 자기 조국의 역사를 이해하게 해주고 기억을 되살려 주어 너무 감격적이었다는 소감을 밝혔다. 이 공연은 네덜란드·벨기에·스페인 등지를 순회 공연하여 호평을 받았다.

1986/1987년 식수는 새로운 작품 《앵디아드 혹은 꿈속의 인도》를 썼는데 인도 분할의 역사를 주제로 다루고 있다. 인도는 독립하던 날

스스로 분열되었고, 한 어머니 배에서 태어난 형제의 분리와 헤어짐이란 영원한 주제라고 생각한 태양극단이 이에 주목한 것이다. 인도를 이해하기 위해 단원들은 먼 길을 떠나 힘든 인도의 순례길에 올랐다. 이러한 과정을 거쳐 제작된 이 작품은 1987년 9월 30일 초연되었다.

이후의 태양극단의 레퍼토리는 매우 다양하게 전개된다. 1989년 므누슈킨과 식수가 시나리오를 공동 집필하고, 므누슈킨의 연출로 영화 〈기적의 밤〉을 제작했으며, 1990년부터 1993년까지 에우리피데스의 《아울리스의 이피게네아》, 아이스킬로스의 《아가멤논》《공양하는 여인들》《에우메니데스》와 같은 소위 아트레우스 가문 시리즈를 공연한다. 1993년에는 라제브 세티 연출의 〈인도, 아버지에게서 아들로, 어머니에게서 딸로〉를 공연하고 1994년 식수의 작품인 《거짓도시 혹은 에리뉘에스의 깨어남》을, 1995/1996년 시즌에는 몰리에르의 《타르튀프》를 각각 공연한다. 또한 1997년 식수와 공동 창작으로 〈갑작스런 각성의 밤들〉을 공연하고 1998년에는 다시 셰익스피어의 《끝이 좋으면 다 좋아》를, 그리고 최근에는 바로 우리 앞에 선보인 《제방의 북소리》를 1999년부터 지금까지 공연해 오고 있다.

다시 정리하여 보건대, 태양극단이 창단된 이래 어려운 여건 속에서도 그들은 단계별로 새로운 전기를 마련하곤 했다. 이를테면 첫째, 1969년작 〈광대들〉에서 배우의 상상력과 즉흥적 연기가 십분 발휘될 수 있도록 새로운 연출 방법이 선보인 소위 집단 창작의 형식이 그것이다. 이 창작 방식은 이미 설명한 바 있거니와 이러한 집단 창작은 오늘날 태양극단의 독창적인 형식으로 인정받고 있다. 둘째, 1970년 카르투슈리와의 만남이다. 초기에 관객은 진흙길을 따라 가로등도 없는 어두운 이곳을 헤매어 찾아왔고 배우들 역시 온갖 악천후와 싸워야 했지만, 현재의 관객은 매 공연마다 완벽하게 달라지는 무대장치의 새로움에 감탄하며 이곳을 연극의 메카로 간주한다. 셋째, 같은 해 공연된 역사극 〈1789〉도 태양극단을 확실하게 각인시켜 준 중대한 작품이다. 영웅이 아니라 민중이 주인공인 이 작품은 28만 명 이상이 관람했을 정도로 폭발적인 인기를 끌었다. 계속해서 역사극은 1972년의 〈1793〉과 1975년의 〈황금시대〉로 이어진다. 이들 역사극에서 극단은 객석의 관객을 직접 참여시킴으로써 격조 있는 민중극을 선보인다. 이러한 형상은 분명 브레히트의 서사극과 연결되어 있되 동시에 아르토의 합일 연극과도 상통하는, 매우 모순적이면서 조화로운 모습이다. 태양극단의 중요한 또 다른 전기는 새로운 사람과의 만남이다. 무대 감독 클로드 기 로쉬, 음향 장 자크 르메트르 그리고 페미니즘 작가로 유명한 식수와의 만남이 그것이다. 이들은 므누슈킨과 더불어 태양극단의 성격을 확실하게 부각시킨 장본인들이 아니던가!

이상과 같이 태양극단의 역사 및 므누슈킨에 대해 간략히 살펴보았다. 지금까지 창단 이래 37년간 25편의 작품을 공연할 정도로 태양극단은 오랜 연구와 연습을 통해 완성도가 높아진 공연만을 무대에 올리는 것으로도 유명하다. 나아가 비록 많지 않은 공연이지만 극단의 공연 작품과 공연 방법 및 주제의 다양성에 혀를 내두르지 않을 수 없다. 이 다양성은 물론 므누슈킨이 항상 주장하는 바, 인간의 다양한 본질에 대한 탐구가 근본적인 목표이므로 이를 추적하기 위한 각고의 노력의 결과로 보인다. 태양극단이 고대 그리스 연극, 코메디아 델라르테, 셰익스피어 연극, 몰리에르 연극, 아시아 연극 등을 두루 섭렵한 것은 그들의 끊임없는 추구 정신과 맞물려 있다. 이들이 어설프게 상호 문화적인 방법론의 깃발을 쳐들고 이곳저곳을 굽어다 본 것이 결코 아니라는 얘기다. 어쨌거나 오늘날의 태양극단과 므누슈킨이 있기에는 많은 사람들의 헌신적인 노력과 행운과 고통과 깊은 사색과, 아울러 프랑스 특유의 예술 정신 및 연극 정책에서 기인하는 듯하여 많은 부분에서 부러움을 감출 수 없음이 솔직한 심정이다.

연출가와의 인터뷰

2001년 10월 11일 오전 10시부터 국립극장 달오름 소극장에서 태양극단의 연출가 므누슈킨과의 인터뷰가 예정되어 있었다. 필자는 태양극단이 입국하기 전부터 연출가와의 단독 인터뷰를 하기 위해 백방으로 노력했으나 단독 인터뷰를 워낙 사양하는 터라 이를 포기하고 부득이 기자와 평론가를 위해 마련된 연출자 인터뷰 시간을 이용하는 수밖에 없었다. 다행히(?) 인터뷰에 참가한 인원이 많지 않아서 소기의 목적을 달성할 수 있었으며, 인터뷰 이후 국립극장측에서 마련한 점심 식사에 연출가를 비롯해 음향 담당의 장 자크 르메트르 및 태양극단의 몇몇 관계자들과 자리를 같이하여 그들과 격의 없는 대화를 나눌 수 있게 되어 극단의 분위기를 어느 정도 파악할 수 있었다.

전날 입국하자마자 하루 종일 행사가 있었던 터라 피곤했던지 므누슈킨은 10시가 조금 지나서 매우 미안하다는 말을 하며 나타났다. 사진에서 본 것보다는 좋은 체격을 한 그녀는 나이에 비해 매우 건강하고 활기찬 몸짓을 보여주었다. 어색한 분위기가 잠시 흘러가고 질문이 시작되기 전에 므누슈킨이 한국에 온 소감을 밝혔다.

"나는 한국의 문화와 역사에 대해서 그리 잘 알지는 못합니다. 그러나 나는 한국 전통 문화에 의해 결정적인 영향을 받았습니다. 따라서 한국에서의 이번 공연은 내가 꿈꾸던 전설 안으로 들어오는 것이고 그 꿈을 실현하는 것입니다."

이어서 인터뷰가 시작되었는데, 필자가 맨 처음 질문하였다.

필자 당신이 엘렌 식수를 만난 것이 15,6년 전인 듯합니다. 당신이 한국에서 유명한 것 못지않게 식수 역시 한국에서 페미니즘 작가로 매우 유명합니다. 식수를 만난 이후로 당신은 페미니즘에 대해 영향을 받았습니까? 또한 이번에 한국에서 공연될 〈제방의 북소리〉는 식수의 작품인데 이 작품에서 페미니즘을 발견할 수 있을까요?

므누슈킨 식수를 알게 된 것은 그보다 훨씬 더 오래전일 것입니다. 식수는 페미니즘 작가로 알려져 있지만 사실 본인이 스스로를 페미니스트라고 말한 적은 한번도 없습니다. 내 생각으론 식수를 페미니즘 작가로 단정하는 것보다 위대한 작가라고 말하는 것이 옳습니다. 식수와는 매우 가까운 사이이고 그녀와는 수시로 많은 것을 이야기합니다. 따라서 누가 누구에게 영향을 미쳤다기보다는 서로에게 영향을 미쳤다라고 해야 되겠죠. 물론 식수도 여자고 나도 여자이니만큼 어떤 식으로든 페미니즘을 언급할 수는 있다고 생각합니다. 하지만 페미니즘이라는 하나의 카테고리로 제한하는 것은 위험하다고 생각합니다.

〈제방의 북소리〉 역시 여성이 주인공으로 등장하고 있습니다. 직접적으로 페미니즘에 대한 언급은 없지만 시각에 따라서는 페미니즘적인 시각으로 볼 수도 있겠죠. 그러나 이 역시 페미니즘으로 단정해서는 안 됩니다. (여기서 그녀는 필자에게 되물었다.) 왜요? 당신은 페미니스트인가요?

필자 글쎄요.

므누슈킨 그것 봐요. (웃음) 어느 누구를, 어떤 작품을 하나의 이론이나 주의로 제한하는 것은 옳지 못합니다.

필자 다음 질문을 드리겠습니다. 태양극단의 레퍼토리를 보면 아시아 문화 및 아시아 전통극과의 조합이 두드러집니다. 프랑스 극단과 아시아 전통극의 상호 문화적인 하모니라 할 수 있겠는데, 이러한 상호 문화성에서 발견할 수 있는 이점이 있다면 어떤 것이 있을까요?

므누슈킨 나는 아시아에서 예술에 대한 위대한 원천을 발견하였습니다. 아시아 연극은 거대한 형식을 지니고 있으며 특히 배우들의 연극이라는 특징이 있습니다. 반면 서양 연극은 그렇지 못합니다. 서양 연극은 배우들보다 극작술, 텍스트가 더 우위에 서는 연극입니다. 이점에서 서양 연극이 흉내낼 수 없는 점을 아시아 연극이 가지고 있다고 생각합니다. 배우의 연극이란 징후의 연극입니다. 신체의 징후인 것이지요. 어제 한국에 도착해 연극원에서 꼭두각시 비디오를 보았는데 너무 감동적이었습니다. 그 역시 신체적 징후를 이용한 일종의 연극이었던 것입니다.

나는 한곳에 머무르지 않습니다. 무엇인가를 찾고 또 찾아내려고 애씁니다. 나에게는 고대 그리스 연극이나 시베리아 무당이나, 캄보디아 역사나 다 유사한 것입니다. 이들을 통해 연극의 본질적인 부분들을 발견할 수 있기 때문입니다. 예술은 여행입니다. 카라반을 타고 태양을 향해 나아가는 여행인 것입니다. 아무것도 없는 무인도에 어느 날 야자수 새싹이 피어납니다. 야자수 씨가 출렁이는 파도를 넘어 아무도 모르게 이곳까지 날아온 것입니다. 무인도에 생겨난 야자수처럼, 무에서 유를 창조하는 것이 예술이라고 생각합니다.

필자 지금 말씀하신 것 가운데 당신이 아시아에서 발견한 신체 언어는, 발리 연극을 보고 그 영향을 받아 아르토가 추구한 신체 언어와 매우 유사하다는 생각이 드는군요.

므누슈킨 그렇다고 할 수 있지요. 하지만 아르토는 스타니슬라프스키나 브레히트를 언급하지는 않았어요. 나는 이들과도 교류하고 있으므로 내가 추구하는 길은 상호 문화적이기보다는 우주적(universel)이라고 해야 할 것입니다.

여기에서 필자의 질문이 끝나고 다음 질문이 이어졌다.

질문 당신이 한국으로부터 받은 영향은 무엇이며 사물놀이에서 어떤 것을 취했습니까?

므누슈킨 나는 1963년 한국에 와서 한 달간 머문 적이 있습니다. 그때 매우 깊은 인상을 받았는데요, 마치 인도와 유사하다는 생각을 했으며 전생에 내가 한국 사람이 아니었나 생각할 정도였습니다. 한국은 지금까지 내가 보아 온 삶과는 전혀 다른 모습을 하고 있었습니다. 한국의 전통 음악·무용·연극은 특히나 인상적이어서 이 나라는 연극적인 나라라는 생각이 들었습니다. 실은 이 점은 아시아 전체에 확대 적용이 가능합니다.

한국의 사물놀이는 한국이 아름다운 나라라는 이미지를 줍니다. 사물놀이는 무한한 최면 상태로 이끌어 줍니다. 사물놀이에서 들려주는 북소리는 우리 삶에서 필수 불가결한 것입니다. 제가 사물놀이를 처음 접한 것은 1998년입니다. 당시 〈제방의 북소리〉를 준비중이었는데 북 때문에 고민을 하고 있었습니다(참고로 1998년 아비뇽 연극제에 참가한 김덕수 사물놀이를 처음 접한 므누슈킨은 너무 감동한 나머지 자신의 연극에 이를 접목시키고자 마음먹는다. 그리하여 전 단원에게 사물놀이를 훈련시키고 일부는 한국에 직접 방문하도록 하여 한국전통극과 문화를 연구하도록 한다. 한국 관객의 마음을 감동시킨 〈제방의 북소리〉 제1막의 마지막에 울려퍼지는 사물놀이는 바로 이러한 결과라고 하겠다). 김덕수 선생은 사물놀이를 배우기가 불가능할 것 같아 보여서 망설이는 우리에게 자신감을 불어넣어 주고 우리에게 많은 것을 가르쳐 주었습니다. 그는 음악가라기보다는 배우인데요, 그의 사물놀이는 단순하고 평범한 공연이 아닙니다.

사물놀이 이외에 살풀이를 본 적이 있는데 매우 감명적이었습니다. 살풀이는 인간의 영혼을 보여주는 것이므로 앞으로 제 창작을 여기에 접근시킬 생각입니다. 살풀이의 순수성과 우주성은 매우 아름다운 것이며 범세계적이 되어야 한다고 생각합니다. 나는 죽을 때까지 이를 살려내서 세계에 전파하고 싶습니다. 이런 것이 전해지지 못한다면 우리 인간은 야만인이 될 것입니다.

질문 〈제방의 북소리〉에서 찾을 수 있는 아시아적인 요소는 무엇입니까?

므누슈킨 여러 가지가 있습니다. 먼저 공연 방법이 있습니다. 또한 음악적인 것과 연극적인 요소들이 두루 포함되어 있습니다. 인형도 빼놓을 수는 없겠군요. 물론 인형은 매우 다양해서 서양 인형도 있긴 합니다만. 의상도 아시아적입니다.

질문 태양극단은 공연 전에 관객으로 하여금 공연장에 들어와 식사를 하게 하는 등 관객에 대한 특별한 배려를 하는 것으로도 유명합니다. 마음의 준비 자세랄까, 관객에 대한 요구 사항이 있다면 무엇입니까?

므누슈킨 태양극단은 관객에게 한 시간 전에 입장하도록 권하고 있습니다. 공연장 안으로 들어오면 관객은 일상을 잊고 외적 세계에서 연극 세계로 들어올 준비를 해야 합니다. 음식을 제공하는 것은 이들이 자연스럽게 연극 세계에 들어올 수 있도록 하기 위한 배려입니다. 공연 전 한 시간은 배우들은 가면을 쓰는 시간인 반면, 관객들은 가면을 벗는 순간입니다. 이러한 준비 과정을 거쳐 관객들은 무대와 하나가 됩니다. 이러한 방법을 다른 많은 극단들도 시도해 볼 수 있기를 바랍니다.

질문 태양극단은 연극을 영화로도 만들었습니다. 〈몰리에르〉〈1789〉 등의 작품을 이미 영화로 제작하였고, 〈제방의 북소리〉도 영화로 제작한다는 소문이 있던데요?

므누슈킨 공연 예술을 영화화하는 것은 사라져 버리는 공연을 간직하려고 하는 좋지 못한 동기에서 생겨난 것입니다. 연극은 덧없는 것이며 그것이 연극의 특징입니다. 〈제방의 북소리〉는 간단한 영화로 제작될 것입니다(사실 〈1789〉 같은 작품은 공연을 그대로 카메라에 담은 것이 아니라 새롭게 영화로 만든 것이다. 화면 속에 관객이 포함되어 있어 공연 자체를 영상화한 것이 아닌가 하는 오해의 소지가 있기는 한데, 이는 연출가가 공연적인 영화를 만들려는 의도였다. 므누슈킨은 〈제방의 북소리〉를 좀더 간단하게 각색하여 영화로 제작할 생각인 것처럼 보인다).

질문 〈제방의 북소리〉는 인형극이라고 할 수 있겠는데 인형극의 효과가 무엇입니까?

므누슈킨 서양 연극은 너무 사실적 무대에 집착하는 바람에 진실되고 시적인 연극을 상실해 버렸습니다. 그래서 나는 연극의 부자연스러움에 착안하였습니다. 인형극은 인형이 사람을 흉내내는 것이므로 절대 자연스런 연기는 불가능합니다. 아시아의 전통극은 매우 유형화되어 있으며 자연스러움과는 거리가 멀죠. 한마디로 매우 연극적이라고 할 수 있겠습니다. 중국의 경극이나 일본 가부키 배우들의 몸짓을 보세요. 얼마나 부자연스럽습니까? 그들의 몸짓은 변형된 몸짓, 변신한 몸짓입니다. 그러나 바로 그 속에 진실성과 시(詩)가 담겨 있습니다.

〈제방의 북소리〉는 동양의 한 나라의 연극 양식을 따른 것이 아닙니다. 사실 의상도 처음에는 한복을 사용했지만 연습 과정에서 불편한 점이 발견되어 좀더 날이 서는 일본 의상으로 바뀌었습니다. 그러나 한 나라의 의상을 입었다고 그 나라의 연극 양식을 따른다는 의미는 아닙니다.

질문 아시아인들도 자기 나라의 무용을 익히기 위해서는 어렸을 때부터 많은 노력을 합니다. 태양극단의 단원들이 아시아 배우들과 같은 수준이 되기는 힘들다고 보는데요.

므누슈킨 우리는 아시아 연극의 테크닉을 배워 아시아 연극을 흉내내려는 것이 아닙니다. 아시아 연극을 모방하려는 것이 아니죠. 다만 전달 수단으로 이를 연극적으로 사용하는 것입니다. 〈제방의 북소리〉는 분라쿠를 하는 것이 아니며 사물놀이를 하는 것도 아닙니다. 연극을 하는 것이죠. 이런 의미에서 〈제방의 북소리〉는 상상력의 스펙터클입니다.

질문 태양극단은 공동 집단 형태로 공동 분배를 원칙으로 하고 있습니다. 이에 대해 설명해 주시죠. 또한 레퍼토리 가운데 역사에 대한 주제가 많은데 그 이유를 알고 싶습니다.

므누슈킨 그렇습니다. 우리 극단은 60여 명 전원에게 공동 분배를 합니다. 물론 갓 입단한 젊은 단원들은 조금 덜 받습니다. 그러나 그들이 어느 정도 배워서 무대에서 기여하게 되면 역시 똑같은 급여를 받게 됩니다. 내가 나이가 들어가니 이런 원칙에 대해 불만이 생기는군요. (웃음) 극단에서는 고참들에 대한 예우를 다른 방법에서 찾습니다. 좀더 고급스런 호텔에 묵게 하여 잠자리를 편안하게 해준다던가 하는 식이죠. 돈은 중요하지만 더욱 중요한 것은 우리 자신입니다. 처음에 우리는 연출가도 아닌 연출가, 배우도 아닌 배우였습니다. 그러나 서로 신뢰하는 마음으로 시작하였습니다. 극단이 필요로 하는 것은 바로 이런 것입니다. 하루를 시작하면서 나는 배우들에게 말했습니다. "이제 뭘 할까?" 그리고 우리는 서로 토론하면서 작업을 시작하였던 것입니다. 우리 사이에서 가장 중요한 것은 바로 믿음과 사랑이었습니다. 사랑은 예기치 않은 큰 힘을 보여줍니다.

질문 연출가와 극작가가 함께 작업하면서 충돌은 없었나요? 태양극단에서 텍스트의 의미는 무엇입니까?

므누슈킨 충돌한 적은 한번도 없습니다. 식수는 자기 글보다도 무대를 더 좋아합니다. 그래서 언제든지 고쳐 쓸 준비가 되어 있습니다. 그렇다고 그것이 자기 부정은 아닙니다. 〈제방의 북소리〉로 식수가 천 번은 넘게 고쳤을 것입니다. 요리로 비교해 보자면 지나친 작가의 주장은 홍당무와 소금이 음식 안에 조화롭게 녹아들지 않는 것입니다. 홍당무의 붉은색과 소금의 짠맛을 주장한다면 맛있는 음식이 나올 수 없겠죠. 연출가도 자신의 생각을 고집해서는 안 됩니다. 연극을 만들다 보면 위험한 순간들이 많습니다. 하나의 모험이죠. 서로를 존중해야 합니다.

우리의 공동 창작은 텍스트를 기반으로 합니다. 공동 창작이란 텍스트를 무시하려는 것이 아니라 텍스트를 더욱 풍요롭게 만들려는 것입니다.

질문 개인적인 어려움을 어떻게 극복했나요?

므누슈킨 어려움이 많았습니다. 하지만 다행히도 많은 사람들의 도움을 받을 수 있었습니다. 엉뚱한 생각을 해도, 엉뚱한 짓을 해도 사람들이 귀를 기울여 주었습니다. 또 한 가지 우리가 여기까지 올 수 있었던 것은 대중적인 오락성의 유혹에서 벗어났기 때문이라고 생각합니다. 쾌락은 빠져들기 쉬운 강한 힘을 갖고 있지만 지속성이 없습니다. 현 시대는 쾌락의 길과 쉬운 길로 가려는 경향이 있습니다. 여러분들은 그 길을 가지 않기를 바랍니다(이는 므누슈킨과 태양극단의 역경을 알고 있는 우리의 머리를 끄덕이게 하는 말이었다. 이런 말은 아무나 할 수 있는 것이 아니다. 온갖 역경을 이겨낸 므누슈킨 같은 사람만이 이런 말을 할 수 있지 않을까?).

질문 배우에게는 주로 하는 말은 무슨 말인가요?

므누슈킨 먼저 크고 중요한 것을 찾기보다는 작은 것부터 찾아보라고 합니다. 체코의 인형 연극인이 한 말이 생각납니다. 그는 "구체적인 것이 신비롭다"고 하더군요. 진실은 추상적인 것이 아니라 구체적인 것입니다. 따라서 작은 것, 구체적인 것에서 진실된 것을 찾아야 합니다. 또 좀더 시간을 가지고 생각해 보라고 하기도 합니다. 충분한 시간을 가지고 생각하면 막혔던 것이 뚫립니다. 정신이나 근육을 단련시키는데도 시간이 필요하지 않습니까? 그리고 너 자신을 잊고 극중 인물이 되어 보라고 하기도 합니다. 마음을 비워라, 공을 받기 전에 던지려고 하지 마라 등도 자주 하는 말입니다.

여기에서 필자가 다시 한번 질문의 기회를 얻었다.

필자 태양극단의 역사는 무척이나 감동적이었습니다. 극단은 한 가지 것을 고수하기보다는 계속해서 새로운 길을 추구하는 배반의 역사라는 것을 알았습니다. 당신은 아시아에서 연극의 원천을 찾았다고 했는데 이제 새로운 길, 그러니까 아메리카나 아프리카 등으로 눈을 돌려 볼 생각은 없는지요? 또한 앞으로의 계획은 무엇입니까?

므누슈킨 앞으로 엄청난 계획이 있습니다. 하지만 사람들 앞에서 계획을 얘기하지는 않겠습니다. 사실은 앞으로 어떻게 될지 나도 모릅니다. 미래에 어떻게 살아남게 될지 불안할 때도 있습니다. (웃음) 하지만 지금까지 살아왔던 대로 또 흘러갈 것입니다. 나는 한 공연이 끝나면 많은 공백의 시간을 갖고 많은 것을 생각합니다. 시간이 흐르면 어떤 결핍이 느껴지고 새로운 공연에 대한 필요성이 강하게 다가옵니다. 그러면 새롭게 시작하는 거지요.

이어 마지막 질문이 이어졌다.

질문 당신은 이제 정착을 해서 자신의 이야기, 현재의 이야기를 하고 싶지 않습니까?

므누슈킨 그래야지요. 아시아는 나의 스승이고 태양극단은 나의 학교입니다. 그러므로 그것은 바로 내 이야기입니다. 현재에 관해서도 그렇습니다.

이렇게 해서 인터뷰는 끝났다. 곧 점심 식사가 이어졌는데 므누슈킨은 세계적인 대연출가라는 사실을 잠시 잊게 할 정도로 소탈하고 정감 있는 몸짓과 표정으로 주위 사람들을 부담없이 대했다. 마치 마음씨 좋은 초로의 할머니인 양……. 공동 분배와 공동 창작은 바로 이러한 정신을 바탕으로 한 것이다. 원시 세계를 꿈꾸는 사람들처럼 이들 사이에서 권위주의, 서열이나 계급은 존재하지 않았다. 나이가 많든 적든, 큰 역할이든 작은 역할이든 그들은 자유스럽게 토론하고 우스갯소리를 서슴없이 주고받았던 것이다. 한편 므누슈킨을 가까이 접하면서 그녀의 지적 호기심이 무척이나 강렬하다는 인상을 받았다. 짧은 한국 일정에서도 한국의 살풀이에 강한 관심을 표명하면서 국립극장측에 이를 보고 싶다고 요청할 정도였으니 말이다. 사실 필자는 문화 대국인 프랑스가 아시아 문화를 흡수하면서 문화 식민화의 우를 범할 가능성이 있지 않겠느냐는 질문을 준비했지만 이러한 분위기는 준비한 질문을 감히 꺼낼 수조차 없게 만들었다. 이들 사이에서 끈끈한 인간 관계로 맺어진 집단 의식, 끊임없는 지적 호기심은 미래의 태양극단의 든든한 버팀목이 될 것이라는 생각이 강하게 뇌리를 스쳐 지나갔다.

배우 인형극 〈제방의 북소리〉

태양극단이 국립극장 야외에 설치된 특설 무대에서 10월 12일부터 17일까지 선보인 〈제방의 북소리〉는 여러 관점에서 매우 흥미로운 공연이다. 1999년 9월 8일 카르투슈리에서 초연한 이래 프랑스 국내는 물론 캐나다와 일본을 거쳐 한국에 찾아온 이 공연은 세계 유수의 많은 비평가들의 열렬한 찬사를 받았다.

이 작품의 작가 식수는 1997년 홍수로 인해 양쯔 강이 범람했다는 소식을 듣고 작품의 영감을 얻는다. 식수는 작품의 서두에 이렇게 언급하고 있다. "1998년 8월 창작에 돌입한 이 작품이 1999년 9월 비로소 무대 위의 제방에 오르기까지 그동안 많은 우여곡절이 있었다. 연극이 공연되기까지 지나온 여정에서 수백 켤레의 짚신이 닳았고 내용도 상당히 단순화되었다. 따라서 본 대본은 스물일곱번째 버전, 혹은 제33판이라고 불러도 과언이 아닐 것이다. 이 책은 많은 사연을 거쳐 탄생한 본 작품의 완성본이며, 배우들이 공연하는 고전 인형극 형태로 공연된 첫 공연의 대본이다." 대본은 배우들이 연습하는 과정에서 또한 므누슈킨과의 토의 끝에 계속해서 수정되었고, 연습은 장장 10개월이나 이어졌다. 또한 배우들은 아시아를 직접 한 달간 방문하여 이곳의 문화와 예술을 몸소 체험하는 동시에 자료를 수집하기도 하였으니 태양극단이 지향하는 공연 이전의 철저한 준비를 다시 확인할 수 있다.

이렇게 완성된 〈제방의 북소리〉의 무대는 600년 전 중국과 일본 사이의 어디쯤에 위치하는 나라가 된다. 작품에는 막이나 장의 구분이 없지만 3시간 30분 이상 이어진 공연에서 중간의 휴식 시간을 기점으로 편의상 작품을 이등분할 수 있다. 작품의 외적인 구조는 대홍수에 의해 야기된 성 안의 지배자 세력과 성 밖의 피지배자 세력 간의 갈등으로 이루어져 있고, 내적인 구조는 자연을 거스르는 인간의 어리석음과 그 결과로 빚어지는 비극이다. 인간 사이의 갈등은 계급의 갈등이자 나아가 생존의 갈등이며, 따라서 제방을 지켜 주는 북소리는 농민들에게 있어 바로 생명의 끈을 이어가게 하는 근원적인 소리가 된다. 그리고 결국 성 안의 제방과 성 밖의 제방이 다 무너져 무참히 죽어가는 인간들의 모습은 극의 말미에 '강물'이 던지는 말처럼 인간의 부주의와 게으름, 나아가 무능력과 욕심이 빚어낸 값비싼 희생이다.

전반부의 서두에서 대신관은 "무(無)를 보았다"는 말로 대재앙을 예언한다. 없을 '무'는 강물에 의해 모든 것이 남김없이 사라질 것이라는 예언이다. 대홍수의 조짐이 보이자 성 안에서는 대책회의가 열리고 재상은 홍수의 원인이 성주의 조카인 훈이 무분별하게 벌목을 한 까닭이라고 지적한다. 늙고 무능한 성주 강은 이미 1천 년 전에 똑같은 상황 속에서 상류의 제방을 무너뜨려 농민들을 희생시킨 성주 키우의 전철을 밟고 싶어하지 않는다. 그는 성 안의 제방 가운데 남쪽 제방과 북쪽 제방 사이에서 갈등한다. 북쪽 제방을 무너뜨리면 상업과 공업 지대가 사라져 버릴 것이고, 남쪽 제방을 무너뜨리면 예술과 학문의 땅이 물에 잠길 것이다. 이는 이항대립의 구도 속에서 공업·상업 대 학문·예술의 대립으로 점철되는 인류 역사의 제 모습이다. 그러나 성주 강의 의도와는 달리 훈과 재무대신은 음모를 꾸며 성을 보호하고 농민들이 살고 있는 강의 상류쪽 제방을 무너뜨릴 것을 계획한다. 자신들이 살기 위해서 농민들과 그들의 농토를 희생시키려는 것이다. 한편 대신관의 딸인 두안은 상류의 제방을 지키는 농민들의 우두머리가 되어 제방을 끝까지 사수할 것을 다짐하며 북소리로 화답한다. 그녀와 고수들이 지키고 있는 이곳 제방은 벚꽃동산으로 희망의 상징이 된다. 끈으로 연결된 배우-인형들이 신나는 사물놀이를 한판 벌이며 막이 내린다.

후반부에서 상황은 새롭게 전개된다. 1천 년 전의 대홍수를 경험한 그들은 성 안의 제방을 더욱 높게 쌓아 올렸던 것인데, 이 공사에서 부패한 재무대신과 공사 감독관은 뇌물에 눈이 어두워 부실공사의 우를 범하고 만다. 한편 훈은 성주를 꾀어 성문을 폐쇄하고는 두안 일행이 지키고 있는 성 밖의 제방을 무너뜨리기 위해 출동한다. 이러한 행동은 어리석은 인간의 전형이다. 훈은 성 안의 제방에 균열이 생겨 곧 무너질 것을 알지 못하고 오히려 성문을 굳게 잠가 버렸으니, 높아진 제방과 닫힌 성 사이에서 성 안 사람들은 손도 써보지 못하고 물귀신이 될 판이다. 훈의 군대는 야밤에 두안과 고수들을 기습하여 제방을 점령하려고 하나 궁정의 화가 추미 덕택에 군대를 물리친다. 이러한 와중에 양심을 가책을 느낀 공사 감독관의 죽음, 그의 아내의 죽음, 재무대신의 죽음, 재상의 죽음, 왕포 가족의 죽음과 왕포의 분노, 훈의 죽음, 추미의 죽음이 연속적으로 발생한다. 과거 대홍수의 교훈을 금세 잊어버리고 벌목한 것이나, 인간들 사이의 사사로운 이해 관계에 의해 살육을 벌이는 모습은 근시안적인 인간들의 어리석음을 더욱 적나라하게 드러내고 있다. 성 안의 제방이 물의 힘을 견디지 못하고 무너지자 성주는 성 안 사람들을 살려내기 위해 벚꽃동산의 제방을 농민들이 스스로 무너뜨려 달라고 애원한다. 서로 힘을 합쳐 훈의 군대와 싸우며 사랑을 키우던 두안과 왕포가 갈등을 일으키는 것은 이 시점이다. 아버지와 동생의 죽음에 대한 사무친 원한을 품고 있는 왕포는 성 안이 완전히 잠기기를 바라지만, 두안은 농민들을 피신시킨 뒤 제방을 무너뜨리면 농민도 살고 성 안 사람들도 살 수 있다고 생각한다. 성 안에는 성주도 있지만 마을이 있고 시장과 극장과 사원과 도서관도 있는 것이다. 상류의 제방을 무너뜨리자는 두안의 제안은 상생의 해결책이다. 그러나 이를 용납할 수 없는 왕포는 몸싸움 끝에 두안을 칼로 찌르고 만다. 이어 성주의 군대가 들이닥쳐 제방은 결국 무너진다. 성 안과 성 밖이 온통 물바다로 변하고 무대 위로 서서히 물이 차오르면서 진짜 인형들이 물 위에 던져진다. 한복 차림의 인형 극장장인 바이주가 구원자의 모습으로 인형을 건져내며 무대는 막을 내린다.

무대의 기본 컨셉트는 일본의 전통 인형극인 분라쿠[文樂]이다. 검은 베일을 쓰고 검은 옷을 입은 인형 조작자들은 인형을 들고 무대에 나와 인형을 직접 조종한다. 다만 인형이 진짜 인형이 아니라 인형처럼 분장한 사람들로 이루어져 있다는 것이 다른 점이다. 여기서 다시, 연극에서 가장 중요한 것이 바로 배우이며 배우의 연극이 되지 않으면 안 된다고 생각했던 므누슈킨과의 인터뷰를 언급하지 않을 수가 없다. 즉흥성을 지닌 코메디아 델라르테가 배우의 연극이었던 것과 마찬가지로 태양극단의 공동 창작 정신도 배우의 연극에 대한 강조에서 온 것이라고 할 수 있으며 므누슈킨이 자신의 연극적인 원천을 동양에서 찾았노라고 서슴없이 말할 수 있는 것도 양식화되어 있는 동양 연극이야말로 진정한 배우의 연극이기 때문이다. 므누슈킨은 동양의 전통극들 이를테면 인도네시아의 발리 연극, 인도의 카티칼리, 중국의 경극, 일본의 가부키 등에서 배우의 양식화된 몸짓과 동작이 연극의 핵심축이 된다고 생각했던 것이며, 이를 〈제방의 북소리〉에 적용시키고 있는 것이다. 그러므로 이 공연에서 제일 중요한 아이디어 중 하나는 분라쿠 형식을 빌려 사람이 흉내내는 인형극 형식이라고 할 수 있다. 인형극에서 인형은 가능하면 사람을 흉내내려고 하지만 〈제방의 북소리〉의 배우—인형은 가능하면 인형을 흉내내려 한다. 브레히트식의 거리두기와 연결되어 있는 그 부자연스러움은 배우의 연극과 관련되어 있으며, 연출가가 추구하는 연극성이고, 나아가 조작자에 의해서만 움직이는 인형은 권력과 대재앙 앞에 허약하고 무기력한 인간을 표상한다. 인형들의 의상, 인형 조작자의 검은색 베일과 의상 및 발성법 역시 일본 전통극을 따르고 있다. 그러나 연출가가 강조하듯 그들은 분라쿠나 사물놀이를 흉내내는 것이 아니라 이를 연극적으로 이용하는 것이니만큼, 우리의 관심사는 그들이 동양극을 얼마나 잘 소화해 내고 있는가가 아니라 그들의 극적 표현이 전체적으로 얼마나 통일되어 있고, 얼마나 완성도 높은가에 있으며 이러한 방법론이 미학적으로 설득력이 있는가 하는 점이다. 이런 점에서 동양 연극에서 연극의 원천을 찾아, 운명에 순응할 수밖에 없는 인간 삶의 보편적인 모습을 찾아내고, 극의 마지막에 진짜 인형을 수장시킴으로써 사람 인형과 진짜 인형 사이의 변증법을 통해 무대에서 인간의 갈등과 운명을 극적으로 표현한 연출가의 안목이 돋보인다.

인물들은 인형이므로——인형인 척해야 하므로——표정에 변화가 없다. 그러나 인형의 모습에서 혹은 인위적인 발성법에서 인물들의 성격을 어느 정도는 파악할 수 있다. 인형 조작자의 일률적인 검은 가면과 의상도 분라쿠적인 것으로, 이들이 완벽한 인형 조작자가 될 때 이들은 관객의 시야에서 사라진다. 그들 앞에 서 있는 배우-인형의 의상은 사회적 신분·직업 등을 나타내고 있으며, 가면은 그들의 성격을 드러내 준다. 예컨대 "재무장관의 얼굴은 살찌고 둥글어서 우스꽝스런 인물임을 보여주며 추미의 신중하고 작은 얼굴은 소심하고 겁이 많은 인물을 나타내는 것"이다.

특설 무대의 공간은 크게 둘로, 또 이들은 각각 두 부분으로 나누어진다. 큰 두 공간 가운데 하나는 입구와 맞닿아 있는 공간으로 음식을 먹으며 연출가 및 분장하는 배우들과 자연스럽게 조우하면서 므누슈킨의 말마따나 관객들이 일상을 잊고 연극을 맞을 준비를 하는 공간이다. 이 공간은 극단측 사람들이 취하고 있는 공간과 밖에서 들어온 사람들의 공간으로 양분되어 있는데 므누슈킨이 한국을 떠나기 전날 10월 13일(토) 공연에서 이 두 공간을 자유스럽게 왕래하는 인물은 바로 므누슈킨 자신이었다. 그녀는 관객 틈에 끼어 누구에게나 말을 걸고 또 반복되는 질문에 친절하게 답변해 주면서 세상 밖 사람들을 무대 안으로 들어올 수 있게끔 충실한 안내자 역할을 하고 있었다. 다른 하나의 큰 공간은 무대가 있는 공간으로 1.40미터의 높이의 무대와 이를 정면에서 바라보는 임시로 세워진 객석의 공간으로 나누어진다. 무대는 성 안, 성 밖, 강물로 의미가 수시로 변환되며 폭포수가 떨어지듯 위로부터 떨어져 순식간에 전환되는 커다란 장막의 뒤배경은 동양화를 연상시킨다. 나무틀로 짜인 가운데 무대는 마지막 압권인 홍수 장면을 표현하기 위해 부유하는 바닥으로 설치되었고 천장에서 전체적으로 비추는 조명은 매우 은은하다. 객석에서 보기에 무대 왼편에 설치되어 있는 오케스트라는 소리를 듣기도 전에 악기의 양적인 면에서 기가 질린다. 정말 공연 동안 저 악가들을 다 소화해 낼 것인가? 과연 그럴 필요가 있을까? 혹시 르메트르의 솜씨를 뽐내기 위해 일부러 드러낸 것은 아닐까 등등의 의구심이 들었지만 어쨌든 타악기·현악기·관악기 등이 적절히 어우러진 전반적인 음향은 이국적이며 무대의 분위기를 잘 이끌어 간 것으로 보인다. 음향 가운데 확실히 제방을 지키는 농민들의 집단적인 북소리는 우리의 신경을 크게 자극하는 부분이다. 그 이유는 두 가지 정도가 될 터인데, 하나는 무대에서 직접 갑자기 증폭된 음향 효과 때문이다. 르메트르가 연주하는 대체로 조용한 선율을 듣다가 무대에서 인형으로 가장한 등장 인물들이 부자연스럽고 어설픈 동작으로 뿜어내는 북소리는 확실히 자극적이다. 다른 하나는 그 소리와 리듬이 바로 우리의 것이었기 때문이다. 사물놀이 형식을 취한 꽹과리·북·장구같이 우리에게 익숙해질 대로 익숙해진 소리는 한국 관객의 피를 뜨겁게 역류시키기에 충분했던 것이다.

〈제방의 북소리〉의 대사는 대부분 시적인 리듬을 지니고 있어 셰익스피어의 대사를 생각나게 한다. 그렇지만 텍스트의 절대 권력화에 반대하는 연출가의 의지를 잘 알고 있는 터에, 상당히 많은 대사의 양 그리고 여러 명의 등장 인물들은 혹시 관객이 소화불량에 걸리지 않을까 하는 걱정이 들었다. 또 전반적인 부자연스러움의 추구 속에서 작품의 시종여일 드러나는 구체적이고 논리적인 서사성과 어처구니없이 죽어버린 두안의 죽음도 잠시 관객을 혼류의 장으로 몰아넣었다. 아울러 객석을 가득 매운 관객의 구성이 주로 20대 여성인 대학로 관객의 구성과 전혀 딴판인 것을 보면서 허전함과 씁쓸함을 금할 길이 없었다.

나오며

태양극단과 므누슈킨과 〈제방의 북소리〉는 우리에게 많은 것을 시사하고 있다. 우리가 서양의 연극을 모방하며 그들을 흉내내는 동안 그들은 오히려 동양의 전통극에 관심을 보였다는 것은 상당히 충격적이기도 하다. 현재 무대에서 가장 자연스러운 연기는 서양식 연기이며, 한국의 많은 대학과 연출가들은 이를 적극적으로 수용하고 있는 실정이다. 그런데 이와는 역방향으로 므누슈킨은, 제의극 혹은 놀이극의 형식을 띠고 양식화된 배우의 몸동작을 추구하는 동양의 전통극에서 범우주적인 연극미학을 발견할 수 있다고 믿었던 것이다. 이러한 사실을 감안하면서 우리가 곱씹어 보아야 할 것이 있다. 우선 맹목적으로 동양극에 혹은 자기나라의 연극에 회귀하여 쇄국적인 이념으로 자아의 아집에 빠진다면 그 연극은 보편성을 상실하고 지엽적인 연극으로 전락할 것이라는 점을 들 수 있다. 므누슈킨의 태양극단을 칭찬할 수 있는 것은 자기 것을 성실하게 연구하고 이를 바탕으로 영역을 폭넓게 확장시켰기 때문이다. 초기 태양극단의 레퍼토리가 주로 서양극이었다는 것을 상기해 보자. 따라서 비록 현재 므누슈킨이 동양극에 심취해 있다고는 하지만 그것은 어디까지나 자신의 사상과 전통에 기반을 두고 있다는 점을 잊어서는 안 되며 〈제방의 북소리〉에서 동일한 맥락으로 보아야 한다. 이 공연이 일본 것이나 우리 것을 어설프게 흉내낸다고 이들을 폄훼하는 것은 이러한 본질을 간과한 채 껍질만 본 것이라 할 수 있다. 이는 로버트 윌슨과 동양, 피터 브룩과 아프리카와의 관계에서도 잘 나타나지 않는가?

현재 우리의 대학로는 진지한 연극보다는 상업성 연극이 넘쳐난다. 세계적인 추세와 분위기를 간과하고 안일주의에 빠져 관객의 즉각적인 말초신경이나 자극하면서 적당한 돈벌이와 유명세를 노리는 한판주의가 판치고 있다. 하지만 이런 현상에 대해 어떻게 현장의 연극인들만을 탓할 수 있으랴. 세계 연극의 흐름이나 새로운 대안 연극에 대한 연극학자들의 선구적인 주장이나 소개가 많지 않은 형편이고 보면 그들의 근시안적 행동은 어찌 보면 당연하다. 서양인들이 동양·아프리카·아메리카 등으로 눈을 돌려 새로운 연극 발굴에 혈안이 되어 있을 때 우리는 그들이 버린 것을 주워들고 새 것인 양 선보이며 자족하며 살아왔던 것은 아닐까? 〈제방의 북소리〉의 객석에 앉아 있노라니 자성의 목소리가 귓전에 맴돈다.

색 인

【작품명】

이선형
성균관대학교 불문과 졸업, 동대학원 석사학위 취득
프랑스 스트라스부르대학교 박사학위 취득
현재 한국연극학회 이사, 연극평론가
김천대학 실버케어보건복지과 교수
저서: 《우리 시대의 프랑스 연극》(공저) 《아르토와 잔혹연극론》(공저)
《예술 영화 읽기》
주요 논문: 〈잔혹 연극의 이론〉 〈연금술적 연극〉
〈《고도를 기다리며》의 공간 연출〉 등
역서: 《마리아에게 고함》 《지하철의 연인들》
《각색, 연극에서 영화로》 《이미지와 기호》 등

문예신서
330

현대 프랑스 연극의 이론과 실제

초판발행 : 2007년 1월 25일

東文選
제10-64호, 78. 12. 16 등록
110-300 서울 종로구 관훈동 74번지
전화 : 737-2795

편집설계 : 李妵롯

ISBN 978-89-8038-592-8 94680

【東文選 現代新書】

【東文選 文藝新書】

2 민속문화론서설	沈雨晟	40,000원
3 인형극의 기술	A. 훼도토프 / 沈雨晟	8,000원
4 전위연극론	J. 로스 에반스 / 沈雨晟	12,000원
5 남사당패연구	沈雨晟	19,000원
6 현대영미희곡선(전4권)	N. 코워드 外 / 李辰洙	절판
7 행위예술	L. 골드버그 / 沈雨晟	절판
8 문예미학	蔡 儀 / 姜慶鎬	절판
9 神의 起源	何 新 / 洪 熹	16,000원
10 중국예술정신	徐復觀 / 權德周 外	24,000원
11 中國古代書史	錢存訓 / 金允子	14,000원
12 이미지 — 시각과 미디어	J. 버거 / 편집부	15,000원
13 연극의 역사	P. 하트놀 / 沈雨晟	절판
14 詩 論	朱光潛 / 鄭相泓	22,000원
15 탄트라	A. 무케르지 / 金龜山	16,000원
16 조선민족무용기본	최승희	15,000원
17 몽고문화사	D. 마이달 / 金龜山	8,000원
18 신화 미술 제사	張光直 / 李 徹	절판
19 아시아 무용의 인류학	宮尾慈良 / 沈雨晟	20,000원
20 아시아 민족음악순례	藤井知昭 / 沈雨晟	5,000원
21 華夏美學	李澤厚 / 權 瑚	20,000원
22 道	張立文 / 權 瑚	18,000원
23 朝鮮의 占卜과 豫言	村山智順 / 金禧慶	28,000원
24 원시미술	L. 아담 / 金仁煥	16,000원
25 朝鮮民俗誌	秋葉隆 / 沈雨晟	12,000원
26 타자로서 자기 자신	P. 리쾨르 / 김웅권	29,000원
27 原始佛敎	中村元 / 鄭泰爀	8,000원
28 朝鮮女俗考	李能和 / 金尙憶	24,000원
29 朝鮮解語花史(조선기생사)	李能和 / 李在崑	25,000원
30 조선창극사	鄭魯湜	17,000원
31 동양회화미학	崔炳植	18,000원
32 性과 결혼의 민족학	和田正平 / 沈雨晟	9,000원
33 農漁俗談辭典	宋在璇	12,000원
34 朝鮮의 鬼神	村山智順 / 金禧慶	12,000원
35 道敎와 中國文化	葛兆光 / 沈揆昊	15,000원
36 禪宗과 中國文化	葛兆光 / 鄭相泓·任炳權	8,000원
37 오페라의 역사	L. 오레이 / 류연희	절판
38 인도종교미술	A. 무케르지 / 崔炳植	14,000원
39 힌두교의 그림언어	안넬리제 外 / 全在星	9,000원
40 중국고대사회	許進雄 / 洪 熹	30,000원
41 중국문화개론	李宗桂 / 李宰碩	23,000원
42 龍鳳文化源流	王大有 / 林東錫	25,000원
43 甲骨學通論	王宇信 / 李宰碩	40,000원

1008 헨델: 메시아	D. 버로우 / 김지순	18,000원
1009 비발디: 〈사계〉와 Op.8	P. 에버렛 / 김지순	18,000원
2001 우리 아이들에게 어떤 지표를 주어야 할까?	J. L. 오베르 / 이창실	16,000원
2002 상처받은 아이들	N. 파브르 / 김주경	16,000원
2003 엄마 아빠, 꿈꿀 시간을 주세요!	E. 부젱 / 박주원	16,000원
2004 부모가 알아야 할 유치원의 모든 것들	N. 뒤 소수아 / 전재민	18,000원
2005 부모들이여, '안 돼' 라고 말하라!	P. 들라로슈 / 김주경	19,000원
2006 엄마 아빠, 전 못하겠어요!	E. 리공 / 이창실	18,000원
2007 사랑, 아이, 일 사이에서	A. 가트셀·C. 르누치 / 김교신	19,000원
2008 요람에서 학교까지	J.-L. 오베르 / 전재민	19,000원
3001 〈새〉	C. 파글리아 / 이형식	13,000원
3002 〈시민 케인〉	L. 멀비 / 이형식	13,000원
3101 〈제7의 봉인〉 비평 연구	E. 그랑조르주 / 이은민	17,000원
3102 〈쥘과 짐〉 비평 연구	C. 르 베르 / 이은민	18,000원
3103 〈시민 케인〉 비평 연구	J. 루아 / 이용주	15,000원
3104 〈센소〉 비평 연구	M. 라니 / 이수원	18,000원

【기 타】

▨ 모드의 체계	R. 바르트 / 이화여대기호학연구소	18,000원
▨ 라신에 관하여	R. 바르트 / 남수인	10,000원
▨ 說 苑 (上·下)	林東錫 譯註	각권 30,000원
▨ 晏子春秋	林東錫 譯註	30,000원
▨ 西京雜記	林東錫 譯註	20,000원
▨ 搜神記 (上·下)	林東錫 譯註	각권 30,000원
■ 경제적 공포〔메디치賞 수상작〕	V. 포레스테 / 김주경	7,000원
■ 古陶文字徵	高 明·葛英會	20,000원
■ 그리하여 어느날 사랑이여	이외수 편	4,000원
■ 너무한 당신, 노무현	현택수 칼럼집	9,000원
■ 노력을 대신하는 것은 없다	R. 쉬이 / 유혜련	5,000원
■ 노블레스 오블리주	현택수 사회비평집	7,500원
■ 딸에게 들려 주는 작은 지혜	N. 레흐레이트너 / 양영란	6,500원
■ 떠나고 싶은 나라―사회문화비평집	현택수	9,000원
■ 미래를 원한다	J. D. 로스네 / 문 선·김덕희	8,500원
■ 바람의 자식들―정치시사칼럼집	현택수	8,000원
■ 사랑의 존재	한용운	3,000원
■ 산이 높으면 마땅히 우러러볼 일이다	유 향 / 임동석	5,000원
■ 서기 1000년과 서기 2000년 그 두려움의 흔적들	J. 뒤비 / 양영란	8,000원
■ 서비스는 유행을 타지 않는다	B. 바게트 / 정소영	5,000원
■ 선종이야기	홍 희 편저	8,000원
■ 섬으로 흐르는 역사	김영회	10,000원
■ 세계사상	창간호~3호: 각권 10,000원 / 4호: 14,000원	
■ 손가락 하나의 사랑 1, 2, 3	D. 글로슈 / 서민원	각권 7,500원